国家社科基金
GUOJIA SHEKE JIJIN HOUQI ZIZHU XIANGMU
后期资助项目

新时代社会主义
基本经济制度新内涵研究

王维平　著

兰州大学出版社
LANZHOU UNIVERSITY PRESS

图书在版编目（ＣＩＰ）数据

新时代社会主义基本经济制度新内涵研究 ／ 王维平
著. -- 兰州 ：兰州大学出版社，2024.4
ISBN 978-7-311-06655-0

Ⅰ．①新… Ⅱ．①王… Ⅲ．①中国特色社会主义－社
会主义经济－经济制度－研究 Ⅳ．①F120.2

中国国家版本馆CIP数据核字(2024)第067741号

责任编辑　马继萌
封面设计　汪幻祥

书　　名	新时代社会主义基本经济制度新内涵研究	
作　　者	王维平　著	
出版发行	兰州大学出版社　（地址：兰州市天水南路222号　730000）	
电　　话	0931-8912613(总编办公室)　0931-8617156(营销中心)	
网　　址	http://press.lzu.edu.cn	
电子信箱	press@lzu.edu.cn	
印　　刷	西安日报社印务中心	
开　　本	710 mm×1020 mm　1/16	
印　　张	23.5	
字　　数	417千	
版　　次	2024年4月第1版	
印　　次	2024年4月第1次印刷	
书　　号	ISBN 978-7-311-06655-0	
定　　价	82.00元	

（图书若有破损、缺页、掉页,可随时与本社联系）

国家社科基金后期资助项目
出版说明

  后期资助项目是国家社科基金设立的一类重要项目，旨在鼓励广大社科研究者潜心治学，支持基础研究多出优秀成果。它是经过严格评审，从接近完成的科研成果中遴选立项的。为扩大后期资助项目的影响，更好地推动学术发展，促进成果转化，全国哲学社会科学工作办公室按照"统一设计、统一标识、统一版式、形成系列"的总体要求，组织出版国家社科基金后期资助项目成果。

全国哲学社会科学工作办公室

目　录

引言　本研究成果的主要观点概述

一、关于新时代社会主义基本经济制度新内涵的理论创新

社会主义基本经济制度新内涵是进入新时代的中国共产党人对社会主义经济理论的重大创新，是习近平新时代中国特色社会主义经济思想的重要内容，是我们对社会主义建设规律认识的进一步深化，是中国式现代化新征程的经济制度的基础性遵循。

新时代社会主义基本经济制度新内涵是一个层级性、整合性、联动性的严密结构体系。它的场域是社会主义初级阶段，它的基石是社会主义经济规律，它的依托是中国特色社会主义经济实践。新时代社会主义基本经济制度新内涵，筑牢了社会主义初级阶段所有制规定的统领地位，提升了社会主义初级阶段分配制度的关键地位，重置了社会主义市场经济体制的功能地位，揭示了社会主义基本经济制度内在的逻辑关系。

其一，它反映了中国特色社会主义经济理论的创新发展。中国特色社会主义经济理论是中国道路的政治经济学，是中国共产党人探索社会主义经济规律和经济制度的成果。正如马克思恩格斯所说："理论在一个国家实现的程度，总是取决于理论满足这个国家的需要的程度。"①党的十九届四中全会因时而进、因势而新，改变了多年来仅将所有制定位于基本经济制度的做法，首次将分配制度和社会主义市场经济体制提升到社会主义基本经济制度的高度，由此形成了"三位一体"高度聚合、有机统一、密不可分的社会主义基本经济制度新内涵，这是对中国特色社会主义经济理论的重大创新。

其二，它反映了社会主义经济运行和发展规律的内在要求。规律是经济活动和过程的本质联系，制度是遵循规律的机制和规律运行的安排。马克思说："一旦在我们面前出现某种具体的经济现象，决不能简单地和直接地用一般的经济规律来说明这种现象。"②社会主义经济实践是社会主义经济规律的出场场域。社会主义基本经济制度新内涵体现了社会主义基本经济规律、社会主义按劳分配规律、社会主义市场经济规律三大

---

① 《马克思恩格斯文集》第 1 卷，人民出版社，2009，第 12 页。
② 《马克思恩格斯文集》第 8 卷，人民出版社，2009，第 318 页。

规律客观作用的内在要求。它是中国特色社会主义对资本主义社会的剩余价值规律、资本积累规律、自由竞争规律、垄断竞争规律的否定或积极扬弃。社会主义经济规律表现的是社会主义经济运行的内在联系和要求，它与整个人类社会化大生产和市场经济规律有联系也有区别。满足人民需要规律、价值保值和增殖规律、按劳分配规律、社会主义市场经济规律、有计划按比例发展规律等的作用，是既利用规律又积极改变规律运行条件和作用方向的结果，是既利用资本又驾驭资本，既利用市场又驾驭市场的结果。

其三，它反映了理论与实践双重呼唤的时代要求。正如马克思所说："光是思想力求成为现实是不够的，现实本身应当力求趋向思想。"①社会主义基本经济制度是新时代的中国共产党人在思想上坚持理论创新、在实践中坚持开拓创新的结晶。根据时代变迁，分配制度对生产乃至整个社会经济关系的反作用越来越明显，而作为人类社会化大生产条件下资源配置手段的市场经济被实践证明是绕不过躲不开的体制选择。由此，我们守正创新地确立了社会主义市场经济的改革方向，将分配关系的调整和分配制度的作用放到了应有地位，经济体制改革的关键也被定义为正确处理政府与企业的关系。

二、关于新时代社会主义基本经济制度新内涵的鲜明特征

基于马克思主义的基本特征，基于中国特色社会主义的基本特征，基于中国式现代化的基本特征，新时代社会主义基本经济制度新内涵也体现出以下鲜明特征：

其一，人民性特征。马克思恩格斯在《共产党宣言》中指出，在社会主义运动中，共产党人"都强调所有制问题是运动的基本问题，不管这个问题的发展程度怎样"②，"在共产主义社会里，已经积累起来的劳动只是扩大、丰富和提高工人的生活的一种手段"③。新时代社会主义基本经济制度新内涵把保障人民主体地位和利益的社会主义公有制主体地位放在第一位，把所有制关系规定性放在社会主义基本经济制度的基础地位。社会主义初级阶段公有制为主体、多种所有制共同发展的基本经济制度基石是中国共产党人的坚定信念。虽然公有经济的效率问题是个世界性难题，但是我们坚定不移地通过深化改革在不断解决这个问题。

---

① 《马克思恩格斯文集》第1卷，人民出版社，2009，第13页。
② 《马克思恩格斯文集》第2卷，人民出版社，2009，第66页。
③ 《马克思恩格斯文集》第2卷，人民出版社，2009，第46页。

公有经济和国有经济的作用不可替代，尤其是在对待周期性经济危机、必要的宏观经济调控、区域发展的协调、人与自然关系的处理、多发性自然灾害、面临各种突发状况的时候，在人民利益受到影响或威胁的时候，公有制主体地位、社会主义分配原则、社会主义对市场经济的作用就彰显出来。非公经济的作用不能小看，它对于满足人民需要、繁荣市场经济、解决就业问题作用非凡。非公经济有其固有弊端，但非公经济受到作为"普照的光"①的社会主义公有经济的影响和制约。因而，社会主义基本经济制度是保障社会主义制度优越性得以实现的制度安排，它体现的是人民至上原则。

其二，契合性特征。新时代社会主义基本经济制度新内涵，"新"在三项内涵的契合性，体现了所有制关系、分配关系、市场经济体制三要素的高度契合的辩证关系，即它们之间既紧密联系、密不可分，又相对独立、各有其责。用马克思分析生产关系四环节关系时的话来说："这表现为它们的相互依存；这是一个运动，它们通过这个运动彼此发生关系，表现为互不可缺，但又各自处于对方之外。"②没有市场经济体制，公有制就没有主导作用和激发活力的舞台，多种所有制经济的发展也就失去了条件；没有公有制为主导和社会主义分配制度做保障，市场经济体制的社会主义性质就没有了作用基础；没有了社会主义分配制度的作用，公有制和非公有制经济的实现就缺乏保障，市场对分配关系的自发调节作用就难以合理约束。

其三，包容性特征。马克思指出："正像各种不同的地质层系相继更迭一样，在各种不同的社会经济形态的形成上，不应该相信各个时期是突然出现的，相互截然分开的。"③新时代社会主义基本经济制度新内涵尊重事物内部和事物之间的联系与发展，体现了各种经济关系的包容性，如公有制与非公有制的包容，按劳分配与按要素分配的包容，市场经济体制与社会主义制度的包容。这种包容性是社会主义初级阶段的必然要求，是解放和发展社会主义社会生产力的要求，是让一切资源充分涌流建设社会主义的要求，是积极发展非公有制经济、自信地融入世界市场经济大潮的要求。

其四，牵制性特征。诚然，市场经济的固有弊端必然导致唯利是图和两极分化倾向。正如列宁当年指出的，贸易自由固然具有资本主义性

---

① 《马克思恩格斯文集》第8卷，人民出版社，2009，第31页。
② 《马克思恩格斯文集》第8卷，人民出版社，2009，第17页。
③ 《马克思恩格斯文集》第8卷，人民出版社，2009，第340页。

质，但是"只要无产阶级牢牢掌握着政权，牢牢掌握着运输业和大工业，无产阶级政权在这方面就没有什么可以害怕的"①。社会主义市场经济是中国共产党人前无古人的伟大创造。中国改革开放以来出现的两极分化状况和社会分配关系的各种问题，市场经济弊端带来的各种新矛盾，都是社会主义市场经济体制不完善的问题。在社会主义基本经济制度新内涵的制度安排中，社会主义市场经济体制是受到社会主义所有制规定和社会主义分配制度规定的牵制的，而新时代社会主义基本经济制度新内涵中起牵引作用的是社会主义所有制和分配制度的规定性。这种三项聚合的制度安排将通过社会主义原则的贯彻，既充分发挥市场作用，又有效遏制市场弊端。

三、关于新时代社会主义基本经济制度新内涵内在的逻辑关系

正如恩格斯所说，马克思的政治经济学"本质上是建立在唯物主义历史观的基础上的"②。新时代社会主义基本经济制度新内涵，是基于唯物史观揭示的社会经济运行总框架和马克思总体性辩证法视域，是中国共产党人在长期奋斗中对社会主义经济关系总体把握和科学认识的结晶。社会主义基本经济制度从过去单一的所有制规定到如今三位一体的内在地高度聚合，是一个理论上的重大创新。理解和贯彻这个新内涵，离不开五个必须考量的因素：一是新时代的历史方位；二是社会主义的根本性质；三是社会主义初级阶段的基本国情；四是中国特色社会主义经济规律的支撑；五是对三项内涵的统一性、聚合性、逻辑性的辩证理解。

社会主义所有制规定是基本经济制度的根本基石，它设定了这个制度的社会主义性质保证；社会主义分配制度是基本经济制度的关键要素，它设定了社会主义所有制关系的合理实现；社会主义市场经济体制是客观条件，它设定了社会主义所有制关系和分配关系运行的社会经济平台。三位一体的基本经济制度之间和内部都是辩证的统一体。从三项制度之间的相互关系来看，没有所有制的牵引，就没有分配制度的合理化，没有分配制度的合理化就无法实现所有制的要求，而没有社会主义市场经济体制的环境，就没有生产力的合理配置和生产关系的调整空间，也没有制度运行的效率保障。从每项制度的内在结构关系来看，必须处理好公有制为主体、多种所有制共同发展的关系，必须处理好按劳分配为主

---

① 中共中央马克思恩格斯列宁斯大林著作编译局编《列宁专题文集·论社会主义》，人民出版社，2009，第233页。

② 《马克思恩格斯文集》第2卷，人民出版社，2009，第597页。

体、按生产要素分配相结合的关系，必须处理好社会主义制度和市场经济体制之间的关系。

四、关于贯彻新时代社会主义基本经济制度新内涵的实践要求

党的二十大确定了以中国式现代化推进中华民族伟大复兴的新征程的庄严任务。它为社会主义基本经济制度新内涵的贯彻和运行提出了新的要求。习近平总书记在党的二十大报告中提出，到2035年，建成现代化经济体系，形成新发展格局，基本实现新型工业化、信息化、城镇化、农业现代化[①]。而这一切都离不开社会主义基本经济制度新内涵的贯彻和顺利运行。

中国式现代化是以生产力的高度发展即经济高质量发展为支撑的现代化，是以与现有生产力与生产关系相适合的经济制度为依托的现代化，与现有生产力发展要求相适合的经济制度是不以人的主观意志为转移的制度，社会主义经济制度新内涵就是中国共产党人对科学规律和真理追求的必然制度体现。

新时代新征程，贯彻新发展理念，把握新发展格局，实现高质量发展是社会主义基本经济制度运行的主要时空场域。新时代新征程要求我们在实现建设社会主义现代化强国的奋斗中坚持和完善社会主义基本经济制度；新发展理念要求我们在以人民为中心的创新、协调、绿色、开放、共享发展的有机推进中实现社会主义基本经济制度的规定；新发展格局要求我们在以国内大市场为主体，国际国内两个市场的交互作用中挖掘和发挥社会主义基本经济制度的优越性；高质量发展要求我们通过社会主义基本经济制度的贯彻，切实转变经济发展方式，努力实现高质量的供给、高质量的需求、高质量的配置、高质量的投入产出、高质量的收入分配和高质量的经济循环。

新时代新征程，贯彻社会主义基本经济制度新内涵，必须以全面深化改革为条件。社会主义基本经济制度新内涵面对的现实挑战在于：公有制经济的改革需要推进，非公有制经济的发展需要支持；按劳分配需要切实得到贯彻，按生产要素分配的政策需要彻底落实，整个分配关系的合理调整任务艰巨而紧迫；社会主义市场经济体制需要完善。

新时代新征程，贯彻社会主义基本经济制度新内涵，一要保障非公

[①] 习近平：《高举中国特色社会主义伟大旗帜 为全面建设社会主义现代化国家而团结奋斗——在中国共产党第二十次全国代表大会上的报告》，人民出版社，2022，第24页。

有制经济的合法地位，为非公有制经济的活力提供条件，以此为公有经济的改革和调整提供时空环境和缓冲机会；二要加大分配关系的调节力度，尤其是在二次分配上加快相关制度建设，坚决遏制两极分化倾向；三是积极完善社会主义市场经济的法律制度，坚持市场对资源配置的决定性作用，坚持新发展格局，建设全国统一大市场，革除各种垄断和地方保护主义，在百年未有之大变局面前保持定力。

五、关于本研究成果的总体思路与结构

本研究以新时代社会主义基本经济制度为研究对象，从历史逻辑、理论逻辑、时代逻辑三个维度，系统分析新时代社会主义基本经济制度的"所有制关系""分配制度""经济体制"的三位一体制度的内在结构关系：一是所有制决定生产关系的性质，二是分配方式决定生产关系实现，三是市场决定生产要素配置状况，从而优化三位一体制度的适行机制。针对三位一体制度运行遇到的难题，从所有制改革的深化、三次分配关系调整、市场经济体制完善、政企关系的合理化、有效驾驭资本逻辑等五大方面提出破解路径，在新发展阶段、新发展理念、新发展格局、高质量发展等四大层面促进有为政府和有效市场更好结合，从而在社会主义市场经济体制环境下，实现三次分配关系的调整，在市场决定资源配置下，更好地发展公有制主体下混合经济体制。

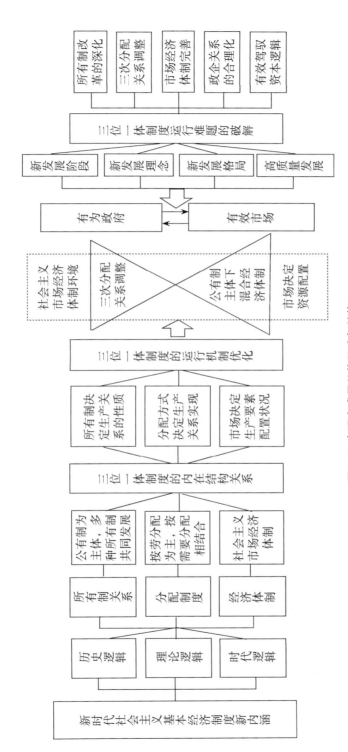

图 0-1 本研究成果总体思路与结构

第一章 国内外关于社会主义基本经济制度的文献综述

新时代社会主义基本经济制度新内涵是一个以"社会主义基本经济制度"为核心主旨，并且外延到新时代中国特色社会主义政治经济学关于社会主义基本经济制度新形态的总体性概念。所以，对其学术史与观点综述考察势必要分为过往时期"国内外学界关于社会主义基本经济制度的学术史与主要观点"和新时代"国内外学界关于社会主义基本经济制度新内涵的学术史与主要观点"。为了综合探究新时代社会主义基本经济制度新内涵的历史渊源、研究现状与观点误区，并在此基础上引申出本课题的分析方法与分析框架，本章节以"传统文献综述法"考察国内外学界关于社会主义基本经济制度的学术史与主要观点、以"系统文献综述法"考察新时代社会主义基本经济制度新内涵的学术史与主要观点。

一、基于传统文献综述法的社会主义基本经济制度学术史

以大历史观视域来观察，人类社会改革理想已有了两千多年的探索史，其本质是对私有制和剥削压迫现象的反叛而产生的制度反思。作为人类改革思想延伸的社会主义从理想到学说，从空想到科学，从理论到实践，历经五百余年。而国外对社会主义基本经济制度的探讨则是从一百多年前，随着大工业积累起来的资本主义制度的体制弊端日益加重，欧洲三大空想社会主义者寻求新的解决方案、探寻社会主义制度的努力开始的。若以马克思主义理论的"哥白尼式变革"为界，则社会主义基本经济制度的理论与实践课题实际上横跨了社会主义思想史与实践史百余年。

（一）西方学界关于社会主义基本经济制度的观点

1.资产阶级理论家与社会主义基本经济制度

在所有制问题上，西方所有制观以"权利"为导向，认为财产权是一种自然法，确信财产权使人富有。从斯密、洛克等古典经济学传统，到新古典经济学及新制度经济学，都致力于论证私有制及私有财产权的神圣性和合理性。然而，以卢梭为代表的集体主义哲学认为私有制是造成贫穷、不平等问题的根源，因而主张废除私有制。卢梭的思想虽然是资产阶级民主革命时期小资产阶级利益的呼声，但是，他把生产资料所

有权与劳动和耕耘结合起来确定和理解是难能可贵的。"人们之占有这块土地不能凭一种空洞的仪式，而是要凭劳动与耕耘，这是在缺乏法理根据时，所有权能受到别人尊重的唯一标志。"①这种对私有制的批判由法国思想家卢梭开始，发展到法国的空想社会主义，再延伸到蒲鲁东对私有制的控诉——"财产权就是盗窃""消灭所有权"等主张，构成了马克思恩格斯社会主义所有制理论的直接来源。

在分配制度问题上，西方分配制度客观起源于洛克和斯密的"劳动确立财产收益权信条"和市场的"自由平等交换信条"。他们认为一切财产都是劳动的结晶，要实现经济权利公平，必须按生产要素分配，在市场的公平交易规则下，资本获得利润，土地收取地租，劳动者得到工资。新古典经济学提出劳动力和资本的价格取决于供求均衡和边际生产率，和庸俗经济学一样主张"要素分配市场决定论"。蒲鲁东解构了洛克和斯密的"劳动创造财富并确立财产权"的命题，指出土地不是劳动的产物，资本的收益权是一种"反社会的特权"，其本质是不劳而获，收益权凸显了财产权的盗窃特性。空想社会主义者对资本主义按资分配制度进行了激烈的批判，认为未来社会应该按需分配。空想社会主义者的这一思想成为马克思恩格斯社会主义分配制度理论的直接思想来源。

在市场机制问题上，西方市场理论从自由主义出发论证市场的有效性。洛克提出人的自然状态是自由的，并且拥有一切自然权利，政治建制只是为了保障个人在自然状态中所享有的权利和财产，政府无权改变个体以自由契约的方式达成的社会状况。斯密、李嘉图、萨伊、穆勒认为市场"看不见的手"天然和谐，最富效率，应该实施最低限度的政府干预。马歇尔、哈耶克认为市场机制的"自生秩序"比任何中央计划制度更能达到社会的目标，增进社会福祉。然而，在空想社会主义者看来，市场经济就是弱肉强食的经济，西斯蒙第认为资本家与工人的自由契约制度导致工人贫穷；洛贝图斯指出购买力集中在富人手中，工人购买力不足直接导致了经济危机；法国空想社会主义者路易·勃朗提出以"社会工厂"取代资本家"残酷工厂"的自由竞争；欧文创立理想工厂，以劳动券取代货币来消除市场价格体系的缺陷。

在对社会主义基本经济制度的态度问题上，马克思恩格斯预测"公有制+计划经济+按需分配"是未来的基本经济制度。早在19世纪后期，"反社会主义联盟"代表莫连与社会主义者拉法格就进行了关于其可行性

---

① ［法］卢梭：《社会契约论》，何兆武译，商务印书馆，1980，第32页。

的论战①。在20世纪前半叶，一大批经济学家、社会思想家、科学家如帕累托、熊彼特、罗素、爱因斯坦都将社会主义计划经济视为克服资本主义社会矛盾的有效手段。但也有大量学者对其可行性提出了质疑，如皮尔逊认为社会主义没有市场竞争和价格机制便无法进行资源有效配置②，该观点引发了马克思主义理论家考茨基的反驳，皮尔逊与考茨基拉开了关于社会主义经济制度可行性论战的序幕。此后，伴随着苏联模式的建立和推广，米塞斯与哈耶克从经济计算问题、主体责任心与进取精神等激励问题、知识信息问题等现代经济基本规律出发，否定社会主义计划经济体制实现经济计算、合理配置资源的可能性。哈耶克从社会主义经济体系建构的方法论基础出发论证市场机制自发秩序的天然优越性，站在资产阶级立场上，指责社会主义"理性设计的道德体系"是"反科学的方法论"，将会使"许多人遭到毁灭，使另外许多人陷入贫困"③，是一条通往全面奴役之路。这场争论在东欧剧变后再次升温，德索托称苏联模式的社会主义是"对自由地实施人类行为或企业家行为进行制度性侵略的制度"④。

2.民主社会主义思潮与社会主义基本经济制度

民主社会主义出现于第一次世界大战以后，是一种现代改良主义思潮。它反对革命，视混合经济为社会主义，主张以渐进的改良措施来达到社会主义。主要代表人物有拉斯基、艾德礼、施韦卡特等。民主社会主义者不把生产资料所有制作为衡量社会性质的一种根本性标准，它主张在维持私有制主体地位的基础上实行国有企业、私有企业和其他经济成分并存的混合经济制度。民主社会主义者的经济体制是自由的市场配置和有计划的政府干预双重混合调节机制，他们对于市场经济的基本秩序和规则是认同的，但反对完全的放任自流，因此主张政府对经济实行干预，力求通过强有力的宏观调控消除市场经济的弊端。民主社会主义者在分配方式上，则与按劳分配的传统做法不同，也改变了自由资本主义制度中按资本和劳动力的价值分配的做法，主张在政府干预之下利用税收等经济杠杆调节公民的收入。在这种分配方式下，如果说第一次分

① ［法］拉法格：《财产及其起源》，王子野译，生活·读书·新知三联书店，1962，第1–21页。
② ［荷］N. G. 皮尔逊：《社会主义共同体的价值问题》，杨日鹏译，《当代世界社会主义问题》2009年第1期，第78–96页。
③ ［英］哈耶克：《致命的自负》，冯克利译，中国社会科学出版社，2000，第3页。
④ ［西］赫苏斯·韦尔塔·德索托：《社会主义：经济计算与企业家才能》，朱海就译，吉林出版集团有限责任公司，2010，第5页。

配基本上还是按照资本和劳动力的投入比例来进行的，这还是纯粹的资本主义分配方式，那么经过社会再分配之后，资方和劳方的收入比例则有所缩小。有些民主社会主义建立了高福利、高税收的社会保障体系，如瑞典就建立了从摇篮到坟墓的社会福利制度，在分配中体现民主社会主义公正、平等、互助等价值理念。民主社会主义否定公有制主体地位，使社会主义经济制度的基础发生动摇，但其通过国民收入再分配缩小收入分配差距的做法有借鉴意义。

3.新自由主义思潮与社会主义基本经济制度

新自由主义经济学是指当代经济理论中强调自由放任理论与政策的经济学体系和流派，是西方资本主义国家经济理论的代表性思潮之一。这种思潮也影响到了中国理论界。新自由主义从根本上对社会主义基本经济制度持否定态度。首先从人们对于市场经济主体的认知着眼，试图使人们相信市场中只存在理性经济人，而不是具体的现实的人；其次，从所有制上做文章，通过模糊和扭曲个人财产权利和私有产权制度之间的界限，来弱化人们对于社会主义公有制的认同；再次，在公有制的主体力量上做文章，通过妖魔化国有企业，企图动摇我国社会主义经济制度的基石；最后，从社会主义市场经济体制和运行机制上发力，企图以市场万能论阻碍政府的宏观调控。新自由主义是我国当前主要错误思潮中带有明显制度诉求的思潮，其根本目的是扭转我国市场经济体制改革的社会主义方向，颠覆中国特色社会主义基本经济制度，使我国丧失维护经济主权和构建合理国际政治经济秩序的能力，从而将我国永久地纳入近现代以来由西方资本主义发达国家主导构建的不合理的国际政治经济秩序中。

诺贝尔经济学奖获得者、美国经济学家索罗曾经说，所有社会科学的研究，跟材料力学或化学分子结构的研究不同，都与意识形态、阶级利益和价值判断密切相关。西方资产阶级学者口头上标榜所谓的价值中立，其实本质上都在维护资本主义制度。新自由主义也不例外，它具有鲜明的阶级性、强烈的意识形态性和明确的价值指向性，代表着资产阶级整体利益，是为资本主义制度辩护和为资产阶级实现经济统治鸣锣开道的。它在中国的传播和兴起既是国际垄断资产阶级进行资本输出的需要，也在客观上迎合了国内一部分私营经济主体的需求，其观点涉及我国社会主义市场经济改革的成就、性质和方向等诸多方面，必须引起我们的高度重视。经济制度是利益关系的表达体系，利益构成制度内在的客观内容。新时代中国特色社会主义基本经济制度新内涵并不是马克主义者闭门造车的成果，而是作为无产阶级政党的中国共产党，将马克思主义政治经济学与科学社会主义基本原理应用于中国实际的结晶，是守正创新的理论结晶，具有鲜明的实践属性和阶级属性。基本经济制度新内涵的确立和完善，既是一个理论构建的过程，需要我们从理论基础上进行准确把握，也是一个实践探索的过程，需要我们在实践中纠正谬误，始终坚持我们的正确方向。

（二）苏联学界社会主义基本经济制度的观点

打破传统基本经济制度的不足，把交换、分配并入其内，形成新元素、新结构，是理论必然、历史借鉴与现实背景共同作用的结果。就其历史逻辑来看，它的形成并不是"无源之水"，前人在其上耕耘的贡献与教训，是它得以完善的历史根据。所以，本章以所有制、交换（经济规律）为主线，探究苏东学界、领导人，以及中国学界在基本经济制度或基本经济规律理论与实践上艰辛探索的历史脉络。以"苏联传统模式"（单三元经济制度）为参照系，苏联、东欧、中国学界的理论沿革，经历了从传统思维三式到批判传统理论的转变。从批判生产关系"三分法"、经济成分"二元论"、国家"最优论"、集体"二等论"、结构"单一论""特有经济规律"，到"商品货币关系是直接性生产特殊形式"，再到"东欧市场社会主义理论"；从基本经济规律的内容方法分歧，到"计划市场板块说"，尽管其间存在理论分歧、局限，但事实上发展了基本经济制度内涵。

基本经济制度是指在一定的社会关系或经济关系的基础上研究其规律、活动的一种规范化表达。其中，在直接生产中形成的反映经济成分、生产条件与利益归属关系的生产资料所有制，对生产、分配、交换、消费的性质、关系、形态及其演变趋势具有决定作用。这是因为，所有制关系结构不仅是一个社会基本经济制度的深层内核、本质层面，而且是区分不同生产方式、经济关系与社会形态的根本标志。这一点，苏联社会主义基本经济制度伴随着所有制结构的私有化变迁而得到了有力的证明。以此为据，本节从苏联学界关于社会主义所有制、经济规律理论的变迁、争议出发，对苏联学界几十年的基本经济制度理论进行回顾与反思。

1.苏联学界早期关于社会主义经济规律与所有制的观点

当十月革命把"自由人联合体"的理想图谱变为社会现实时，苏联首先面对的是如何组织社会主义生产关系，回答社会主义是否存在一个区别于资本主义"绝对剩余价值规律"的基本经济规律，公有制能否如同"看不见的手"一般进行经济核算的难题。作为从理论到实践的新产儿，其现实经济关系、规律、资源配置究竟如何成为苏联内部各相争议的焦点所在。

从革命胜利之初到战时共产主义政策之前，苏联实行的是国有化"高地"与集体化"工会"两种管制形式。然而，在现实问题探讨中，两种形式在党内说法不一。列宁认为，革命胜利后的全部生产资料应该归国家所有，采取国家所有与国家财产组织形式，这在早前的《论无产阶级在这次革命中的任务》《国家与革命》两部文献中就有所体现。不同的是，布哈林认为，在国家即将消亡的前提下，"公社国家"应该采取工人委员会财产管制，反对国家行政科层代替工会集体民主[1]。1918年，面对国内外政治危机，苏联开始全面国有化，随即把土地、银行、铁路等大资本"辛迪加"、财产"托拉斯"收归国有，从而结束了"国家管制"与"工人管制"并存的局面。1920年，针对战时共产主义政策的强制弊端，苏共专门就财产形式问题展开讨论。列宁认为，在企业财产所有权由国家全面管控的情况下，可以给予企业管理权，但必须由专家掌握，工会的职责不在于履行所有权、管理权，而在于学习、参与和监督管理[2]。对此，托洛茨基与布哈林不仅反对国家对企业财产的直接性强制支配，而且主张两权均由工会掌握，实行"工人国家、生产民主"。如果说，布哈林以马克思《法兰西内战》图本得出的"财产工人制"是对经典的还原，那么，"国家制"则是在充分考量现实后对经典的转换，"国家制"在财产主体范畴及其明确性上远优于"财产工人制"。

在公有制下，苏联是否存在一个区别于资本主义"剩余价值规律"（马克思称为"绝对规律"）的社会主义经济规律？可以说，在4年战时共产主义政策期间，党内包括列宁、波格丹诺夫在内的主流观点一致认为，社会主义是"不需要金币和黄金为基础"的排斥商品货币关系的"自然经济"。1920年，布哈林在《过渡时期经济学》也表达了相同的认识。他说，政治经济学的研究范畴只存在于资本、价值、利润的"自发性""商品经济"中，而有组织性的财产公有化已经"终结了"政治经济学与商品经济规律。那么，社会主义究竟有没有经济规律呢？1926年，普列奥布拉任斯基在《新经济学》中以苏维埃存在公私两种成分为据，认为当前除了以小农私有制为基础的价值规律外，还存在一个与前者相

---

[1] 中共中央马克思恩格斯列宁斯大林著作编译局、国际共运史研究室编《布哈林文选》上册，人民出版社，1981，第22–23页。

[2] 《列宁全集》第33卷，人民出版社，2017，第296–312页。

对抗、剥夺小农私有制的"原始积累规律"，并将其视为"计划经济在现阶段所固有的"①。后来，这一极端观点引来了各方批判，布哈林就是其中一位。他在同年批判性文章《论过渡时期的规律性问题》中认为，"按比例的劳动消耗规律"存在于一切人类社会，价值规律的自发破坏性规则只是这一"共有万能规律"在商品社会掩盖下的"罪恶外衣"，而当商品生产灭亡时，价值规律就会回归本性，回归本性的过程就是计划原则胜利的过程，即"劳动消耗规律脱去自己身上罪恶的价值外衣的过程"，所以，社会主义不仅存在经济规律，而且还能根据不同需求消耗的劳动量进行生产比例分配②。今天看来，劳动消耗规律是把简单概念复杂化了，事实上是忠实地还原了经典"按劳分配观"。无论如何，在新经济政策运用货币功能后，还在理论上寻求否定价值规律的社会主义经济规律，显然是未认识到商品货币关系在现实社会主义中的存在基础。

2.苏联学界关于社会主义改革时期所有制的观点

纵观苏联50年代之前的社会主义经济理论，除了早期经济规律争论与列宁新经济政策之外，苏联学界的经济理论、思想框架都被定格在了这一"传统模式"中。这在当时苏联学界的主流观点走向上就能得到证明。

如苏联社科院院士帕什科夫认为，所有制是"人们对生产资料和产品的占有的一定历史的社会形式"与"人们之间对生产的物质条件的分配"，所以，社会主义条件下，生产资料是由国家来占有，或者是劳动者集体（合作集体农庄）占有③。1954年，苏联经济研究所根据斯大林《苏联社会主义经济问题》一文内容，主编了第一版《政治经济学教科书》，对社会主义所有制有两种认识方式，其中，"国家所有制是高级的最发达的社会主义所有制形式"。斯大林之后，他的有些观点尽管受到了批评，但其所有制理论总体上却幸免于难。在查果洛夫先后主编的《政治经济学教程》（1963、1970和1974年）三个版本中，原样写道，社会主义全民所有制是共产主义所有制的"未成熟形式"，集体所有制是社会主义条件下的"持有形式"，合作制不会直接产生共产主义所有制，只有

①　中共中央马克思恩格斯列宁斯大林著作编译局、国际共运史研究所编《布哈林文选》中册，东方出版社，1988，第93页。

②　中共中央马克思恩格斯列宁斯大林著作编译局、国际共运史研究所编《布哈林文选》中册，东方出版社，1988，第93页。

③　徐淑娟：《苏联关于生产资料社会主义所有制的理论——兼谈对社会主义所有制问题的分析方法》，《苏联东欧问题》1983年第6期，第53—59页。

当它与全民所有制相接近、融合，才能由后者形成高级阶段所有制①。在马克思那里，"社会所有"的"共有形式"专指全民或社会所有制，只存在于"社会财富充分涌流"的高级阶段。苏联既然把社会主义视为"公有制"与"资本胎痕"的"结合体"，实行高级阶段的生产关系就是有违马克思原意的。虽然他们认识到了社会主义是两种属性的"结合体"，但是却没有意识到所有、占有、支配与使用之间的关系，其他非公有成分与交换方式存在的可能。

马克思说，"生产与分配一体两面"，所以，不难想象苏联整个社会分配机制是怎么运行的。企业生产经营由国家计划订购、统购统销，与之相适应的利润分配势必要"统收统支""一平二调""共产风"。实践证明，这种"平均主义按劳分配形式"掩盖了劳动时间计量尺度、企业生产责任机制、劳动形式质量差别与生产积极性，致使经济发展矛盾重重。为此，从20世纪五六十年代开始，苏东各国相继都进入了改革阶段。1962年9月，苏联经济学家利别尔曼在《真理报》发表了轰动一时的《计划、利润、奖金》一文，建议给予企业自主权，改变计划管控，建立物质利益刺激机制。以此为标志，苏联理论界关于社会主义基本经济制度的研究也进入了一个新阶段。

苏联传统经济理论认为，社会主义生产关系自动适应生产社会化，所以，公有制基本不存在任何经济矛盾。20世纪60年代，伴随着对斯大林个人崇拜、教条主义的揭露，有学者否定了斯大林的生产关系"适应论"与"三分法所有制决定论"。以查果洛夫、帕什科夫、鲁缅采夫为代表的一大批理论改革家，以马克思《哲学的贫困》对普鲁东的相关批判为据，相继认为，所有制只是一种表明占有的"法权关系"，不是存在于生产关系之外起决定作用的"先验范畴"，所有制的研究只存在于"劳动者与生产资料结合"的现实关系中，所以，所有制是"现实生产关系的总和"。七八十年代，苏联多数学者如阿巴尔金、科列索夫、科隆罗德、哈拉哈什扬等，都借此来批判正统所有制理论，并基于这样一个事实：全民所有制采取国家形式，是生产资料国家化，而非社会化，而国家化则造成劳动者与生产资料相分离，出现了财产"无主"现象。

正如博戈莫洛夫所说，全民所有制只是"一种法律公式，是我们时

① 徐淑娟：《苏联关于生产资料社会主义所有制的理论——兼谈对社会主义所有制问题的分析方法》，《苏联东欧问题》1983年第6期，第53—59页。

代的象征"，"所有者同生产资料疏远起来，对增加这种财产失去兴趣"①。阿巴尔金说："今天我们不能十分明确地回答，到底谁是我们社会里所有制关系的主体和代表，我们说，所有者是人民，但是，与其说这是对问题的回答，不如说是托辞。那么，究竟谁是所有制关系的代表呢？于是便出现了我们今天碰到的局面：人们觉得所有制好像是无主的财产，因为没有人民代表它。如果没有真正的社会活动的主体，就不会有利益问题，不会有行为反应活动的一整套动机机制，剩下的只是一些抽象的公式。"②科隆罗德说，全民所有制以"直接性"社会生产为前提，包含了"生产资料和劳动力的直接社会结合"。赫辛说，生产活动要得以进行"就必须以某种方式使劳动力和生产资料在社会范围内结合起来"，否则，表现的只能是法律形式之上的生产资料关系。奥斯特罗维季扬诺夫说，国家对生产资料的占有形式，"意味着消灭剥削关系，使劳动力和生产资料重新结合并为人民利益使用生产资料"③。

在国家最优方面，此时苏联学界与以卡德尔、霍尔瓦特、锡克、布鲁斯为代表的东欧"市场社会主义"具有相似性，都认为国家所有并非社会所有，前者第一性，后者第二性，而前者的发展演变非但不会转化为后者，反而会产生一些"国家"所特有的"阶级关系"、雇佣劳动关系。阿巴尔金也说，国家对社会主义生产资料的占有是建立社会基本经济制度的基础，但是不能本末倒置地实现只有公有制的社会行为。麦列斯捷认为，国家所有仅是初级全民所有，而初级意味着劳动者与生产资料的直接结合，还需要通过"国家中介"这一"间接形式"，在经济关系上，生产经营不仅由国家计划管控，而且，利润、工资、产品分配由国家支配，与劳动力相对立。所以，全民制与国家制"等同"、国家"最优"事实上不存在，就区别而言，国家所有制属于社会的第二属性，"它是从第一性所有制中提出一部分用以满足国家机关的需要而形成的"④。

在所有制结构方面，苏联正统所有制理论认为，在不成熟的结合体下，代表全民制的国家制是最优的，合作制是其二等形式，并且，随着

① 汤洪明：《苏联东欧国家所有制改革的理论演变》，《世界经济研究》1989年第3期，第5-10页。

② 宋延龄、冉思琼：《苏联理论界关于社会主义所有制问题的研究综述》，《经济学动态》1989年第10期，第40-44页。

③ 智效和：《所有制·始基关系·基本关系——苏联经济学界争论述评》，《经济科学》1987年第6期，第8-13页。

④ 汤洪明：《苏联东欧国家所有制改革的理论演变》，《世界经济研究》1989年第3期，第5-10页。

生产力的发展，公有制结构将趋于单一。所以，现实中不仅要消灭具有资本胎痕的个体、私营经济，而且要尽快将合作制经济从二等转化、融合为全民所有制。20世纪50年代，南斯拉夫最先否认了这一观点。七八十年代，如何看待合作社"二等"、所有制"单一"问题，苏联学界观点不一。

阿巴尔金强烈批判了"社会主义社会的进步似乎将导致经济形式无差别，导致经济生活组织形式的单一化"的传统观，主张根据社会生产水平，打破所有制结构单一，区分占有关系与经营关系，灵活构建利益多元、经营方式不同的多种所有制。雅柯夫列夫认为，不能把集体农庄、合作社所有制、个体成分看成"资本主义的残余"，它们都是公有制结构的"有益补充"。布尔拉茨基说，在所有制形式上，不存在"高级"与"低级"之分，"发达社会主义的进一步完善要求最大限度地利用所有各种社会主义所有制以提高社会劳动生产率"[1]。对此，有学者提出了反对意见，叶廖明说："什么是更高的社会主义形式，是国有制形式还是合作社所有制形式？"这是一个不容置疑的问题，集体经济组织形式也存在于其他社会形态，但不是社会主义，"社会主义生产的一切特征都取决于全民所有制"。所以，从社会经济意义上讲，"全民占有形式是更高的"，"即使个别企业暂时不太经济"。他不否认合作经济存在的合理性，但"等同论"掩盖了所有制的差别，"以某种主观的偏见来代替分析，未必是确定经济发展远景的可靠基础"[2]。

在个体经济方面，早期科列索夫的观点是小私有生产作为一种"旧的残余"而存在，而这也注定它只存在于过去而没有将来。这一说法，在20世纪五六十年代苏联理论界颇为流行，以至于个体经济在1965年经济成分数据统计中占比为0。七八十年代，为破解经济难题，苏联理论界有学者提议，现在该是更坚决地取消对为居民服务的各种个体劳动的限制的时候了。卡拉盖道夫认为，苏联近期改革应该效法"东欧市场社会主义"的某些"成功经验"，"探索国营的、合作社营的和以个人主动性为基础的小型生产组织的新形式"[3]。这实际上要求在公有制"单一论"之外探索多种所有制经济成分，以谋求发展之路，但同时也不乏有

---

[1] ［苏］布尔拉茨基：《完善发达社会主义是通向共产主义的道路上的重要阶段》，《哲学问题》1984年第6期，第32页。

[2] ［苏］叶廖明：《社会主义制度下的所有制形式》，《经济问题》1983年第9期，第8页。

[3] ［苏］卡拉盖道夫：《论工业管理的组织结构》，《工业生产的经济和组织》1983年第8期，第64页。

人固守传统。叶廖明认为，小农经济、个体工商户与公有制在经济性质、经营方式、价值取向上是对立的，这类经济的存在合理性不能仅限"方便""灵活"，"应当经常记住：这正是允许私有者的利益，它虽然能解决某种物质任务，但在社会经济意义上并不仅仅只有好处"①。费多谢耶夫说，发展各类小私有制，不能实现社会主义从"不成熟体"向"成熟体"的转变，"多成分经济是从资本主义到社会主义的过渡时期的特征，成熟的社会主义只有在自有基础上才能发展和完善"②。依此逻辑，发展非公有制就是在自掘坟墓，这显然是教条化社会主义，是有违经典原意的。

3.苏联学界关于"商品货币关系特殊形式"的观点

20世纪50年代以来，苏联计划经济体制已经定型，但把客观的"经济比例关系"简化为主观化的"国民计划"，则势必产生经济问题。在根源剖析上，当时苏联理论界显然滞后于"东欧市场社会主义理论"。以康特洛维奇、诺沃兹希洛夫为代表的"经济最佳运行学派"认为，计划比例调节是"最优的"，现实经济问题的产生只不过是计划决策与执行不力的产物。在社会主义商品经济规律问题上，他们遵循了斯大林"既肯定又否定"思维，一方面，受"不成熟"的社会主义影响，商品交换与价值规律还有其局部适用范围，另一方面，社会主义是"直接性"社会生产，其产品配置只能通过计划手段。在60年代改革中，利西奇金、列昂节夫认为，"直接性社会生产"是一种"脱离生活的概念"，就本质而言，社会主义生产同样是一种商品货币关系、价值规律起调节作用的"商品生产"。今天看来，这一观点无疑是正确的，但在当时，面对的却是理论界的"集体攻伐"。

20世纪七八十年代，这一问题又被重提。扎斯拉夫斯卡娅在学术报告中说，"直接性社会生产"是限制认识社会主义商品货币关系与价值规律的"理论教条"，不利于改革，所以主张抛弃。她说，"社会主义生产劳动具有直接社会性"与"劳动消耗规律"有继承关系，都以马克思在《资本论》说的"个人生产一开始是社会生产"和"以交换为基础的生产陷于崩溃"为前提，得出了"生产消耗不通过市场机制就确认其社会必要性"的结论。这是对经典原意的狭隘理解，因为马克思强调了"资本生产力成就"，而这在当下是不具备的，因此改革"必须更积极利用与发展市场关系有关的自动调节器"，那些以正统研究捍卫"社会主义劳动直

---

① ［苏］叶廖明：《社会主义制度下的所有制形式》，《经济问题》1983年第9期，第12–13页。

② ［苏］费多谢耶夫：《马克思和当代》，《哲学问题》1983年第4期，第29页。

接社会性和社会主义商品货币关系特殊性理论的学者们，是在给社会帮倒忙"①。这里，扎斯拉夫斯卡娅直接点名批判"劳动直接社会性"和"社会主义商品货币关系特殊性"两种观点，是有历史原因的。

早在20世纪50年代，有学者就对斯大林社会主义商品经济规律理论做出了解释，认为其根源在于社会主义直接社会生产的"不成熟"，但后来的帕什科夫却否认了这一观点。他说，生产、劳动、产品的直接社会性高低，取决于生产资料所有制形式与经济调节方式，而在全民所有制与计划生产下，"人们的直接社会关系不可能还不成熟、还处于萌芽状态，这种关系同生产资料公有制和社会经济的有计划组织是在同等程度上成熟的、发达的"②。以此为据，他否认了把"生产直接社会性不成熟"作为解释社会主义商品经济规律、商品货币关系在局部范围发生作用的传统观点。后来，帕什科夫的这一观点引来了不少反对者，卡普斯金和米库尔斯基批判道，在发展条件方面，绝不能把社会主义生产关系"绝对化"，视为"最成熟形式"，"社会主义建设的实践表明，劳动和生产的直接社会性没有充分成熟"③。在压力之下，帕什科夫发生了观点转变，提出了上面扎斯拉夫斯卡娅所批判的"商品货币关系是直接性生产特殊形式"的观点。帕什科夫认为，在全民所有制下，"直接性生产"可分为两种，一种为"没有商品货币关系的直接性生产"，如价值规律不起调节作用的生产资料、劳动力领域，另一种生产与商品货币关系结合，既是直接生产，也是商品生产，如价值规律起局部调节作用的小农、合作商店和个体工商户领域。就两者关系而言，前者决定后者，之所以这样，是因为"这种社会主义的有计划组织的商品生产，构成了社会主义的有计划组织的直接社会生产的特殊形式"④。

帕什科夫的"商品货币关系是直接性生产特殊形式"理论，显然有东欧市场社会主义之计划与市场"板块说"的痕迹，但当时苏联学界对此争议较大。卡利佐夫说，把商品货币关系确定为直接性生产的特殊形式，那就意味着它同"计划性之间没有矛盾"，"按照这种观点，社会主

---

① 陆南泉：《吸取苏联剧变教训的若干重要问题的思考》，《东欧中亚研究》1998年第1期，第39-46页。

② ［苏］帕什科夫：《社会主义制度下存在商品货币关系的原因》，《经济问题》1984年第2期，第115页。

③ ［苏］卡普斯金：《马克思的经济学说和社会主义政治学的迫切问题》，《计划经济》1983年第5期，第9页。

④ ［苏］帕什科夫：《社会主义商品货币关系是直接社会关系的特殊形式》，《经济问题》1982年第12期，第82-89页。

义生产实质上被解释为一种商品生产"①。而叶廖明则认为，帕什科夫的"特殊形式"，意在"否认社会主义生产是一种商品生产这一论点"②。列勃罗夫认为，把商品货币关系视为特殊形式，在关系上表明它是直接性生产的"组成部分"，即市场与计划并无矛盾，是统一的，然而，这是不符合经济现实的，因为市场作用被两者"统一性"给"溶解了"，"把价值形式毫无例外地赋予直接社会内容，商品货币关系范畴就只剩下了一个名称"③。事实上，帕什科夫并不否认商品货币关系，只是否认把社会主义生产视为单纯性"商品生产"的观点，这从60年代他与利西奇金、列昂节夫的论战中就能得到证明。其特殊形式理论旨在说明，市场与计划在社会主义经济关系中的地位是不同的，正如他所说："商品货币关系是直接社会关系第二位的、补充的形式。"④总体看来，七八十年代苏联理论界尽管承认社会主义商品货币关系，但在"直接性社会生产"争议下，依旧有把计划与市场区别对待的倾向，这无疑与扎斯拉夫斯卡娅的主张南辕北辙。

（三）东欧学界关于社会主义经济制度的观点

二战以后，东欧部分国家，如南斯拉夫、波兰、匈牙利、罗马尼亚、保加利亚等，在苏联帮助下，都相继通过各种形式建立了人民政权。毫无疑问，在社会主义经济理论与基本经济制度上，各国除了效法首个社会主义国家经验外别无他法。20世纪50年代以来，随着体制弊端的暴露，各国纷纷进入了改革阶段，但除南斯拉夫以外，受"经济最佳运行学派"的影响，各国改革同苏联一样都未触及传统经济制度，特别是所有制与经济体制。六七十年代，随着改革的此起彼伏，这些国家才逐步认识到调整所有制结构、分离占有与实现关系、发挥市场机制对经济改革的重要性。80年代，东欧学界对此展开了系统论证，在所有制问题上，尽管观点零散，但也不乏真知灼见。在经济体制问题上，各国相继出现了影响深远的"东欧市场社会主义理论"。

---

① ［苏］卡利左夫：《论社会主义制度下的商品关系是有计划关系的变种的观点》，《经济科学》1984年第12期，第22页。

② ［苏］叶廖明：《社会主义政治经济学的发展是加强它对实践的影响的决定性条件》，《经济科学》1983年第2期，第6页。

③ ［苏］列勃罗夫：《社会主义制度下的商品货币关系和生产集约化》，《莫斯科大学学报》1984年第4期，第23页。

④ ［苏］帕什科夫：《社会主义商品货币关系是直接社会关系的特殊形式》，《经济问题》1982年第12期，第108页。

1.东欧学界社会主义改革时期所有制观点

东欧各国尽管国情不一、相关改革政策相异，但在所有制理论问题上，东欧学界存在着诸多共同点。概括来说，一是严格区分生产资料国家化、社会化组织形式，社会化是社会所有制或全民社会所有制；二是相比国家所有制形式，全民所有制具有独立性，它向共产主义所有制的融合、转变，不一定要首先经过国家化途径，两者在发展道路上是相互促进、共同发展的平等关系；三是个体经济是社会主义经济成分的有益补充，不应该采取政策压制；四是东欧学界的以上思想观点已经超出了理论探讨层面，在国家政策与正式文件中都已做了相关规定。

第一，在生产资料所有制形式上，认为全民所有制采取国家形式冠之以"最优"，理论上既不符合"国家本质"事实，实践上社会财产总量也已经发生了质变，因而财产组织形式采取国家制"不合法"。在批判国家制这一问题上，最早可追溯到南斯拉夫理论界，西莫维奇说，诚然，公有制在一个国家最初地实行，起着非常关键的革命作用，能够改造社会主义。但国家本身是一种政治强制工具，其中就内含着基本矛盾，"它表现为把工人及其劳动同对社会资本和劳动的其他客观条件的直接管理相分离"①，所以主张变国家所有制为社会所有制，实行企业自治。继南斯拉夫之后，罗马尼亚领导人与理论界对此也做了论述。齐奥塞斯库说，"国家只是工人阶级、各族劳动人民有组织地发展经济和社会的一个工具"，在其现实性上并不是法律或者特权的所属者的代表。托图说，在无产阶级革命政权巩固时期，在社会财产组织形式上采取国家制是"合法的"，但在社会主义建设时期，社会资产相比初期已经增加了8倍有余，因此，在社会主义生产关系上已经发生了"深刻的质变"。同时，这就意味着经济上的独立性，也就是说通过自己的劳动所属的生产资料属于个人所有，已转变了通过国家占有的方式归国家所有，那个时代已经一去不复返了，"在经济上国家作为生产资料所有者的地位已经不再合法"②。

第二，国家与生产资料相结合，势必在所有制性质上带有"国家"所特有的一些集权、官僚、专断特征。早在20世纪50年代南斯拉夫学界，以卡德尔、马尔塞尼奇、马克西莫维奇为代表的经济学家对此已经论证，为其实行社会自治提供了理论奠基。七八十年代，东欧理论界也

---

① ［南］爱·卡德尔：《公有制在当代社会主义实践中的矛盾》，中国社会科学出版社，1980，第7–8页。

② 刘开铭：《近年来东欧各国关于所有制的理论和改革措施》，《苏联东欧问题》1987年第4期，第60–68页。

对此做了说明。波兰经济研究所所长明兹认为，社会主义国家建设的多年实践已经证明："对国家所有制的这种管理方式将不可避免地导致经济活动的官僚主义化及其经营效果的下降。"[①]匈牙利经济学家安道尔认为，作为政治统治工具，集权是国家政治生活的本质逻辑，从而国家经济管理也相应有风险，如官僚作风、直接管控企业等，即使国家在生产经营上做了社会化的一些积极性政策规定，但在运用中难免存在"滞后性"与"抵消"，'这些因素限制了国家所有制的社会性，妨碍了生产资料的真正社会化"[②]。那么，现实经济运行应该如何破解国家所有制这一弊端？他说："在实行中央的国家管理（集中）的同时，要有相应的民主。"[③]事实上，20世纪七八十年代的东欧各国一致认为国家所有制存在弊端，但都不主张南斯拉夫的社会企业自治以取消国家所有制为前提，社会所有制应该保留国家计划统筹，国家所有制的变革，重在区分占有关系、使用关系的分离，以增强企业自主权。

第三，国家所有制并非全民所有制的最优形式。在苏联传统经济理论看来，国家所有制是全民所有制的最优形式，20世纪50年代，这一传统观最先遭到南斯拉夫理论界否定，认为两者在实现"劳动力与生产条件"直接结合上存在区别。七八十年代，东欧学界认为，国家所有制处于初级阶段，还有继续发展的必要性。在发展方式上，要实现所有权与经营、使用、支配权之间的分离，把国家直接经营转化为社会集体经营。在完善问题上，保加利亚纲领文件指出，随着社会主义所有制的发展与完善，不管是国家所有制还是合作社所有制，不管在数量上还是在质量上，社会主义所有制关系都将随之发展，并且国家所有制和合作社所有制二者都在不断发展中完善。在转变方面，明兹说，只有实现国家所有制向社会所有制的转变，职工才能实现对生产资料的真正占有，"把自己的目标同实现生产目标联系在一起"，这样才能实现社会的大发展。

第四，集体所有制的转变、融合，不必经过"国家化"途径。苏联与东欧传统理论认为，合作集体所有制是"社会主义条件下"所"特有"的生产资料所有制形式，要实现向共产主义所有制的转变、融合，就先要通过生产资料国家化途径。七八十年代，东欧领导人与理论界普遍认为，合作集体所有制具有独特性质，在所有制关系上不必转化为国家所有制。60年代，波兰采取立法规定，禁止国营企业吞并城乡集体所有

①　[波]布·明兹：《社会主义政治经济学》，华沙国家科学出版社，1961，第50页。
②　[匈]贝·安道尔：《社会主义政治经济学》，匈牙利科苏特出版社，1979，第68页。
③　[匈]贝·安道尔：《社会主义政治经济学》，匈牙利科苏特出版社，1979，第68页。

制，因为作为社会主义公有制结构的重要组成部分，两者纵然在形式、程度上存在明显区别，但集体所有制与国家所有制在地位上不存在优劣之分。日夫科夫认为，"平行渗透，互相丰富"贯穿于两种所有制发展的整个过程。波兰经济学界认为，到目前为止，不管是在理论上还是在实践中都不存在任何一个充足的理论，证明"两种所有制形式同共产主义社会的主要目标是矛盾的"。罗马尼亚经济学界认为，在社会主义社会向共产主义过渡的整个时期，合作社所有制的发展具有其自身的"客观必然性"，且具有"强大的生命力"。匈牙利经济学家安道尔认为，国家所有制和合作社所有制虽然存在相似的内容但两者并不相同，导致的结果只能是"都向单一的共产主义公有制接近"①。在七八十年代的东欧学界看来，两种所有制都有各自的特征与独立性，它们在发展关系上平等、平行，与社会主义经济关系并不矛盾。

第五，小农、个体工商户等个体经济是社会主义经济成分的有益补充。受苏联传统经济理论影响，20世纪50年代，整个东欧学界认为个体经济与公有制经济不能共存，因而在政策上采取压缩，甚至消灭。60年代，东欧各国突破传统禁锢，发生了观点转变。匈牙利认为，"除集体经济外，社员自留地经济也起着重要作用"，不仅能够提供社会生产所必要的条件，而且还能够进行自主的经营，有助于产品产供销的顺利进行，因为"这是国民经济的利益所在"②。罗马尼亚理论界认为，单个的劳动者进行生产是实现整个社会向前发展的必要条件，不仅能够提高劳动者自身的生活水平，还能够保障社会公共产品的增加和社会财富的流通，因此，"首先要通过发展公共财富来加以保证"③。这一时期，东欧学界在个体经济上已经有了理论上的共识，即都认为个体经济是社会主义经济结构的有益补充，这实际上已经突破了苏联所有制结构"单一化"的传统观，为多种所有制经济共同发展奠定了理论基础。在对待个体经济这一问题上，正如上文提及的，苏联理论界略显保守。如学者叶廖明认为，东欧各国允许各类经济成分合法存在，是在社会主义发展程度还并未进入"发达阶段"，就目前发展阶段而言，各类经济的存在只不过是走向发达社会主义的条件，但是这个条件是否真的有利于发达社会主义一

---

① [匈] 贝·安道尔：《社会主义政治经济学》，匈牙利科苏特出版社，1979，第75页。

② 张德修：《东欧国家生产资料所有制理论比较》，《苏联东欧问题》1984年第5期，第51-57页。

③ [罗] 康斯坦丁内斯库：《政治经济学·社会主义》，张志鹏、苏纪中译，人民出版社，1981，第178页。

切都是未知，因此单纯地认定为"这个结论不可照搬到发达社会主义社会"①。这个问题值得深思。他们认为，发达社会主义已经消灭了各类非公有制经济成分。可以说，这类观点既不利于苏联所有制结构的变革，也为其日后发展埋下了隐患。

2.东欧学界改革时期市场社会主义观点

20世纪五六十年代以后，在苏联传统经济理论以及经济运行僵化模式下，面对经济发展缓慢、经济改革收效不足等难题，东欧各国不但在所有制、经济结构理论上对传统观念有所突破，而且在经济体制，即经济交换方式或调节方式上，突破了苏联商品货币关系的局限论，通过引入市场机制与社会主义相结合，形成了具有划时代意义的"市场社会主义理论"。该理论起始于兰格模式，终结于苏东解体，一来驳斥米塞斯、哈耶克等西方经济学界把市场、价值规律、商品经济与私有制，完全等同于资本主义，把公有制、计划完全等同于社会主义的错误观点；二是通过论证市场机制与社会主义两者结合的合理性、有效性，破除了商品生产、商品货币关系、市场调节机制与私有制天生一体的天然神话，把市场机制引入公有制经济关系中，是对社会主义基本经济制度的一次"哥白尼式变革"。

就渊源来看，"兰格模式"在理论上首次突破了教条框架，把市场机制与社会主义公有制相结合起来。兰格模式起始于波兰经济学家兰格对米塞斯《社会主义制度下的经济核算》一文中关于"市场与私有制相伴而生"，与公有制相对立，社会主义不能实现资源配置问题的批判。他说："生产资料公有制的事实本身不决定分配消费品和分配人民各种职业的制度，也不决定指导商品生产的原则。"②缘于此，他首次提出了区别于传统经济运行体制的市场社会主义，不过在他那里，市场作用机制的发挥，是通过公有制计划经济的"试错法"与"模拟法"来实现的，即"计划模拟市场机制的模式"③。该模式以生产资料公有制为前提，保留了劳动力、小私有制，把中央计划局模拟生产资料市场与消费自由市场相结合，来进行社会主义经济核算与资源配置，并认为这一模式比私有

---

① 张德修：《东欧国家生产资料所有制理论比较》，《苏联东欧问题》1984年第5期，第51-57页。

② ［波］奥斯卡·兰格：《社会主义经济理论》，王宏昌译，中国社会科学出版社，1982，第10页。

③ 钟声：《当今名家侃市场》，四川人民出版社，1992，第185页。

制自由竞争所带来的资源配置过剩危机更具优越性①。可以说，20世纪二三十年代的这场经济核算大论争，对东欧社会主义理论界进行理论创新与实践具有奠基意义。

兰格之后，波兰的另一位经济学家布鲁斯提出了"有调节的市场机制模式"②。在《社会主义经济的运行问题》一文中，布鲁斯首先阐明了他所要探究的社会主义经济运行机制（模式），他说："所考察社会经济制度是社会主义类型的经济运行原则的变种。"③在此基础上，布鲁斯对现行经济模式进行了系统分类，分别有苏联式集权式模式、受控制的市场机制模式和不受控制的市场社会主义模式。他通过分类比较，认为受控制的市场机制模式介于第一者模式与第三者模式之间，这样，既可以克服集权模式直接经营的弊端，把生产经营权交予企业，根据市场状况来决定其经营业绩，同时也防止了不受控制型市场机制的自身弊端，从而在宏观与微观两层面实现经济结构的平衡秩序发展。布鲁斯的受控制型市场机制理论，不仅继承和发展了兰格模式市场社会主义理论，而且在社会主义经济调节中引入了市场机制，已不再是理论假设。在随后的苏东社会主义国家所进行的经济体制改革中，都留下了布鲁斯控制型市场机制的市场社会主义理论痕迹④。

在市场与社会主义结合理论上，捷克斯洛伐克经济学家锡克的市场机制思想显得更为具体。在《民主的社会主义经济》一文中，作者首先将社会生产的不平衡性区分为宏观与微观不平衡，并在探究各自领域不平衡的基础上提出了三类解决不平衡调节的方案。一类是完全排斥市场机制的社会主义传统经济模型，不管是哪一种不平衡，均由计划调节；二类是宏观与微观不平衡对应性地分别由计划、市场调节；三类是两类不平衡都由市场来调节，计划调节不起作用。通过分析三类不同经济调节模型的优劣，他认为，由宏观计划与微观市场分别调节的经济模型是最优的，构成了社会主义调节不平衡生产及其经济关系的最优组合⑤。在计划与市场的关系中，他认为微观经济问题的产生是国家计划直接干预

① ［波］奥斯卡·兰格：《社会主义经济理论》，王宏昌译，中国社会科学出版社，1982，第10-18页。

② 钟声：《当今名家侃市场》，四川人民出版社，1992，第190页。

③ ［波］弗·布鲁斯：《社会主义经济的运行问题》，周亮勋等译，中国社会科学出版社，1984，第3页。

④ 刘建华：《苏联东欧国家对市场作用问题的探索》，《当代经济研究》2014年第10期，第53-58页。

⑤ 王义祥：《中东欧经济转轨》，华东师范大学出版社，2003，第401页。

的结果，因而问题解决就需要发挥市场作用，并且这种市场一定是规则健全、消除垄断、经济个体独立的真正意义上的微观竞争市场。在经济改革中，对社会主义市场应采取不同的道路，首先应该明确的不是取消或否定任何一条未经实践的道路，而是要寻找一条利用市场机制的积极作用的道路。以宏观与微观不同经济领域视角，锡克提出了不同经济调节模式，在经济体制中实现了计划与市场不同方式的有力结合。事实上，这一模式比布鲁斯的控制型市场机制更加具体，不但为随后的"布拉格之春"做了理论准备，而且也对苏东改革乃至中国改革开放后的"板块调节说""二次调节说"产生了深远影响。

除此以外，还有"科尔奈的IIB模式"的"经济协调"理论①。由于他的观点与前几位理论家的经济模式有诸多相似之处，只是把"经济（调节）模式"换成了"经济协调"，加之他的观点在后期发生了颠覆性转变，所以，这一经济模式就不做过多介绍。只是在改革开放的今天，中国不但确定了市场经济调节的决定地位，而且在党的十九届四中全会上将其提升至社会主义基本经济制度的高度，那么，相比较而言，我们应该怎样给予东欧市场社会主义理论一个合理的评价呢？应当说，一方面，该理论首次将市场机制与社会主义制度结合起来，在破除社会主义经典原理束缚与苏联教条式传统思维中，来解读社会主义经济规律，既实现了理论上对共产主义第一阶段的认识，即社会主义的经济交换、调节理论的创新发展，弥补了马克思在《哥达纲领批评》中关于社会主义"等量交换原则"的缺憾，又对认识整个共产主义第一阶段经济形态理论，进行经济体制改革、解放发展生产力的社会主义实践，都有着至关重要的历史影响。然而，另一方面，尽管他们把市场机制引入了社会主义经济关系中，但都不免有把计划与市场区别对待的倾向。甚至，伴随着本国经济体制改革的相继失败以及后来的苏东解体，一些学者不但否定了其市场社会主义理论的科学性，而且转为了新自由主义"万能的手"与私有化的拥护者，继而否定了社会主义与马克思主义。这在布鲁斯的《从马克思到市场》与科尔奈的《理想与现实》等著作中都有体现。因此，对其历史地位，我们应该不偏不倚，公正对待。

（四）中国学界对社会主义基本经济制度的探索

新中国建立之初，我国经济关系是混合型的，有论者将其称为"综合经济关系'。1953年，过渡时期"总路线"提出后，"社会主义基本经

---

① 钟声：《当今名家侃市场》，四川人民出版社，1992，第193页。

济法则（规律）"一度成为学界焦点。有论者独具慧眼，认为混合经济成分使价值规律还有存在空间与客观基础，"社会主义基本经济法则的作用范围还受到一定的限制"[①]。这在今天看来无疑是对的，但当时受斯大林社会主义生产关系不是从"旧社会孕育"而是"无产阶级政权"产物的理论影响，当时主流观点认为社会主义基本经济规律产生，一定是特种生产、国有经济成分、计划调节"战胜"商品生产、私有成分与价值规律的结果[②]。于是，在多种因素下，我们忽视了社会主义经济关系的复杂性，认为它与雇佣劳动关系的私有经济、商品货币关系不能共存，进而通过社会主义改造建立了传统型单三元经济制度。它的积极意义在于遵循了当时中国社会主义过渡时期的国情而具有重大现实价值。

1.社会主义商品经济规律研究的学术发端

社会主义基本经济制度新内涵包括社会主义市场经济，改革开放后社会主义经济体制理论的变革发展离不开这一时期国内学界在社会主义商品经济规律上的主要思想。商品经济规律并非资本主义生产关系的独有产物，它伴随着人类社会分工产生于原始社会末期。从基本经济规律的性质与目的来看，只有剩余价值基本规律才是资本主义生产关系的独有产物与特有经济规律。这一点，马克思主义创始人早已反复论证了。所以，研究社会主义基本经济规律，就不能忽略社会主义商品或市场经济规律。从国内学术情况看，学界对社会主义商品经济规律的论述最早可追溯到五六十年代，改革开放以来，社会主义商品经济规律、计划与市场关系，是学界探讨社会主义基本经济规律的主要范畴。

在社会主义生产资料改造完成后，伴随着单一公有制在经济建设方面的推进，有部分学者已经看到了公有制经济本身在调动经济主体活力上所存在的一些弊端，为此，他们提出了把市场机制引入公有制经济，这方面理论的先驱人物有顾准和孙冶方。顾准在1957年发表的《试论社会主义制度下的商品生产和价值规律》一文中认为，公有制计划体制本身存在滞后性，为此需要引入市场经济核算，在他看来，计划与经济核算并不矛盾。在调节方面，他主张计划应该在于全局预见性管控，在于"更富于弹性，更偏向于规定一些重要的经济指标，更减少它对于企业经

---

① 王思华：《关于个体经济、合作社经济的经济法则和中国过渡时期经济的基本经济法则问题》，《经济研究》1955年第1期，第11—20页。

② 张国福、周少华：《我国经济学界关于社会主义基本经济规律的论述（摘编）》，《经济学动态》1980年第1期，第30—38页。

济活动的具体规定"①。同时，在企业生产经营、生产资料所有权与使用权方面，应该以市场价格调节为依据，"使劳动者的报酬与企业赢亏发生程度极为紧密的联系"②。可以看见，顾准已经看到了单一公有制在调动微观经济主体活力方面的缺陷，并且注意到企业经营权与生产资料所有权的适当分离，由市场来决定企业经营状况与劳动报酬。应当说，这一社会主义市场经济规律思想在当时极为罕见，事实上破除了市场交换调节方式与社会主义经济制度的天生对立的教条神话。

如果说顾准是从计划调节的固有缺陷来论证社会主义商品经济规律的，那么孙冶方也有异曲同工之妙。1956年，孙冶方在《把计划和统计放在价值规律的基础上》一文中认为，社会主义经济是公有制经济而非私有制经济。但公有制经济事实上存在着经济的核算问题，公有制的经济核算是通过最小经济消耗代价来换取最大生产总量效益。而在这方面，价值规律是天然的劳动量的衡量标尺与生产的调节器，为此，公有制经济核算就需要引入市场机制及其价值规律。但价值规律以市场禀赋、竞争、规则为运行条件，其本身附带了经济发展的盲目危机，而公有制经济核算一方面能带来经济效益，另一方面又能通过宏观计划核算来破除其负面影响。在此基础上，价值规律只是社会生产劳动量的衡量标尺与调节器，它在一定程度上排除了市场经济的外在形式，是社会主义经济实现资源优化配置的核算手段。这种以价值规律为基础的经济核算事实上就是马克思所说的有计划比例调节问题，不只存在于社会主义经济形态下，而且共产主义高级阶段同样适用。所以计划调节应该以这种经济核算为条件，与计划实现双向调节③。

改革开放后，随着国家政策在所有制关系结构方面的调整，社会主义商品经济规律的研究也跟着出现了前所未见的学术氛围。当时有学者借鉴苏东社会主义改革浪潮，在计划经济体制调节问题上提出了"板块调节说"，这一思想首先是将市场调节引入社会主义经济调节，将国民经济按照不同种类与属性分为不同板块，结合市场与计划的不同优缺点，主张由国家通过计划手段来统一管控生产资料生产与消费品分配，再由

---

① 刘伟、平新乔：《东欧、苏联与中国改革学者关于市场地位思想的比较》，《社会科学辑刊》1989年第1期，第44-51页。

② 刘伟、平新乔：《东欧、苏联与中国改革学者关于市场地位思想的比较》，《社会科学辑刊》1989年第1期，第44-51页。

③ 孙冶方：《把计划和统计放在价值规律的基础上》，《经济研究》1956年第6期，第30-38页。

市场调节来规定企业绩效与劳动产品价格①。应该说，这种社会主义商品经济规律是不完整的，在一定程度上分离了计划与市场的交叉作用。先不说经济活动调节不存在计划与市场彼此割裂，甚至在国民经济板块如何划分以及划分标准、不同调节手段在何时何地适用以及调节边界如何区分，是存在理论困境的。具体到经济实践层面，"板块调节说"有可能让不同板块的经济调节完全不相干。在中国20世纪80年代的市场化改革中，显然留下了"板块调节说"的时代痕迹，如工农业价格双轨制、企业产品原料计划外自购等经济现象。虽然其理论在今天看来尚有不完善之处，但在当时已经具备单一计划调节所不具备的经济效益。除此以外，还有部分学者主张"先后调节说"，有学者指出，市场调节为首次调节，计划调节紧跟其后，前者是国民经济调节的前提条件，因为"只有在第一次调节不能达到社会经济发展预定目标的场合，才需要第二次调节。即使如此，仍应当认识到，离开了市场机制，第二次调节也就发挥不了作用"②。可以肯定的是，"先后调节说"肯定了社会主义市场经济与市场调节的基础地位，为社会主义把市场与其自身结合起来提供了理论依据，成为改革开放至今社会主义基本经济规律发展完善的典型代表。

2.改革时期关于社会主义基本经济制度的探索

尽管国家领导人与当时理论界对传统理论有过突破，但因众多因素依旧没能撼动单三元经济模式的正统地位。改革开放后，我国基本经济制度完善、发展的理论与实践探索进入一个全新的历史阶段，这首先要归功于邓小平"建设有中国特色社会主义"在理论上对社会主义本质、阶段、矛盾、道路的科学定位，对市场与社会主义传统观念的破除。正是在这些前提下，我国才确立了经济体制改革的主攻方向，并由此带动了所有制结构的循序性政策调整。从党的十一届三中全会"社员自留地、家庭副业和集市贸易是社会主义经济的必要补充部分"③的个体经济恢复，到党的十二大"我国生产力水平总的说来还比较低，又很不平衡，在很长时期内需要多种经济形式的同时并存"④的新论断；从1982年全国人大五届五次会议通过宪法对多种经济成分合法性的立法保护，到党的十二届三中全会对"经济成分有益补充"的界定与十三大对"有益补

---

① 经济研究编辑部：《中国社会主义经济理论的回顾与展望》，经济日报出版社，1986，第208-209页。

② 厉以宁：《社会主义政治经济学》，商务印书馆，1986，第326页。

③ 中共中央文献研究室：《三中全会以来重要文献选编》上，人民出版社，1982，第8页。

④ 中共中央文献研究室：《十二大以来重要文献选编》上，人民出版社，1986，第20页。

充"的肯定：从党的十四大"有益补充"向"共同发展"的转变，到十四届三中全会关于推进国有企业改革、建立现代企业制度，再到党的十五大社会主义基本经济制度的正式确立。至此，中国正式破除了传统模式的"单性"结构，确立了"双三元"经济制度。

这期间，以所有制关系为内涵的基本经济制度的形成与发展，既是公有制与非公有制关系的政策调整过程，也是一部理论界关于基本经济制度的观点创新史。从改革开放到党的十五大之间，中国理论界依托经济体制改革与社会转型产生了一大批包括刘国光、卫兴华、何伟、晓亮、王珏、周叔莲、厉以宁、张维迎、林毅夫等在内的知名学者，他们关于公有制经济与非公有制经济关系、社会主义股份制的概念与特征、公有制实现形式及其性质与目的、对马克思的"重建个人所有制"思想的理解、国有企业与产权改革等基本经济制度的相关论述，不但产生于当时国家相关政策之前，而且在以上理论的分歧与争议中，通过理论误区的拨云见日与实践检验，为党的十五大确立以所有制关系为内涵的基本经济制度提供了思想来源。

（五）中国学界对社会主义基本经济制度的研究

继党的十五大之后，我国公有制经济与非公有制经济的关系相继经历了"共同发展"—"重要组成部分"—"两个毫不动摇"—"两个都是"—"混合所有制经济是基本经济制度的实现形式"的不断深化的认识历程。这期间，社会主义基本经济制度的含义专指"公有制为主体、多种所有制经济共同发展"，因此学界关于基本经济制度的研究主要着眼于所有制的各类问题，同时也不乏热点问题专门探讨。

1.关于社会主义所有制结构的基本问题

改革开放以来，国内关于社会主义所有制的研究成果颇多。所有制研究主要集中于以下七个基本问题：第一，关于社会主义所有制的结构。多数学者从基本国情出发，主张"公有制为主体、多种所有制经济共同发展"的混合所有制结构，强调既不能搞单一公有制，也不能实行全面私有化。第二，关于公有制主体的含义。如张卓元（1997）[①]认为，以公有制为主体，最根本的就是公有资产在社会总资产中占优势，或者说是公有资本在社会总资本中占优势，国有经济控制国民经济命脉，对国民经济的发展起主导作用。第三，关于公有制的实现形式。在20世纪80年代初，有人就提出全民所有制企业可以实行国有国营、国有市营、国

---

① 张卓元：《坚持以公有制为主体》，《经济研究参考》1997年第85期，第1页。

有企营、国有私营，认为承包、租赁、股份制都可以成为公有制的实现形式。厉有为（1997）[1]认为，公有制可以包括各级政府所有制、劳动者集体所有制、社区所有制、社团所有制、社会基金所有制等形式。晓亮（1998）[2]认为，公有制的实现形式可以包括八种：一是国家所有制，二是集体所有制，三是股份制，四是股份合作制，五是社区所有制，六是基金会所有制，七是社会集团所有制，八是"三资"企业中的公有制成分。第四，关于公有制与非公有制的关系。董辅礽（1993）[3]提出社会主义经济应是"在保持多种公有制占主导的条件下发展多种非公有制"，即后来的"八宝饭"理论；晓亮（1996）[4]指出私有制与公有制经济是协作而不是对立关系，它们能够共荣共进；范恒山（1998）[5]则进一步强调二者可以结合和转换。第五，关于公有制为主体的实证考量。学界一直对"公有制为主体"的标准存有争议。直至党的十五大明确认定"要有量的优势，更要注重质的提高"。但这又涉及如何理解"量"与"质"的问题，郭飞（2008）[6]认为"量"的核心应是指经营性净资产，而"质"则需分别从生产力和生产关系角度再细分。于是这又变成一个多目标的权衡。伴随着非公有制经济的蓬勃发展，一些学者对公有制经济在今天是否仍然占据主体地位表示怀疑，裴长洪（2014）[7]则采用不同资产价值量作为衡量主次地位的边界标准，估算了三大产业两种所有制的资产规模及其比重变化，发现直至2012年，公有制经济的资产规模仍然占53%，这证明我国的公有制主体地位依旧存在。第六，关于非公有制的合理性。如潘石（1999）[8]指出，我国处于社会主义初级阶段，人口多，就业和生活服务需求量大，公有制经济不可能都包下来，这就需要个体经济和私营经济，这两种经济成分在城市和乡村的许多领域都可以存在。

---

① 厉有为：《关于所有制问题的思考》，《经济学动态》1997年第11期，第6–11页。

② 晓亮：《所有制改革三题》，《理论学刊》1998年第5期，第46–49页。

③ 董辅礽：《非公有制经济与社会主义市场经济》，《中国工商管理研究》1993年第8期，第18–21页。

④ 晓亮：《现阶段私有经济与公有经济的关系问题》，《江淮论坛》1996年第3期，第9–13页。

⑤ 范恒山：《所有制改革：新的突破与突破的新任务》，《马克思主义研究》1998年第1期，第4–9页。

⑥ 郭飞：《深化中国所有制结构改革的若干思考》，《中国社会科学》2008年第3期，第52–67页。

⑦ 裴长洪：《中国公有制主体地位的量化估算及其发展趋势》，《中国社会科学》2014年第1期，第4–29页。

⑧ 潘石：《中国社会主义初级阶段基本经济制度论析》，《长春市委党校学报》1999年第1期，第37–43页。

第七，关于非公有制的性质。如刘颖（2006）[①]认为，我国社会主义初级阶段的私营经济、外资经济，已经不是一般意义上的资本主义经济，国家可以对其进行限制、监督和管理，国家和公有制经济可以影响其存在的方式和发挥作用的方式，这体现了列宁所说的国家资本主义是无产阶级的国家能够对其加以监督、管理、规定其活动范围的资本主义的特点，因此都属于国家资本主义的性质。

2.关于社会主义基本经济制度的内涵定位之争

在探讨这一问题前，有必要区分三个概念：混合所有制经济、混合所有制关系与混合所有制企业。共同点是三者既不属于单纯的公有制经济，也不能完全归纳在非公有制经济中，公有还是非公有，主要看多数资产与股额掌握在谁的手里。区别是前者专指"国有资本、集体资本、非公有资本等交叉持股、相互融合的不同所有制经济体"，而混合所有制关系只表明经济成分在性质、结构上的"混合关系"，混合所有制企业指公私资本混合的企业。混合所有制经济必然派生出混合结构与混合经济企业。本书说的混合所有制关系专指"一个主体，多重发展"的混合架构。从我们多年来在理论、制度上确立以混合所有制关系为内涵的社会主义基本经济制度，到党的十九届四中全会对其内涵体系的新界定，在这期间，"以公有制为主体、多种所有制经济共同发展"的"两个毫不动摇"的混合所有制关系一直被视为社会主义基本经济制度。从本质特征来看，这种界定是符合基本经济制度内在规律的。但当时学界在基本经济制度的所有制形式定位上存在着不同见解。

有学者认为，目前"以公有制为主体、多种所有制经济共同发展"的混合所有制关系，不是真正意义上的社会主义基本经济制度的内涵，而是"社会主义初级阶段基本经济制度的内涵"。在马克思恩格斯那里，只有"全民所有"或"社会所有"的"生产资料公有制"才是社会主义基本经济制度。可见，现阶段采取的混合所有制关系实际上是"社会主义初级阶段基本经济制度"，并且是"具有中国特色的社会主义初级阶段基本经济制度"。我国现阶段之所以形成公私混合发展的所有制结构，是因为社会生产力水平还不够高。按照社会基本矛盾演进规律，混合所有制关系将在很长时期内成为初级阶段的基本内容。只有随着生产社会化的持续演进，当人类社会进入马克思所描述的"社会财富充分涌流"和"异化的劳动复归于人的本质"之时，混合所有制关系才会在"自行消亡

① 刘颖：《民营经济的基本内涵研究》，《商场现代化》2006年第22期，第296页。

中"转变为"社会所有的公有制"①。

对此，有论者反对，认为上述对经典文献断章取义的观点存在两个错误的前提假设。一个假设是"公有制"等于"社会所有"，两者并无区别。然而，真实情况是"公有制"与"私有制"相对并且排斥个人所有，而"社会所有"恰好是以"个人所有"为目的，中文版的"公有制"概念在德文版经典文献中是没有出处的，频繁出现的无一不是"社会所有"或"共有"概念。在《资本论》中，"重建个人所有制"实际上就是"社会所有"。所以，把公有制界定为基本经济制度的说法存在两重误区：一是把"社会所有"混淆为"公有制"；二是把未来所有制模式视为当下经济基础。另一个假设是，我们之所以没有采用传统公有制而选择了混合关系的"初级阶段基本经济制度"，是因为生产关系超越了初级阶段的生产力水平。但从现实来看，生产关系不存在超越生产力的情况。把未来社会理想强加于客观生产关系阻碍生产力发展的危害视为生产关系对生产力的超越，把以往实践所否定的高级生产关系视为当下基本经济制度，既是对既往过错的否认，也给未来发展带来隐患。这两种假设已为20世纪一些社会主义国家用单一公有制计划调节试图消灭商品货币关系的曲折历史所否定。历史将会证明，混合所有制关系不仅只是初级阶段基本经济制度的内涵特征，而且在漫长的社会主义岁月中将是社会主义基本经济制度的内涵特征②。

应该说，当前混合所有制关系应该定位于社会主义初级阶段基本经济制度内涵。因为在马克思恩格斯早期视域中（以《资本论》为界），共产主义与社会主义是同一概念，社会主义生产关系是以生产资料社会所有为根本特征的，这集中体现在《资本论》第一卷对"重建个人所有制"的论述中。公有制形成显然并不是任何人头脑中的先验虚构，而是与私有制狭隘性、生产社会化趋势、解放发展生产力相适应的，是人类社会经济形态、人类文明不断演化的共同方向。但是，现实社会主义与科学社会主义存在不同论述前提，这也是20世纪苏东社会主义一味纯粹公有化而适得其反的原因。恩格斯说，马克思的理论绝不是僵死不变的教条，"而是对包含着一连串互相衔接的阶段的发展过程的阐明"③。改革开放后，我们之所以变革传统体制，形成主次有序、和谐共存的混合所有制

① 陆仁权：《社会主义初级阶段基本经济制度和社会主义基本经济制度的关系》，《理论前沿》2000年第23期，第26-27页。
② 汤在新：《论社会主义基本经济制度》，《经济学家》2004年第6期，第39-44页。
③ 《马克思恩格斯文集》第10卷，人民出版社，2009，第560页。

关系，就是因为伴随中国五千年文明史的私有制的历史使命与现实形态尚未完成，发展各类非公有制经济，就是要一切从实际出发，弥补现实社会主义跨越工业化的历史断层。所以，当前混合所有制关系就是对我国社会主义初级阶段多种占有、经营方式的阶段性表达，并非整个社会主义基本经济制度的内涵，否则只能错误地将中国社会主义初级阶段和整个社会主义混为一谈。

3.关于社会主义基本经济制度的元素关系之争

公有制为主体、多种所有制经济共同发展的所有制关系是否是基本经济制度的内部的统一元素？两者之间的关系究竟如何？对此，当前学界存在着"对抗关系论"与"相互促进论"。

"对抗关系论"的表现之一是只肯定公有制或公有制主体地位的存在具有合理性，而对非公有制经济的性质、地位与前景大加鞭挞。有论者指出，公有制经济与私营经济在经营方式、分配关系与价值取向上是对立、排斥的，把各类非公有制经济视为社会主义经济基础，将导致现实经济成分主次易位与公有制经济基础地位的动摇。私营资本虽然要鼓励发展，但说到底与社会主义经济关系是南辕北辙，其存在与发展，不仅会动摇社会主义的经济基础，而且还会产生出资本主义经济关系，威胁和动摇社会主义制度与人民民主专政的经济根源。事实上，国有经济并不比私营资本效率低下，后者之所以显示出巨大的经济效益，多数是因为市场与政府双重规则失灵下的非法经营，这反过来也是当代中国政府合法性危机与公信力式微的主要原因[1]。

"对抗关系论"的表现之二是全面否定公有制经济或其主体地位存在的意义及合理性，为全面发展非公有制经济开辟道路。有学者指出，以"公有"作为区分社会主义与资本主义经济制度的特征是不准确的，"公有"经济关系曾一度出现于资本逻辑前的其他社会经济形态中，但它们并非社会主义经济制度[2]。相较于公有制经济的从上至下行政式僵化调节，私营经济以灵活机动、驱动辐射的内生性市场需求能为社会带来更多效益，公有制经济在资源配置方面效益低下是公认的事实[3]。马克思所讲的"重建个人所有制"就是生产资料量化于个人。公有制不是社会主

---

① 关梦觉：《社会主义经济体制比较通论》，辽宁人民出版社，1989，第243-245页。
② 本刊特约评论员：《以公有制为主体的基本标志及怎样才能坚持公有制的主体地位》，《当代思潮》1996年第4期，第2-17页。
③ 蒋选：《适度垄断——我国企业集团的基本市场选择》，《中央财经大学学报》1994年第1期，第26-31页。

义的本质内容，私有制也并非资本主义的特有产物，在当下中国，私营经济已经有其赖以生存的客观条件、制度基础，已经成为经济体制从计划转向市场的深层动因，因而私营经济应该在解放和发展社会生产力中处于重要地位，这符合邓小平"三个有利于"标准。

不同于"对抗论"，有论者指出，现阶段混合所有制关系中的两类元素在社会主义条件下不是绝对的对抗关系，"公有制为主体"与"非公有制经济"存在着相互依赖、竞争与彼此促进的关系。在现阶段下，资本逻辑与商品货币关系的历史使命尚未完成，私营经济还有其存在发展的客观基础，公有经济与非公有经济的组合体系构成了当下我国社会主义的经济基础，是对传统经济制度的创新发展。这种创新破除了所有制非公即私、公有与市场水火不容的思维模式，从微观与宏观双向层面找到了各自存在的合理性，形成了一种既相互竞争又彼此促进的良性发展关系。作为社会主义基本经济制度，混合所有制关系集中体现了受生产力决定的我国现阶段的基本经济关系，是决定当前我国其他经济制度体系、社会关系结构体系、政治关系体系与意识形态体系的基础因素。把所有制混合结构确定为基本经济制度的内涵元素，在一定程度上已经表明两者都是社会主义初级阶段解放发展生产力不可或缺的组成部分，其关系不再是单一的"补充"，也不是一般意义上的"并存"关系，而是长期存在、平等竞争与共同发展的互利关系①。

列宁指出："每种现象的一切方面（而且历史在不断地揭示出新的方面）相互依存，极其密切而不可分割地联系在一起，这种联系形成统一的、有规律的世界运动过程。"②应该说，"对抗论"不管是哪一种，都有把"公有制"或"公有制为主体"和"非公有制经济共同发展"关系对立化、绝对化的倾向，是认识论上的一种偏差。按照马克思主义唯物辩证法思想，单不说世界本身就是多样化的，各种因素相互联系和相互转化着的，而且从来都是参差不齐的，并无绝对化。就实际层面来看，巩固公有制主体地位、做大做优国有企业与鼓励支持各类私营经济健康发展绝不能反向而行，两者对社会主义现代化建设有着各自的优势与不足，如果两者关系处理得好，可以在交相补充中实现互利共赢。因为社会主义现代化建设既需要宏观管控以维护社会公平，也需要激发各类市场主

---

① 张井：《要充分认识基本经济制度的统一性和全面性》，《学术研究》2003年第1期，第9-10页。

② 中共中央马克思恩格斯列宁斯大林著作编译局编《列宁专题文集·论马克思主义》，人民出版社，2009，第12页。

体内生动力门微观基础，而混合所有制关系正好为此提供了坚实的制度保障。混合所有制关系既能克服市场缺陷，实现国民经济的合理布局，也能通过股份制渠道在实现其内部公私元素彼此对接、相互竞争与交相带动的基础上实现产业升级、能源换代与科技创新。混合所有制关系结构既能根据生产力水平的阶段性与经济主体各异的禀赋差别，灵活地把不同生产资料与具体分配占有形式相结合，最大限度发挥劳动、资本、知识、管理等生产要素的市场化作用，也能在提高劳动生产率、要素生产率与全要素生产率的基础上为人民群众走向共同富裕铺平道路。

（六）社会主义基本经济制度思想史纷争的焦点问题

通过以上对社会主义经济制度思想史的梳理，即对马克思主义创始人、经典作家和一代代马克思主义理论继承者的思想轨迹的系统回顾，我们看到，百余年来纷争的焦点问题集中在以下几个大的方面。

1.生产关系总和论和基础论

长久以来，学界对马克思与《资本论》关于生产关系的内容与内涵构成争论不休，并产生了两种定向的解读。学界通常将此两种定向的解读分别称为"生产关系总和论"和"生产关系基础论"（下文简称"总和论"或"基础论"）。所谓"基础论"，一是强调生产资料所有制是生产关系最为基本、最为核心、最为基础的内容；二是强调生产资料所有制对生产关系"四环节"，即生产、分配、交换、消费的决定性作用；三是强调生产关系与所有权、劳动者与生产资料结合方式、生产资料所有制之间的等同性。如李济广认为，《资本论》是在"所有权"意义上阐述生产关系的，"资本所有权是资本主义生产关系的起点"，在《资本论》中"财产的最终归属权属于狭义所有权，归属权所有制是所有制的首要含义甚至是本来含义，不同于广义所有权即生产关系总和所有制"[①]。再如段忠桥认为，《资本论》中的"生产关系概念应定义为同一定的生产方式相适应的生产条件的所有者同直接生产者的关系"[②]。"基础论"的理论依据主要来自《资本论》和斯大林的《苏联社会主义经济问题》一文。

所谓"总和论"，最早是在批判斯大林上述理论中产生的。20世纪50年代中期以来，由于以斯大林为代表的传统社会主义政治经济学遭遇到了前所未有的时代困境，所以为推进社会主义改革，斯大林理论成了

① 李济广：《公有权、公有制：中国特色社会主义政治经济学的起点与主线》，《马克思主义研究》2019年第8期，第112—120页。
② 段忠桥：《对生产力、生产方式和生产关系概念的再考察》，《马克思主义与现实》1995年第3期，第52—61页。

"总和论"批判的主张对象。其中，斯大林的"生产关系三分法"及其"所有制决定论"和马克思《政治经济学批判导言》中的"四环节"之间的关系问题是焦点所在。如孙冶方认为，斯大林把交换与消费排除在生产关系之外，并把生产资料所有制形式独立出来当作决定因素，这有"讨论的余地"。因为在经典文本中，生产关系的四个组成部分"已经包括了在'所有制形式（或财产关系）'这个法律用语中所包含的全部经济内容"。同时，在四环节之外"再单列一条所有制形式，那就意味着在生产关系之外去研究所有制问题"，因此，斯大林的生产关系理论与马克思恩格斯的定义相比，不是前进一步，而是后退了两步[1]。如查果洛夫认为，"生产资料所有制决定论"是一种"先验范畴"和"法权形式"，"从生产作为不断地再生产过程包括交换、分配和个人消费，应当得出结论：生产关系不仅包括生产本身的关系，而且也包括在交换、分配和消费的基础上人们之间产生的关系的总和"[2]。

除了这两种对立性解读外，学界还形成了探讨生产资料所有制与生产关系四环节辩证统一关系的思想。如张闻天写于1963年的《关于生产关系的两重性问题》，文中区分了马克思关于生产关系的两重内涵或者两种类型。一个是反映生产力属性的"生产关系一般"，另一个是"生产关系特殊"的"所有关系"，即生产资料所有制关系。就关系而言，张闻天认为，所有关系是包含所有这些生产、分配、交换和消费关系的总的形式[3]。再如于光远认为，所有制在经济上是通过生产、分配、交换、消费四个环节实现的，或者说，所有制关系就是生产总过程四个环节中人与人之间的关系，它不能和生产过程的四个环节并列[4]。但也有学者提出反对意见。如赵家祥对此评述道，如果马克思说的四环节中的"生产"是生产关系与生产力的统一，那么把生产"作为生产关系的一项内容，就是用生产关系吞并了生产力"。如果马克思说的"生产"不包括生产力就指生产关系，那么，四环节对应四个关系，这样的话，"'生产关系'包括'生产关系'这种奇妙的逻辑，是任何人也无法理解的"[5]。

① 孙冶方：《论作为政治经济学对象的生产关系》，《经济研究》1979年第8期，第3-13页。
② ［苏］查果洛夫主编《政治经济学教程》上卷，徐秉让等译，生活·读书·新知三联书店，1965，第56页。
③ 张闻天：《关于生产关系的两重性问题》，《经济研究》1979年第10期，第33-42页。
④ 于光远：《谈谈社会主义公有制和按劳分配问题》，人民出版社，1978，第8-12页。
⑤ 赵家祥：《〈资本论〉及其手稿中的生产关系理论》，《新视野》2013年第4期，第102页。

2.生产关系分为直接生产关系与产品实现关系

生产关系"总和论"的论据来源于马克思《1857—1858年经济学手稿》中的《导言》部分。《导言》对庸俗经济学家"肤浅的联系"的批判以及对四环节辩证关系的深刻阐述，其直接结论是：生产过程具有两重性。或者说，四环节并不是表面上呈现出的简简单单、互不相干且层次分明的关系。从一件产品或者商品价值的生产过程来看，生产过程体现价值创造与价值实现两个过程性或者两重性，价值创造过程是劳动过程或者生产性劳动过程，价值实现过程是产品向商品以及生产所有权向流通与消费所有权的转移过程。从社会再生产过程看，生产过程既是生产要素（人与物）的分配、交换、消费的直接性生产过程，也是产品、商品和消费资料的分配、交换、消费过程。前一生产过程是"生产的分配、生产的交换、生产的消费"，后一生产过程是庸俗经济学说的"肤浅的联系"，也是马克思和《导言》中说的"原来意义上的"①四环节。这两种生产过程有什么关系呢？马克思以生产和分配的关系做了说明。他说，"这种决定生产本身的分配究竟和生产处于怎样的关系，这显然是属于生产本身内部的问题"②。也就是说，"在分配是产品的分配之前，它是（1）生产工具的分配，（2）社会成员在各类生产之间的分配（个人从属于一定的生产关系）——这是同一关系的进一步规定。这种分配包含在生产过程本身中并且决定生产的结构，产品的分配显然只是这种分配的结果。如果在考察生产时把包含在其中的这种分配撇开，生产显然是一个空洞的抽象；相反，有了这种本来构成生产的一个要素的分配，产品的分配自然也就确定了"③。

3.生产资料所有制（所有权）是生产关系本身

首先，斯大林把生产资料所有制从生产关系中提炼出来是他的历史功绩，因为生产资料所有制是一个极端重要的问题，马克思与恩格斯已经讲得很清楚了。人的要素对于生产的便利性在于人本身总是生产的必然要素，但若没有物的要素即生产资料，生产本身就不能发生，"在一无所有的地方，皇帝也会丧失他的权力"④。因此，马克思说，生产即是占有，占有即是生产。"一切生产都是个人在一定社会形式中并借这种社会形式而进行的对自然的占有。在这个意义上，说财产（占有）是生产的

① 《马克思恩格斯文集》第8卷，人民出版社，2009，第14页。
② 《马克思恩格斯文集》第8卷，人民出版社，2009，第20—21页。
③ 《马克思恩格斯文集》第8卷，人民出版社，2009，第20页。
④ 《马克思恩格斯全集》第42卷，人民出版社，2016，第184页。

一个条件，那是同义反复。"①同样，"如果说在任何财产形式都不存在的地方，就谈不到任何生产，因此也就谈不到任何社会，那么，这是同义反复"②，"一说到生产资料，就等于说到社会，而且就是说到由这些生产资料所决定的社会"③。正是在这个意义上，马克思恩格斯在《共产党宣言》中才强调，"所有制问题是运动的基本问题，不管这个问题的发展程度怎样"④，并把实现"两个彻底决裂"与"废除资本所有权"当作未来社会"重建个人所有制"的前提条件。

其次，生产资料所有制及其外在形式所有权是生产关系本身。马克思讲得很清楚，"生产实际上有它的条件和前提，这些条件和前提构成生产的要素。这些要素最初可能表现为自然发生的东西。通过生产过程本身，它们就从自然发生的东西变成历史的东西，并且对于这一个时期表现为生产的自然前提，对于前一个时期就是生产的历史结果"⑤。例如《资本论》在讲到封建生产关系时就提到，在劳役地租中，"那些和土地不同的劳动条件，即对农具和其他动产的所有权，在先前的各种形式下就已经先是在事实上，然后又在法律上，转化为直接生产者的所有权；这一点对货币地租形式来说，更是先决条件"⑥。就资本主义社会看，"资本主义的生产方式和积累方式，从而资本主义的私有制，是以那种以自己的劳动为基础的私有制的消灭为前提的，也就是说，是以劳动者的被剥夺为前提的"⑦，所以，现在"货币单纯地转化为生产过程的物质因素，转化为生产资料，就使生产资料转化为占有他人劳动和剩余劳动的合法权和强制权"⑧。但"问题的实质……是分配。所谓分配，不是通常意义上的消费资料的分配，而是生产要素本身的分配，其中物的因素集中在一方，劳动力则与物的因素相分离，处在另一方"⑨。故此，所有权既是生产要素结合的基础，也是生产关系再生产的基础。

4.所有权关系决定产品实现关系即四环节关系

所有权关系决定产品实现关系即一般意义上的四环节关系，可以从马克思得出的以下几个结论中体现出来。首先，从生产与分配的关系看，

---

① 《马克思恩格斯文集》第8卷，人民出版社，2009，第11页。
② 《马克思恩格斯文集》第8卷，人民出版社，2009，第11-12页。
③ 《马克思恩格斯全集》第36卷，人民出版社，1975，第170页。
④ 《马克思恩格斯文集》第2卷，人民出版社，2009，第66页。
⑤ 《马克思恩格斯文集》第8卷，人民出版社，2009，第21页。
⑥ 《马克思恩格斯文集》第7卷，人民出版社，2009，第901页。
⑦ 《马克思恩格斯文集》第5卷，人民出版社，2009，第887页。
⑧ 《马克思恩格斯文集》第5卷，人民出版社，2009，第360页。
⑨ 《马克思恩格斯文集》第6卷，人民出版社，2009，第40页。

马克思强调，"分配关系和分配方式只是表现为生产要素的背面。个人以雇佣劳动的形式参与生产，就以工资形式参与产品、生产成果的分配。分配的结构完全决定于生产的结构。分配本身是生产的产物，不仅就对象说是如此，而且就形式说也是如此。就对象说，能分配的只是生产的成果，就形式说，参与生产的一定方式决定分配的特殊形式，决定参与分配的形式"①。其次，从生产与交换的关系看，马克思强调，"（1）如果没有分工，不论这种分工是自然发生的或者本身已经是历史的结果，也就没有交换；（2）私人交换以私人生产为前提；（3）交换的深度、广度和方式都是由生产的发展和结构决定的。例如，城乡之间的交换，乡村中的交换，城市中的交换等等。可见，交换就其一切要素来说，或者是直接包含在生产之中，或者是由生产决定"②。再次，从生产与消费的关系看，马克思强调，"无论我们把生产和消费看做一个主体的活动或者许多个人的活动，它们总是表现为一个过程的两个要素，在这个过程中，生产是实际的起点，因而也是起支配作用的要素。消费，作为必需，作为需要，本身就是生产活动的一个内在要素"③。消费与生产表面上看起来相互远离，事实上消费的一切内容与形式都受制于生产。最后，从马克思得出的关于"生产的总体"看，"我们得到的结论并不是说，生产、分配、交换、消费是同一的东西，而是说，它们构成一个总体的各个环节、一个统一体内部的差别。生产既支配着与其他要素相对而言的生产自身，也支配着其他要素。过程总是从生产重新开始。交换和消费不能起支配作用的东西，这是不言而喻的。分配，作为产品的分配，也是这样。而作为生产要素的分配，它本身就是生产的一个要素。因此，一定的生产决定一定的消费、分配、交换和这些不同要素相互间的一定关系"④。

5.产品实现关系是生产资料所有权的实现机制

产品实现关系即一般意义上的四环节关系是生产资料所有权的实现机制，这个结论可以在《资本论》中得到印证。在《导言》中，马克思把直接生产中的生产要素包括人与物的分配、交换、消费统称为"生产要素的分配"⑤，把产品的分配、交换、消费统称为流通或"交换总

---

① 《马克思恩格斯文集》第8卷，人民出版社，2009，第19页。
② 《马克思恩格斯文集》第8卷，人民出版社，2009，第23页。
③ 《马克思恩格斯文集》第8卷，人民出版社，2009，第18页。
④ 《马克思恩格斯文集》第8卷，人民出版社，2009，第23页。
⑤ 《马克思恩格斯文集》第8卷，人民出版社，2009，第23页。

体"①。这与《资本论》按照资本流通公式 G—W—G′的矛盾，即"资本不能从流通中产生，又不能不从流通中产生。它必须既在流通中又不在流通中产生"②，把资本主义生产过程的四个环节分立为资本的"生产过程"与"流通过程"的思路是一致的。若我们把《导言》中的"要素分配"和"交换总体"对应到《资本论》中去，则"要素分配"对应的是产业资本和产业劳动中资本、价值、剩余价值的生产过程（即货币资本和生产资本）。而"交换总体"则对应的是商品资本、商业资本和商业劳动等"流通机器"③中资本、价值、剩余价值的流通过程。纯粹的商业劳动只是产品的分配、交换、消费过程，这一领域当然有所谓的"商业资本家与商业劳动者"这样的流通关系、分配关系、消费关系——也是学界目前认同的"生产关系一般"。

这种产品实现关系事实上是直接生产领域中资本所有权的实现机制。在《资本论》中，马克思指出，在资本主义"流通机器"和"交换总体"的领域内，商品价值要实现惊险的跳跃，就必须展开竞争。竞争首先是生产部门的内部竞争，在这一环节，按照企业资本有机构成的生产条件和流通条件的水平，商品价值和市场价值是按照部门内部的生产商品的平均必要劳动时间或者不同生产水平下商品优劣的数量加权值来决定的。这一过程的结果是剩余价值就取得了利润形式，在不同部门之间形成了参差不齐的利润与利润率，而利润和利润率则通过资本与劳动在各个不同部门之间的流出与流入趋于平均化从而形成了平均利润。而在平均利润的基础上，商品价值和市场价值进一步转化为生产价格和市场价格。这样，由工人创造的使用价值在等量资本获取等量利润的原则下，商业资本取得了平均利润，生息资本取得了平均利润的一部分利息，农业资本家取得了超额利润的地租。

（七）我国学界新时代社会主义基本经济制度新内涵研究观点

党的十九届四中全会对社会主义基本经济制度做出新的理论阐释之后，国内学者展开了广泛而深入的研究。有学者依据党的十九届四中全会精神，阐述了《中共中央关于坚持和完善中国特色社会主义制度　推进国家治理体系和治理能力现代化若干重大问题的决定》对三位一体新内涵所做的明确要求，并且指出了新内涵在应对经济增长减速、防止收入差距扩大、破解未富先老难题、建设更高水平开放型经济新体制与优

---

① 《马克思恩格斯文集》第8卷，人民出版社，2009，第22页。
② 《马克思恩格斯文集》第5卷，人民出版社，2009，第193页。
③ 《马克思恩格斯文集》第6卷，人民出版社，2009，第153页。

化国有产业布局上的显著优势①。也有学者论述了基本经济制度深化发展的历史逻辑、新内涵三层要素之间的关联性与转化为经济治理效能进而实现中国经济高质量发展的理论与现实问题。还有学者从是什么、为什么、怎么办三维度阐明了三位一体新内涵的创新发展、重大意义、独特优势以及在新时代如何坚持与完善基本经济制度等理论问题②。还有学者从马克思主义政治经济学的学科优势层面，提出了在新的历史时期如何构建中国特色社会主义政治经济学学科体系、研究三位一体新内涵的理论问题③，等等。总而言之，以多元化维度研究新内涵意味着深刻性、延展性、全面性，但多维视域也同时避免不了一些理论盲区，这就需要提出观点并重新审视。为显思路清晰，我们从新内涵的生成逻辑、内在关联、时代价值、发展策略四个方面梳理现有文献，以此探寻进一步深化研究的突破点。

1.社会主义基本经济制度新内涵的生成逻辑

关于中国特色社会主义基本经济制度新内涵的生成机理研究，学界主要从理论、历史、现实三个层面展开。

（1）社会主义基本经济制度新内涵的理论逻辑

马克思的生产关系理论是这一新内涵确立的直接依据。生产关系有狭义和广义之分，从狭义上说，生产关系是物质生产过程中结成的人与人之间的关系。从广义来看，生产关系作为经济制度的总和，包括生产、分配、交换、消费四个环节，它们"构成一个总体的各个环节"，彼此是不可分割的，其中生产资料所有制是首要的基础，但其也受到分配关系、交换关系的制约④。因此，从社会化生产的整体性逻辑认识经济制度，要始终强调从社会生产的内在联系和有机统一上理解四个环节之间的整体性，不能脱离具体的社会关系来考察所有权⑤。以此为据，从所有制、分配制度、经济运行机制"三位一体"的整体性视域中认识社会主义基本经济制度符合马克思主义政治经济学的理论意涵。

---

① 谢伏瞻、蔡昉等：《完善基本经济制度　推进国家治理体系现代化——学习贯彻中共十九届四中全会精神笔谈》，《经济研究》2020年第1期，第4-16页。

② 何自力：《社会主义基本经济制度是一个伟大创造》，《政治经济学评论》2020年第1期，第89-95页。

③ 逄锦聚：《发挥政治经济学学科优势　加强经济制度研究》，《经济学家》2020年第1期，第5-7页。

④ 方敏：《基本经济制度是所有制关系、分配关系、交换关系的有机统一》，《政治经济学评论》2020年第2期，第59-66页。

⑤ 侯为民：《社会主义基本经济制度的整体观与显著优势》，《晋阳学刊》2020年第2期，第23-32页。

马克思的社会发展理论是这一新概括确立依据的重要补充。王维平认为，马克思在《哥达纲领批判》中指出，在共产主义第一阶段，不可避免地保留了旧社会的痕迹，而要素分配和经济过程的所有环节都会带有过渡性质，这也是这一阶段发展生产力、实现全人类解放的基本工具[①]。进而言之，作为一定社会的基本经济制度既是以往历史发展形式的延续，又是"新的生产方式由以产生的既定基础"[②]。就此而论，多种所有制经济、多种分配方式、市场经济体制仍是我国现阶段经济社会发展不可或缺的核心制度内容，充分体现了从资本主义到共产主义的历史过渡性质。

（2）社会主义基本经济制度新内涵的历史逻辑

中国共产党对社会主义基本经济制度新内涵的认识不仅是对马克思主义基本理论的中国化运用，而且是新中国成立以来特别是改革开放40多年社会主义创造性探索的理论结晶。关于历史进程中所有制、分配制度、市场经济体制三者互动关系的演变脉络，学者的观点主要有以下两种。第一，三阶段论。顾海良将社会主义基本经济制度的实践过程分为三阶段。一是改革开放到党的十四大，这一阶段凸显"公有制""共同富裕"这两个基本经济制度的主要规定，强调"计划和市场的关系"这一核心问题。二是党的十四大到党的十八大，这一阶段从"生产关系和分配关系"结合上，从"市场经济体制和社会主义经济制度"兼容上推进了对社会主义基本经济制度的探索。三是党的十八大以来，这一阶段在强调生产关系和分配关系的基本规定上进一步赋予社会主义市场经济体制以社会主义基本经济制度属性，完善了基本经济制度的总体理论[③]。

第二，四阶段论。白永秀以社会主义市场经济体制发展的四个阶段为切入点，探讨了基本经济制度的确立完善过程。其一，市场经济发展奠定基础时期（1978—1992年），这一阶段在所有制结构上强调"全民所有制经济是主导""个体经济是补充"，在分配制度上形成"效率优先、兼顾公平"的分配原则雏形，在资源配置上提出"国家调节市场、市场引导企业"的运行机制。其二，建立社会主义市场经济体制时期（1992—2003年），这一阶段在所有制结构上确立了非公有制经济在基本

① 王维平、薛俊文：《社会主义基本经济制度新内涵与经济治理效能提升》，《西安交通大学学报》（社会科学版）2020年第2期，第8-16页。
② 《马克思恩格斯文集》第7卷，人民出版社，2009，第994页。
③ 顾海良：《基本经济制度新概括与中国特色社会主义政治经济学新发展》，《毛泽东邓小平理论研究》2020年第1期，第1-7页。

经济制度中的"重要组成部分地位",在分配制度上强化了各要素参与分配的重要性,在资源配置方面提出"市场在社会主义国家宏观调控下对资源配置起基础性作用"。其三,完善社会主义市场经济体制时期(2003—2013年),这一阶段在所有制结构方面强调增强国有经济的控制力,大力发展混合所有制经济,在分配制度方面努力实现"两个同步"和"两个提高",在资源配置方面强调从制度上更好和更大程度、更广范围发挥市场在资源配置中的基础性作用。其四,深化社会主义市场经济体制时期(2013年至今),这一阶段在所有制结构上坚持"两个毫不动摇",提出混合所有制是基本经济制度的重要实现形式,在分配制度上提出要形成"橄榄型分配格局",健全多种生产要素分配机制,在资源配置方式上强调市场的"决定性作用"和"更好发挥政府作用"①。至此,所有制结构、分配制度、市场经济体制"三位一体"的基本经济制度框架日臻完善。

(3)社会主义基本经济制度新内涵的现实逻辑

中国特色社会主义基本经济制度新概括并不是头脑中的抽象构建,而是生成于特定的历史实践,有着深刻的现实背景和实践基础,学者的观点主要呈现以下几种。一是应对"百年未有之大变局"急需经济制度创新。基本经济制度新概括的提出,恰逢世界正经历"百年未有之大变局"。余菁认为,经济制度创新是应对形势复杂的世界大变局的关键,我国的基本经济制度在兼容多重的制度逻辑、实现跨层次的多元主体共同制度和组合进化三个方面,相对于欧美发达国家经济制度更有优势②。由此,基本经济制度的体系化建构在世界大变局背景下应运而生。二是建设现代化经济体系和满足人民对美好生活需要依赖三项制度的共同支撑。一方面,现代化经济体系是一个涵括"六个体系,一个体制"的结构体系,这一体系同新一轮的社会问题和产业变革相叠加,对我国基本经济制度和经济治理提出更高的阶段性要求。另一方面,基本经济制度内涵的拓展,是践行"以人民为中心"的发展思想、满足人民美好生活需要的关键环节③,将利于实现社会公平的分配制度和利于提高经济效益的社会主义市场经济体制共同作为基本经济制度,能够为实现更加充分和平

---

① 白永秀、刘盼、宁启:《对十九届四中全会关于社会主义市场经济体制定位的理解》,《政治经济学评论》2020年第1期,第54—66页。

② 余菁:《世界大变局下的经济制度创新》,《北京工业大学学报》(社会科学版)2020年第3期,第81—93页。

③ 周泽红:《完善社会主义市场经济体制是实现高质量发展的体制保障》,《上海经济研究》2020年第1期,第16—21页。

衡的发展提供制度基础。总而言之，新时代经济的高质量发展迫切需要三项制度的共同支撑，发挥这一制度体系的协同作用具有现实紧迫性。三是仅从所有制结构层面理解基本经济制度在现实中存在制约因素。当前，由于所有制、分配以及经济调节层面的制度结合尚不充分，带来了一系列发展中的难题。从所有制与分配制度的结合来看，非公有制企业总体数量及其所占比例的急剧增长，以及适应公有制经济发展的按劳分配实现形式的创新滞后，阻碍按劳分配主体地位的实现；从所有制与市场经济体制的结合来看，各种所有制经济在市场环境中的实现形式尚不完善，各种所有制经济平等的社会地位有待提高①。因此，基本经济制度的成熟定型不能仅依托所有制关系的调整，还需在整体性视域中更好地进行制度上的配套化和体系化。四是社会主义初级阶段基本国情是基本经济制度内涵拓展的根本现实依据。党的十九大强调，我国仍处于并将长期处于社会主义初级阶段的基本国情没有变。毋庸讳言，"三位一体"的基本经济制度决定于社会主义初级阶段的基本国情，契合于社会主义初级阶段社会生产力发展水平，具有很强的现实针对性。这一基本国情要求我们不仅要把公有制为主体的所有制结构作为基本经济制度坚持和完善，也要把按劳分配为主体的分配方式和社会主义市场经济作为基本经济制度加以坚持和完善，这有利于社会生产力的进一步解放和发展，也有利于收入分配差距的缩小②。五是基本经济制度与国家治理体系和治理能力现代化。党的十九届四中全会将坚持和完善中国特色社会主义制度、推进国家治理体系和治理能力现代化定位为"全党的一项重大战略任务"，基本经济制度作为中国特色社会主义制度体系中的重要制度要素，其与国家治理现代化的互动关系无疑是学界关注的重点。从治理体系和治理能力现代化的制度要求来看，基本经济制度的完善，为上层建筑奠定了深厚的经济基础，为健全和完善社会主义上层建筑提出了新的要求，指明了推进国家治理体系和治理能力现代化的方向③。从国家治理体系对基本经济制度的影响来看，国家治理体系和治理能力现代化为完

---

① 侯为民：《社会主义基本经济制度的整体观与显著优势》，《晋阳学刊》2020年第2期，第23-32页。

② 逄锦聚：《发挥政治经济学学科优势　加强经济制度研究》，《经济学家》2020年第1期，第5-12页。

③ 何自力：《社会主义基本经济制度是一个伟大创造》，《政治经济学评论》2020年第1期，第89-95页。

善与发展国家制度提供内在驱动力①，国家治理现代化反映了经济制度的功能目标，是基本经济制度优越性的集中体现②。

2.社会主义基本经济制度新内涵的内在关联

如何认识基本经济制度内容的具体逻辑，学者们从基本经济制度核心概念辨析、三项制度的内在关联、基本经济制度与国家治理关系等角度展开了研究。

（1）经济制度与基本经济制度定位

一是经济制度与基本经济制度的关联性。经济制度在政治经济学话语体系中是指生产关系的总和，是生产关系外部表现形式③。在内容上涉及经济生活中人与人之间关系的所有方面，包括微观制度与宏观制度、企业制度与市场制度、产业协调与区域协调制度、国家财税制度和宏观调控制度、科技创新制度，以及不同企业和不同地区与经济有关的各项生产、组织、劳动等制度。而基本经济制度是经济制度体系中最具有长期性和稳定性的部分，起着规范历史方向的作用，对经济制度属性和经济发展方式有决定性影响④。二是社会主义基本经济制度与社会主义初级阶段基本经济制度的关联性。在两者的关系理解上，学界还存在分歧。一类观点认为应把两者区分开来。卫兴华认为"社会主义经济制度"是"社会主义初级阶段基本经济制度"的核心。前者不包括非公有制经济，只有公有制是其基础；后者包括非公有制经济，但公有制必须占主体地位⑤。周新城持相似观点，他认为社会主义基本经济制度是公有制，只有公有制才是社会主义制度的经济基础，而社会主义初级阶段的基本经济制度，是社会主义发展过程中的某一个阶段，即初级阶段特有的所有制结构⑥。另一类观点认为二者具有一致的内涵。谢地指出，在最终战胜资本主义的一个很长的历史时期我国都将处于社会主义初级阶段，没有必

① 罗莎、熊晓琳：《新时代发展和完善社会主义基本经济制度的重要实践意义》，《思想理论教育导刊》2020年第3期，第61-65页。

② 周文、刘少阳：《社会主义基本经济制度、治理效能与国家治理现代化》，《中国经济问题》2020年第5期，第3-16页。

③ 刘凤义：《对社会主义基本经济制度新概括的理解》，《中国高校社会科学》2020年第2期，第4-11页。

④ 荣兆梓：《社会主义基本经济制度新概括的学理逻辑研究》，《经济学家》2020年第4期，第5-15页。

⑤ 卫兴华：《新中国60年社会主义基本经济制度的形成与巩固》，《红旗文稿》2009年第17期，第12-16页。

⑥ 周新城、孙剑坪：《为什么必须坚持社会主义初级阶段的基本经济制度》，《思想理论教育导刊》2010年第12期，第46-52页。

要在社会主义基本经济制度之前冠以社会主义初级阶段的限制①。有学者进一步强调，历史将会证实，公有制为主体的所有制结构不会只是社会主义初级阶段的基本经济制度，必将是整个社会主义社会漫长的历史发展阶段的基本经济制度②。

（2）新内涵中三项制度之间的内在关系

学界普遍认同三项制度相互联系、相互嵌入、相互映射，共同构成了我国社会主义基本经济制度的完整内容，只是在阐释角度上存在差别：一是地位差异说。所有制结构在基本经济制度中具有基础性地位，分配方式是所有制结构和社会主义市场经济的具体体现，社会主义市场经济是所有制和分配方式的实现机制③。二是"有机器官"说。有学者指出，三项制度的关系不是机械装置的三个可随意拆卸的部件，而是有机体的三个相互影响、相互联结的器官④。三是"静态、动态统一"说。有学者认为，"所有制关系"和"收入分配关系"只是两种制度规定性的静态意义的交代，缺乏动态运行制度和实现机制内容，纳入社会主义市场经济体制范畴，赋予其动态运行的意蕴⑤。四是"问题导向"说。有学者从三项制度求解的不同层次问题出发论证其内在关联，指出所有制改革解决了经济发展的动力和方向问题，分配制度改革解决了推动经济发展的积极性问题，市场经济解决了经济活力问题，三者关系中所有制及其实现形式是起决定性作用的方面⑥。虽然学者关于三项制度关系的研究视角不尽相同，但一个基本的共识性前提已经形成，即基本经济制度是一个辩证统一的有机整体，既不能彼此割裂，也不能简单并列。

（3）新内涵中所有制与市场体制的关联性

在社会主义所有制关系与社会主义市场经济的决定性意义上，学界还存在分歧。第一种观点认为前者决定后者。胡钧认为，市场经济决定于社会主义的所有制关系，它本身不属于经济的实质关系，而是被社会

① 谢地：《坚持和完善社会主义基本经济制度推动我国经济高质量发展》，《政治经济学评论》2020年第1期，第81–88页。
② 汤在新：《论社会主义基本经济制度》，《经济学家》2004年第6期，第39–44页。
③ 黄泰岩：《坚持和完善社会主义基本经济制度需处理的三大关系》，《经济理论与经济管理》2020年第1期，第4–6页。
④ 荣兆梓：《社会主义基本经济制度新概括的学理逻辑研究》，《经济学家》2020年第4期，第5–15页。
⑤ 张晖明：《从制度建构的系统性和功能实现的动态性加深理解社会主义基本经济制度新的概括表述》，《政治经济学评论》2020年第2期，第35–42页。
⑥ 胡钧、李洪标：《十九届四中全会〈决定〉中的基本经济制度与市场经济》，《福建论坛》（人文社会科学版）2020年第1期，第5–14页。

主义社会基本制度用来发展生产力的经济手段①。第二种观点认为后者规定着前者的变革。沈越认为，市场在资源配置中起决定性作用统领着包括基本经济制度在内的所有经济改革②。基本经济制度是手段，发展社会主义市场经济是目的③。第三种观点认为两者是相互决定的。一方面，当代生产力的特点决定了市场经济这种特有的社会劳动组织方式，而社会主义的财产占有关系必须适应市场经济的要求；另一方面，市场经济体制又总是以一定形式的生产条件占有方式和生产成果分配方式为支柱④。

3.社会主义基本经济制度新内涵的时代价值

新时代社会主义基本经济制度体系内涵提出以后，学界主要立足理论和实践两个层面探讨了这一新概括的价值意涵。

（1）社会主义基本经济制度新内涵理论价值

一是创造性地运用和发展了马克思主义基本理论。中国特色社会主义基本经济制度的实践是马克思主义基本原理创造性地运用和发展，在价值立场上坚守了马克思主义的辩证唯物史观，在历史方位上坚持了科学社会主义观，在目标取向上坚持了马克思主义政治经济学的制度观⑤。此外，从生产关系四环节的整体逻辑来看，我们今天对基本经济制度的认识在马克思主义政治经济学范畴体系中第一次实现了历史与现实的贯通，极大提高了社会主义政治经济学的科学性和系统性⑥。二是进一步完善了中国特色社会主义政治经济学理论。首先，从实践经验总结升华为理论创新成果的要求来说，这一内涵创新是对中国社会主义丰富实践所积累的经验成果的高度凝练所得到的理论结晶，准确表达了制度建构内容的系统性和制度功能实现的现实性⑦。其次，从丰富中国特色社会主义政治经济学内容本系的要求来说，这一新概括深刻体现于中国特色社会

① 胡钧、李洪等：《十九届四中全会〈决定〉中的基本经济制度与市场经济》，《福建论坛》（人文社会科学版）2020年第1期，第5-14页。

② 沈越：《市场决定性作用与基本经济制度——十八届三中全会精神解读》，《经济理论与经济管理》2014年第4期，第5-12页。

③ 沈开艳等：《基本经济制度和市场经济关系若干问题研究》，《上海经济研究》2020年第2期，第25-35页。

④ 荣兆梓：《社会主义基本经济制度新概括的学理逻辑研究》，《经济学家》2020年第4期，第5-15页。

⑤ 刘伟：《中国特色社会主义基本经济制度是中国共产党领导中国人民的伟大创造》，《中国人民大学学报》2020年第1期，第20-26页。

⑥ 荣兆梓：《从〈哥达纲领批判〉到社会主义基本经济制度三位一体的新概括》，《政治经济学评论》2020年第1期，第46-53页。

⑦ 张晖明：《从制度建构的系统性和功能实现的动态性加深理解社会主义基本经济制度新的概括表述》，《政治经济学评论》2020年第2期，第35-42页。

主义政治经济学的主要理论之中，丰富了中国特色"系统化的经济学说"的思想内涵，凸显了中国特色"系统化的经济学说"的实践指导意义①。最后，从跳出与超越西方主流制度设计的先验性假设来说，这一制度体系创新实现了与多重制度逻辑更加兼容的经济制度创新，实现了跨层次的多元主体共同治理的经济制度创新，实现了与技术组织进化相同步的经济制度组合进化②。

（2）社会主义基本经济制度新内涵实践价值

社会主义基本经济制度新内涵的实践意义体现其在实践中的诸多重要功能，学者的关注点主要聚焦在三个方面。一是经济功能。经济功能是中国特色社会主义基本经济制度最基本的功能，这一功能也是基本经济制度的生命力所在。首先，其最为根本的显著优势在于解放和发展中国社会生产力③，为多年来中国经济持续快速发展提供了多元动力。其次，促进新时代中国经济高质量发展。这一内涵的新概括是新时代我国构建更加有效管用、逻辑贯通、衔接匹配的经济制度体系和推动经济高质量发展的根本遵循④。再次，有助于构建社会主义基本经济制度的整体优势。分配制度和市场经济体制进入基本经济制度范畴，促进了社会主义基本经济制度的完整性，避免将两者作为从属问题⑤。最后，有助于我们从系统观的角度整体把握和解决中国特色社会主义制度中的物质利益关系问题，更好地实现共同富裕目标⑥。

二是政治功能。首先，推动中国特色社会主义制度更加成熟稳定。基本经济制度作为中国特色社会主义制度的基础性内容之一，其内涵的拓展为高质量发展提供了坚实的制度保障，向中国特色社会主义制度更加成熟、更加定型迈出了重要而坚实的一步⑦。其次，有效推进国家治理体系和治理能力现代化。构建起务实管用、逻辑贯通、有机衔接的中国

① 顾海良：《基本经济制度新概括与中国特色社会主义政治经济学新发展》，《毛泽东邓小平理论研究》2020年第1期，第1-7页。

② 余菁：《世界大变局下的经济制度创新》，《北京工业大学学报》（社会科学版）2020年第3期，第81-93页。

③ 刘伟：《中国特色社会主义基本经济制度是解放和发展生产力的历史要求》，《政治经济学评论》2020年第2期，第3-9页。

④ 刘鹤：《坚持和完善社会主义基本经济制度》，《人民日报》2019年11月22日第6版。

⑤ 侯为民：《论社会主义基本经济制度范畴中的分配因素》，《经济纵横》2020年第9期，第10-19页。

⑥ 荣兆梓：《社会主义基本经济制度新概括的学理逻辑研究》，《经济学家》2020年第4期，第5-15页。

⑦ 谢伏瞻等：《完善基本经济制度　推进国家治理体系现代化——学习贯彻中共十九届四中全会精神笔谈》，《经济研究》2020年第1期，第4-16页。

特色社会主义基本经济制度体系，能够为推进国家治理体系和治理能力现代化提供最大支持合力①。

三是社会稳定功能。首先，我国基本经济制度的优越性不仅仅体现在为国家经济稳步发展保驾护航，也体现在每当经济遇到重大挑战时，社会主义基本经济制度都会成为我们迎难而上的利器②。特别是在经济发展中，中国特色社会主义基本经济制度得到充分检验，其优越性彰显得淋漓尽致③。其次，这一制度具有合理调节公平与效率关系的内在功能，为人类攻克"公平与效率"难题贡献了中国方案④。

4.社会主义基本经济制度新内涵的发展策略

学界主要从理念引领和具体策略探讨了完善基本经济制度的多维进路。

（1）社会主义基本经济制度新内涵理念导向

第一，坚持党对经济工作的集中统一领导。共产党作为无产阶级政党组织的先进性，体现在党对经济工作的驾驭和统领，要发挥其总揽全局、协调各方的领导核心作用，这是坚持和完善社会主义基本经济制度的一个重要特征⑤。第二，整体性视域中构筑三项制度的有机联系。新内涵的拓展充分展现这一制度体系的结构化、系统化特征，制度之间的耦合性和协调性是其得到完善的内在要求。因此，需进一步完善三项制度的有机联系，形成三项制度相互依存、相互促进的发展格局⑥。第三，在与治理效能相互促进中彰显其制度优势。基本经济制度优势的发挥，需要强大的治理效能来肯定其合理性，并通过治理绩效的反馈与调整不断加以完善改进。因此，为了与基本经济制度的性质和特征相适应，在治理体系中，应不断强化和凸显"人民为主"和"生产力标准"的治理取向，形成科学的治理结构，在实现治理效能提升的同时，彰显和巩固制

① 罗莎、熊晓琳：《新时代发展和完善社会主义基本经济制度的重要实践意义》，《思想理论教育导刊》2020年第3期，第61-65页。
② 谢华育：《中国特色社会主义基本经济制度的科学制度体系特征》，《上海经济研究》2020年第1期，第22-26页。
③ 钱智勇、刘思远：《疫情下中国特色社会主义基本经济制度的优越性透析》，《当代经济管理》2020年第6期，第1-5页。
④ 冯根福：《中国特色基本经济制度：攻克人类"公平与效率"难题的中国贡献》，《当代经济科学》2017年第6期，第1-6页。
⑤ 侯为民：《社会主义基本经济制度的整体观与显著优势》，《晋阳学刊》2020年第2期，第23-32页。
⑥ 黄泰岩：《坚持和完善社会主义基本经济制度需处理的三大关系》，《经济理论与经济管理》2020年第1期，第4-6页。

度优势①。

（2）社会主义基本经济制度新内涵具体策略

第一，完善公有制为主体的所有制结构。一是探索公有制多种实现形式，发展混合所有制经济，坚持"两个毫不动摇"②；二是推进国有经济布局优化和结构调整，形成以管资本为主的国有资产监管体制；三是深化农村集体产权制度改革，发展和壮大农村集体经济，完善农村基本经营制度；四是健全支持民营经济、外商投资企业发展的法治环境，营造各种所有制主体依法平等使用资源要素、公开公平公正参与竞争、同等受到法律保护的市场环境；五是构建新型政商关系的政策体系，促进非公有制经济健康发展和非公有制经济人士健康成长③。第二，完善按劳分配为主体的分配制度。一是完善初次分配制度，提高劳动报酬在初次分配中的比重；二是健全劳动、资本、土地、知识、技术、管理、数据等生产要素参与分配的制度机制和保障机制；三是完善再分配调节机制，合理调节城乡、区域、不同群体间的分配关系④；四是发挥第三次分配在社会救助、扶弱济困方面的重要作用；五是形成科学、规范、合理的收入分配秩序，激发广大人民的积极性和创造性⑤。第三，完善社会主义市场经济。一是完善产权制度，实现产权有效激励；二是推进要素市场化配置，实现要素自由流动；三是完善要素市场决定价格机制，提高市场配置资源效率；四是营造统一开放、竞争有序的市场环境；五是健全各类企业的市场主体地位，释放市场活力⑥。第四，丰富社会主义经济制度体系的内容。基本经济制度的完善，还需不断加大有效的制度供给，丰富经济制度体系的内容。一是完善科技创新体制机制；二是建设更高水平开放型经济新体制；三是建立和完善有利于现代产业发展的经济制度。

① 杨虎涛：《国家治理与基本经济制度协同演化的历史唯物主义分析》，《学习与实践》2020年第2期，第5-17页。

② 顾钰民：《坚持和完善基本经济制度是马克思主义中国化的新拓展》，《经济纵横》2020年第4期，第20-25页。

③ 谢地：《坚持和完善社会主义基本经济制度推动我国经济高质量发展》，《政治经济学评论》2020年第1期，第81-88页。

④ 何自力：《社会主义基本经济制度是一个伟大创造》，《政治经济学评论》2020年第1期，第89-95页。

⑤ 王朝科：《分配制度上升为基本经济制度的理论必然和实践必然》，《上海经济研究》2020年第1期，第11-15页。

⑥ 任保平：《建设高质量的社会主义市场经济体制》，《政治经济学评论》2020年第1期，第67-72页。

二、基于系统文献综述法的新时代社会主义基本经济制度新内涵

文献分析是发现和确立学术问题的重要步骤，旨在全面搜集、大量阅读相关文献，通过归纳整理、综合分析等方法得出拟研究问题的学术研究现状、发展趋势及相关热门、空白领域。而文献分析的方法从大的方面来说可以分为描述性文献分析法和系统性文献分析法。

（一）分析方法与文献来源依据

随着计算机技术的不断飞速发展，各种文献分析及提取软件不断改进，系统性分析方法（meta-analysis）越来越受到推崇。系统性文献综述（Systematic Literature Review）是指"采用一套事先确定且透明的文献取舍标准，就某特定研究主题选取大量相关或相近的研究成果，并用一套特定的统计分析技术从这些分散的研究成果中总结出该研究主题的主要结论"[①]。

本书采用系统性分析方法对新时代社会主义基本经济制度新内涵专题相关文献进行统计及可视化分析，并用传统文献综述法进行重点文献分析。以中国知网（CNKI）总库为数据来源。首先确定文献检索式。直接按照"新时代社会主义基本经济制度新内涵"这个主题搜索，只能搜集到3篇文献，其中2篇是硕士毕业论文。尝试更改检索策略，并根据"社会主义基本经济制度"包含的内容修改检索策略，以便搜集到更为全面的文献内容。根据多次设计检索式，并完善检索式后，确定文献检索式为：（主题=社会主义基本经济制度）OR（篇关摘=公有制为基础）OR（篇关摘=多种所有制经济共同发展）OR（篇关摘=按劳分配为主体）OR（篇关摘=多种分配方式并存）OR（篇关摘=社会主义市场经济体制）AND（篇关摘=内涵），时间范围是1978年1月1日至2023年10月31日。通过文献识别、文献浏览、评估文献、抽取数据资料及整合数据等步骤进行分析，并撰写分析结果。分析流程图如下：

---

① 崔智敏、宁宝坤：《定量化文献综述方法与元分析》，《统计与决策》2010年第19期，第166-168页。

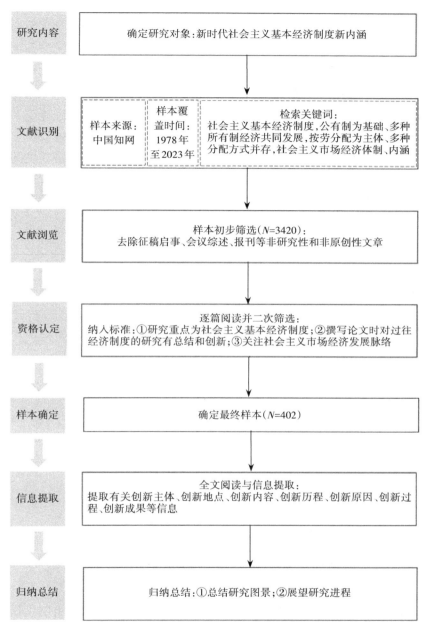

| 研究内容 | 确定研究对象:新时代社会主义基本经济制度新内涵 |

| 文献识别 | 样本来源:
中国知网 | 样本覆盖时间:
1978年至2023年 | 检索关键词:
社会主义基本经济制度,公有制为基础、多种所有制经济共同发展,按劳分配为主体、多种分配方式并存,社会主义市场经济体制、内涵 |

| 文献浏览 | 样本初步筛选(N=3420):
去除征稿启事、会议综述、报刊等非研究性和非原创性文章 |

| 资格认定 | 逐篇阅读并二次筛选:
纳入标准:①研究重点为社会主义基本经济制度;②撰写论文时对过往经济制度的研究有总结和创新;③关注社会主义市场经济发展脉络 |

| 样本确定 | 确定最终样本(N=402) |

| 信息提取 | 全文阅读与信息提取:
提取有关创新主体、创新地点、创新内容、创新历程、创新原因、创新过程、创新成果等信息 |

| 归纳总结 | 归纳总结:①总结研究图景;②展望研究进程 |

图1-1 系统性文献综述操作步骤

（二）系统性文献综述法的分析

通过初步检索，共检索到文献3420篇，其中学术期刊1756篇、学位论文1528篇、会议论文73篇、报纸4篇、成果7篇、学术辑刊14篇、特色期刊 38 篇。结合研究计划和入选标准进行人工筛选，并通过阅读摘要、剔除书评、报刊报道、学习体会、专栏介绍、人物访谈及工作心得等，且去除重复论文后，得到 465 篇。最后通过阅读摘要，无法确定情况下阅读全文的方式，获得 402 篇满足要求的文献（期刊文献 338 篇，其中学位论文 64 篇）。对筛选出的 402 篇文献进行分析，发现目前我国学者对于社会主义基本经济制度或者说是中国特色社会主义基本经济制度相关内容的研究比较丰富，其中包含一些对基本制度内涵的研究。但是对于党的十八大以后，中国特色社会主义进入新时代的基本经济制度的内涵研究比较少，只有 54 篇文献，而且有 36 篇集中于 2022 年和 2023 年度，所以说本课题的研究既是个崭新的课题，又在近两年受到诸多关注，是非常值得也亟待研究的课题。

1.研究趋势化分析

在进行初步筛选时，对数据库中相关参考文献的研究总体趋势进行统计分析后，利用 Endnote 和 Excel 软件得到图 1-2。

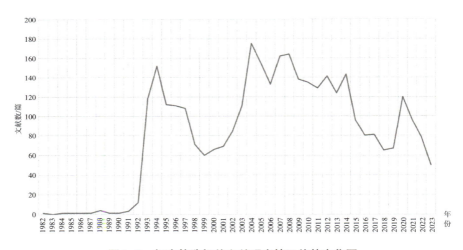

图 1-2　初次筛选相关文献研究情况趋势变化图

从图 1-2 中可以看出，1994 年出现了对社会主义基本经济制度研究的一个小高峰。2004—2005 年出现了研究的最高峰，此后研究呈下滑趋势，2020—2021 年又出现了一个小高峰。可以看出 1991 年 12 月 25 日，苏联解体和东欧剧变后，对我国的社会形态及经济发展方向产生了影响，导致从事该方面研究的内容有所增多；2004 年到 2010 年研究态势持续走高，全球相继经历了较为严重的经济危机和金融危机，而我国经济受到的影响较小，这吸引了广大专家学者来研究我国的基本经济制度；2019年10月，党的十九届四中全会对社会主义基本经济制度的创新表述，引发了我国学界研究社会主义基本经济制度的新高潮。

经过对初筛文献进行人工二次筛选后，并对数据库中的相关参考文献的研究总体趋势进行分析，得到图1-3：

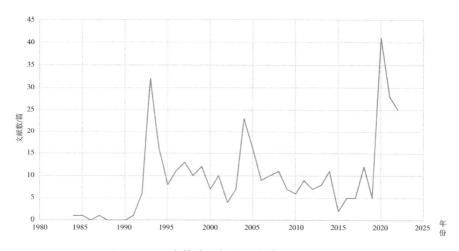

图1-3　二次筛选后相关研究情况趋势变化图

分析图1-3，可以看出，研究高峰和研究低谷与初筛分析图基本对应，只是2020年出现的高峰情况，主要是党的十九届四中全会对社会主义基本经济制度的新内涵阐发导致的。此外，2019年以后研究的社会主义基本经济制度相关内容更加切合"新内涵"，因而引起二次筛选文献出现相对高峰情况。

2.研究主题分析

根据初次文献筛选情况，得到相关文献主要主题词和次要主题词分布如下（图1-4、图1-5）：

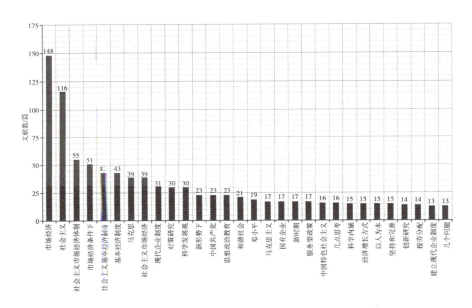

图1-4 相关文献初次筛选主要主题词分布图

从图1-4中可以看出，市场经济、社会主义和社会主义市场经济体制三个词是出现频次最高的主要主题词。

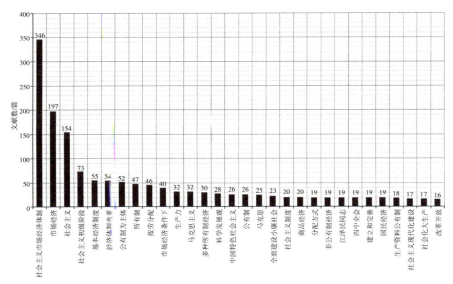

图1-5 相关文献初次筛选次要主题词分布图

从图1-5中可以看出，社会主义市场经济体制、市场经济和社会主义三个词是出现频次最高的次要主题词。除了词频数与主要主题词有区别，排位有区别，内容并没有区别，可见此类研究内容不可避免讨论和研究这三块内容。

3.关键词聚类分析

我们利用VOSviewer软件对初筛文献关键词进行提取分析，将出现8次及以上的关键词提取并绘制成聚类分析图（图1-6）。

图1-6　筛选相关文献的关键词聚类分析图

从图1-6中可以看出，共产生30个聚类。社会主义市场经济体制、基本经济制度、市场经济、社会主义、所有制和分配方式相关的词出现频次最多，总连接强度也很大。图中共形成4簇聚类，最大的聚类簇是社会主义市场经济体制。为了直观分析，将词频前20的关键词统计入表格，见下（表1-1）：

表1-1 二次筛选后相关文献出现频次最多的20个关键词统计表

序号	关键词	篇数	总连接强度	序号	关键词	篇数	总连接强度	序号	关键词	篇数	总连接强度
1	社会主义市场经济体制	68	121	8	社会主义基本经济制度	33	59	15	生产力	11	29
2	基本经济制度	69	109	9	社会主义初级阶段	14	48	16	所有制结构	13	28
3	市场经济	67	98	10	分配方式	12	44	17	多种所有制经济	7	27
4	社会主义	58	98	11	经济体制改革	21	39	18	公有制	16	25
5	按劳分配	31	72	12	非公有制经济	15	33	19	商品经济	11	25
6	公有制为主体	21	67	13	分配制度	16	31	20	社会主义基本制度	9	25
7	所有制	23	61	14	社会主义市场经济	40	31				

可以看出，所有制和分配制度在基本经济制度研究中占有比较高的比重，市场经济和社会主义市场经济在该领域的研究中也是重点。

4.作者频次分析

我们利用VOSviewer软件对二次筛选的文献作者进行提取分析，见图1-7，并将撰写2篇及以上文献的作者进行了提取，为了直观分析将发表论文篇数排名前25的作者统计入表格，见表1-2。

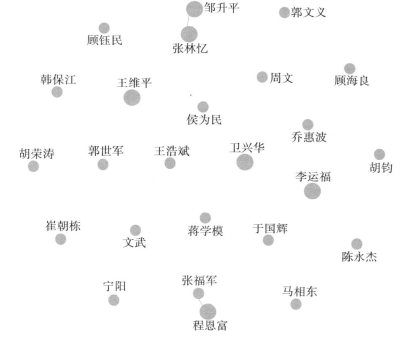

图1-7 二次筛选相关文献作者聚类图

表1-2 二次筛选相关文献发文量前25位作者统计表

序号	作者	论文篇数	序号	作者	论文篇数	序号	作者	论文篇数
1	张林忆	3	10	宁阳	2	19	郭世军	2
2	邹升平	3	11	崔朝栋	2	20	郭文义	2
3	王维平	3	12	文武	2	21	陈永杰	2
4	程恩富	3	13	于国辉	2	22	韩保江	2
5	卫兴华	3	14	王浩斌	2	23	顾海良	2
6	李运福	3	15	乔惠波	2	24	顾裕民	2
7	侯为民	2	16	胡荣涛	2	25	马相东	2
8	张福军	2	17	胡均	2			
9	周文	2	18	蒋学模	2			

从图1-2和表1-2中可以得出，张林忆、邹升平、王维平、程恩富、李运福和卫兴华聚点最大，即他们近年来发表相关文献数量最多；形成2个聚类簇，即邹升平和张林忆、张福军和程恩富，说明他们之间有研究交叉和合作。其他高产量作者都是自己独立研究。

（三）国内代表性作者新时代社会主义基本经济制度新内涵研究观点梳理

我国经济理论界对新时代社会主义基本经济制度新内涵研究的代表性作者，主要从以下五方面展开关于社会主义基本经济制度的相关研究：一是社会主义基本经济制度演进历程；二是社会主义基本经济制度研究视角；三是社会主义基本经济制度的内涵研究；四是社会主义基本经济制度的价值研究；五是社会主义基本经济制度的实践要求研究。

一是关于社会主义基本经济制度演进历程的观点。邹升平主张中国特色社会主义基本经济制度的形成与发展过程内在蕴含着理论、文化、历史、实践、主体等五重逻辑[1]，并从哲学的角度出发，认为基本经济制度日益走向成熟化、定型化，其内涵变化中蕴含的形成逻辑体现了基本经济制度形成与发展的逻辑必然性[2]。卫兴华指出要分清"社会主义初级阶段的基本经济制度"与"社会主义经济制度"，"社会主义市场经济"与"社会主义经济"不同概念之间的关系与区别[3]。乔惠波注重从理论基础、外在特征、主体精神、方式转化等四方面分析制度本身的演变[4]。蒋学模则从独特的历史道路、独特的所有制结构、独特的经济运行体制和独特的人文条件四方面分析[5]。部分学者还主张分析共产党发展社会主义基本经济制度的经验。如张勇分析了党领导经济工作的成就与经验[6]。

二是关于社会主义基本经济制度研究视角的观点。部分学者主张整体性视角。如邹升平主张用整体性的视角把握中国特色社会主义基本经济制度，认为这是科学理解中国特色社会主义基本经济制度的前提，也

① 邹升平：《中国特色社会主义基本经济制度生成的五重逻辑》，《内蒙古社会科学》2020年第6期，第119-125页。

② 邹升平、张林忆：《中国特色社会主义基本经济制度的形成及其基本经验》，《思想理论教育》2022年第8期，第36-41页。

③ 卫兴华、胡莘痴：《社会主义初级阶段基本经济制度的形成、成就与问题》，《中共福建省委党校学报》2009年第9期，第44-52页。

④ 乔惠波：《中国共产党关于社会主义基本经济制度的百年探索及启示》，《广西大学学报》（哲学社会科学版）2021年第5期，第15-22页。

⑤ 蒋学模：《"中国特色社会主义"特在哪里?》，《浙江师范大学学报》（社会科学版）2003年第4期，第1-6页。

⑥ 张勇：《党领导经济工作的成就与经验》，《理论导报》2021年第10期，第35-37页。

是进一步完善和发展中国特色社会主义基本经济制度的必然要求①。张福军认为社会主义基本经济制度新的概括是内在统一的有机整体，这是一次思想理论上的重大创新，也是新时代经济改革发展的根本遵循②。侯为民认为坚持所有制结构、分配制度和社会主义市场经济体制三者的统一，是发挥社会主义经济制度显著优势的理论依据与根本前提③。部分学者则主张历史和理论的视角。如卫兴华坚持用理论逻辑分析马克思对所有制的观点、我国社会主义初级阶段基本经济制度形成的历史过程④。乔惠波主张从价值遵循、发展取向、治理表征等方面出发完善社会主义基本经济制度⑤。部分学者主张宏观与微观相结合的视角。如顾钰民注重对基本经济制度宏观和微观特征的研究，并特别分析了作为微观基础的混合所有制经济⑥。于国辉关注到作为中国特色社会主义的重要物质基础和政治基础的国有企业的变化发展⑦。部分学者主张联系的视角。如周文、刘少阳关注到社会主义基本经济制度、治理效能与国家治理现代化之间的关系⑧。乔惠波则关注到了基本经济制度与意识形态之间的关系⑨。部分学者主张实际作用的视角。

三是关于社会主义基本经济制度的内涵研究。卫兴华、胡若痴认为我国社会主义初级阶段的基本经济制度，需要在继续坚持中不断完善。公有制和非公有制都需要坚持和完善，并从历史、理论和实践上认识我国为什么决不能搞私有化的道理⑩。顾钰民认为，新的表述与原来的基本

① 邹升平：《论中国特色社会主义基本经济制度整体性研究视域》，《中州学刊》2020年第5期，第32-38页。

② 张福军：《坚持和完善社会主义基本经济制度的科学内涵》，《宁夏党校学报》2020年第2期，第17-27页。

③ 侯为民：《社会主义基本经济制度的整体观与显著优势》，《晋阳学刊》2020年第2期，第23-32页。

④ 卫兴华：《新中国60年社会主义基本经济制度的形成与巩固》，《红旗文稿》2009年第17期，第12-16页。

⑤ 乔惠波：《中国式现代化视域下社会主义基本经济制度发展的三重逻辑》，《河北学刊》2023年第3期，第29-36页。

⑥ 顾钰民：《混合所有制：基本经济制度的宏观和微观特征》，《理论建设》2015年第6期，第34-37页。

⑦ 于国辉：《关于公有制和多种所有制经济发展的研究》，《经济研究参考》2020年第6期，第16-25页。

⑧ 周文、刘少阳：《社会主义基本经济制度、治理效能与国家治理现代化》，《中国经济问题》2020年第5期，第3-16页。

⑨ 乔惠波：《意识形态对基本经济制度的影响》，《社会科学动态》2018年第1期，第31-36页。

⑩ 卫兴华、胡若痴：《坚持和完善我国基本经济制度的理论思考》，《前线》2009年第4期，第18-20页。

经济制度内容相比并没有实质性差别，是把原来的内容涵盖在其中，从更高的层次上涵盖了基本经济制度原来的内容①。程恩富、王朝科认为公有制为主体的所有制结构是整个经济制度的基础，决定了中国特色社会主义经济性质的总体格局；按劳分配为主体的分配结构是所有制结构的利益实现，决定了共富共享的总体格局；社会主义市场经济体制是经济资源配置的主要方式，决定了市场与政府双重调节的总体格局②。侯为民主张要在基本经济制度范畴内重新认识社会主义分配制度的地位和作用，需要进一步深化收入分配制度改革，坚持从整体生产出发统筹化解收入差距过大矛盾，逐步建立化解相对贫困的长效机制，重构政府在收入分配领域的角色和调节功能③。杨承训认为要从社会主义质的规定性分析中国特色社会主义基本经济制度④。

四是关于社会主义基本经济制度的价值研究。邹升平认为社会主义基本经济制度的内涵实现了整体化，使得基本经济制度更加完善、更加成型，既体现了马克思主义基本原理，又符合新时代中国特色社会主义的实践需要和当代中国的具体实际⑤。乔惠波主张在全面认识基本经济制度的优势以及影响优势发挥的基本因素的基础上，可以促使制度优势向经济治理效能转化，从而实现我国经济高质量发展⑥。顾钰民认为坚持和完善基本经济制度是马克思主义中国化的新拓展⑦，社会主义市场经济体制从社会主义与市场经济理论上的二者对立到社会主义与市场经济在理论上相统一，再到使市场在资源配置中起决定性作用和更好发挥政府作用的经济体制和基本经济制度，体现了中国特色社会主义随实践发展和

---

① 顾钰民、廉国强：《发展混合所有制经济与完善社会主义基本经济制度》，《中州学刊》2020年第6期，第25–32页。
② 程恩富、王朝科：《我国基本经济制度的新概括》，《前线》2020年第5期，第25–29页。
③ 侯为民：《论社会主义基本经济制度范畴中的分配因素》，《经济纵横》2020年第9期，第10–19页。
④ 杨承训：《社会主义质的规定性与中国特色社会主义基本经济制度》，《毛泽东邓小平理论研究》2016年第6期，第12–18页。
⑤ 邹升平：《中国共产党社会主义经济制度百年探索的历史经验》，《扬州大学学报》（人文社会科学版）2021年第5期，第3–12页。
⑥ 乔惠波：《新一代社会主义基本经济制度的优势与治理效能》，《求索》2021年第2期，第98–106页。
⑦ 顾钰民、余婷兰：《坚持和完善基本经济制度是马克思主义中国化的新拓展》，《经济纵横》2020年第4期，第20–25页。

时代进步不断与时俱进的马克思主义理论品质[①]。张福军认为社会主义基本经济制度决定着我国经济制度的性质与经济发展的方向，对我国社会主义现代化建设起到根本性和全局性作用[②]。李正图认为社会主义基本经济制度拓展了社会主义基本经济制度概念的内涵和外延：从所有制、经济运行制度和收入分配制度拓展到有为政府与有效市场有机结合的制度，新发展理念指导下新发展阶段中的新发展格局制度，高质量发展下的统筹发展和安全制度[③]。程恩富、何干强认为坚持基本经济制度是应对国际经济危机的根本保证[④]。侯为民主张立足完善基本经济制度与实现共享发展的目标相契合[⑤]。周文、肖玉飞认为社会主义基本经济制度是实现共同富裕的独特制度优势，公有制为主体、多种所有制经济共同发展的所有制基础为实现共同富裕奠定制度基础，按劳分配为主体、多种分配方式并存的收入分配制度为实现共同富裕提供制度保障，社会主义市场经济体制为实现共同富裕提供制度活力[⑥]。张芷寻认为社会主义基本经济制度为中国经济发展提供科学的行动指南，并且为全球经济发展困境提供中国方案[⑦]。

五是关于社会主义基本经济制度的实践要求研究。邹升平认为必须更好地结合科学社会主义基本原理，坚持党的领导和促进基本经济制度三个层面之间的有机结合与融合，正确处理基本经济制度中不同部分之间的矛盾关系[⑧]。要以扎实推动共同富裕为目标，进一步巩固社会主义公有制主体地位，推动公有制经济向民生领域倾斜，实现公有制经济高质量发展，积极发展公有资本主导的混合所有制经济，更好地发挥社会主

---

① 顾钰民：《习近平对社会主义市场经济的理论贡献》，《思想理论教育导刊》2020年第5期，第19-23页。

② 张福军：《坚持和完善基本经济制度关系到社会主义事业的兴衰成败》，《经济研究参考》2016年第67期，第49-53页。

③ 李正图：《社会主义基本经济制度的进一步坚持和完善》，《上海经济研究》2021年第12期，第22-27页。

④ 程恩富、何干强：《坚持公有制为主体、多种所有制经济共同发展的基本经济制度》，《海派经济学》2009年第1期，第14-23页。

⑤ 侯为民：《立足完善基本经济制度实现共享发展》，《思想理论教育导刊》2016年第3期，第69-73页。

⑥ 周文、肖玉飞：《共同富裕：基于中国式现代化道路与基本经济制度视角》，《兰州大学学报》（社会科学版）2021年第6期，第10-20页。

⑦ 张芷寻：《习近平新时代中国特色社会主义经济思想的现实背景、理论渊源及其时代价值》，《上海理工大学学报》（社会科学版）2022年第3期，第292-298页。

⑧ 邹升平：《中国特色社会主义基本经济制度的建设进程与重要经验》，《中共南京市委党校学报》2020年第5期，第60-67页。

义公有制促进共同富裕的优势①。卫兴华认为在强调坚持和完善我国基本经济制度的同时，应重视理论与实践中存在的偏离正确方向的理论与实际问题，要弄清"社会主义初级阶段的基本经济制度"同"社会主义经济制度"的联系与区别，从理论与实际的结合上论述我国为什么不能搞单一的公有制，也不能搞私有化②。乔惠波认为社会主义初级阶段的基本经济制度的完善需要革除意识形态中不适应经济基础的部分理念③。顾钰民认为坚持和完善基本经济制度不仅要在宏观层面把握公有制为主体、多种所有制经济共同发展的所有制结构，而且在微观领域要把发展混合所有制经济作为基本方向④。顾钰民、余婧兰认为深刻理解和落实基本经济制度，需要创造良好的改革环境和氛围，遵循党的十九届四中全会精神，全面推进深化改革⑤。程恩富、张福军主张开展深入研究，正本清源，回应片面观点，以便形成制度共识，提升制度自信，推动制度完善⑥。

① 邹升平：《新发展阶段社会主义公有制促进共同富裕面临的挑战与实践路径》，《广西社会科学》2022年第1期，第1–10页。
② 卫兴华：《坚持和完善我国现阶段基本经济制度的理论和实践问题》，《马克思主义研究》2010年第10期，第5–12页。
③ 乔惠波：《意识形态对基本经济制度的影响》，《社会科学动态》2018年第1期，第31–36页。
④ 顾钰民：《混合所有制经济是基本经济制度的重要实现形式》，《毛泽东邓小平理论研究》2014年第1期，第35–39页。
⑤ 顾钰民、余婧兰：《坚持和完善基本经济制度是马克思主义中国化的新拓展》，《经济纵横》2020年第4期，第20–25页。
⑥ 程恩富、张福军：《要注重研究社会主义基本经济制度》，《上海经济研究》2020年第10期，第17–23页。

第二章　对于社会主义基本经济制度思想史的系统梳理

恩格斯认为，无产阶级政党的"全部理论来自对政治经济学的研究"[①]，马克思的政治经济学"本质上是建立在唯物主义历史观的基础上的"[②]，这是我们理解马克思主义政治经济学的两个认识基点。梳理社会主义基本经济制度思想史就是追寻社会主义经济制度的马克思主义之源；追寻和回顾从马克思主义创始人到马克思主义继承者对社会主义经济制度思想的守正创新的思想脉络，为中国特色社会主义基本经济制度理论追溯深刻而又坚实的思想之基。

一、空想社会主义的社会主义经济制度构想

自从"乌托邦"概念产生以来，它一直就是财产公有的社会主义、共产主义社会的代名词。作为人类苦难史对理想社会制度苦苦追寻的理论结晶，空想社会主义曾在阶级社会的先进思想中经历了萌芽、发展与巅峰，直到科学社会主义对其的彻底变革，它才走向了庸俗学说与历史的反面。在这漫长的400多年中，无数的思想家、经济学家、政治家、哲学家、革命家，都对这一美好夙愿进行了理论阐解，甚至有部分贤者、先哲通过著书立传专门对此进行了学术探讨与实践检验。正是站在前人的肩膀上，马克思恩格斯才创立了科学社会主义理论，实现了社会主义空想到科学的历史转变。社会主义的基本经济制度形态则就是对社会主义生产关系或生产关系总和中占主导地位的生产关系的规范表达。从莫尔的《乌托邦》到闵采尔的"宗教平均社会主义"，从康帕内拉的《太阳城》到摩莱里《自然法典》，从温斯坦莱的《自由法》到近代三大空想社会主义理论学说，他们都把这一社会主义生产关系规定为"财产共有"＋"人人劳动"＋"没有货币"＋"按需分配"。

以早期空想社会主义为例。莫尔设计了社会主义史上的第一个关于未来社会制度的空想社会主义体系，即乌托邦。在所有制问题上，莫尔认为乌托邦那里不存在私有制，一切都公有，人人参加劳动，"每一座城

---

① 《马克思恩格斯文集》第2卷，人民出版社，2009，第596页。
② 《马克思恩格斯文集》第2卷，人民出版社，2009，第597页。

及其附近地区中凡年龄体力适合于劳动的男女都要参加劳动"①，大家都热心于公事。乌托邦人痛恨私有制，他们认为这种制度意味着人剥削人和人压迫人，意味着少数人发财致富和多数人贫困。他们认为生产资料应该公有，甚至连消费品也应公有，要彻底消灭私有制，让私有制没有任何存在和复活的余地；他们甚至规定住宅每十年抽签调换一次，以杜绝私有观念的产生。莫尔的方案是社会主义史上第一个主张彻底消灭私有制的方案。在分配问题上，莫尔主张按需分配。莫尔还提出了分配制度或法律的权威问题，他说"以此乌托邦人认为不但私人间合同应该遵守，而且应该遵守关于生活物资亦即取得快乐的物质的分配上的公共法令，这种法令或是贤明国王公正地颁布的，或是免于暴政和欺骗的人民一致通过的。在这种法令不遭破坏情况下照顾个人利益，才是明智的"②。但是，莫尔不懂得没有生产力的高度发展，要在手工技术的基础上达到产品的极大丰富是根本做不到的。在乌托邦设想的按需分配那里，带有明显的禁欲主义和平均主义色彩。在经济体制问题上，莫尔认为商品关系已经不存在。乌托邦人生产的不是商品，而是直接满足社会成员需要的产品。没有商品生产就没有商品交换，因此，货币也就随之而废除。乌托邦人十分鄙视金银，他们把金银用来做桶溺器和长镣大铐，莫尔不把商品货币当作永恒的现象，这是难能可贵的，但莫尔不懂得商品货币关系消亡的应有条件，他企图在农业和手工业的生产力水平下取消商品货币关系，这只能是一种十足的空想。

二、马克思恩格斯关于社会主义经济制度的理论

马克思恩格斯在深刻揭示资本主义生产方式的本质特征与人类社会发展规律的基础上，勾勒出了未来共产主义与社会主义的基本经济形态或基本经济制度，分别是"社会公有"基础上的财产组织形式，不经过商品货币关系曲折的"计划"经济调节形式，和有着阶段性过渡的"按劳分配"乃至未来"按需分配"利益分配方式。然而，在社会主义的实践中，后继者并没有过多关注马克思恩格斯论述社会主义基本经济制度的物质前提，而是一味地把他们的理论教条化加以固守，最终引发了历史悲剧。今天，中国特色社会主义关于"双三元"基本经济制度的确立，是否有违经典原意，还是对经典原理的继承与发展，首先就要还原马克思恩格斯在社会主义基本经济制度上的有关思想。

---

① ［英］莫尔:《乌托邦》，戴镏龄译，商务印书馆，1959，第58页。
② ［英］莫尔:《乌托邦》，戴镏龄译，商务印书馆，1959，第74页。

（一）生产资料公有制是社会主义经济的基石

在马克思恩格斯看来，不同生产方式决定了不同社会经济形态及其相应的经济制度。马克思基于唯物主义历史观，通过对历史上不同生产方式的科学考察提出了人类社会经济形态演进的阶段理论，大体说来经过"亚细亚的、古希腊罗马的、封建的和现代资产阶级的生产方式可以看作是经济的社会形态演进的几个时代"①。在马克思主义语境中，生产方式内含了生产力与生产关系两层辩证逻辑，作为生产的社会形式的生产关系的总和就构成经济制度，而生产资料所有制则决定着不同经济制度的性质和特征。马克思的经济哲学价值旨归一直都与私有制内在弊病相联系，他始终认为"生产者只有在占有生产资料之后才能获得自由"②，所以，就科学性而言，首次对生产资料所有制的作用、本质、形态、地位和未来社会基本经济制度展开论述的当属马克思和恩格斯。

马克思恩格斯把所有制根植于特定生产的社会形式，揭示了它对生产、分配、交换、消费广义生产关系的"源流"与"根本"地位。马克思认为，就本质而言，"所有制是对他人劳动力的支配"③，是"劳动对它的客观条件的关系"④，反映的是直接物质生产过程中对劳动要素、生产条件的占有支配关系。所有制不仅以生产条件的法权关系决定着社会生产的性质，而且以"劳动资料与劳动对象不同结合形式"的现实经济关系决定着不同的分配、交换与消费关系体系。就经济制度而言，它是一定生产力条件下对"一切社会关系总和"的制度化运用、表达，作为特定生产关系规范形式，其基础层面、核心范畴依旧是所有制，所以，所有制的性质与其上的形式是区分不同社会经济形态与社会基本经济制度的根本标志。在私有制生产体系下，私有者掌握物质生产条件，生产者并非拥有物质生产条件，"资本主义生产方式的基础是：生产的物质条件以资本和地产的形式掌握在非劳动者手中"⑤。通过对资本主义经济关系及其规律的科学分析，马克思和恩格斯得出生产资料公有制取代私有制是生产社会化与社会内在矛盾演变的必然结果，公有制是未来社会的基本经济制度。

---

① 《马克思恩格斯选集》第2卷，人民出版社，2012，第3页。
② 《马克思恩格斯选集》第3卷，人民出版社，2012，第818页。
③ 《马克思恩格斯文集》第1卷，人民出版社，2009，第536页。
④ 《马克思恩格斯文集》第8卷，人民出版社，2009，第161页。
⑤ 《马克思恩格斯文集》第3卷，人民出版社，2009，第436页。

（二）重建个人所有制是公有制发展的旨归

在马克思恩格斯那里，生产力与生产关系的双重逻辑构成了生产方式，尽管这一概括是斯大林的历史贡献，但生产力与生产关系统一于人类社会生产方式也是他们的基本观点。马克思恩格斯认为，生产力对生产关系的变革具有决定作用，而内含于生产关系的所有制又直接决定社会生产关系的基本性质，同时也决定其上社会关系的基本样貌。因此，在他们看来，资本主义生产关系、社会关系的生产与再生产，以及社会关系本身的对立结构和历史终结，都导源于私有制及其内部矛盾。因此，消灭私有制、废除资本产权以重建个人所有制，是社会所有制或共产主义社会经济制度得以构建的根本特征。

在《共产主义原理》一文中，恩格斯对此做了明确论述，他说："彻底消灭阶级和阶级对立，通过消除旧的分工……使社会全体成员的才能得到全面的发展——这一切都将是废除私有制的最主要的结果。"①在《共产党宣言》中，两位经典作家更是强调了社会所有制构建的根本途径，他们说："共产党人可以把自己的理论概括为一句话：消灭私有制。"②马克思恩格斯对生产资料公有制或全体社会成员平等占有生产资料作为社会主义生产关系的根本经济特征，在恩格斯晚年来往的历史唯物主义书信中，他不将自己称为社会民主主义者，而是称为共产主义者，"这是因为当时在各个国家里那种根本不把全部生产资料转归社会所有的口号写在自己旗帜上的人自称是社会民主主义者"③。

在马克思恩格斯那里，为何要废除生产资料私有制，为何要实行生产资料公有制呢？我们不妨以他们相关论述的直接引用来说明这一问题，以减少不必要的麻烦。首先，这是由资本主义资本积累的历史趋势来决定的，最能代表他们这一精髓的莫过于《资本论》第1卷中对"重建个人所有制"的精辟论述："生产资料的集中和劳动的社会化，达到了同它们的资本主义外壳不能相容的地步。这个外壳就要炸毁了。资本主义私有制的丧钟就要响了。剥夺者就要被剥夺了。"④

其次，个人所有制与资本主义生产方式的内在矛盾相联系。恩格斯在《反杜林论》中说："猛烈增长着的生产力对它的资本属性的这种反作用力，要求承认生产力的社会本性的这种日益增长的压力，迫使资本家

① 《马克思恩格斯全集》第4卷，人民出版社，1958，第371页。
② 《马克思恩格斯选集》第1卷，人民出版社，2012，第414页。
③ 《马克思恩格斯全集》第22卷，人民出版社，1965，第489页。
④ 《马克思恩格斯文集》第5卷，人民出版社，2009，第874页。

阶级本身在资本关系内部可能的限度内，越来越把生产力当作社会生产力看待。"①生产力的发展具有作用与反作用力的属性，一方面，生产力的发展能够促进社会的前进；另一方面，资本主义生产力发展到一定阶段就成为这种发展方式的桎梏。因此，社会急需这样一种力量来使资本内部开始瓦解，生产力发展的速度越快越能够成为社会生产力的桎梏，大量的生产资料越来越具有社会化的规范形式。比如，邮电、铁路、电报等必然转化为被国家领导。恩格斯在《社会主义从空想到科学的发展》一文中论及了社会所有制建构的前提条件，即这与国家阶级性的"消亡"联系在一起。伴随着人们生产力的提高，开始利用这一生产力的时候，社会生产无政府的状态就让位于社会的占有方式，每个社会成员开始对社会进行有计划的调节。原先的资本主义占有方式逐渐地转变为现代社会主义生产方式的助推力，"一方面由社会直接占有，作为维持和扩大生产的资料，另一方面由个人直接占有，作为生活资料和享受资料"②。无产阶级随着社会生产力的提高，获得的权利也进一步提高，与此同时，社会生产资料将变成公共财产。在这一过程中，"无产阶级使生产资料摆脱了它们迄今具有的资本属性，使它们的社会性质有充分的自由得以实现"③，整个社会的生产将在原有的计划中成为可能。

再次，个人所有制与人的自主活动的真正实现有关。马克思恩格斯在《德意志意识形态》中指出，在共产主义社会，在真正的共同体的基础上，"只有在这个阶段上，自主活动才同物质生活一致起来，而这又是同各个人向完全的个人的发展以及一切自发性的消除相适应的。同样，劳动向自主活动的转化，同过去受制约的交往向个人本身的交往的转化，也是相互适应的。随着联合起来的个人对全部生产力的占有，私有制也就终结了"④。可见，在马克思恩格斯看来，之所以要用个人所有制代替私有制，是因为在私有制状况下的个人活动是非自主的、受剥削压迫的、异化统治下的。正是私有制导致了个人发展的片面性和自发性、个人交往的受制性，在消灭了私有制的条件下，在真正的自由人的联合体的条件下，在以每个人自由全面发展作为一切人自由全面发展的共产主义社会的条件下，个人才真正获得了在共同体中自由全面发展的条件。而共产主义社会这种公有制不同于原始公有制的最大特征是：一种自觉状态

① 《马克思恩格斯选集》第3卷，人民出版社，2012，第665页。
② 《马克思恩格斯选集》第3卷，人民出版社，2012，第667页。
③ 《马克思恩格斯选集》第3卷，人民出版社，2012，第817页。
④ 《马克思恩格斯文集》第1卷，人民出版社，2009，第130页。

下而非受自发性摆布的具有人的本质的丰富性的自主劳动的所有制；共产主义社会的这种公有制不同于私有制的最大特征在于：私有制下的个人交往受私有财产占有者摆布的非本身的交往向个人本身的交往活动的转变，因而它是建立在真正的共同体上的真正的个人所有制。

最后，个人所有制与资本的历史演进形式相关联。马克思恩格斯认为，由自由竞争所导致的资本垄断产生了"资本联合"的两种形式：资本股份化与国有化，他们共同揭示了单个资本在阶级社会里的局限性，并反向证明了生产资料公有化的基本趋势。他们说："如果说危机暴露出资产阶级没有能力继续驾驭现代生产力，那么，大的生产机构和交通机构向股份公司和国家财产的转变就表明资产阶级在这方面是多余的。"①换句话说，资本家和员工的职能发生了转变，员工成为资本家全部职能的执行者，资本家只能占有股票、等待分红、投机交易，除此之外，再无任何社会活动。最为本质的体现为，劳动者占有生产资料，资本和所有权相互分离。分离的结果是无产阶级获得劳动资料的占有权，从事社会劳动，资本主义的生产方式成为过渡点，但这时"不再是各个互相分离的生产者的私有财产，而是联合起来的生产者的财产，即直接的社会财产"。另一方面，"这是再生产过程中所有那些直到今天还和资本所有权结合在一起的职能转化为联合起来的生产者的单纯职能，转化为社会职能的过渡点"②。从马克思恩格斯的这一论断可见，是与当时垄断的不成熟时期有关。现代资本主义公司法人制度不仅有各类股份、基金的联合，也有与金融相关的信贷联合，甚至在程度上，现代资本主义已不是纯粹私有化。尽管这种联合暂时没有达到他们眼里的那种翻天覆地的联合，但现代资本主义生产关系的种种迹象已经显示了他们当初令人惊叹的预测能力。

（三）计划经济取代商品货币关系

未来社会主义经济调节不经过商品货币关系曲折，采取"计划"调节形式，是马克思恩格斯在社会主义基本经济制度上的第二特征。之所以不是根本特征，是因为在他们眼里，所有制决定交换形式，未来社会已经是人类社会演进的完备形态（产品经济），所以，未来社会既然在生产资料占有形式上是社会所有，那么，与此相对应的交换关系就是计划调节。这一结论有以下理由。

第一，商品货币关系是商品经济的基本特征，而商品经济是阶级社

---

① 《马克思恩格斯选集》第3卷，人民出版社，2012，第666页。
② 《马克思恩格斯文集》第7卷，人民出版社，2009，第495页。

会私人生产与社会生产、特殊劳动与一般劳动之间内在矛盾自身演化的产物。因此，当未来社会的个别生产劳动一开始就是社会劳动之时，当人们"用公共的生产资料进行劳动，并且自觉地把他们许多个人劳动力当作一个社会劳动力来使用"①，商品货币关系与商品经济的历史使命也将就此终结。对此，恩格斯曾有过一段论述。他说，某一商品具有社会价值，必然有以下几个特点："（1）它是一个对社会有用的产品；（2）它是由私人为了私人的打算生产出来的；（3）它虽然是私人劳动的产品，但同时又是社会劳动的产品（这一点似乎是生产者所不知道的或者似乎是违背他们意愿的），而且以社会方法即通过交换来确定的一定量社会劳动的产品；（4）我表现这个数量，不是用劳动本身，也不是用若干劳动小时，而是用另外一个商品。"②比如在分工、交换受限的自然经济中，和同样是计量型的产品经济中，劳动产品不表现为价值，它们都不经过交换即可消费，因此，商品货币关系、市场交换形式是与阶级社会生产力水平相联系的。在阶级社会，社会财富的紧缺性使得价值与交换成型，旨在互通有无用于生存发展。

第二，商品经济是社会生产总量不足以解决全社会需求的"短缺经济"，而产品经济不经过商品货币关系曲折，是相对于"社会财富源泉充分涌流"的社会生产能力来说的，两者不能同日而语。劳动是财富的来源，但这种形式改变了以后，劳动既不是财富的来源也不是用劳动时间来衡量，那么，劳动只能是社会的劳动，这样的生产方式下，劳动者将不再是剩余价值生产的一般财富的条件，非劳动者也不再是人类头脑的一般能力的条件。原先的物质资料的占有形式、社会的交换形式、社会的生产方式将会随之改变，这时人们不仅可以挣脱外界的束缚，而且可以自由地从事一切自由的活动，每个人的自由自主的个性得到了全面的发展，可见，"并不是为了获得剩余劳动而缩减必要劳动时间，而是直接把社会必要劳动缩减到最低限度，那时，与此相适应，由于给所有的人腾出了时间和创造了手段，个人会在艺术、科学等等方面得到发展"③。必然王国中，劳动是为了生产物质资料，维持人类社会发展所必须存在的，但到了自由王国，劳动只是外在的和自由的活动。因此，自由王国存在于必然王国的彼岸，并在必然王国的终点开始。就比如，当人们开始需要某一东西的时候，人们会通过一切手段获得它，当获得满足以后，

---

①　《马克思恩格斯选集》第2卷，人民出版社，2012，第126页。
②　《马克思恩格斯选集》第3卷，人民出版社，2012，第695页。
③　《马克思恩格斯全集》第31卷，人民出版社，1998，第101页。

那么就会开始一种文明的生活方式。这时必然性的王国自然会随着社会规模的增长而不断地扩大，同样，满足人类不断增长的需求的扩大往往会带动生产力更大的发展，但这个社会中只能是"社会化的人，联合起来的生产者，将合理地调节他们和自然之间的物质变换，把它置于他们的共同控制之下，而不让它作为盲目的力量来统治自己"①，即靠最小的消耗力量，在人类生存与发展的空间中进行物质交换，但不变的是，这个领域还是一个必然王国。"在这个必然王国的彼岸，作为目的本身的人类能力的发展 真正的自由王国，就开始了"②。自由王国必然是在必然王国的基础之上的发展，而必然王国彼岸的自由王国，是把人从手段转化为目的的自由王国，是把人从物的统治下解脱出来的自由王国，是把人从片面发展转化为全面发展的自由王国，是把人从冗长无奈的劳动时间解放出来的自由王国，是把人的世界和人的关系还给了人自身的自由王国。

第三，不存在商品货币关系是未来社会实现人的全面自由发展的充要条件。人类社会的向前发展总是建立在前一发展阶段的基础之上的，共产主义社会与所有过去的社会制度所不同的是，它彻底、全面地推翻了一切旧的生产方式和交往关系，并且在发展的同时肯定人是社会发展的主体，在尊重客观规律、正确运用规律的基础之上改造客观世界。"因此，建立共产主义实质上具有经济的性质，这就是为这种联合创造各种物质条件，把现存的条件变成联合的条件。"③恩格斯说："一旦社会占有了生产资料，商品生产就将被消除，而产品对生产者的统治也将随之消除。社会生产内部的无政府状态将为有计划的自觉的组织所代替，个体生存斗争停止了。"从这个意义上来说，人摆脱了自然的存在状态，进入真正人的生活领域，不是自然控制人而是人尊重规律、改造自然的过程。人成为社会真正的主人，原有的一切被束缚、被压迫、异己的存在将成为现有社会的反面，人将是自由自觉的存在物，开始支配自然和自己的生活。因此，在这时人开始了创造属于自己的历史，"只是从这时起，由人们使之起作用的社会原因才大部分并且越来越多地达到他们所预期的结果。这是人类从必然王国进入自由王国的飞跃"④。

第四，直接性社会生产与产品经济的"可计量性"直接导致商品货

---

① 《马克思恩格斯全集》第25卷，人民出版社，1974，第926–927页。
② 《马克思恩格斯全集》第25卷，人民出版社，1974，第927页。
③ 《马克思恩格斯选集》第1卷，人民出版社，2012，第202页。
④ 《马克思恩格斯选集》第3卷，人民出版社，2012，第671页。

币关系的"崩溃"。恩格斯说："社会一旦占有生产资料并且以直接社会化的形式把它们应用于生产，每一个人的劳动，无论其特殊的有用性质是如何的不同，从一开始就直接成为社会劳动。"①从这个方面来说，一个产品所包含的社会劳动量可以从日常的经验中直接显示，并非采取其他的途径加以确认；在这个过程中，产品的价值不会以确定的、固有的价值形式来确定，而是以相对的、变动的、不充分的各种形式来确定。在这种情况下，社会必然可以确定消费品所花费的时间、劳动的多少，因此，不得不采取按照有计划的形式来进行生产，所必需的是劳动力因素，并且考虑由此产生的劳动效用的多少，这些都成为计划生产所要考虑的。"人们可以非常简单地处理这一切，而不需要著名的'价值'插手其间。"②在马克思恩格斯看来，私有制、分工、商品、价值、资本都是相同事物在阶级社会不同阶段的不同表现形式，不存在私有制及其附带的分工、价值、资本、商品、货币才是未来社会经济制度的共同特征。

尽管如此，但却不能否认的是，他们并未从根本上否定共产主义第一阶段的商品货币关系，对此仍有隐晦含义。在《资本论》中，马克思在谈及社会分配形式之时，认为共产主义虽然不存在商品货币关系，但作为衡量价值的劳动时间却被保留下来了。在共产主义社会，劳动作为人生的需要并非必要，但共同的劳动还需要以时间作为衡量一切的标准，因为根据从事某一行业的劳动时间，既可以知道花费劳动时间的多少，又可以根据已有时间推算剩余劳动时间以及时间的安排。比如，从事小麦、畜牧的时间越少，那么从事其他物质活动和精神活动的时间就会越多。因此，一切节约归根结底是时间的节约。不管是单个人的生产活动还是社会的生产活动，都必须在节约时间的基础之上进行生产活动。从单个人的方面来说，有计划地节约时间就可以分配出更多的时间学习知识或参加获得自身满足的活动。从社会方面来说，合理地分配时间是实现生产和扩大再生产的前提条件。"因此，时间的节约，以及劳动时间在不同的生产部门之间有计划的分配，在共同生产的基础上仍然是首要的经济规律。这甚至在更加高得多的程度上成为规律。"③

在《哥达纲领批判》一文中，马克思认为共产主义第一阶段由于刚从它的母体即旧的社会生产关系中脱离出来，这时的社会不论生产力水平，还是社会经济形态，都保留了旧社会的痕迹。这里不仅存在分工与

① 《马克思恩格斯选集》第3卷，人民出版社，2012，第696-697页。
② 《马克思恩格斯选集》第3卷，人民出版社，2012，第697页。
③ 《马克思恩格斯全集》第46卷，人民出版社，1979，第120页。

劳动的差别。而且社会分配原则就是在商品等价交换的基础之上进行的，即"一种形式的一定量的劳动可以和另一种形式的同量劳动相交换"①，但这种平等也只是表面上的平等，而不是实际的平等。从这个意义上来说，不存在真正的平等交换，"但是它默认，劳动者的不同等的个人天赋，从而不同等的工作能力，是天然特权"②。对于未来社会用于交换的"同一原则"，恩格斯在《政治经济学批判大纲》与《反杜林论》两部文献中也表达了相同的思想。生产过程形成商品的价值，价值的概念解决生产的问题，具有社会性。"在决定生产问题时对效用和劳动支出的衡量，正是政治经济学的价值概念在共产主义社会中所能余留的全部东西。"③

在这一问题上，我们怕是对马克思恩格斯误会居多，作为历史唯物主义的创立者与运用者，他们的思想正如同历史演进一样并非固定不变。当他们把共产主义第一阶段经济形态同此时的社会生产力水平、劳动分工等"资本主义权利"结合在一起时，就已经在理论上勾勒出了源于此的社会分配与交换形式的阶段性、过渡性。在他们看来，生产力的过渡性导致了社会阶段及其不同经济关系之间的过渡性，这也决定消灭商品货币关系既是不可避免的，也是漫长痛苦的过程，同时是一个社会发展所不能跨越的'自然史'过程。应该说，他们的这一后期思想，是对前期社会主义经济关系认识上的一次质的飞跃。

（四）社会分配形式存在着阶段的过渡性

同共产主义高级阶段不经过商品货币关系曲折一样，社会主义全民所有制有着它一定的分配形式，按劳分配与按需分配是社会主义基本经济制度的又一特征。早在《德意志意识形态》中，两位经典作家就已经阐明了高级阶段的分配形式。他们说："'按能力计报酬'这个以我们目前的制度为基础的不正确的原理应当——因为这个原理是仅就狭义的消费而言——变为'按需分配'这样一个原理。"④共产主义社会不同于社会主义社会的根本点在于研究人的本性概念的实际信念，也就是说人的智力和体力的差别不是判定一个人获得需求的多少的根据，其根据应是人需要的多少；换言之，因差异不同的每个人都可以获得同样的占有、消费的权利。

———————

① 《马克思恩格斯全集》第19卷，人民出版社，1963，第21页。
② 《马克思恩格斯文集》第3卷，人民出版社，2009，第435页。
③ 《马克思恩格斯选集》第3卷，人民出版社，2012，第697页。
④ 《马克思恩格斯全集》第3卷，人民出版社，1960，第638页。

后来，伴随着对"商品"与价值形式阶段性的批判，马克思在《资本论》中已经认识到了共产主义分配形式的发展阶段。个人劳动成为社会劳动的过程中，使得劳动产品具有了双重属性，不仅可以生产出自己所需要的物品，而且可以生产出供消费的物品，因此，后者在社会中的分配会随着社会生产的有机本身发生相应的变化。这样，我们以劳动时间作为生产物质资料的尺度，对劳动者而言，劳动时间是规定劳动者获得分配份额多少的衡量标准；对社会而言，劳动时间是调节着社会中劳动生产职能各种需要的比例。因而，个人消费和社会生产在劳动时间的分配中都得到了充分的显现。"人们同他们的劳动和劳动产品的社会关系，无论在生产上还是在分配上，都是简单明了的。"①

进一步而言，这一思想集中表达在了《哥达纲领批判》对拉萨尔"公平分配观"的论述中。这篇包含了马克思后期思想的经典文献，虽然对共产主义第一阶段的财产占有形式与经济调节关系论述得并不是太多，但对社会主义分配形式却是以论战的立场得到了充分的表达。他说，受生产力水平的限制，共产主义不仅存在低级与高级之间的阶段之分，而且低级阶段并非从自身生产关系上发展而来，因而它势必会在生产关系、社会关系、政治关系、意识形态关系上保留着"孕育"它的那个"旧社会的痕迹"，受此影响，这时的社会分配形式之间存在着一个阶级向另一个阶级的过渡。他认为，随着历史的发展、社会形态的更替，在共产主义社会的高级阶段上，被迫的分工将会消失、脑力劳动与体力劳动的对立也随之消失，这时的劳动将不再是作为谋生的手段、不再是按时间分配的原则、不再是异己的存在，而是成为人的生活的第一需要；每个人的劳动成为集体财富的源泉，每个人得到自由而全面的发展，完全地超出了资产阶级权利狭隘的眼界，那时候"各尽所能，按需分配"的社会将成为可能。

事实上，伴随着经典作家晚年对资本主义生产关系的研究，他们的思想都有明显的转变，这不仅体现在马克思《论土地国有化》与恩格斯《法德农民问题》中，超越"社会所有制"范畴对集体所有制、国家所有制的研究，而且体现在恩格斯对分配关系的探究中。恩格斯在《反杜林论》中认为，促进生产的真正方式并不是人们被迫的无奈，而是出于人们自愿努力的行为；不是纯粹的经济利益行为，而是促进每个人自由全面的发展，因此这种方式就是"能使一切社会成员尽可能全面地发展、

---

① 《马克思恩格斯全集》第44卷，人民出版社，2001，第96-97页。

保持和施展自己能力的那种分配方式"①。尽管这里这种衡量标准他没说，但在其晚年的历史唯物主义书信中，他明确表达了社会主义分配形式的历史性。生产方式决定分配方式，一定的分配方式反作用于生产方式，社会生产方式的进步也会使分配方式发生改变。社会是在历史的发展中前进，是与一定的生产方式相适应的，因此，合理的分配方式就应该是："（1）设法发现将来由以开始的分配方式，（2）尽力找出进一步的发展将循以进行的总方向。"②作为唯物史观的创始人，他们首先能科学运用历史观对不同社会条件的特殊现象做出重新认识，而这就是他们最珍贵的学术品格。可以说，恩格斯的这一思想，为探究共产主义第一阶段其他分配形式存在的可能提供了科学方法与理论借鉴。

（五）传统定位的三大经济特征以生产力高度发展为前提

尽管马克思恩格斯倾尽毕生心血在资本批判中阐述的同样是斯大林的三元经济制度，但在那里，非常清晰甚至毫无疑问的是，三大经济特征是以生产力高度发展为前提的，这既是他们历来所坚持的唯物史观，也是他们关于社会主义经济制度确立的前提条件。纵然马克思恩格斯晚年探究了东方落后国家农村公社与跨越"卡夫丁峡谷"问题，但同样是以"继承、吸收资本主义一切成就"为前提的。恩格斯在《共产主义原理》中，对"能不能一下子废除私有制"问题做出了回应，答案是否定的，因为任何事物的发展都必须遵循其特有的规律，任何事物的发展必然不能一蹴而就，就像不能将现有生产力扩大到建立个人所有制一样，"只能逐步改造现社会"③。并且，废除私有制所进行的无产阶级革命，其前提条件要依据经济发展水平而定，在一切文明的国度里，比如英国、法国、德国、美国等一些国家，经济发展的水平决定了废除私有制实现的时间，也就是说"要看这个国家是否工业较发达，财富积累较多，以及生产力较高而定"④。

事实上，早在1848年欧洲革命失败后，马克思对无产阶级的历史使命的基础问题就做过探讨。他在《1848年至1850年的法兰西阶级斗争》一文中说："一般说来，工业无产阶级的发展是受工业资产阶级的发展所制约的。"工业资产阶级制约工业无产阶级的同时又为工业无产阶级创造条件，因为只有当工业资产阶级发展到一定程度之后，物质资料才可能

---

① 《马克思恩格斯选集》第3卷，人民出版社，2012，第581页。
② 《马克思恩格斯全集》第37卷，人民出版社，1971，第432页。
③ 《马克思恩格斯全集》第4卷，人民出版社，1958，第366页。
④ 《马克思恩格斯全集》第4卷，人民出版社，1858，第369页。

得到最大的满足、生产力才会得到最大的发展，这样，在资产阶级创造自己强大生产力的同时也制造了自己的对立面和自己走向灭亡的条件。在这个过程中，不仅消除了封建社会主义的根基，而且为工业阶级的发展铺平了道路，还改变了原有的社会生产关系，只有在这个时候，原有的一切所有制关系都得到了改变，剩下的只是重建个人所有制。"工业资产阶级的统治只有在现代工业已按本身需要改造了一切所有制关系的地方才有可能实现。"①

　　因此，在两位经典作家看来，社会主义废除私有制实行单三元经济制度是有前提条件的。而20世纪社会主义国家的纯公有化经济实践显然对此有所忽视，这才导致了适得其反的历史悲剧。事实上，苏东社会主义实践既忽视了废除私有制的物质前提，又把社会主义建立在了"贫穷"之上。相反的是，在马克思主义经典作家的视野中，社会主义具备生产力的工具前提与社会主义富有的目的是统一的。在《共产党宣言》中，马克思恩格斯认为，资产阶级社会和共产主义社会所不同的是，前者以劳动为基础进行生产追求利益的最大化；后者是在已有生产力发展水平上的劳动是"扩大、丰富和提高工人的生活的一种手段"②。后来，马克思将这一观点也同样表达在了《1857—1858经济学手稿》当中，他说："生产力的增长再也不能被占有他人的剩余劳动所束缚了，工人群众自己应当占有自己的剩余劳动。"③这样，劳动者可以自由地从事生产活动，劳动时间也并非成为对立的存在物，那时，社会将会按照人的生活需要来进行社会必要的劳动生产，而不是限制自身的条件；那时，生产力将得到很大的发展，社会繁荣、人民富裕、自由时间增多将会促进每一个人自由而全面地发展。

　　马克思在《剩余价值理论》一文中，在评价古典经济学流派有关"劳动时间与富裕"问题时，明确写道："如果所有的人都必须劳动，如果过度劳动者和有闲者之间的对立消灭了——而这一点无论如何是资本不再存在产品不再提供占有别人剩余劳动的权利的结果。"在这种情况下，每个人除了必要的劳动时间之外，还会有剩余劳动时间作为自身发展的补充，因此，在剩余劳动时间内每个人不仅可以用于知识生产，还可以进行娱乐、休息，"从而为自由活动和发展开辟广阔天地"④。恩格

---

① 《马克思恩格斯选集》第1卷，人民出版社，2012，第454页。
② 《马克思恩格斯选集》第1卷，人民出版社，2012，第415页。
③ 《马克思恩格斯全集》第31卷，人民出版社，1998，第104页。
④ 《马克思恩格斯全集》第26卷，人民出版社，1974，第138页。

斯也同样论述过此类观点，全社会的成员是一个统一体，在这个社会中每个成员不仅可以进行生产，而且参与分配和管理，并且通过有计划的生产行为，可以保证生产的持续性发展，还可以保证社会生产力水平的不断提高，"足以保证每个人的一切合理的需要在越来越大的程度上得到满足"①。尽管斯大林的社会主义基本经济规律理论也表达了相同意思，但遗憾的是基本经济制度却在他那里固化了。真正以生产力为前提，对社会主义经济关系定位有所贡献的当属列宁及新经济政策。

三、列宁关于社会主义经济和经济制度的思想

毛泽东曾对列宁在社会主义史上的地位有过这样的评价，他认为列宁发展了马克思主义学说，其中最主要的体现在以下几个方面：一是在"唯物论和辩证法方面发展了马克思主义"；二是在"无产阶级斗争""无产阶级专政""无产阶级政党"等方面发展了马克思主义。同时，列宁提出了社会主义政党的建设理论，从1917年的十月革命开始就已经在理论中建设和发展。这也是马克思所处时代没有的。事实上，列宁对社会主义经济关系的理论与实践具有多数马克思主义者无法比拟的历史贡献。一是在十月革命前为捍卫马克思主义的科学性，他曾写下了许多具有战斗性的理论文章，贡献就是毛泽东指出的第一层意思。二是与马克思主义两位创始人相比较，列宁亲身参加了社会主义革命与经济建设实践，为区别于经典原理的"现实性经济落后社会主义国家"进行社会主义经济关系、经济制度创新，在经济建设方法论方面创立了永垂不朽的功绩。

（一）列宁在社会主义基本经济制度上的思想脉络

国内有学者把列宁在社会主义经济制度上的理论与实践，简单地划分为了"战时共产主义"与"新经济政策"两个阶段②。事实上，这种划分排除了列宁在十月革命前探索时期上的经济理论。在二月革命前后，也就是恩格斯逝世后的很长一段时间内，列宁主要从事宣传马克思主义与捍卫其科学性的伟大工作。这期间，既包括了对"奥地利学派"提出的"边际效用"，即"有组织的资本主义"的批判，也包括了与"俄国民粹派唯心主义社会观""合法马克思主义者""经济马克思主义者""孟什维克主义政党学说""俄国伯恩斯坦修正主义者""超帝国主义论者"等

---

① 《马克思恩格斯选集》第3卷，人民出版社，2012，第724页。

② 王世勇：《列宁对社会主义所有制模式的探索》，《重庆大学学报》（社会科学版）2003年第5期，第55页。

之间的论战。由于这时并未亲身参加社会主义实践，所以在革命胜利后对待社会主义经济制度问题上，列宁这时还是坚持以马克思恩格斯经典原理为问题导向的，认为社会主义生产关系的建立势必要消灭私有制、商品货币关系，建立计划调节生产的公有制经济。这在以上几场论战中都有具体说明。在《国家与革命》一文中，列宁在马克思《哥达纲领批判》的基础上，进一步发展了按劳分配的相关原理。

应该说，尽管这一时期的列宁依旧固守经典原理，但他在批判民粹派与经济学派中已经意识到了社会主义现实与理论之间的差距问题。他强调，理论与实践都是可以解决问题的，但"从实践上解决这个问题和在理论上解决这个问题绝不是一回事"①。"一切民族都将走向社会主义，这是不可避免的。"②但是每个民族会因各自的特性、所处的环境、所特有的习俗、无产阶级专政情况的不同会有不同的特点，因而会出现各种不同的形态以及实现社会主义速度的快慢。他在《政治家札记》中说，一切国家都有自己所特有的环境，我们并不希望马克思可以预见未来或者马克思主义进行具体的实践指导，这是不科学的，也是不可能的。因为在实践的过程中必然会出现解决问题的方式方法，在实践中"只能在千百万人开始行动以后由千百万人的经验来表明"③。

总体而言，十月革命以前，列宁在对待社会主义基本经济制度的问题上，还是继承了马克思恩格斯的基本思想。在所有制与经济成分问题上，早在1885年，他就认为社会主义生产关系的构建要以消灭私有制为前提，这是因为"私有经济关系和私有制关系已经变成与内容不相适应的外壳了"④。这必然会导致旧的社会制度和社会关系的破裂，终究走向自己的反面，走向灭亡。所以，工人阶级要获得解放，就必须推翻已有的社会制度，并且在资本主义社会已有的发展基础之上，彻底地解放生产力，进而消灭生产资料私有制，"把它们变为公共财产，组织由整个社会承担的社会主义的产品生产代替资本主义的商品生产"⑤。对于经济结构与其他经济成分问题，列宁在1923年的《论合作制》中可谓是富有创见的，这与十月革命之前的有关思想显然对比鲜明。这一时期，列宁认为在财产组织形式上，应该采取国家所有制与集体所有制。此外，对于

---

① 《列宁全集》第42卷，人民出版社，2017，第49页。
② 《列宁全集》第28卷，人民出版社，2017，第163页。
③ 《列宁全集》第32卷，人民出版社，2017，第111页。
④ 《列宁选集》第27卷，人民出版社，2017，第438页。
⑤ 《列宁全集》第6卷，人民出版社，1986，第193页。

小私有制，但明确表示："小生产是经常地、每日每时地、自发地和大批地产生着资本主义和资产阶级的。"① "生产社会化不能不导致生产资料转变为社会所有，导致'剥夺者被剥夺'。"②在十月革命前期、新经济政策前后，关于社会主义财产组织形式问题一直在苏共党内伴有理论分歧。列宁认为，生产资料应该采取国家形式，这是基于对现实问题的考虑。布哈林则认为，革命胜利后在国家消亡的前提下，应该采取"工会管制"。两者的功过这里不做评价，重要的是列宁在这一时期，在"国家高地管制"下论及的两权分离的问题。

在社会主义分配形式问题上，列宁在继承马克思阶段论的基础上进一步发展了按劳分配的有关思想。从资本主义直接过渡到社会主义"即过渡到生产资料公有和按每个人的劳动量分配产品"③，在他看来，公有制建立之后，社会分配形式也将随之变化，这是由生产资料占有关系性质的根本转变所决定的，这是一方面。另一方面是，尽管社会主义革命消灭了私有制的"阶级剥削现象"，但却在分配领域内难以保证另一"不平等""不公现象"的产生，即"'按劳动'（而不是按需要）分配消费品"④，那么，为何在生产资料公有制下按劳分配又是一种"不平等关系"呢？他说，在共产主义第一阶段，公有制的平等地位是以分配的"不平等为前提的"，因为生产资料的占有、使用、经营在这一阶段还存在着能力、分工与效率问题的不同，"而不同等就是不平等"。但是，公有制已经为消除这种内容不平等奠定了基础，因而按劳分配是社会主义必须贯彻的经济原则，因为"在推翻资本主义之后，人们立即就能学会不要任何权利准则而为社会劳动"⑤。应当看出，列宁这一时期的分配思想是以马克思说的"资产阶级权利""旧社会痕迹"为前提的，在理论与实践上无疑都是正确的，对于当前我国调整利益关系、调动社会生产积极性具有重要启示意义。

在经济调节问题上，列宁在早期的论战性文章中就指出，在资本主义制度下，资本的无限扩张必然会导致整个社会的不平等和剥削现象的出现，资本的目的无非是增值，因此"只有建立起大规模的社会化的计划经济，一切土地、工厂、工具都转归工人阶级所有，才可能消灭一切

---

① 《列宁选集》第4卷，人民出版社，2012，第135页。
② 《列宁全集》第26卷，人民出版社，2017，第74页。
③ 《列宁选集》第3卷，人民出版社，2012，第64页。
④ 《列宁选集》第3卷，人民出版社，2012，第195页。
⑤ 《列宁全集》第31卷，人民出版社，2017，第90页。

剥削"①。大机器工业的广泛程度是判断一个社会工业化程度的重要标志，同时，实现社会主义经济要求"有计划地调节生产和对生产实行社会监督"②。在社会主义革命发生前后，他认为无产阶级乃至全人类解放的必备条件之一就是社会化必然是社会主义的生产代替资本主义的无序竞争和资本的扩张，这样就可以保证"社会全体成员的充分福利和自由的全面发展"③。如果说，产品经济不经过商品货币关系曲折在马克思恩格斯那里还只是一种思想预判，那么，列宁在此时所发明的"计划经济"概念，事实上已经把公有制与计划调节等同起来，并作为一种经济制度的选择模式在他的意识中形成了，而这也直接影响到了其后"战时共产主义政策"在经济成分、交换方式上的直接过渡思维。

十月革命之后不久，苏俄就爆发了国内外政治危机，为保卫新生的无产阶级政权，苏联实施了为期4年之久的战时共产主义政策。其主要经济措施是把一切中小型企业统统收归国有，实行生产资料国有化与余粮上缴制；全国各行业取消商品货币职能，实施实物配给制与平均主义按劳分配。应该说，这一政策的实施，既是特殊历史条件下的经济产物，也受到了列宁直接过渡思维的影响。积极方面是它保护了社会主义革命成果，对其后的社会主义世界革命与民族解放具有推动作用。不利方面用列宁的话来说，就是在忽视马克思的生产力标准的情形下，把经典原理套用在小农生产占主导地位的国家现实里，对一切非公有制经济采取限制甚至消灭的政策，一定程度上阻碍了当时的社会生产力的发展。正是在此前提下，不久苏俄便爆发了"要苏维埃，不要布尔什维克"的政治危机。随后，列宁在吸取教训中认识到了问题的严重性，并开始转向苏俄具体国情，提出了创新"新的生产关系"的任务。1921年，以苏俄正式实施"新经济政策"为开端，列宁关于社会基本经济制度的思想与实践进入了一个全新的历史时期。

（二）列宁关于"新经济政策"确立的基本前提

什么是新经济政策？可以概括为一句话：它是在兼顾小农生产在苏俄经济成分占主导地位的基本国情下，所实施的一项利用"粮食税""国家资本主义"，允许多种经济成分、商品自由贸易存在的，在利益分配上实施按劳取酬的一项表面为"权宜之计"实为"非退却"的现实社会主义（区别于科学社会主义经典原理）的经济制度。为什么要把它这样定

---

① 《列宁全集》第13卷，人民出版社，2017，第124页。
② 《列宁全集》第57卷，人民出版社，2017，第9页。
③ 《列宁全集》第6卷，人民出版社，2013，第413页。

位？这与列宁对确立新经济政策的认识前提有关。

马克思恩格斯认为，消灭私有制与商品货币关系只能建立在无产阶级已经有能力取得这样的物质基础上，在他们那里，生产关系的变革与生产力的结果是高度统一的。可以说，从列宁早年宣传马克思主义到新经济政策的成形，这一思想都伴随他左右。在革命之前，当时党内有人认为，依据经典原理，苏俄现在没有实现革命成功的物质前提。列宁在论战性文章中强调，生产力极端重要。在资本主义发展的过程中，生产力取得了极大的发展，与此同时，也成为社会发展的阻碍，因此，只有将资本主义创造的生产力全部归社会所有，整个社会才能取得进一步的发展。那时"我们可以绝对有把握地说，剥夺资本家一定会使人类社会的生产力蓬勃发展"①。在他看来，只有以废除私有制为前提，才能实现生产力的巨大发展，只有将一切私有制收归国有，才能最大化地促进社会的进步，那时"苏俄就能利用自己的革命和自己的民主制度把整个国家的经济组织水平大大提高"②。所以，列宁不但重视社会主义的物质基础，而且将这一问题灵活运用到了社会主义革命上。

十月革命后，列宁曾多次论及了革命胜利后党的工作重心问题，但由于国内政治危机的爆发而就此中断。1920年2月，在保卫新生政权取得有利形势下，列宁在会议上提出了"要坚决把苏维埃共和国转上经济建设的新轨道"③。同年底，在抵抗外国武装干涉取得全面胜利的情况下，他又不遗余力地专门开会论及了政治与经济关系和党以后的工作重心问题。他强调："经济任务、经济战线现在又作为最主要的、基本的任务和战线提到我们面前来了。"④在他看来，这是因为随着社会革命的爆发，无产阶级掌握了政权以后，亟须解决社会发展的问题，那么就需要创造出比以往资产阶级高得多的生产力来恢复生产，换言之，就是要大力"提高劳动生产率，因此（并且为此）就要有更高形式的劳动组织"⑤，"劳动生产率归根到底是使新社会制度取得胜利的最重要最主要的东西"⑥。一个社会形态向另一个社会形态的转变必然是能够创造出比前一个社会形态更大的生产力，不管是奴隶社会代替原始社会、还是封建社会代替奴隶社会，或资本主义社会代替封建社会，都是生产力的巨

---

① 《列宁全集》第31卷，人民出版社，2017，第92页。
② 《列宁全集》第32卷，人民出版社，2017，第220页。
③ 《列宁全集》第38卷，人民出版社，2017，第123页。
④ 《列宁全集》第40卷，人民出版社，2017，第140页。
⑤ 《列宁选集》第3卷，人民出版社，2012，第490页。
⑥ 《列宁选集》第4卷，人民出版社，2012，第16页。

大发展，当然社会主义社会代替资本主义社会也是同样的道理。

事实上，出于对外国武装干涉的抵抗和保护新生政权的需要，列宁对战时共产主义政策的实施是迫于无奈的，当这种无奈在取得战争胜利的情况下，配给制的短期效应直接让他萌生了直接过渡的思维。他说："我们计划（说我们计划欠周地设想也许较确切）用无产阶级国家直接下命令的办法在一个小农国家里按共产主义原则来调整国家的产品生产和分配。"①超越了小农国家生产力实际水平的严重后果使他认识到，向共产主义的过渡没有科学正确地评估已有的社会现实情况，单凭靠热情、奉献远远是不能够建成的，只有"靠个人利益，靠同个人利益的结合，靠经济核算，在这个小农国家里先建立起牢固的桥梁，通过国家资本主义走向社会主义"②。最后的结论是"我们不得不承认我们对社会主义的整个看法根本改变了"③。正是在这些因素的作用下，才促成了苏俄另一种新型社会主义经济制度的实施。那么，新经济政策在社会主义经济制度上有何创见呢？

（三）用国家资本主义发展各类非公有制经济

在新经济政策实施阶段，列宁反复强调，发展社会主义不能没有建立在生产条件之上的物质基础，而这种现实情况正是当下苏俄内部最紧缺也是最不具备的。所以，一切有利于社会化生产、一切有利于大工业恢复与发展的所有制形式都是可以使用的。他说，在小农个体生产完全支配国民经济数量的前提下，一些带有资本性质的非公有制经济的存在，是不可避免的经济现象。如果对当前的经济成分不能有一个清晰的认识，那就等于在不了解情况的前提下，眉毛胡子一把抓，无疑是在做蠢事。因为"这种政策在经济上行不通；说它在自杀，是因为试行这类政策的政党，必然会遭到失败"④。他认为，允许多种成分存在，是社会主义在小农国家的改良，而改良就不能消灭现存的五种经济成分。因为资本主义社会存在的根基是异常顽强的，单纯地只靠革命是不能够完全消灭的，只有经济社会发展到一定程度的时候，资本主义社会将会不攻自破。不管是农业的发展还是工业的发展，只有社会生产力的极大提高，新技术得到应用，那时社会主义就将取得胜利。"只有当国家实现了电气化，为工业、农业和运输业打下了现代大工业的技术基础的时候，我们才能

---

① 《列宁选集》第4卷，人民出版社，2012，第570页。
② 《列宁选集》第4卷，人民出版社，2012，第570页。
③ 《列宁选集》第4卷，人民出版社，2012，第773页。
④ 《列宁选集》第4卷，人民出版社，2012，第504页。

得到最后的胜利。"①

　　至此，列宁彻底改变了对社会主义所有制结构纯粹化的传统认知。事实上，新经济政策利用国家资本主义发展各类非公有制经济，在经济成分关系上就是当下我国"以公有制为主体，多种所有制经济共同发展"的混合经济关系，只不过那时的公有制主体指的是国营经济。当时俄国的国营经济不仅将部分无力经营的中小型企业通过租赁、租借形式交予私人甚至外资经营，而且通过借用商品货币关系形式来恢复与发展大工业。正如列宁所说，对资本加以正确的运用和允许私营商业的存在，不仅可以加速流通，还可以有效地促进农业和工业的发展。"不必害怕资本主义的某些滋长，只要能够迅速加强流转，使农业和工业得到发展就行。"②在进一步如何看待不同所有制经济的关系问题上，他极力反对在脱离社会生产条件下把社会主义关系教条化的观点，他说："同中世纪制度、同小生产、同小生产者涣散性引起的官僚主义比较，资本主义则是幸福。"③同样，我们不应该用固有的模式来说明某一制度的好坏，因为历史的车轮滚滚向前，社会总是前进发展的，只有在特定的历史环境中才能正确地判定这一制度。

　　经济社会的发展随着生产力的不同会有不同手段，列宁认为，在贫穷社会主义国家里，公有制与私有制、国营经济与外资经济关系不是对立的，后者正是前者发展的"手段"与"帮手"。从一个阶段过渡到另一个阶段，必然经过一定的中间环节，同样从小生产到社会主义的过渡也必然经过中间环节，那么，我们就应该"利用国家资本主义作为小生产和社会主义之间的中间环节，作为提高生产力的手段、途径、方法和方式"④。在这方面，为全俄带来经济效益的其实质在于"用私人资本主义的办法，甚至没有经过合作社"⑤，但这往往是生产力取得巨大进步的关键，也促进了经济的发展，而不是打着共产主义的旗号单纯地冥思苦想。在资本的运用问题上，新经济政策存在两层含义。一种含义是利用本国国家资本主义来发展社会主义经济，并将两者的关系称为"社会主义经济的入口"。至于什么是国家资本主义，列宁强调，在马克思恩格斯那里都无此概念，它能够在一定的范围内规范资本主义并加以运用，"这种国

　　① 《列宁选集》第4卷，人民出版社，2012，第364页。
　　② 《列宁全集》第32卷，人民出版社，1958，第370页。
　　③ 《列宁选集》第4卷，人民出版社，2012，第510页。
　　④ 《列宁选集》第4卷，人民出版社，2012，第510页。
　　⑤ 《列宁选集》第4卷，人民出版社，2012，第513页。

家资本主义是同国家联系着的"①，是"受无产阶级国家监督和调节的资本主义"②，在小农国家中发展经济"受无产阶级国家监督和调节的资本主义（即这个意义上的"国家"资本主义）的发展是有益的和必要的（当然只是在某种限度内）"③。另一种含义是把国家部分企业出租给外国资本，并积极利用其资金、技术、设备，他反复强调："我们掌握了一切经济命脉，我们掌握了土地，它已归国家所有。"④只要涉及国民经济命脉的国有企业掌握在无产阶级政权的手中，利用外资不仅可以走向黎明大道，而且可以在利用资本的过程中"通过这一最可靠的道路走向社会主义"⑤。

（四）用商品货币关系解放发展社会生产力

直接过渡思想在现实中的失利，使得列宁不得不重新考虑经济成分彻底转变的前提基础。在此情形下，如何把小农引向社会主义道路，如何把小农与工业、工业企业内部之间的关系连接起来，就成为他首先要考虑的问题。新经济政策首先是以粮食税的实施为开端的，虽然在国家法令层面没有明确禁止买卖，但是，粮食税意味着只要农民交够定额税，则所留部分不但可以自主支配交换工业产品，而且还能自由流转，进行自由买卖。在粮食税实施的最初阶段，列宁认为，商品交换、自由贸易是资本主义的独有特征，因而要把商品货币关系控制在国家资本主义范围之内。然而，苏俄的小农生产贸易很快就突破了局部限制，变成了全国性农产品交易，至此，列宁不再进行直接性国家行政干预，而是选择尊重生产规律，从国家资本主义退至由市场自我调节。他开始思考商品交换的概念是什么、内容包括哪些等等一系列问题，因为在全国范围内，按照预先设定的社会主义方式来进行生产，通过工业品换取农产品、通过商品的交换来恢复社会主义的大生产，结果失败了，"所谓失败，就是说它变成了商品买卖"⑥。进一步来说，应该认识到国家对资本管得太严太死，以至于会使资本失去活力，换句话说，应该在发挥市场作用的同时发挥好政府的作用，"从国家资本主义转到由国家调节买卖和货币流通"⑦。

① 《列宁选集》第4卷，人民出版社，2012，第670页。
② 《列宁选集》第4卷，人民出版社，2012，第541页。
③ 《列宁选集》第4卷，人民出版社，2012，第541页。
④ 《列宁选集》第4卷，人民出版社，2012，第725页。
⑤ 《列宁选集》第4卷，人民出版社，2012，第492页。
⑥ 《列宁选集》第4卷，人民出版社，2012，第605页。
⑦ 《列宁选集》第4卷，人民出版社，2012，第605页。

新经济政策实施不到一年，苏俄经济与战前相比不但直线飙升，而且形成了全国性的贸易市场，货币流通与商品买卖已经成为工农产品交换中最普遍的经济现象。新经济政策对市场关系的采用所带来的经济效益，已经使列宁和党内高层看到了市场对发展大工业的巨大作用。为此，1922年召开的党内会议专门做出了系统性的调节，经济工作的出发点必须建立在尊重市场规律、掌握市场的基础之上，进行有系统的、有计划的、深思熟虑的经济措施"来调节市场和货币流通"。1923年，俄共（布）十二大的召开，进一步明确了市场调节的重要性，在实行市场经济的过程中，"国家就一定要给各个企业在市场上从事经济活动的必要自由，而不希望用行政手段代替它"。

　　在工业与小农个体经济的发展关系方面，列宁认为，若苏俄经济一开始建立在极度发达之上，那工业与农业之间根本就无须考虑交换问题。然而，现实的情况是，苏俄经济既非大工业也非发达商品经济，并且在量上还是一个小农占优势的国家。在此前提下，农业与工业之间，其问题的关键在于交换，除此之外就不可能存在任何经济联系，对于经济发展来说，商品之间的交换就在于促进经济的发展，"问题的实质就在这里"①。商业在人类经济生活中起着至关重要的作用，在一定程度上，商业化的水平是经济生活的试金石，"是无产阶级先头部队同农民结合的唯一可能的环节。是促使经济开始全面高涨的唯一可能的纽带"②。从农村市场方面来说。农民需要更好地理解市场，市场也应为农民服务，在两者相互配合和发展的过程中理解、熟悉目前所处的环境，"而不是从在农民看来是遥远的、空想的事情做起"③。最终，关于新经济政策，列宁得出了以下结论。新经济政策的实施从某种意义上来说"就在于而且仅仅在于：找到了我们花很大力量所建立的新经济同农民的结合"④。

　　自从十月革命关于"高地管制"的政策以来，在公有制经济成分上，苏联一直保留着国营经济的主导优势，在国企内部生产条件与劳动产品的交换原则方面，列宁强调了市场与商业的重要性。他认为："只有在商业核算这个基础上才能建立经济。"⑤对商业核算的态度应该是科学地掌握和正确地应用，使工人不仅在工资方面，而且在工作量方面都得到满

　　① 《列宁全集》第42卷，人民出版社，1987，第335页。
　　② 《列宁全集》第42卷，人民出版社，2017，第359页。
　　③ 《列宁全集》第43卷，人民出版社，2017，第80页。
　　④ 《列宁全集》第43卷，人民出版社，2017，第78页。
　　⑤ 《列宁全集》第42卷，人民出版社，2017，第239页。

足。同时，对资本主义市场的了解情况成为利用资本的前提条件，例如，要确保不被自由市场即自由贸易所打败，就必须了解自由贸易、熟悉自由贸易，"同自由贸易进行竞赛，并用自由贸易的王牌和武器来击败自由贸易"①。正所谓知彼知己方能百战不殆。因此，"无产阶级国家必须成为一个谨慎、勤勉、能干的'业主'，成为一个精明的批发商"②，这样才能使小农国家在经济上取得发展，进而推动社会主义事业向前。在他看来，一个优秀的共产党人，必须要谙熟市场经商之道，因为这事关无产阶级国家经济的发展问题，经济是国家的首要工作，必须要成为中心条件，不然就无法建成社会主义所需要的物质基础。

1921年，列宁在往来的信件中谈及市场与计划的关系问题，他说，把商业作为连通农业与工业、国企内部发展的基础因素，并非要否定计划的作用，而是在经济政策的基础之上，补充一些新的政策以适应目前的经济发展形势，当然，"不是要改变统一的国家经济计划，不是要超出这个计划的范围，而是要改变实现这个计划的办法"③。现实情况是，列宁在已有基础之上已经在架构计划与市场的结合，这与同期的社会主义经济核算问题大论争中的"兰格模式"相比较，显得更有操作性。可以说，列宁关于利用商品市场关系解放发展社会生产力的思想，不但适应了当时苏俄的本土国情，而且在马克思主义发展史上具有重要的借鉴意义，是实现了马克思主义与俄国实际结合的成功典范，是马克思主义关于"生产关系必须要适应生产力"的人类共有经济规律的根本遵循。这一思想，直接为此时在苏联勤工俭学的邓小平所见证，成为邓小平"建设有中国特色社会主义理论"把市场运用于社会主义经济建设的经验借鉴。

（五）把按劳分配同其他分配方式结合起来

在十月革命前的多篇战斗性文章中，列宁在理论上都预判了社会主义革命胜利后的按劳分配形式。然而战争需要，在军事物资与生活资料的消费上不得不采取带有平均主义色彩的实物化配给模式。战时共产主义政策尽管禁止商品贸易与货币流通，但在部分领域大到国家军工小到农商，都存在一定量的货币工资支付，当然占主导地位的工资支付依旧采取实物化计量形式。在此期间，尽管工资取酬有所体现劳动量的大小、质的高低与贡献量的多少，但受当时全国性货币贬值因素影响，工资事实上没有体现出劳动力价值的大小，而实物化配给基本上是平均覆盖。

---

① 《列宁全集》第41卷，人民出版社，2017，第356页。
② 《列宁全集》第42卷，人民出版社，2017，第187页。
③ 《列宁全集》第52卷，人民出版社，2017，第39页。

这种平均主义分配模式既受当时生产资料统统国有化措施的影响，也是列宁在社会主义分配制度上直接过渡思维的产物。

在直接过渡思维支配下，列宁认为，在一般意义上社会产品的分配是按照一定的劳动量成比例地分配，但"分配的不平等还很严重"①。由于战时共产主义忽视了当时的本土国情，列宁认为这种分配的不平等关系违反了社会主义原则，故而在政策上采取了平均分配举措。1918年，列宁在苏共一大进一步强调，"要使一切行业和工种中的一切工资和薪金逐步取平"②。1920年，苏共有关正式法令的通知中规定，工人、红军、政府职员及其家属免费发放部分常用生活资料与消费资料。尽管如此，列宁对于国家工业企业的运营与管理方面，仍然坚持了他当初反对的工会主义"平均消费"，为关键领域的"专家"支付了高额工资。应当说，这在当时环境下是一个积极性措施。但除此之外，列宁坚决反对其他领域的"高薪制"。社会中的公职人员、技术人员、监工和会计等"都领取不超过'工人工资'的薪金"③。

平均主义分配模式存在巨大弊端，不仅掩盖了复杂、简单劳动和劳动质量之间的差别，也让当时社会产生了一种消极应对的"懒惰现象"，而这显然有违他历来所重视的生产效率问题。至此，列宁才真正认识到平均主义的问题所在，他说"懒惰，办事马虎，零星的投机倒把，盗窃，纪律松弛"④，"按照平均主义的原则来分配……往往不利于提高生产"⑤，因为目前还没有达到每个人都是自由自觉的生产的条件，所以参加劳动成为"社会主义的一个最重要和最困难的问题"⑥。为破解经济发展难题，列宁曾将党内素来反对的"泰罗制"竞争机制引入社会生产中，认为生产竞争能促使劳动者改进技术、获得更大发展的机遇，这样，"他们能够大显身手，施展自己的本领"⑦，从而促进生产力的发展。但是，竞争机制与利益分配刺激机制相比，在动力方面显然不能长久，也不能覆盖全部国家工业企业。在这种情况下，列宁开始关注个人分配的"物质利益原则问题"。因此，只有将个人与自身的切身利益相挂钩才能提高生产，而现在的问题恰恰在于"我们首先需要和绝对需要的是增加生

① 《列宁全集》第31卷，人民出版社，2017，第164页。
② 《列宁全集》第34卷，人民出版社，2017，第70页。
③ 《列宁全集》第31卷，人民出版社，2017，第47页。
④ 《列宁文稿》第42卷，人民出版社，2017，第252页。
⑤ 《列宁全集》第41卷，人民出版社，2017，第357页。
⑥ 《列宁全集》第41卷，人民出版社，2017，第277页。
⑦ 《列宁选集》第3卷，人民出版社，2012，第375页。

产"①。换言之，我们不但要注重分配的公平正义，而且要在此基础上进一步考虑如何能够促进生产力的发展，即"应当考虑到粮食分配是提高生产的一种方法、工具和手段"②。在列宁看来，只有改变战时共产主义的政策才能使人民正确认识到利益问题，从而带动经济的发展，否则社会生产乃至劳动生产率的提高将无动力可言。社会主义建设的过程并非一蹴而就，也并非单凭一腔热情，而是需要持之以恒的社会主义热情，"靠个人利益，靠同个人利益的结合，靠经济核算"，"通过国家资本主义走向社会主义"③。不但需要贯彻利益原则，还要和竞争机制有效结合起来，在实施管理的过程中对于成绩优异者，"应当更加经常地授予劳动红旗勋章并发给奖金"④，并且对已经获得示范的做法加以推广和奖励，"以便把奖励制包括到全体苏维埃职员的整个工资制度里去"⑤。

事实上，新经济政策的形成并不是一蹴而就的。在1920年左右，列宁无数次地会见了工农有关代表，向他们征询相关意见，而这也促成了他贯彻物质利益原则打破平均主义的坚决信心，并在随后粮食税的实施中确立了新经济政策。除了经济成分多元与市场、计划协同调节外，新经济政策在分配制度上确立的不再是单一的按劳分配模式，而是综合了在今天看来的其他生产要素分配机制。然而，分配形式的改变势必要拉大收入差距，这显然是资本扩张本身的结果。1921年，列宁也明确表示了对前途的担忧，并把这些现象称为"目前的经济建设所遇到的危险"⑥，并形象比喻为"就像一辆不听使唤的汽车"⑦，虽然驾驶员已经就位行驶汽车，但汽车完全不听使唤，好像有独立的思想似的开始运转。尽管有这样或那样的顾虑，但他始终认为新经济政策是目前最合适不过的过渡办法，并且是"一个漫长而复杂的过渡"⑧。经过多年的实践已经表明，"应该由个体劳动走向集体劳动"⑨，但试验的结果却不尽如人意，那么就意味着，我们得慢慢地进行尝试，并且步子迈得越慢越好。

这让人不禁会问，新经济政策何时才能结束过渡，究竟新经济政策是否为一种"迂回策略"，究竟什么才是现实社会主义的经济制度？列宁

① 《列宁全集》第42卷，人民出版社，2017，第188页。
② 《列宁全集》第41卷，人民出版社，2017，第358页。
③ 《列宁全集》第42卷，人民出版社，2017，第187页。
④ 《列宁全集》第42卷，人民出版社，2017，第372页。
⑤ 《列宁全集》第33卷，人民出版社，1959，第299–300页。
⑥ 《列宁全集》第42卷，人民出版社，2017，第243页。
⑦ 《列宁全集》第43卷，人民出版社，2017，第89页。
⑧ 《列宁选集》第4卷，人民出版社，2012，第575页。
⑨ 《列宁全集》第40卷，人民出版社，2017，第190页。

并没有真正明说。究其原因就如他所说，社会主义究竟怎样，只有在往后的实践中才能知道。伴随着一代伟人的与世长辞，这些社会主义遗留问题也随之留给了后继者。

四、斯大林关于社会主义经济及基本经济制度的思想

在一定意义上，马克思恩格斯在揭示社会发展的规律中把社会主义从空想变成了科学，列宁通过实践建立了首个社会主义国家并用新经济政策重新定位了社会主义经济关系，但并未系统化、制度化，而斯大林则在社会主义发展史上具有举足轻重的历史地位，因为他是首个把社会主义经济制度体系化、制度化的马克思主义者。总体来说，在社会主义所有制关系上，他把马克思的社会所有制转化为了全民所有制（国家）与集体所有制两种形式，把共产主义不存在商品货币关系转变为了计划经济体制，把按劳分配具体化为"八级工资制"等。这一单三元经济制度有利有弊，它伴随着苏联经济建设而存在了近70年。无论其正确与否，就斯大林整合科学社会主义诸多零散观点，将其具体化为社会主义一套制度化运行模式而言，对其他社会主义国家巩固社会主义制度做出了重要贡献。

（一）斯大林确立单三元基本经济制度的理论前提

苏联传统型单三元经济制度的确立，显然有着斯大林自己的理论基础。尽管这一制度曾带动了世界社会主义的蓬勃发展，但也是苏东社会主义阵营集体罹难的根源所在。应当说，斯大林虽然为社会主义制度的发展做出了贡献，但单三元经济制度在忽视生产力前提下把社会主义引向了发展的死胡同。斯大林把自己在特殊历史条件下所创立的社会主义理论，概括为科学社会主义的全部内容，并将其制度化成为影响其他社会主义国家半个世纪都无法撼动的保守领域。斯大林在实践中尝试单三元的经济制度，但最终还是以失败告终，究其原因无疑是他的社会主义经济关系上的相关理论本来就有缺陷。

首先，在政治经济学的相关理论问题上，他与科学社会主义大相径庭。在《苏联社会主义经济问题》一文中，斯大林为澄清当时苏联学界关于社会主义经济规律主观化的相关问题，将政治经济学定义为："政治经济学的对象是人们的生产关系，即经济关系。"[①]这个概念言简意赅、简洁明确。当然这种界定不能说全对，也不能高估它的正确性。一来政

———————
① ［苏］斯大林：《苏联社会主义经济问题》，中共中央马克思恩格斯列宁斯大林著作编译局译，人民出版社，1961，第58页。

治经济学本来就是研究特定生产关系及其规律的科学，但政治经济学研究范畴并不仅限于特定生产关系，应当说，斯大林这一概念是狭义范畴。二来马克思在《资本论》第1卷开头部分已经写得再明确不过了："我要在本书研究的，是资本主义生产方式以及和它相适应的生产关系和交换关系。"①可见，马克思和斯大林两者之间的研究范畴是有差别的。斯大林曾对生产方式是什么的问题做过专门说明，他把生产力与生产关系统一于生产方式显然是对的，这也是涵盖于马克思恩格斯经典文献中的一条主线。但在这里，他论及的研究对象并没有把生产力囊括于内。显然，生产力与生产关系之间的辩证统一关系是一个不可分割的整体，也是政治经济学的一条"红绳"。斯大林的这一定义，可以说为他以后社会主义生产关系"政权建设论"而非唯物史观的"旧社会孕育产物"的理论局限奠定了基础。这是理论狭义性之一。

斯大林对生产力的定义，与马克思在《德意志意识形态》与《哲学的贫困》两篇文献中关于生产力的内涵存在差别。马克思说，生产力体现的是劳动与劳动形式、人与自然之间的关系，在内涵上应当包括生产工具、劳动者与劳动对象。而斯大林的定义显然略显不同。他是这样论述的："用来生产物质资料的生产工具，以及有一定的生产经验和劳动技能来使用生产工具、实现物质资料生产的人——所有这些因素共同构成社会的生产力。"②可以看出，这种界定在整体上是不含劳动对象的问题。这是理论狭义性之二。

在生产关系元素问题上，斯大林与马克思在《〈政治经济学批判〉导言》中关于生产关系的广义内涵也不尽相同。斯大林在《苏联社会主义经济问题》一文中写道，生产关系是"（一）生产资料的所有制形式，（二）由此产生的各种不同社会集团在生产中的地位以及他们的相互关系，或如马克思所说的，'互相交换其活动'，（三）完全以它们为转移的产品分配形式"③。对于生产关系本身来说，它是物质生产中形成的最直接的关系体系，在组成部分上应该包括生产资料的占有关系、生产条件的分配关系、劳动产品的流通关系与价值实现的消费关系。这一生产关系体系是一个"总体性过程"，任何一个环节都缺一不可。而斯大林的生产关系论显然抬高了所有制的决定地位，忽视了其他因素的反作用，并

---

① 《马克思恩格斯文集》第5卷，人民出版社，2009，第8页。
② 《斯大林文集（1934—1952）》，人民出版社，1985，第218页。
③ ［苏］斯大林：《苏联社会主义经济问题》，中共中央马克思恩格斯列宁斯大林著作编译局译，人民出版社，1961，第58页。

把交换范畴狭义化，把不同概念混淆化，直接排除交换与消费，忽视了生产关系总体性，是一种狭义理解。这是理论狭义性之三。

尽管斯大林把生产力与生产关系的辩证统一关系统一于生产方式，但他对两者的关系理解是有缺陷的。唯物史观的一贯主张是，不管是阶级社会还是公有制社会，生产力与生产关系的决定被决定、反映被反映关系都是人类社会发展"共有规律"，马克思正是在此之上，才能揭示不同阶段上的"独有经济规律"。对于斯大林理论来说，一是他的社会主义生产关系"政权建设论"显然故意夸大了生产关系的反作用，也许是"决定作用"，压低了生产力对生产关系的决定作用。二是他认为社会主义生产关系"自动适应"生产力水平，两者不存在矛盾关系。这两种观点集中体现在他的《苏联社会主义经济问题》一文中，他说，在生产资料公有制下，生产关系"完全适合于生产力的增长，推动生产力一日千里地向前发展"①。这是理论狭义性之四。他进而认为现实中产生的一系列经济矛盾问题，都是管理不当、经营不善的问题，交予行政部门或者人民检察委员会就可解决。应当说，单三元经济制度不能解放发展社会生产力，最致命的问题便在于此处。改革开放的今天，我们不仅面临一系列经济难题，而且要在最大努力中寻求破解之策。

斯大林关于政治经济学的狭义理论存在着巨大影响。首先，上面四项狭义论证曾一度被视为马克思恩格斯关于社会主义政治经济学的全部理论而写进了教科书，但是，至今为止，这些理论与马克思恩格斯经典原理的相互关系，是继承还是发展，一直争论不休。其次，对政治经济学、生产关系范畴、生产力与生产关系的狭义理解，为其后他分离"所有制决定论""公有制结构单一化"提供了理论准备；把消费从生产关系中排除在外，为他其后消灭个体小私有制实施配给制做了理论准备；把劳动对象从生产力排除在外，使他看不到原材料、能源等生产要素的固有价值，为形成国家计划订购、统收统支的计划调节奠定了基础。再次，忽视生产力对生产关系的决定作用并形成的"适应论"，致使社会主义经济实践超越现实条件来一味追求高级生产关系的优越性，尽管曾在一段时间内为社会主义事业的蓬勃发展提供了理论指导，但却为日后苏东解体埋下了历史隐患。

（二）社会主义所有制结构的两种形式

苏联公有制制度始于十月革命之后，在生产资料组织形式问题上，

---

① ［苏］斯大林：《苏联社会主义经济问题》，中共中央马克思恩格斯列宁斯大林著作编译局译，人民出版社，1961，第53页。

苏联把土地、银行、铁路等大资本"工业辛迪加""财产托拉斯"收归国有，建立起了生产资料国家所有制与国家财产组织形式。而这与马克思在《资本论》中提及的"社会共有"基础上以重建"个人所有制"有明显不同。但列宁强调，私人生产资料国有化与在此基础上的社会化是"不同的"，"实行没收单有'坚决性'就可以了，用不着有正确计算和正确分配的才能，而实行社会化，没有这种才能就不行"①，并且，所有制变革并非一朝一夕的行动，"这就需要整整一个历史时代"②。

但遗憾的是，列宁这一思想并未在斯大林那里继承下来。20世纪二三十年代，斯大林通过与托季联盟、布哈林之间的两次党内论战，经过国有化、集体化实践，建立了单一公有制结构。苏联社会主义单一公有制理论由斯大林在50年代之前加以理论化、系统化、凝固化，一直到80年代之前仍是一个不可撼动的保守领域。斯大林认为，作为新型生产资料组织形式，公有制会"自动适应"生产发展、"自动破解"经济矛盾，达到生产劳动要素优化配置、实现国民经济按比例发展。这种"自动适应论"基础上的"公有制万能"，同样来源于斯大林的《苏联社会主义经济问题》。他说，社会主义国家没有经济危机，根源在于公有制生产关系"完全适合"社会生产力③。"适应论"使其后的苏联改革，一直到80年代之前都未触及所有制问题。经济问题的产生，只是管理不善、监督机构的"事"。

在斯大林看来，在公有制形式与结构方面，社会主义是一个"公有制"与"资本胎痕"所结合的"不成熟型"过渡社会，所以在经济成分上，苏联只采取全民所有制和集体合作制两种。并且，"不成熟社会主义"决定国家制是全民所有制的"最优形式"，其他合作、个体与私营经济成分，应该"压缩"甚至"消灭"。在"不成熟"的"结合体"下，代表全民制的国家制是最优的，合作制是其"二等形式"，并且，随着生产力的发展，公有制结构将趋于"单一"。所以，现实中不仅要"消灭"具有"资本胎痕"的个体、私营经济，而且要尽快将合作制经济从"二等"转化、融合为全民所有制。50年代，南斯拉夫最先否认了这一观点。60年代，苏联有学者提出所有制并无优劣之分，认为把合作经济视为"二等形式"是"旧式教条"，但也不乏反对意见，认为"合作社的经济形式

① 《列宁选集》第3卷，人民出版社，2012，第520页。
② 《列宁选集》第4卷，人民出版社，2012，第770页。
③ 《斯大林选集》下卷，人民出版社，1979，第445页。

是比全民形式较不成熟的形式"①。

早在1928年，受新经济政策中所有制的影响，苏联现实国民经济成分就包含了个体经济、集体农庄与国营农场三种，关于三者的关系问题，当时的斯大林给予了正确的定位。他认为，对于目前的社会现状来说，要说哪一种经济形态更加适合国家的发展，那肯定是将"集体农庄和国营农场放在第一位，因为和个体农民经济比较起来，它们是农业的高级类型"②。对斯大林这一论述，伴随着苏东各国经济改革中私有制与个体经济的恢复，有论者否定了斯大林这一思想，认为这应该是有问题的，要辩证看待。首先，生产资料公有制是社会主义经济关系的根本特征，斯大林将集体合作所有制放在首位这显然是正确的。对于个体经济"不接近我们"，从马克思恩格斯论述共产主义的特征来看，这也是正确的。只是斯大林并未看到"现实社会主义国家"与马克思所论及的科学社会主义之间的前提差别，往往在忽视现实条件下一味地消灭个体小私有制，这是不对的地方。

事实上，当国民经济中还包括个体经济时，斯大林从社会主义生产关系公有化程度上抬高了集体合作所有制的优越性，当通过国有化、集体化途径消灭了私有个体经济成分后，他又极力贬低了集体合作经济的地位，主张将合作经济的二等形式经过国家化途径转变为国家所有制，而共产主义高级所有制形式只能由国家所有制产生。斯大林在社会主义所有制结构上的主线，就是纯粹公有化，只是现在由于社会主义保留了旧社会的资本权利与痕迹，所以公有化程度并不是很高。只有以消灭个体私有制为前提，把集体经济过渡到国家所有制，再然后由国家所有制实现更加高级的全民所有制，最终就能把社会主义过渡到共产主义高级阶段。斯大林在所有制上的观点，曾一度被奉为马克思主义的经典理论，不仅被编入政治经济学教科书，而且到目前为止仍有不小的影响力。

（三）有计划按比例发展规律的特有经济规律

在苏联二三十年代关于社会主义经济规律的早期争论中，曾有一种观点广泛流传。认为受经济规律的支配只有在私有制占统治地位的国家存在，在计划经济占统治地位的地方，是不存在经济规律支配社会这一说法的，"社会主义经济基础的动力应当是政治上层建筑，即国家"③。

---

① 章良猷：《从苏联近几年来的经济理论看经济改革》，《经济学动态》1986年第1期，第38-44页。

② 《斯大林全集》第11卷，人民出版社，1955，第226页。

③ 章良猷编《苏联经济思想史论文选集》，生活·读书·新知三联书店，1982，第275页。

同样，斯大林的著作《苏联社会主义经济问题》也有类似的表述，承认这是一种合乎社会发展的理论。这集中体现在斯大林对《卫国战争时期苏联的战时经济》一书所加的评语。他认为，苏联社会经济的发展，是通过国家的计划经济形式来完成的并且只有国家才可以完成，"解决并消灭在苏联经济发展过程中产生的矛盾"①。

随后，大概在30年代左右，从批判"左派清谈"的所谓的"商品货币关系消亡论"算起，斯大林的观点发生了极大转变。在《苏联社会主义经济问题》一文中，他在认识与实践相统一的过程中对于社会主义经济规律的界定，事实上结束了苏联自从十月革命以来对社会主义经济规律争论不休的局面，对研究社会主义经济规律、基本经济规律具有极大历史贡献。斯大林社会主义经济规律理论，有以下方面。首先，社会主义经济规律客观存在，它既不能被消灭也不能被创造②。其次，在某一特定社会经济形态中，总有一个主导性的因素能够决定"社会生产发展的一切主要方面和一切主要过程"③的基本经济规律。再次，社会发展过程中，基本经济规律只有一个，能够决定社会主义生产、分配、交换与消费的一切方面。最后，"有计划按比例发展规律"与"目的加手段"的基本经济规律统称为"社会主义特有经济规律"，"有计划按比例发展规律"更是集中体现。那么，斯大林是如何得出以上结论的呢？

第一，斯大林在文章中批判了在公有制条件下社会主义生产不是商品生产的错误观点。他认为社会主义生产是一种商品生产，只是一种建立在"特有经济规律"与"基本经济规律"之上的"特种商品生产"，所以他反对取消商品货币关系、消灭价值规律的虚妄言论。应当说，这是斯大林为科学社会主义理论与经济制度创新的部分。但应该同时看到，这一"特种商品生产"是有理论局限的，他认为社会主义如果是全民所有制，那么商品生产也就灭亡了，但现实却存在两种不同所有制结构，使得"商品生产和商品流通便应当作为我国国民经济体系中必要的和极其有用的因素而仍然保存着"④。并且，这种商品生产是有自身界限的，因为公有制结构中的生产资料与劳动力不是商品，所以，商品生产的

① 章良猷编《苏联经济思想史论文选集》，生活·读书·新知三联书店，1982，第279页。
② ［苏］斯大林：《苏联社会主义经济问题》，中共中央马克思恩格斯列宁斯大林著作编译局译，人民出版社，1961，第2页。
③ ［苏］斯大林：《苏联社会主义经济问题》，中共中央马克思恩格斯列宁斯大林著作编译局译，人民出版社，1961，第29页。
④ ［苏］斯大林：《苏联社会主义经济问题》，中共中央马克思恩格斯列宁斯大林著作编译局译，人民出版社，1961，第12页。

"范围只限于个人消费品"①。他还认为"资本主义生产是商品生产的最高形式"②，在他的视野中，资本主义商品生产是商品生产在阶级社会的最后有效形式，在共产主义将不存在，只是当下社会主义在发展阶段还保留了旧社会的经济特性，因而商品生产是客观存在但却并不是主导型的。显然，在他看来，商品生产是阶级社会的产物，并非人类经济形态自身进化产生的人类社会"共有形式"。

第二，斯大林从生产领域对社会主义经济规律的探讨，转移到了社会主义流通领域，商品生产在生产领域受到限制，同样在流通交换领域也存在限制。他说，商品流通的扩展，将不利于社会主义的过渡，导致社会主义"走向复活资本主义的地步"。他进一步分析到，商品流通"只会阻碍我们向共产主义前进"，"商品流通是和从社会主义过渡到共产主义的前途不相容的"③。因此，不管是理论还是现实，都应该采用计划流通去限制商品流通，直至把后者彻底消灭在社会主义的经济关系中。这样，就会"使社会主义易于过渡到共产主义"④。可见，从社会主义向共产主义过渡，商品流通是存在的，但它会产生对过渡的阻碍作用。而这显然是一种主观化的"悖论"。

第三，在社会主义经济规律发挥作用的问题上，斯大林认为价值规律"是存在的，是发生作用的"⑤。然而，他关于价值规律的适用范围存在严格限制，即价值规律在一定的范围内是发生作用的，比如在商品交换、商品流通的过程中，"包括主要是个人消费的商品的交换"⑥，不但在生产领域价值规律是受限的，而且即使是在流通领域，价值规律也是受限的，在流通领域"一定的范围内保持着调节者的作用"⑦。对于工业企业、农产品价格问题，他认为，价值规律不决定价格，在这方面，价

---

① ［苏］斯大林：《苏联社会主义经济问题》，中共中央马克思恩格斯列宁斯大林著作编译局译，人民出版社，1961，第13页。

② ［苏］斯大林：《苏联社会主义经济问题》，中共中央马克思恩格斯列宁斯大林著作编译局译，人民出版社，1961，第10页。

③ ［苏］斯大林：《苏联社会主义经济问题》，中共中央马克思恩格斯列宁斯大林著作编译局译，人民出版社，1961，第74页。

④ ［苏］斯大林：《苏联社会主义经济问题》，中共中央马克思恩格斯列宁斯大林著作编译局译，人民出版社，1961，第76页。

⑤ ［苏］斯大林：《苏联社会主义经济问题》，中共中央马克思恩格斯列宁斯大林著作编译局译，人民出版社，1961，第14页。

⑥ ［苏］斯大林：《苏联社会主义经济问题》，中共中央马克思恩格斯列宁斯大林著作编译局译，人民出版社，1961，第14页。

⑦ ［苏］斯大林：《苏联社会主义经济问题》，中共中央马克思恩格斯列宁斯大林著作编译局译，人民出版社，1961，第14页。

值规律只是起到"影响"作用。那么，社会主义如何实现价格机制呢？或者说，如何实现经济调节呢？他认为，在公有制条件下，价格的形成只能由计划根据现实供需比例来决定。

以今天的视角来看，斯大林在社会主义经济规律上的理论既有贡献也有不足。不足在于他虽然将有计划发展规律与国民计划的关系做了区分，但他把两者合并为一处，统称为"有计划按比例发展的规律"，显然是矛盾的。因为，计划规律只是共产主义阶段才具备的特有经济规律，而比例规律则适应于人类社会一切经济形态，是共有规律，是客观规律。尽管他认识到两者的不同，但却在现实经济建设中时常混淆计划和比例制定国民计划，用主观化的国民计划来代替客观经济规律。尽管在短期内取得了前所未有的历史成就，但不按客观规律办事，时间一长会对社会主义经济建设造成负面影响。甚至，国民计划时常用行政办法直接干预社会生产，对经济发展造成不利影响。

（四）贯彻按劳分配原则，反对平均主义

斯大林是一位社会主义经济制度的践行者，尽管单三元经济制度把社会主义引向歧途，但应该看到，他的大部分理论都是特定时代的特定产物，若看不到这点，也不是一个真正的历史唯物主义者。在改革开放的今天，我们只是责备他的缺憾，并且这一缺憾也只是特定形势所迫。而相反的是，今天人们对他功过的评价，事实上掩盖了他曾经的一些积极性思想举措，比如一提到传统单三元经济制度的分配层面，学界一致的看法是斯大林的平均主义。事实真是如此吗？事实上，自从苏联实行第一个五年计划起，斯大林就已经在筹划如何突破平均主义分配的问题。他同列宁一样，都反对平均主义，都主张进行分配形式改制，特别是1931年所进行的工资制改革，是对社会主义按劳分配的进一步发展。

1928年，苏联制定了首个五年计划来进行社会主义经济建设，然而，当时经济发展在诸多领域都存在历史遗留问题，如资金来源紧缺、国企管理滞后、劳动力滞留、平均主义盛行等问题。如果对这些现实困难置之不理，首个五年计划势必要成为梦幻泡影。应该说，当时的斯大林已经对此有所关注，特别是平均主义分配问题。这集中体现在《论经济工作人员的任务》与《新的环境和新的经济建设任务》演说的文献中。20世纪二三十年代的苏联并不是发达国家，它多年以来都深受经济发展难题的困扰，因此，这时所进行的集体化、国有化、工业化不是没有道理的。斯大林说："我们比先进国家落后了五十年至一百年。我们应当在十年内跑完这一段距离，或者我们做到这一点，或者我们被人打倒。"①为了短时间内实现经济社会的进步，我们有理由相信，实现工业化，特别是进行重工业建设、军工工业建设，并非斯大林本意，而是时代所迫。

而要加快工业化进度，就势必要有强大的科学理论支撑，工人建设队伍不仅需要掌握技术命脉的高科技知识分子，还要懂得熟练操作流程的骨干工人队伍。这是首先要具备的。从深层次上来说，这些都是以充满斗志的激情、积极性为前提的。但从当时的苏联状况来说，一是人才紧缺、技术工人与熟练工人极少，二是劳动力由于平均分配而存在滞留问题。要解决这样的困难，就要先找到问题症结，究其原因，无非是工资体制不健全，党内高层都趋向传统型管吃管住的"共产风"分配形式。尽管列宁在新经济政策期间强调了物质利益与刺激机制问题，但国企工资无不是以掩盖复杂劳动、简单劳动、质与量劳动差别的形式发放的。这样的后果是企业工人懒散现象严重，干不干活都一样，更别说让工人去学点劳动技艺、去自我谋生了。在加速集体化、工业化阶段，技术更新、工人技巧的纯熟度、厂房装备升级、生产建设的劳动力的需求问题更是直线上升。但若平均主义分配模式继续实行，势必对生产造成影响。如果激发不了生产群众的热情，就连最起码的生产要素也没有。面对这一状况，能否反对平均主义，坚决贯彻按劳分配原则，就成为当时事关苏联社会主义建设能否顺利进行的一个至关重要的因素。

为改变这一难题，斯大林首先就要解决劳动力懒散、滞留的现实问题。在这方面，他从1931年提出消灭平均主义的任务后，把工资改制问题放在了经济建设的重要位置。他说："必须取消平均主义，打破旧的工资等级制。""马克思和列宁说过：熟练劳动和非熟练劳动之间的差别，即使在社会主义制度下，即使在阶级消灭以后，也还会存在；这种差别只有在共产主义制度下才会消失；因此，即使在社会主义制度下，'工资'也应该按劳动来发给，而不应该按需要来发给。"②事实上，工资改制不仅能使非熟练工人在利益刺激下，学习掌握科学技术，迫使他们积极上进，而且能从根本上调动生产积极性，破除经济发展难题问题。面对党内当时一些工资改制是离开社会主义的"左倾"错误观点，斯大林认为，这与社会主义道路并不矛盾，要求党政军要大胆地坚持下去，工资改制不仅不会危及社会主义制度的根基，不仅没有背离马克思主义，而且还是发展社会主义的有效方法。斯大林的这一观点，可谓是非常正

---

① 《斯大林选集》下卷，人民出版社，1979，第274页。
② 《斯大林选集》下卷，人民出版社，1979，第280页。

确的，这对当下我国所进行的全面深化改革、调整社会利益结构问题，具有重大启示意义。

1931年，斯大林在与一位西方经济学家的交谈中，再次明确了他消灭平均主义、实行工资制度改革的坚决信心。当时，这位叫作路德维希的德国经济学家认为，消灭平均主义对于社会主义是一种"讽刺"，因为社会主义在马克思恩格斯那里，一直都在强调公平与公正问题。对此，斯大林进行了严厉的反驳，他说："'各尽所能，按劳分配'，——这就是马克思主义的社会主义公式，也就是共产主义的第一阶段即共产主义社会的第一阶段的公式。"[①]事实上，在《哥达纲领批判》中，马克思已经对社会主义的分配形式做了明确的分析，共产主义第一阶段没有按需求分配的物质基础，把社会主义定义为一种"无处不均匀"的平均社会，是对科学社会主义的狭隘解读。

依据斯大林的上述思想，苏联于1931年至1933年之间进行了工资改革。此次分配结构与利益关系的调整，总体区分了简单劳动、复杂劳动和劳动数量、劳动质量之间的差别问题，在分配方面，按照劳动的时间量、贡献量的综合原则进行了工资分级规定。其中，既包括体力劳动者与脑力劳动者工资问题，也包括重大关键领域国有企业与中小型企业工资问题，甚至涉及国家公职人员、工程技术职工的工资问题。除了个别产业外，企业内部都普遍实行"八级工资制"。改革后的工资制度一直沿用到1966年的"企业利润定额分配制"。斯大林的工资改革尽管是正确方向，但却很少涉及农商领域，特别是在国有计划调节下，企业利润分配仍有平均主义风向，这是由生产资料国家占有支配所造成的。不改变经济成分，事实上很难进行经济核算，而行政式自上而下调节势必要进行宏观分配。

---

① 《斯大林选集》下卷，人民出版社，1979，第308页。

第三章　苏联和东欧对社会主义
经济制度的探索经历与教训

　　马克思主义经典作家对未来经济关系形态及其基本制度的科学设想，尽管建立在人类社会发展规律之上，但这并非一个固定不变的"教条公式"，马克思说，未来社会采取何种制度措施，是完全以当时的"那个既定的历史环境"为转移的。20世纪，苏东社会主义国家在基本经济制度层面，可以说是忠实地还原了马克思的设想，并未依据本土国情、生产力要求创新基本经济制度，尽管后期改革开始重视其他经济成分、市场交换的作用，但却深受"教条框架"影响而未能制度化，这集中体现在苏东社会主义国家的经济制度实践历程中。

一、苏联对社会主义基本经济制度的实践探索历程

　　十月革命后，苏俄无产阶级政权在国内外严峻形势下，于1918年被迫实施了历时4年之久的"战时共产主义政策"，这一特殊历史产物，用列宁的话来说，就是在一个无产阶级的国家里用命令的办法"在一个小农国家里按共产主义原则来调整国家的产品生产和分配"①。这一制度在社会主义经济关系方面具有以下特征：首先，采取"余粮征集制"。为解决战争所需资源问题，苏俄于1918年5月通过法令规定，除必要口粮与种子外，其余粮食全部上缴，征集范围、数额按照富农多征、中农少征、贫农不征的原则进行，并实行粮食核算与统一配给，禁止私粮出售与买卖。其次，取消商业贸易，实施生产资料国有化与消费产品配给制。1917年底至1918年，苏俄把土地、银行、铁路等大资本"工业辛迪加""财产托拉斯"收归国有，1920年，又把具有机械组装、雇工数量5人以上，和没有机械组装、雇工数量10人以上的私营企业资产实行国有化，建立起了生产资料国家所有制与财产组织形式。在交换领域，取消一切商业贸易，生产资料由国家全部垄断，禁止市场买卖。在分配与消费领域，由国家建立消费品合作社，统一配给各类定额消费资料与生活资料。

　　战时共产主义政策是特定历史的产物。首先，列宁在很长一段时间内认为，苏俄革命只是世界无产阶级革命的导火索，没有西欧发达资本

---

　　①　《列宁全集》第42卷，人民出版社，2017，第187页。

主义国家无产阶级力量的支援，单靠苏俄一国力量无法建成社会主义。尽管这一观点在后期发生了转变，但在当时，却把战时共产主义政策看成了全人类解放的必要准备。其次，鉴于国内外的特殊形势，把生产资料收归国有进行计划生产，对全部社会财产实施统一管理，进行实物配给，虽非经济发展之道，但却是特殊时期的必然选择，在吸收巴黎公社未及时把"法兰西银行一类大企业"控制在新型政权手中"经验教训"的基础上，巩固了新生的革命政权。再次，战时共产主义政策的产生，也是苏俄共产党坚持社会主义原则，实施经济成分、交换分配方式直接过渡的产物，正如列宁后来所说，战时共产主义直接过渡的企图，使我们遭遇了"严重的失败"[①]。在这些因素之下，尽管战争危机已经解除，但战时共产主义政策并没有跟随历史条件变化而取消，反而成了苏俄历时4年之久的经济制度的主导因素。1920年至1921年，全国粮食生产遭遇旱灾，加上对余粮征集制之剥夺劳动成果的日益不满，最终导致了局部地区的农民起义与喀琅施塔得水兵暴动。迫于形势，苏俄不得不废除过往政策，以求新变，正如列宁所说："农民对苏维埃政权失去了信任"，"用收税的办法加以挽回"[②]。1921年3月，苏共第十次代表大会通过了粮食税代替余粮征集制的决议，这样，"新经济政策"就顺势而生了。

作为依据本土国情、冲破经典框架的经济制度，新经济政策有以下特征。首先，废止余粮征收制、实施粮食税。粮食税制的实施，事实上是农民留足提成进行余粮自由买卖的商品经济，有利于农业恢复、生产。与战前相比，1922—1923年的农业总产值是战前的78%，1924年的农业种植面积是1916年的90%[③]。1922年，苏共通过了土地《租佃法》和《雇佣法》，尽管在所有权上规定土地属于国家、禁止买卖，但却给予了农民生产使用权与经营权，事实上已经承认了农业雇佣小私有制与农产品商品交换。其次，以国家资本主义形式调整经济成分或所有制结构。租让制、租赁制，是苏俄利用国家资本主义调整所有制结构的重要手段。用国家资本主义调节经济成分是列宁的首创，他说："没有一本书写到过共产主义制度下的国家资本主义。"[④]逐步取消对私营、外资经济的限制，将国家无力经营的中小型企业租赁给私人资本、外资资本经营使用，这

---

① 《列宁全集》第42卷，人民出版社，2017，第195页。
② 《列宁全集》第50卷，人民出版社，2017，第142页。
③ 郑异凡：《新经济政策的俄国》，人民出版社，2013，第88页。
④ 《列宁全集》第43卷，人民出版社，2017，第87页。

样不仅可以激发经济发展活力，而且可以利用资本主义的一切有利因素来发展经济。再次，恢复商品货币关系职能。事实上，在生产力与社会总量不足以满足社会需求的前提下，商品货币关系与市场调节就势必要成为社会主义经济关系的运行方法。社会主义商品货币关系及其功用曾在十月革命后的很长一段时间内都存在争议，直到1921年新经济政策对商品经济规律的肯定。在新政策早期阶段，列宁认为商品交换、货币职能只是商品经济的产物，所以交换只在国营经济与集体农业中起作用。但随着上述新政策的实施，列宁才逐步意识到，单纯依靠交换来发展经济是微不足道的，所以必须将货币和市场引入经济发展的过程中，从"国家资本主义转到由国家调节买卖和货币流通"①。

列宁之后，苏共党内爆发了新经济政策的性质与去留争议。早在1921年新经济政策实施初期，当时代表小资产阶级利益的一股思潮（路标学派）认为，新经济政策的经济主张是资本主义因素的"复活"。而党内主流观点认为，新经济政策本质上是一种暂时政策，只要时机成熟，就应该消灭私营制、合并小农个体经济、消灭商品货币关系。布哈林认为，新经济政策既不是"复活"也不是"暂时退却"，而是同战时共产主义政策一样，都是特定的历史产物②。在列宁之前，斯大林没有新经济政策性质的明确态度，1924年才把前者确定为社会主义经济关系的退却行为，但退却的过程是以退为进的一种方式。他认为："它预计在退却过程中重新部署力量并举行进攻。"③尽管在社会主义经济规律存在、属性两问题上，从批判加托夫斯基、谢尔加等人商品货币关系"消亡说"的"左派清淡"，一直到写作《苏联社会主义经济问题》一文，他都能力排众议，对其保持肯定，但在新经济政策去留问题上，在他看来，前者就是一种与社会主义原则格格不入的退却政策。1928年至1929年，苏联由于多种因素出现了粮食收购危机，以此为标志，斯大林通过两次党内论战，加速了新经济政策的取消进程。一方面中断外资联系，逐步收回租赁给私人经营的国有中小企业，以取消国家资本主义和多种非公有制经济成分；另一方面限制消灭富农，低价收购农产品，废止"租佃法"和"雇佣法"，以强力推进农业集体化。在这两项举措下，新经济政策的经济思想消磨殆尽，被代之以国有、集体单一公有制结构，计划调节与平均按劳分配相结合的"传统模式"。

---

① 《列宁选集》第4卷，人民出版社，2012，第605页。
② 陆南泉：《苏联经济体制改革史论》，人民出版社，2007，第21-23页。
③ 《斯大林全集》第8卷，人民出版社，1954，第82页。

斯大林之后，苏联历届领导人都进行了经济与经济体制改革。在赫鲁晓夫与勃列日涅夫执政期间，曾对传统经济制度的弊端进行了局部改革，但受限于理论认知的条条框框，在实践上的改革只限于管理体制的修补，而没有从根本上触及所有制结构与计划体制的内在弊病。甚至，他们在社会主义阶段上的"超越论"，使得公有制结构与计划体制更加稳固，经济发展陷入了"矛盾时期"。在安德罗波夫当政仅仅一年半之内，苏联开始批判自动适应论与公有制万能论，主张所有权与使用权分离。基于理论更新，安德罗波夫在农业经济、工业经济中分别推行的承包责任制与扩展企业自主权试点工作，使苏联经济开始出现转机，但伴随着身体原因的卸任，这种好转迹象夭折了。随后，经过契尔年科不到一年的短暂执政，1985年，戈尔巴乔夫正式上台。面对经济停滞难题，从1986年至1990年，戈尔巴乔夫以"新眼光"开始审视传统经济制度，并相继出台了《个体劳动活动法》《国有企业法》《合作企业法》《所有制法》等制度措施，对所有制结构、集体、个体、外资经济进行全方位改革。但由于改革涉及各类非公有制经济发展数量，而不涉及国有企业产权调整与结构优化，加之苏联经济未有起色，其改革措施随后由经济领域转移到了政治领域，并于1991年8月签署法令实行全盘私有化，至此，苏联经济制度开始彻底瓦解。

二、东欧对社会主义经济制度的实践探索历程

二战结束后，亚欧一些国家通过反法西斯战争，相继通过各种形式摆脱了资本主义制度体系，走上了人民政权道路。到20世纪50年代之前，东欧已经出现了8个社会主义国家。战前的东欧经济属于资本主义私有制生产体系，尽管生产力水平不尽相同，但在经济制度上具有共性特征。首先是国民经济与生产资料受到私有资本支配，特别是受到几个发达资本主义外来资本的控制，国内经济受到战争破坏，贫富两极分化严重，人民生活在水深火热之中。社会主义政权建立以后，为恢复发展国民经济，特别是工业经济，东欧诸国相继仿照苏联经验进行了生产资料国有化，把一些原先属于私营资本的垄断行业、军用工业、交通运输业等收归国有，并在农村相继推行了土地革命，把富农土地收归国有，消灭了封建生产关系、人身依附关系，让农民分得了土地，调动了生产积极性，一定程度上发展了农村社会生产力。

尽管在这两项举措下，已经确立了具有公有制性质的国营经济，但却不是社会经济结构的唯一成分，当时还存在着其他小农经济与小型私

营企业。为建立社会主义经济关系，在1947年至1948年期间，各国先后都进行了生产资料社会主义改造，尽管各国历史条件不尽相同，但都效法了苏联经验。对于城镇私营企业，各国凭借政治优势实施了生产资料国有化，一是通过无偿没收外资企业、战争非法企业与负债企业；二是对于民族资本主义工业企业实行有偿赎买。东欧社会主义国家众多，考虑到南斯拉夫是最早发现苏联传统经济制度弊端，进行所有制结构调整与经济体制改革的国家，所以这里只以南斯拉夫为例。在城市所有制改造方面，早在战争时期，南斯拉夫就将部分企业进行了没收，战争结束后，国有生产资料已经占到80%。1946年，南斯拉夫通过了《私人工业企业和经济企业国有化法》，进一步实行了国有化措施①。对于农村经济社会主义改造，各国采取了引导办法，让分得土地的农民积极走合作化道路。通过改造，各国农业集体化程度已经非常高。如80年代的民主德国，农业集体经济耕地已经占到全国的94%左右；再如1983年的捷克，除了农业产值占到国民经济总产值的约88%之外，还向国家提供了约95%的商品粮②。

在生产资料社会主义改造问题上，如同苏联和中国一般，东欧各国生产资料改造也存在着一些不足，如在国有化方面，片面强调生产资料国有制的优越性，对于发展前景各不相同的私营企业，只是一味地国有化而忽视了企业内部之间各异的经济利益。在农业集体化改造方面，违背了自愿示范与逐步过渡的原则，有些国家采取严格限制小农经济的方针，以此作为判定社会主义农业化的指标。由于东欧国家通过社会主义改造所建立的经济制度是依照苏联模式进行的，因而其体制弊端在20世纪50年代就已经暴露。从五六十年开始，南斯拉夫最先改革，其他东欧社会主义国家也紧跟其后，不但在理论上批判苏联传统经济制度，提出了一些新见解，而且在实践上，从所有制结构调整到经营方式，从计划体制、企业自主性到引入市场机制，东欧社会主义国家都进行了不约而同的实践改革。

一是所有权、使用权分离，实行企业承包责任制。20世纪七八十年代以来，东欧各国相继意识到生产资料占有权与使用权的不同，并在一定程度上给予了企业经营权，实行承包责任制的经营方式。70年代，罗马尼亚先后在农业、建筑、工业领域实施了生产经营承包责任机制，但却并未推及其他领域，于是，1983年罗马尼亚召开会议决定将这一制度

---

① 张继业：《中国基本经济制度创新研究》，吉林大学博士学位论文，2005，第38—39页。

② 蔡青霞：《东欧所有制形式的演变及启示》，《东欧中亚研究》1994年第6期，第15页。

推广至全部国民经济部门，并做了如下规定：国家不再统一调拨企业运营基金，实行企业经费自筹机制，自负盈亏；企业职工报酬按照劳动数量、质量进行等量分配，非劳动者、不在规定岗位履职者、不按合同规定承担责任者，无权取得收入，其中，劳动报酬增长率不能超过企业生产率与利润增长率；凡承担责任经营企业，实行职工在编，编制外空留人员需要重新配置；企业经营所得合法收入，除上缴定额利润与税收外，其余基金留成由企业自主支配，决定其成本开支、生产规模与经营方向。

保加利亚在提出两权分离不久之后，就开始实行了"社会主义自治原则"，并规定：在经济领域，社会财产属于全体社会劳动者，其采取企业集体自治制度的组织形式，各归其责地将劳动集体的社会主义财产在法律规定的范围内负责到底，即"在法规确定的范围内自我管理和对其活动成果承担责任"。在国民经济体系中，一切具有经济属性、经营目的的企业组织、工会组织、群体组织、工农组织、合作组织、协会组织都是经济自治组织。在生产经营方式上，以责任机制承担国家和国有企业经济任务，采取自主决定、自主筹资、自主经营、独立核算与自负盈亏的措施，在充分占有计划市场中的科技、投资、生产和商业等各种条件之后，根据现有的生产力发展水平、经济发展的模式以及国家的实际情况，"决定其实现的形式和手段"[①]。可以看出，责任承包机制事实上是把企业经营状况与市场法则相联系，优胜劣汰的竞争机制使企业不得不为其生存考虑，这对于提升企业生产率、调动积极性具有重要意义。

二是大力发展农业集体合作经济、非农业集体合作经济、集体合作混合经济。七八十年代，东欧各国都不认为集体合作经济是国有经济的"二等形式"，在政策方面，都把其作为发展社会主义经济的有益补充。1987年，保加利亚通过了《关于根据经济发展的质的提高的方针进一步发展合作运动的几点考虑》文件，其主要探讨了国家所有制与集体所有制各自特征与独特优势，在地位上并无优劣之分，国家经济的发展既要充分发挥合作社和合作化运动的作用，也要发挥合作社所有制的作用，在相得益彰中更好地实现经济的发展。但是，要发挥好集体经济的作用还受到一系列条件的限制，合作社发展才刚刚起步，发展不够充分，同时还存在阻碍合作社发展的一些障碍。所以，在现有社会条件下，要对发展各类集体合作经济采取支持与保护政策，使之更好地发挥在物质生产、社会生活和精神生活中的作用，最大程度调动各类合作经济体生产

---

① 刘开铭：《近年来东欧各国关于所有制的理论和改革措施》，《苏联东欧问题》1987年第4期，第64页。

经营的积极性，以解决当前国有经济、国民经济所面临的困难形势。在合作集体经济形式上，除了农业农村集体合作经济外，还"包括建筑、运输、农产品生产、生产设备、公共设施、科研和咨询服务等一系列新领域"。1983年，罗马尼亚通过了《农业社同国营单位及购销合作社合作章程》，其中写道，集体合作混合经济是由国营经济、农业集体经济与非农业集体合作所有制经济等多种经济形式交叉形成的，包括了商业、食品、建筑和劳务等各种经济合作组织，是集体合作经济的混合崭新形式[①]。可以看出，如果说两权分离与责任承包机制只涉及到国有经济、企业自主权及其经营方式，但并未涉及其他经济成分或所有制结构的话，各国在集体经济上的实践，已经对此有所变革。

三是鼓励支持个体经济、私营经济、家庭副业等辅助经济的发展。五六十年代的东欧经济改革，个别国家否认了除公有制经济之外各类非公有制经济存在的可能性，在政策上对这些经济成分进行了严格限制。七八十年代，面对一系列社会经济难题，东欧各国发生了理论转变，认为以个体、私营为代表的非公有经济成分是社会主义经济的有益补充，并且将其称为"公民所有制""辅助经济"与"第二经济"。理论上对经济成分属性、作用的突破，导致各国实践上不但允许其存在，而且采取了相关政策进行鼓励发展。如80年代的罗马尼亚，在农村所有制形式上，除合作经济外，不但允许个体经济存在，而且对个体家庭经营各类农产品、家畜等副业采取放宽政策。在私营经济问题上，1980年，罗马尼亚相继公布了"小型工业企业、服务业"交予个人资本经营的相关法令，虽然在雇工人数做了定额（2人）限制，但事实上已经允许私营经济的存在与发展。1981年，匈牙利公布了手工业、个体工商户、私营企业的相关法令，在政策上不但允许除公有制以外各类非公有制经济成分的存在，而且对私营企业的雇工人数进一步放宽，从以往的5人增至30人。

除了以上三种经济成分措施之外，东欧各国都引入了市场机制，进行市场化改革，这些都在突破传统教条中实现了对社会主义基本经济制度的发展，但也应该看到，苏东改革有其难以突破的局限性。

三、苏联和东欧对社会主义经济制度探索的历史教训

以苏联"根本性改革"和"新思维"为标志，20世纪90年代初，伴

---

① 刘开铭：《近年来东欧各国关于所有制的理论和改革措施》，《苏联东欧问题》1987年第4期，第65页。

随着苏东社会主义阵营的集体罹难，各国社会主义单三元经济制度也随之走向了历史尽头。作为首批社会主义国家，在生产资料公有制前提下，依据本土国情，不教条式理解经典原理、不本本式照搬经典模式来创新基本经济制度，它们可谓是异常曲折的。尽管如此，但其所走之路，却为以中国为代表的后发展社会主义国家进行经济建设，留下了弥足珍贵的历史经验。探究苏东理论界经济制度演变史及其经济举措，总结其中蕴含的前人结晶及经验教训，既是历史任务，也是坚持中国特色社会主义制度，特别是基本经济制度，解放发展社会生产力的根本依据。

（一）生产资料公有制是社会主义生产关系的"根本特征"

就人类公有经济规律来看，"生产关系适应生产力水平"规律是人类社会自身演进的根本动力，遵循这一规律，才创造了人类几千年文明史，违背这一规律，势必会为社会自身发展带来不可挽回的昂贵代价，甚至有可能在自身灭亡中，将人类既有成就带回到蛮荒时代。马克思说："人的关系和职能，不管它们以什么形式和在什么地方表现出来，都会影响物质生产，并对物质生产发生或多或少是决定的作用。"[①]纵观苏联与东欧几十年的经济理论与经济实践，忽视本土国情，教条式套用高级阶段才有的社会生产关系，才致使引火上身。

以苏联为例，自从戈尔巴乔夫上台以来，虽然进行了大刀阔斧的改革，但却违背当时苏联整体经济水平。如1985年提出实施的"加速战略"，声明到2000年，苏联国民经济与工业总值翻1倍、国民收入率增加5%、居民收入增加60%～80%[②]。后来，这些超限指标非但没能实现，而且促使他开始从经济领域转向政治领域寻求突破，提出了所谓的民主化、公开化的"根本性改革"，致使多党参政、政局动摇、经济停滞。自1988年以来，苏联经济几近陷于崩溃，出现负增长。在此情形下，人民不满于社会主义制度的情绪日益高涨，最终在多种因素影响下引发了政治危机。1991年11月，苏联正式宣布加盟共和国解体与社会主义制度的终结。再以东欧国家为例，从南斯拉夫的"自治社会主义制度"到捷克斯洛伐克的"布拉格之春"，尽管各国都致力于经济改革，理论探索也从未停止，但却未能彻底打破传统模式的影响，甚至其后引进的市场化改革，也只是在传统体制内的框架中运行。矛盾的持续积累，致使各国相继走上了私有化道路，通过国有资产私有化立法，内部外部出售、无偿分配等方式终结了人民政权与社会主义制度。

---

① 《马克思恩格斯全集》第26卷，人民出版社，1972，第300页。

② 张继业：《中国基本经济制度创新研究》，吉林大学博士学位论文，2005，第60页。

苏东社会主义阵营集体私有化，并未如同想象一般美好，反而是为其经济社会发展带来了巨大灾难。在2003年的孔田平《东欧经济改革之路》一文中，作者分条考察了苏东解体后的经济发展态势。一是经济发展在解体后的数年内连年衰退，从国内生产总值下降到出现回升反弹，波兰、匈牙利、阿尔巴尼亚、罗马尼亚、保加利亚、俄罗斯、乌克兰，分别耗时2年、4年、4年、4年、6年、7年、8年。作为苏联的主要民族国家，俄罗斯经济与解体前相比，其发展态势更令人揪心。从1992年开始，在6年内，工业生产、农业生产、国民生产总值分别下降了50%、40%与50%，经济总量不仅从先前的第三位下降到了第十六位，而且内外举债数额超过2200亿美元。二是私人资本操控市场效益、经济秩序紊乱。私有化路径势必信奉新旧古典自由教条的"万能的手"，而放弃有计划按比例发展的经济调控，加之解体后这些国家未能及时构建相关市场法规，致使国民经济发展陷入了"自发"的无政府状态。在俄国与东欧，受私人资本支配的"黑市"经济或"寡头、家族"经济分别约占国民经济的50%与20%，在俄国，这50%由7个"寡头集团"操控，形成了列宁所反对的消弭市场竞争与科技创新的"垄断与寡头经济"。其他如就业问题得不到解决等，影响了社会稳定与经济发展。

苏东私有化所造成的严重后果告诫后人，绝不能搞私有化，因为这与资本主义生产关系的发展趋势有关。马克思说："资本主义生产方式的基础就在于：物质的生产条件以资本和地产的形式掌握在非劳动者的手中，而人民大众则只有人身的生产条件，即劳动力。"①这种分离既是资本主义生产剩余价值，在不到百年时间里创造出了超越以往任何阶段生产力的前提，同时也是阶级社会贫富分化、工人奴役、人口过剩、价值堕落、环境破坏等人为社会灾难产生的经济根源。私有制的内在矛盾从它产生之初就一直存在，它既是社会发展的生产力形式，同时也是其病症所在，这一自身否定使社会化生产摆脱私有制束缚成为可能。马克思说，生产协作分工日益联合、合作工厂与世界市场的形成，特别是自由竞争引发的证券交易所、股份公司、金融垄断等"信用资本"的出现，是单个私人资本"扬弃"之上的"联合"的"社会资本"。这说明资本不只是一种个人力量，它更是一种社会力量："资本是集体的产物，它只有通过社会许多成员的共同劳动，而且归根到底只有通过社会全体成员的共同活动，才能运动起来。"②这表明，资本主义经济关系的狭隘性已经

① 《马克思恩格斯全集》第19卷，人民出版社，1963，第23页。
② 《马克思恩格斯选集》第1卷，人民出版社，2012，第415页。

容纳、支配不了它本身所创造的社会生产力，新的生产力替代形式已经若隐若现："资本的垄断成了与这种垄断一起并在这种垄断之下繁盛起来的生产方式的桎梏。""资本主义私有制的丧钟就要响了。"①因此，在经典作家看来，生产社会化势必要冲破私有生产关系性质及其组织形式，私有制濒临"炸毁"，而新的生产、占有、组织、交换、分配关系同社会化大生产相适应，将会出现。私有制的局限性及其历史趋势，决定了社会主义国家绝不能搞私有化，因为这是历史倒退。

（二）生产力是判定基本经济制度科学性的"根本指标"

所有制、生产、交换、分配的生产关系是否合理，看的不是哪一种经济成分、交换调节方式、分配方式占优势，而是看它是否适应生产社会化的基本要求。应当说，生产关系的地位比较优势并不是一个主观化的决定过程，它是生产力发展、生产方式选择与市场竞争优胜劣汰的必然结果。苏东解体最为引人注目的经验教训在于，忽视社会生产客观要求，依靠政治优势人为规定各类经济成分与经济交换调节方式，从本本出发，为达至"公有制"与"计划"的"形式"坚守，以牺牲生产力为代价，忽视了"形式"之后的"物质基础内容"。早期的生产资料国有化与集体化社会主义改造，尽管有利于特定阶段经济矛盾的解决和当时新型政权的巩固，也在一定程度上克服了分散化经营、解放了社会生产力，但非公有制经济本身的缺陷却是以其"历史使命"为前提的，马克思说，资本逻辑是双面的，"文明方面"就在于发展生产力，这一点，在《资本论》中早已反复论证。而强行改变生产关系，势必造成经济成分单一、竞争机制匮乏与内部驱动瘫痪，使这一"历史使命"荡然无存。当现实中苏联所谓的"公有化"路径不通，则势必要反其道而行之，走向历史的背面。然而，私有化也并非如他们所期盼的一般，对国民计划的丢弃与"万能的手"的崇拜，使他们在解体后的数年内遭遇了前所未有的政府与市场"双重规则失灵"，经济发展再次"出乎意料"地停滞了。

生产关系适应生产力作为人类共有经济规律，反映的是认识、改造自然的能力与能力实现形式、组织形式之间的内在、固有、本质的联系，其产生、发展、演变都是一个"自我作用"的"自然过程"，这种不可抗拒性表现在人为干预后的历史灾难，因此，只有以生产力要求，确定彼此适应的所有制形式、交换调节关系、分配关系，才能实现社会发展进步。列宁从不教条理解经典原义，当经济关系直接过渡举措违背了国家

① 《马克思恩格斯全集》第44卷，人民出版社，2001，第874页。

小农经济生产现实时，他及时跳出了既定的本本框架，从本土国情出发，综合多种经营成分、利益分配关系与经济交换关系实行了新经济政策，仅仅一年，直使苏俄生产总量直线飙升。与此后的苏东经济理论相较，传统经济制度显然违背了新经济政策所蕴含其内的人类经济发展共有规律，凭借政治优势强制设计所有制关系、交换关系，在"资本生产力社会化"尚未完成之前，把高级阶段的生产关系冠以"正统的马克思主义"长期固守，不但影响到了其他国家的经济发展模式并导致最后的制度崩溃，而且使"真正的马克思主义"在苏东解体后的数十年乃至几十年之内蒙受冤屈，为"历史终结论"的虚妄谣言提供了现实依据。因此，社会主义基本经济制度的坚持与完善，其根本性基础不在于现实强制，而在于生产发展、生产率提升与解放发展生产力。正如列宁所说："劳动生产率，归根到底是使新社会制度取得胜利的最重要最主要的东西。"①

苏东社会主义实践表明，经济建设、经济制度必须以尊重经济规律为前提，反对人为强制作用，社会主义制度的生产关系是否合理，必须以促进社会生产为衡量指标。这一点，马克思主义创始人早已说明。为进一步理解，我们举例说明。20世纪70年代以来，西方学界曾针对马克思批判资本主义经济制度的"哲学基础"爆发了一场长达40年之久的学术论战。一方以伍德和塔克为代表，另一方以胡萨米为代表。前者强调马克思的"生产方式"的非规范性基础，并将马克思的"劳动异化""自由自觉"等经济批判范畴归属于"非正义"基础之下。后者则认为，马克思批判资本主义私有制对未来社会经济形态的预测，是建立在"正义""公平"等这类"规范性"的道德原则之上，马克思关于私有制下"类本质异化"和共产主义"分配正义"等伦理指向尤其印证了这一点。后来，这场分歧基于论战需求，双方在各持一端中歪曲了马克思批判的经济哲学本真。那么，马克思为什么要批判资本主义经济制度呢？在本书看来，马克思批判资本主义经济制度的哲学基础并不孤立，批判"生产方式"，是因为资本主义私有制阻碍了生产力社会化趋势，而私有制之所以"不正义"，是因私有制在限制生产力发展中同时抹杀了人的自由、个性、价值与尊严。在马克思那里，人类生产方式的变革与正义准则的关怀是统一的，不存在极端对立，都导源于同一根源——社会生产力。"生产力"才是马克思批判资本主义制度、阐述未来社会经济特征的"根本指标"。

依此指标，在苏联经济问题上，我们可以大胆发问：马克思所设想

---

① 《列宁选集》第4卷，人民出版社，2012，第16页。

的公有制、计划调节、按劳或按需分配的未来经济关系，判定标准是什么？是基于什么之上，才敢如此肯定？事实上，在马克思那里，未来经济关系并不是一个没有基础的抽象概念与形式框架，而是具备了深厚的生产力的物质内容。马克思在《资本论》第1卷第24章末尾，对这个问题进行了深刻的剖析，生产资料是社会主义生产方式的首要条件，在资本主义社会对生产资料的占有是以个人生产资料的丧失为条件的，造成个人一无所有，连最基本的生活资料都没有的情况，这就是资本主义私有制对个人私有制的第一个否定。随着资本主义生产的发展，资本主义竞争的扩大，资本主义开始否定自身，这就是否定的否定。当然，这不是重新确立私有制，而是在资本主义创造生产力条件的基础之上的进一步发展，是在更高的、更进步的、更全面的发展中通过协作对土地和劳动的重新分配，也就是建立个人所有制。可见，以个人自己劳动为基础的社会化生产与资本主义生产建立起来的私有制相比"是一个长久得多、艰苦得多、困难得多的过程"[①]。

（三）解放思想是完善基本经济制度的"基本要求"

近年来关于苏东解体之谜可谓是众说纷纭。有学者将其归因于苏东各国晚期领导人面对国内外形势风云诡谲下的软弱与背叛，认为在关键环节没有认清无产阶级政党与无产阶级专政的本质属性，而是转而将执政党权力通过民主化手段拱手相让。这种解释有其合理性，但却忽视了马克思主义基本常识：政治上层建筑反映生产关系的根本要求，服务于特定经济关系。因此，从根本上讲，苏东解体导源于经济生产因素。

除了违背上面论述的人类社会生产发展共有规律之外，苏东解体的绝大部分原因还要归于不能依据本土国情突破教条框架的固化观念。一切从实际出发，具体问题具体分析是马克思主义活的灵魂。坚持未来经济关系是坚持社会主义基本经济制度的必要条件，但绝非充要条件，坚持了更高阶段的经济关系，不一定就是现阶段的社会主义经济制度。1991年苏联解体前，公有制规模、数量、程度不可谓不高，据统计，当时国营、集体、私营、个体所有制经济成分在全国固定资产总值中分别占到89%、6.9%、0.3%与2.1%[②]，尽管如此，苏联还是分崩离析。但若彻底丢弃了生产资料公有制的制度规定，则势必不是社会主义基本经济制度。"新思维"对生产资料公有制的背离，使社会主义经济关系不复存

---

① 《马克思恩格斯文集》第5卷，人民出版社，2009，第874页。

② 张兴茂：《苏联所有制结构的历史演变及其理论反思》，《当代世界与社会主义》2007年第1期，第140页。

在。坚守与青叛之间虽然是一线之隔，但绝非极端对立，因为坚守与背叛在公有制的"形式"上是明确的，公就是公、私就是私，分层明确。但跳跃出形式视角，从本土国情出发、物质基础"内容"出发，如同"中国特色社会主义"公私兼有、计划市场协同，未必就不是对社会主义的坚守，未必并非真正的马克思主义。因此，苏东的失败，不是社会主义经济制度的失败，而是固守教条、未在本土化中创新基本经济制度的失败。

从所有制层面来看，区别于"西欧模式"跨越"卡夫丁峡谷"以减轻"分娩痛苦"的"独特道路"，经济落后国家根据本身条件，在财产组织上采取"国家制"，超越巴黎公社式"工人联合"，是无可厚非的。但在生产力尚未高度发展的特殊情况下建立的社会主义制度条件，在各种探索中的经济制度不健全的条件下，生产资料国家占有、经营运行久了，就容易被合理化、固化，甚至会被指认为唯一合法主体、仅有选择模式。自传统框架形成以后，在整个20世纪80年代之前都维持了原样，是一个最为僵化的领域。正如苏联学者所说，企业能否有对调拨给它的生产资料"有限占有"的想法，这是不容考虑的，因为这"是放弃全民所有制"。后来，即使是意识到改革的根本问题在于所有制，但仍在学理上有所保留。像后期改革总设计师阿巴尔金一样，纵然否定了"自动适应论"，意识到需改进生产关系，但"这种生产关系上的变化不涉及占有方式"，不管是管理方面的正确与否或者管理方式的优缺点是否存在，并不能说明公有制是否存在缺陷，只能说明"所有制的实现机制不完善"，在社会主义商品经济规律问题上，苏联自十月革命以来，从政治经济学终结论的否定，到新经济政策的肯定，从左派清谈的否定，到斯大林的局部肯定，从社会主义商品论到特殊形式论，几十年经历了否定、肯定的反反复复。从持续不断地讨论社会主义商品货币关系存在原因、范围、作用的初心开始，无一不是再次回到了"计划调节最优"的命题。

苏联和东欧几十年的经济实践和理论沿革，显然是只重"形式"和"原则"，而不重"内容"与"基础"。马克思恩格斯说，唯物史观是在历史的发展过程和历史的事实中得出确实可靠的结论，结论的正确程度还要看与实际的符合程度，否则"就没有任何理论价值和实际价值"[1]。作为人类历史演进史的共有规律，生产关系适应生产力的"自然史过程"，既是资本主义"不能用法令强制取消"的阶段，也是社会主义国家

---

[1] 《马克思恩格斯选集》第4卷，人民出版社，2012，第582页。

在"资本历史使命尚未完成"之前，解放发展生产力的根本依据。20世纪苏东社会主义国家，不能从本土国情与人民利益出发，只是固守条条框框、墨守成规，致使矛盾持续积累，最终物极必反，为苏共以"新眼光""新思维"重新"审视"社会主义，与同期东欧私有化举措，提供了历史条件，致使世界社会主义国家在颠覆性改革中出现了颠覆性失败。这应该是我们引以为戒的。

第四章　新时代社会主义基本经济制度新内涵核心概念界定

　　"哪怕是最抽象的范畴，虽然正是由于他们的抽象而适用于一切时代，但是就这个抽象的规定性本身来说，同样是历史条件的产物，而且只有对于这些条件并在这些条件之内才具有充分的适用性。"[①]按照马克思在《1857—1858年经济学手稿》中探讨历史进程中的简单范畴与复杂范畴的关系来看，中国新时代社会主义基本经济制度新内涵这一特殊历史条件下的复杂范畴，显然是从马克思恩格斯预测的社会主义基本经济制度这一简单范畴的基本内容中演化、进化而来的。即是说，社会主义基本经济制度是一个抽象概念，而新时代社会主义基本经济制度以及新内涵则是一个真实存在于特殊历史条件下需要思维逻辑把握的具体总体或思想总体的现实概念。为避免不必要的学术歧义，也为了其后更好地论述本课题所要阐述的问题，我们首先必须对新时代社会主义基本经济制度新内涵有关的几个核心概念予以解读和界定。

一、"新时代"概念解读与界定

　　习近平总书记在党的十九大报告中指出："经过长期努力，中国特色社会主义进入了新时代，这是我国发展新的历史方位。"[②]新时代一词的含义判断不仅关乎新时代中国特色社会主义事业发展全局，也是理解本课题即新时代社会主义基本经济制度新内涵的前提与根本概念。

　　习近平总书记在党的十九大报告中特别强调，我国社会主要矛盾的变化，并没有改变对我国社会主义所处历史阶段的判断，我国仍处于并将长期处于社会主义初级阶段的基本国情没有变，我国是世界最大发展中国家的国际地位没有变。社会主义初级阶段是一段很长的历史时期，至少要经历上百年时间，在其不同的发展时期也会呈现出不同的特征。社会主义初级阶段是从属于资本主义向社会主义过渡和社会主义自我完善的大时代中的一个过程。在这一过程中，社会主要矛盾会随着社会的发展而变化，但并不意味着所处社会主义初级阶段的基本国情发生变化，

---

① 《马克思恩格斯文集》第8卷，人民出版社，2009，第29页。
② 习近平：《决胜全面建成小康社会　夺取新时代中国特色社会主义伟大胜利——在中国共产党第十九次全国代表大会上的报告》，人民出版社，2017，第10页。

新时代是社会主义初级阶段中的一个新起点、新阶段，而非超越初级阶段的新阶段。

（一）从判别标准上看新时代

1.国内发展基础之变

时代判断与社会发展基本规律密切相关。马克思曾说："我们判断一个人不能以他对自己的看法为根据，同样，我们判断这样一个变革时代也不能以它的意识为根据；相反，这个意识必须从物质生活的矛盾中，从社会生产力和生产关系之间的现存冲突中去解释。"①党的十八大以来，以习近平同志为核心的党中央提出一系列治国理政新理念，出台一系列重大方针政策和重大举措，推动党和国家事业发生历史性变革。党十八大以来的五年间，我国国内生产总值从54万亿元增长到80万亿元，稳居世界第二，对世界经济增长贡献率超过30%。五年间，我国人民生活不断改善，6000多万贫困人口稳定脱贫，城乡居民收入增速超过经济增速，教育事业全面发展，就业状况持续改善，人民健康和医疗卫生水平大幅提高。这使我国国内发展条件发生重大变化，站到新的历史起点上，对发展水平和质量的要求比以往更高。

2.社会主要矛盾之变

党的十九大报告明确指出，我国社会主要矛盾已经转化为人民日益增长的美好生活需要和不平衡不充分的发展之间的矛盾。这一矛盾的转化表明，进入新时代人民的生活需要不仅仅停留在追求量的增加、点的变化上，也逐渐注重质的飞跃、面的拓展。人们对物质文化生活提出了更高要求，并且对民主、法治、公平、正义、安全、环境等方面的要求也日益增长。同时，经过多年的努力与积累，我国社会生产力水平总体上显著提高，社会生产能力在很多方面进入世界前列，但更加突出的问题是发展的不平衡不充分。尤其是地区发展、城乡发展、产业发展、群体发展等都存在着不平衡的现象，这已经成为满足人民日益增长的美好生活需要的主要制约因素。

3.主要任务之变

经过改革开放40多年的发展，我们已经基本上解决了人民的温饱问题，人民生活总体上达到小康水平。同时，我们面临的新的主要任务，是决胜全面建成小康社会和全面建设社会主义现代化国家。尤其是，在党的十九大到二十大这一"两个一百年"奋斗目标的历史交汇期，我们

---

① 《马克思恩格斯选集》第2卷，人民出版社，2012，第3页。

既要全面建成小康社会、实现第一个百年奋斗目标，又要乘势而上开启全面建设社会主义现代化国家新征程，向第二个百年奋斗目标进军。党和国家事业发展主要任务的变化，意味着中国特色社会主义进入了新时代。

4.指导思想和战略举措之变

发展环境、社会主要矛盾和主要任务的变化，必使党的指导思想与时俱进。党的十八大以来，我们党进行艰辛理论探索，取得重大理论创新成果，形成了习近平新时代中国特色社会主义思想。党的十九大把习近平新时代中国特色社会主义思想确立为党必须长期坚持和发展的指导思想，实现了党的指导思想的又一次与时俱进。同时，基于我国社会主要矛盾的变化，我们党强调发展的内涵和重点、理念和方式、环境和条件、水平和要求与过去有很大不同，要针对发展不平衡不充分问题提出新的思路、新的战略、新的举措，更好地贯彻落实新发展理念，努力实现更高质量、更有效率、更加公平、更可持续的发展，不断满足人民日益增长的美好生活需要。党和国家指导思想和发展中国特色社会主义战略举措的新变化，也是中国特色社会主义进入新时代的一个重要依据。

5.国际地位之变

我国日益走近世界舞台中央是中国特色社会主义进入新时代的宏观背景。以前，纵然我国有五千年绵延不断的文化传承，拥有约九百六十万平方千米的广袤土地，但在很长一段时间内，我国在国际事务中发挥的作用有限，真正的国际影响力并不大，仅仅扮演着重要参与者的角色。但随着国家综合国力的不断提升，中国已经成为全球化的积极引领者、全球治理体系改革的重要倡导者、人类命运共同体建设的有力推动者。北京APEC峰会、杭州G20峰会、"一带一路"高峰论坛等一系列国际大型会议的召开，彰显了我国繁荣强大的国家实力，大国的影响力、号召力和感染力得到了充分体现。今天，中国正日益走近世界舞台中央，成为国际舞台上备受瞩目的主角，我们所提供的中国方案与中国智慧不是一家独大，而是愿意为广大发展中国家提供可以借鉴的参考方案，为整个世界应对共同主题提供富有智慧的启迪思想。

（二）从时代任务上看新时代

1.新时代是继续夺取中国特色社会主义胜利的时代

新时代是特指中国特色社会主义伟大事业进入更高水平的阶段。一定要明确，在新时代，坚持和发展中国特色社会主义这个主题没有变，坚持中国特色社会主义道路自信、理论自信、制度自信、文化自信没有变，党和国家的事业不是另起炉灶，不是与之前的事业一刀两断、从零开始，而是承前启后、继往开来。我国的社会主义制度和党的基本理论都要继续坚持。当然，我们也要从中国特色社会主义进入新时代这一新的历史方位出发，全面把握中国特色社会主义新发展阶段的时代特点、主要矛盾、发展目标，才能不断取得新成就，夺取新时代建设中国特色社会主义伟大胜利，在中华人民共和国发展史上、中华民族发展史上、世界社会主义发展史上、人类社会发展史上书写下新的辉煌篇章。

2.新时代是决胜小康并全面建设社会主义现代化强国的时代

在党的十九大上，习近平总书记指出，从现在到2020年，是全面建成小康社会决胜期。全面建成小康社会只是实现中华民族伟大复兴的关键一步，我们还要继续向第二个百年奋斗目标进军。党的十九、二十大将实现第二个百年奋斗目标进一步划分为两个阶段：从2020年到2035年，在全面建成小康社会基础上，再奋斗15年，基本实现社会主义现代化；在基本实现现代化的基础上，再奋斗15年，到21世纪中叶，把我国建成富强民主文明和谐美丽的社会主义现代化强国。我们看得很清楚，今后30年左右的时间，我们党和全国各族人民在推进中国特色社会主义事业的新实践中，具体的基本任务就是要在以往奋斗的基础上，把我国建设成为经济实力、科技实力、国防实力、文化软实力、综合国力在世界领先的社会主义现代化强国。

3.新时代是用中国式现代化推进中华民族伟大复兴的时代

中国共产党一经成立，就义无反顾肩负起实现中华民族伟大复兴的历史使命，并取得了革命、建设、改革的一个又一个伟大成就，从根本上改变了中国人民和中华民族的前途命运。新中国成立后，特别是改革开放以来，中国共产党带领全国人民开辟了中国特色社会主义道路，中华民族的面貌发生了前所未有的变化，实现了从站起来、富起来到强起来的伟大飞跃，迎来了实现中华民族伟大复兴的光明前景。应该说，实现中华民族伟大复兴中国梦，是近代以来中国人民奋斗的主题，但在不同历史时期，具体的任务不一样。在新中国成立前，主要任务是要实现"站起来"目标，为这个主题创造前提；中国特色社会主义进入新时代后，主要任务是要实现强起来目标，为这个主题画上圆满句号。

二、"社会主义经济"概念解读与界定

社会主义基本经济制度的原初构想是科学社会主义经济理论，而科学社会主义经济理论又是在合理批判和借鉴空想社会主义思想素材及其

合理成分的基础上，为寻求资本主义制度新的解决方案，由马克思恩格斯在探究资本主义经济规律内在矛盾、阐述未来社会基本经济特征的过程中共同创立的。社会主义基本经济制度是在批判和继承优秀文明成果基础之上的发展，尤其是经过从空想社会主义经济思想到科学社会主义经济思想的发展。因此，探讨新时代社会主义基本经济制度新内涵的有关问题，对社会主义经济这一核心概念不仅需要探讨，而且要从以下方面来审视。

（一）空想社会主义的经济概念

在科学社会主义以前，尽管空想社会主义流派、分支形形色色，理论体系广涉政治学、经济学、社会学、历史学、宗教学、伦理学、教育学而纷繁复杂，然而，其理论主线依旧是其经济学说，并以"财产公有""人人劳动""按需分配""没有货币"的经济范畴为基点，对理想的社会制度形态进行了大胆详尽的预判与阐述。从莫尔《乌托邦》的"财产公有"，到闵采尔的"宗教平均社会主义"，从康帕内拉《太阳城》的"人人劳动""没有货币"，到摩莱里《自然法典》和温斯坦莱《自由法》，再到近代三大空想社会主义理论学说，无不是按照这一主线来设计未来社会的制度模式的。不同的是，近代空想社会主义是从批判资产阶级经济理论及其社会制度"神话""永恒"的反面而出现的。如马布利的空想社会主义理论首先是以批判资产阶级"重商主义"的面目产生，而三大空想者对未来社会的设计，是以批判斯密、李嘉图的古典政治经济学为对象的。

近代空想社会主义从来没有把资本主义生产方式视为唯一合理的经济制度，他们批判这一生产方式为近代人类社会所带来的破坏与巨大苦难。他们探究古代社会、阐明人类社会演进的阶段史、设计未来理想社会的经济模式，就是认为资本主义经济制度并不是"永恒合理的"，而只不过是历史演进的一部分、一个阶段。然而，受时代条件与历史环境的限制，他们的理论学说并不是无懈可击的。其政治经济学部分既有代表先进无产阶级利益的积极成分，也有受古典政治经济学影响的代表小资产阶级利益的糟粕部分。前者为马克思恩格斯论述科学社会主义经济形态提供了思想素材，后者决定他们不可能从科学世界观、方法论层面上探究、揭示人类社会历史发展的必然性。正如恩格斯所说："在圣西门那里，除无产阶级的倾向外，资产阶级的倾向还有一定的影响。"[1]

---

[1]　《马克思恩格斯选集》第3卷，人民出版社，2012，第421页。

19世纪上半期，随着资本主义经济制度内在弊病的无情暴露，使得一些致力于改善社会状况的思想家看不到当初资产阶级思想启蒙时期对人民所做的"自由、博爱、平等"的承诺，于是在批判资本主义弊端、寻求新的解决方案中形成了各式各类"假冒"的社会主义。在《共产党宣言》中，马克思恩格斯把当时流行的社会主义思潮分为"反动的""保守的""空想的"社会主义三类，并揭示了它们关于未来社会的"虚伪面目"①。首先，空想者对资本主义经济制度的批判、对未来社会框架细节的预测，是建立在具有浓厚西方哲学传统的"道义层面"之上的，而唯物史观创始人对资本主义经济规律的考察，对未来社会框架图景的宏观研判，是建立在揭示整个人类社会发展演变规律的基础之上的。马克思恩格斯认为，资本主义的奥秘、命运就包含在自身生产交换的否定因素当中，而新的财产占有形式、经济组织规律、资源调节方式与利益分配模式，将从正在运行的私有制、资本逻辑的自身否定中产生。比如，资本主义生产关系包含了社会生产、商品流通的个别企业高度的组织性与整个社会生产、资源配置无政府状态之间的矛盾，而它的强行解决却造成了环境破坏、资源浪费与社会的极端贫穷，和两大阶级的根本对立。私人占有与生产力社会化之间的内部矛盾化解，只能依靠生产关系更加高级的社会所有制，这是人类社会自身演变的历史趋势。列宁认为："资本主义社会必然要转变为社会主义社会这个结论，马克思完全是从现代社会的经济的运动规律中得出的。"②

其次，空想社会主义者及其理论体系，从政治、社会、经济、文化、教育、法律等各个层面猜想和描绘未来社会的具体形式，而马克思恩格斯对未来社会的预判体现的是骨骼样式、宏观纲领而非具体事物。正如他们所说，无微不至的、具体细节的阐发，"既不坠入空想又不流于空泛的辞藻"是注定的。在早期对黑格尔"绝对精神"变革与清理"青年学派"唯心史观时，他们就已经指出，"我们的任务不是推断未来和宣布一些适合将来任何时候的一劳永逸的决定"，而是要在革命世界观中发现"新世界"③。1881年，马克思在回答关于未来社会如何组建经济模式的记者提问时，同样说道，任何时期经济社会的发展是根据一定的历史条件来确定的，对未知的、预测的、既定的前提假设，都是不值得一提的，

① 《马克思恩格斯选集》第1卷，人民出版社，2012，第423-433页。
② 中共中央马克思恩格斯列宁斯大林著作编译局编：《列宁专题文集·论马克思主义》，人民出版社，2009，第29页。
③ 《马克思恩格斯全集》第1卷，人民出版社，1956，第415页。

因为在前提中未有能够解决问题的要素，就比如"一个方程式的已知各项中不包含解这个方程式的因素，那我们就无法解这个方程式"①。

再次，空想者关于未来理想社会的经济制度、社会模型，是静止不变的，是人类社会演进的最终完备社会形态，而马克思恩格斯则相反，他们认为未来社会并非固定不变，社会形态的演变和历史的前进都是在变化中不断前进，不存在一成不变的事物，整个社会更是"变化和改革的社会"②，社会主义社会更是如此。历史既是资本主义社会的见证者也是社会主义社会的见证者，既能够见证历史的事实也能够见证社会存在的意义，更能在"此时"的历史中见证伟大与平凡，归根结底是在历史中结合"事实和过程加以阐明"，否则就"没有任何理论价值和实际价值"③。因此，历史发展的进程就是前进的目标，无所谓历史的终点，而是构建更加完美的未来社会，否则在这个社会中就没有存在的意义。"我们没有最终目标。我们是不断发展论者。"④一言说之，空想社会主义有其合理成分，且也有其历史痕迹。关于未来社会究竟如何，只能交予特定历史时期的马克思、恩格斯及其后继者。

（二）科学社会主义的经济概念

马克思恩格斯在《德意志意识形态》中，不仅批判了当时流行于德国的唯心主义与唯心史观，而且较为系统性地阐明、揭示了生产力与生产关系辩证统一关系的唯物主义历史观，这就使得科学社会主义理论具有了哲学基础，进而通过人类社会的发展规律来科学认识社会主义经济关系，以及建立在此基础上的上层建筑。马克思恩格斯认为，只要人们之间还有利益的冲突，或者为了自身的利益去伤害他者的利益，这个社会就是自然的社会。换言之，在这个社会中分工不是出于自愿，那么，这种社会力量只能是一种异己的、控制人的、摆布人的命运的力量。"在共产主义社会里，任何人都没有特殊的活动范围，而是都可以在任何部门内发展，社会调节着整个生产，因而使我有可能随自己的兴趣今天干这事。"⑤那么，在这个社会中人的独立的、自由的个性得以发挥，成为真正的人。

马克思这一思想与他揭示的人类社会经济形态演进形式的"三形态"

① 《马克思恩格斯选集》第4卷，人民出版社，2012，第541页。
② 《马克思恩格斯选集》第4卷，人民出版社，2012，第601页。
③ 《马克思恩格斯选集》第4卷，人民出版社，2012，第582页。
④ 《马克思恩格斯文集》第4卷，人民出版社，2009，第561页。
⑤ 《马克思恩格斯选集》第1卷，人民出版社，2012，第165页。

密不可分，而科学社会主义经济形态及其特征正好位于"三形态"的最后阶段。他说，人与人之间的自然关系即依赖关系是人类社会的最初形态，在这个阶段人是在狭窄的范围和地点上发展着；第二阶段是以物的依赖性为基础的人的独立性发展阶段，在这个阶段人与人之间的交往范围扩大、物质变换、人的需求增加；"建立在个人全面发展和他们共同的社会生产能力成为他们的社会财富这一基础上的自由个性，是第三个阶段，第二个阶段为第三个阶段创造条件"①。之所以前者是后者的基础，是因为资本逻辑的"文明方面"，尽管资本的"贪婪性"永无止尽，但它同时也造就了社会生产力的巨大发展与人的极大解放。而当"资本生产力"不再是个别资本家的专属条件，发展到"协作的""联合的"乃至"全社会的"财富创造源泉之时，资本的历史使命将彻底终结。马克思说，在这一过程转变中，生产和财富的具体表现形式是与一定的社会生产力的发展相适应，不单是人直接从事劳动，也不是人在劳动时间中所创造的商品，"是社会个人的发展，现今财富的基础是盗窃他人的劳动时间"②。大工业的发展带来机械化的生产，社会生产力的发展则是以个人生产力的发展为前提，整个社会发展建立在每个人自由全面发展是一切人自由全面发展的条件这个历史规定性中，"真正的财富就是所有个人的发达的生产力。那时，财富的尺度决不再是劳动时间，而是可以自由支配的时间，以劳动时间作为财富的尺度，这表明财富本身是建立在穷困的基础上的"③，到那时，时间将不再作为衡量财富的标准，人的自由时间将成为生产力发展的标志，建立在人的贫困基础之上的劳动将会一去不复返。这时，积累起来的劳动将从剥削活劳动的手段成为创造自由劳动时间的社会工具，"使整个社会的劳动时间缩减到不断下降的最低限度，从而为全体［社会成员］本身的发展腾出时间"④。根据马克思的这一论断，从当代资本主义社会生产关系的现实状况来看，已经逐步被相继证明。科学社会主义在实践中得到检验，在历史发展中已经不再是空想。

马克思恩格斯的《共产党宣言》，在对共产主义革命和建设基本措施的构想中从剥夺剥夺者、建立公有制和建设新社会三个方面做了阐述⑤。

1887年6月，恩格斯在《对英国北方社会主义联盟纲领的修正》一

① 《马克思恩格斯全集》第30卷，人民出版社，1995，第107页。
② 《马克思恩格斯文集》第8卷，人民出版社，2009，第196页。
③ 《马克思恩格斯选集》第2卷，人民出版社，2012，第787页。
④ 《马克思恩格斯文集》第8卷，人民出版社，2009，第199页。
⑤ 《马克思恩格斯文集》第2卷，人民出版社，2009，第52-53页。

文中指出："我们的目的是要建立社会主义制度，这种制度将给所有的人提供健康而有益的工作，给所有的人提供充裕的物质生活和闲暇时间，给所有的人提供真正的充分的自由。"①恩格斯在马克思《雇佣劳动与资本》1891年单行本导言中指出："一个新的社会制度是可能实现的，在这个制度之下，当代的阶级差别将消逝；而且在这个制度之下——也许在经过一个短暂的、有些艰苦的、但无论如何在道义上很有益的过渡时期以后——，通过有计划地利用和进一步发展现有的巨大生产力，在人人都必须劳动的条件下，人人也都将同等地、愈益丰富地得到生活资料、享受资料、发展和表现一切体力和智力所需的资料。"②

列宁于1903年在《告农村贫民书》一文中指出："我们要争取新的、美好的社会制度：在这个新的、美好的社会里不应该有富有穷，大家都应该做工。共同工作的成果不应该归一小撮富人享受，应该归全体劳动者享受。机器和其他技术改良应该用来减轻大家的工作，不应该牺牲千百万人民的利益来使少数人发财。这个新的、美好的社会就叫社会主义社会。关于这个社会的学说就叫社会主义。"③

科学社会主义经济概念或理论原型是科学社会主义创始人在揭示资本主义经济规律过程中散见于他们论文、著作、信件、笔记之中的关于未来社会经济形态的若干特征及规定。概括起来，公认的主要内容有：（1）生产力高度发展，物质财富极大丰富；（2）消灭了私有制和剥削，生产资料实行社会所有制或公有制；（3）不存在商品货币关系，实行有计划按比例的计划经济；（4）劳动不再是谋生手段，生产具有直接社会性；（5）劳动是消费品分配唯一的计量尺度，分配原则有按劳分配和未来的按需分配；6）国家消亡，社会共同体存在经济管理职能等。

以上这些内容既包括生产力也涵盖了生产关系。若我们仅从生产关系层面考量，其大体内容可归为一句话，即"社会共同体"或国家（共产主义第一阶段）采取生产资料公有制或产权社会占有形式，按照社会需要进行有计划按比例的生产、分配、流通与消费。若以"公式形式"表述，则其核心思想是"公有制"+"计划经济"+"按劳分配"，它构成了科学社会主义创始人对社会主义基本经济制度形态的"经典构想"。

然而，碍于时代局限，"经典构想"在很长一段时间内被具象化为"苏联经济模式"，并随着后者的历史终结而遭到了"正统马克思主义者"

---

① 《马克思恩格斯全集》第21卷，人民出版社，1965，第570页。
② 《马克思恩格斯文集》第1卷，人民出版社，2009，第709–710页。
③ 《列宁全集》第6卷，人民出版社，1986，第364–365页。

· 122 ·

和"西方马克思主义者"的强烈批判。如哈耶克曾指出，"经典构想"是"理性设计的道德体系"，是"反科学的方法论"，是一条通往"全面奴役之路"①。应该说，"经典构想"和"苏联经济模式"不管在立论前提还是制度内容上都有差别，并非同一经济制度形态。"经典构想"立基于"英国典型"之上，是运用历史唯物主义分析人类社会发展规律的理论产物。它有两个立论前提。一是"公有制"+"计划经济"+"按劳分配"的基本经济制度之所以产生，是因为资本主义生产方式已经由生产力发展的推动力量变成了生产力的桎梏；二是这一制度形态建立在生产的高度社会化和生产力的巨大发展之上，因而生产关系是"计划调节"和"社会所有"的单一完备状态。而"苏联经济模式"产生于自然经济占主导地位的落后国家，这使得斯大林《苏联社会主义经济问题》意识到社会主义生产关系不具有单一性和完备性，而是存在公有制生产关系的内部分层问题，即意识到在生产、分配、交换、消费各领域除了公有制的两种经济成分、国民经济的计划定制和消费品的统分统派外，还存在大量的小生产、价值规律的局部作用和间接的价值分配形式等，所以，"经典构想"和"苏联经济模式"不能完全等同。

恩格斯晚年和列宁时代，马克思主义经典作家对社会主义经济的认识，根据资本主义新变化和工人运动发展的实际情况，在传统理论基础上，又有了新的理解。概括起来有：（1）所有社会成员的健康而有益的工作机会；（2）所有社会成员的物质满足和闲暇时间的满足；（3）所有社会成员精神生活的富有和自由；（4）所有社会成员共享科技社会进步的成果；（5）贫富差距的消灭和共同富裕。但由于这些新观点带有价值导向性和功能确定性，可操作性弱，故长期以来被忽略，只是在近年来被重新认识到其珍贵价值。如习近平在纪念马克思诞辰二百周年大会的讲话中提到了这些观点②。它有利于我们拓展对社会主义经济特征的认识，有利于我们摆脱传统理论的束缚，开创中国特色社会主义新道路、新制度、新境界。

往更加深层次内涵来说，科学社会主义关于人类未来社会的描述是以马克思恩格斯历来所重视的社会基本矛盾、社会生产力的"自然史"为前提的。源于此，对于跨越"卡夫丁峡谷"的现实社会主义国家来说，我们决不能教条解读经典原理，应当说，解放发展社会生产力以实现

① ［英］哈耶克：《致命的自负》，冯克利译，中国社会科学出版社，2000，第1页。
② 习近平：《在纪念马克思诞辰二百周年大会上的讲话》，《人民日报》2018年5月5日第1版。

"人的全面发展"才是科学社会主义的根本皈依。在这方面，列宁的新经济政策、中国特色社会主义道路显然遵守这一价值指标，而斯大林的单三元经济制度尽管有所突破，对社会主义经济理论有所贡献，但同时也是科学社会主义误入歧途的重要原因。

三、"制度""基本经济制度"概念解读与界定

再次需明确，如果说社会主义基本经济制度或社会主义经济是新时代社会主义基本经济制度的核心部件，那么，制度、经济制度尤其基本经济制度的概念则是更深层次的核心部件。然而，学界或由于其哲学方法论立场，或由于其学科专业与意识形态之间的差别，国内外始终就基本经济制度的概念存在分歧。探讨基本经济制度的概念是理解新时代社会主义基本经济制度三位一体新内涵的关键，为此，我们在探讨国内外学界关于制度、经济体制等相关概念上的理论共识和关于对经济制度与基本经济制度概念的学术分歧的基础上，通过解读马克思恩格斯的制度思想，为经济制度尤其是基本经济制度给定一个更为明确的概念。

（一）学界共识：制度、体制、机制、体系及相关概念

查阅相关文献后发现，学界除了在经济制度和基本经济制度的概念上存在分歧外，在制度、经济体制、经济机制、经济体系等相关概念上存在共识。学界共识之一是，制度的狭义概念是指在一个社会组织或团体中要求其成员共同遵守并按一定程序办事的规程。其作用涵盖大到国家或社会层面的法律制度，小到具体组织或公司企业层面的管理规章制度。制度的广义概念是一种建制性的概念，指在一定社会在一定历史条件下形成的政治、经济、文化方面的体系。它是以规则或运作模式，规制或规范人们行为的一种社会结构，这些规则内部蕴含着社会价值，其合理运行表彰着一个社会的秩序。制度的具体实现形式是体制。制度的构成要素主要是：正式制约（例如法律法规）、非正式制约（例如习俗规范等）以及它们的实施（实现或运行体制、机制），这三者共同规定了社会运行的激励结构。制度经济学所讲的制度，是institution，而不是system。System通常指"体制"，例如社会主义制度或资本主义制度，或其实现形式即特定的政治体制、经济体制等，诺斯称之为"制度环境"。而institution，即经济学意义上的制度，"是一系列被制定出来的规则、服从程序和道德、伦理的行为规范"，诺斯称之为"制度安排"。

学界共识之二是，马克思的制度理论是制度的政治经济学分析理论，西方新制度经济学是经济学的制度经济学分析理论。应该指出，虽然它

们的理论在研究目的、方法、立场和重点等方面有着显著的区别，但在研究对象、分析框架、制度构成以及许多具体观点等方面具有一些基本相通之处。比如，从个性角度看，马克思是从唯物史观和总体辩证法视域看待制度的，是从社会基本矛盾运动和社会有机体构造角度看待制度的，从而科学地把经济制度归结为经济关系或生产关系的总和；而西方的新制度经济学的制度概念则局限于纯经济学或经济运行。从共性的角度看，二者都承认经济发展与制度之间的相互依赖关系，同样把制度看作一个动态的、演进的过程，并同样承认国家的存在导致经济增长、停滞或衰退的三种可能性。

学界共识之三是，经济体制是指生产关系的具体组织形式和经济管理制度，它反映的是社会经济采取的资源配置方式。经济制度一般具有相对稳定性，它一直贯穿于一定社会发展阶段的全过程，而经济体制不具有独立的社会制度属性，因而较为灵活。同一个国家，在不同发展阶段上，可以选择并实行不同的经济体制。经济体制的存在和作用又需要有一定的经济体系为其提供宏观条件的有力支撑。经济体系是指可定性或定量描述的经济发展水平状态、目标和结构。经济制度、经济体制和经济体系都需要有效的经济运行机制来保障。机制是指事物客观的内在联系和主动构建的联系及制约系统。而经济机制则是指经济活动和过程的内在客观联系和主动构建的经济活动或过程的制约和促动的制度体系。

（二）理论分歧：国内外关于经济制度与基本经济制度的研究

西方学界因其所站立场，除了所有制、产权理论外，基本不存在对"基本经济制度"和"社会主义基本经济制度"的研究，就连西方最权威的经济学百科词典《新帕尔格雷夫经济学大辞典》也无此概念。但有西方学者对经济制度做了一些探讨，这不仅和国内关于经济制度、基本经济制度的概念对比鲜明，而且认知这些探讨有助于坚定社会主义基本经济制度的科学性。

阿兰·格鲁奇是基于制度经济学从方法论层面研究经济制度的著名学者，他说，经济制度的完善"既用均衡的方法也用过程的方法去研究这些制度"[①]，故而他在《比较经济制度》中把经济制度区分为静态与动态两类，并认为前者沿袭了以往正统学将其内涵缩小至"功能科学"与"经济组织"的传统。在此视野里，经济制度解决的只是依照规则生产什么、怎么生产的经济问题，而忽视了影响经济制度变化的动态因素。于

---

① ［美］阿兰·G.格鲁奇：《比较经济制度》，徐节文等译，中国社会科学出版社，1985，第12页。

是，他给出了动态经济制度的定义："经济制度是各个参加者的组织的发展的复合体，这些参加者是同分配稀缺资源以满足个人和集体需要有关的。"①而稀缺资源分配就构成了公私经济结构与动态经济制度，其本质功用是在生产什么、生产多少的基础上如何进行利益分配，分配是经济制度的核心范畴。格鲁奇的分配决定论显然有为资本逻辑及其经济制度合理性辩护的嫌疑。

相比于格鲁奇概念的晦涩性，瑞典制度经济学家林德伯克则给经济制度明确地界定为："经济制度就是用来就某一地区内的生产、投入和消费作决定并完成这些决定的一整套的机制和组织机构。"②并将这一机制机构分为决策、分配、产权、垄断、激励、外交等八大系统。以此为据，他把战后经济制度类型囊括为三种：瑞典式公私混合制度、东欧式市场社会主义制度与苏联式集权制度。对于经济制度的内涵与体系，林德伯克比格鲁奇更为具体，但却丢弃了格鲁奇对经济制度本质属性的追问（尽管将其界定为了分配层面），而林德伯克的"八方面"显然不是区分经济制度的根本标志。

在规范约束特征上，西方经济制度论有借鉴价值，但在本质意义上，他们的观点与马克思主义、国内学界不尽相同。在诸多文献中，尽管马克思恩格斯没有经济制度或基本经济制度的明确概念，但在探讨"生产关系""经济结构""经济基础"等范畴中揭示了经济制度、基本经济制度的本质内涵。列宁认为："政治经济学绝不是研究'生产'，而是研究人们在生产上的社会关系，生产的社会结构。"③在马克思恩格斯看来，"生产关系总和"就是经济基础，它是和物质生产力的一定发展阶段相适合的生产关系的总和，是社会在其一定发展阶段上的经济制度、经济关系④。而这种经济制度、经济关系又是"以生产资料的不同性质"为前提的。正是如此，我国绝大多数论者才把"生产关系的总和"界定为经济制度，而把生产关系中的生产资料所有制性质作为区分不同基本经济制度与社会形态的根本标志。

对于国内经济制度、基本经济制度的定义，有学者提出了反对意见，认为经济制度在严格意义上是"制度化的生产关系"，实际具备了生产关

① ［美］阿三·G.格鲁奇：《比较经济制度》，徐节文等译，中国社会科学出版社，1985，第25页。
② ［瑞典］可萨·林德伯克：《新左派政治经济学》，张自庄、赵人伟译，商务印书馆，2013，第27页。
③ 《列宁选集》第1卷，人民出版社，2012，第188页。
④ 《马克思恩格斯全集》第42卷，人民出版社，1979，第120页。

系"内容"与制度法规"形式"的两层次，若按生产关系总和来定义经济制度，事实上是排除了后者的"制度形式"特征。因为即使是基本经济制度相同的国家，也会因为形式因素的不同而具备不同经济制度[①]。就基本经济制度内涵而言，国内事实上也存在着争议。有学者认为，经济制度包含基本经济制度，两者的内涵及其关系可以从"两层面、三元素"来甄别。三元素是指经济制度包含了所有制、所有制法律形式（产权）和交换关系（经济体制），若把前两元素合二为一与交换关系结合，就形成了经济制度的两层面：基本经济制度与经济体制。所以，基本经济制度既是生产关系的反映也是所有制关系与产权关系在制度层面的综合[②]。对此，有学者也提出了异议，认为所有制是生产关系的本质内容，把它作为基本经济制度的核心范畴是毋庸置疑的，但能否把所有制的法律形式也囊括其内是有歧义的。虽然所有制关系的法权化表现为产权制度，但后者与基本经济制度存在差异，现代资本主义产权制度与社会主义产权制度有着诸多相似之处，但它显然不能从真正意义上区分基本经济制度。基本经济制度一定是生产关系中起决定作用的占有关系的规范表达，决定着社会的根本性质、骨骼样式与发展方向[③]。依此逻辑，产权制度是经济制度而非基本经济制度。

（三）唯物史观：马克思的经济制度与基本经济制度内涵

迄今为止，在包括马克思、恩格斯、列宁、斯大林的经典作家文献里，找不到关于经济制度、基本经济制度明确的定义判定。他们对古代社会、东方社会、资本主义、社会主义有关经济制度、基本经济制度的探讨，无不是从特定生产条件下的具体制度层面来论述的。对于经济制度，西方社会自"古典经济学"产生以来，就立足于"经济人""资源稀缺"等若干假设原则和前置条件来分析其起源和变迁。他们假定人是追求经济利益最大化的理性主体，但在没有规则的"自然状态"下，"人与人的战争"损害了双方利益。于是，国家、产权、分配、伦理等各类正规和非正规制度便在人们缔结"社会契约"的过程中产生了。因而，在"制度经济学"代表人物舒尔茨、拉坦和诺斯等人看来，经济制度"是一系列被制定出来的规则、守法程序和行为的道德伦理规范"，"它旨在约

① 林岗：《马克思主义与经济学》，经济科学出版社，2007，第69页。
② 吴宣恭：《产权理论比较》，经济科学出版社，2000，第280页。
③ 范恒山：《所有制改革：理论与方案》，首都经济贸易大学出版社，2000，第43-45页。

束追求主体福利或效用最大化的个人行为"①。19世纪70年代，从"成本—收益"到"边际革命"分析方法开始，西方关于经济制度"从强调生产、供给和成本转向追求消费、需求和效用"②。如格鲁奇认为经济制度"同分配稀缺资源以满足个人和集体需要有关"③，林德伯克认为"经济制度就是用来就某一地区内的生产、投入和消费作决定并完成这些决定的一整套的机制"④。可见，西方关于经济制度的释义可总体归为两点：一是起源于"社会契约论"；二是变迁于"资源最优分配论"。

马克思恩格斯认为，以"契约来建立天生独立的主体之间的关系和联系的'社会契约'"⑤，是无法解释社会制度（经济制度）的起源与变迁的。经济制度的起源与变迁"不应当到人们的头脑中，到人们对永恒真理和正义的日益增进的认识中去寻找，而应当到生产方式和交换方式的变更中去寻找"⑥。这是因为"摆在面前的对象，首先是物质生产"⑦，"是有生命的个人的存在"⑧。人们为了满足肉体机能，就必须从事社会生产。"为了进行生产，人们相互之间便发生一定的联系和关系。"⑨即为了生产，人们不得不在特定生产技能下按照生产资料的特殊性进行分工与协作，而当人们按照一定分工协作方式组织起来之时，就会产生生产资料由谁所有、生产条件如何分配、交换、消费，以及最终劳动产品如何分配、交换与消费的社会问题。而人们在解决这些问题的过程中产生了以下两种自然结果：一是"在生产、交换和消费发展的一定阶段上，就会有相应的社会制度"⑩，即形成了支配、协调生产与再生产过程的特定社会关系和社会规则，即生产关系和经济制度。二是直接生产过程中的生产方式——"劳动者与劳动资料的结合形式"，即劳动者与生产资料所有者之间发生的"狭义生产关系"即生产资料所有制，"决定生产的全部性质和全部运动"，"决定参与分配的形式"，决定"交换的深度、广度

① ［美］道格拉斯·C.诺斯：《经济史中的结构与变迁》，陈郁等译，上海人民出版社，1994，第225-226页。
② 韩喜平：《分配制度上升为基本经济制度的理论逻辑》，《社会科学辑刊》2020年第4期，第5-13、211页。
③ ［美］阿兰·G.格鲁奇：《比较经济制度》，徐节文等译，中国社会科学出版社，1985，第25页。
④ 何正斌：《经济学300年》下册，湖南科学技术出版社，2000，第918页。
⑤ 《马克思恩格斯选集》第2卷，人民出版社，2012，第683页。
⑥ 《马克思恩格斯选集》第3卷，人民出版社，2012，第797-798页。
⑦ 《马克思恩格斯文集》第8卷，人民出版社，2009，第5页。
⑧ 《马克思恩格斯文集》第1卷，人民出版社，2009，第519页。
⑨ 《马克思恩格斯选集》第1卷，人民出版社，2012，第340页。
⑩ 《马克思恩格斯文集》第10卷，人民出版社，2009，第43页。

与方式"①。但"狭义生产关系"即生产资料所有制的这种决定作用并不是一种"契约形式的法权关系"②，它并不脱离于"广义生产关系"即四要素之间的统一性。如"私有制不是一种简单的关系，也绝不是什么抽象概念或原理，而是资产阶级生产关系的总和"③，所以"给资产阶级的所有权下定义不外是把资产阶级生产的全部社会关系描述一番"④。

可以看出，马克思恩格斯关于经济制度的释义可归结为三点。一是在起源上，他们反对把经济制度解释为一种脱离社会生产规律的契约现象和法权现象，指明"不是从它们的法律表现上即作为意志关系来把握，而是从它们的现实形态上即作为生产关系来把握"⑤，即"生产以及随生产而来的产品交换是一切社会制度的基础"⑥。二是在内容上，经济制度与生产关系并无不同，两者是等价概念。经济制度只不过是生产、分配、交换、消费的特定生产关系在社会规则中的体现与转化。这也是列宁在《俄国资本主义的发展》中说"生产的社会关系"也即"生产的社会制度"的原因所在⑦。而"基本经济制度"，不外乎是"我们视之为社会历史的决定性基础的经济关系"⑧，即在社会"生产关系总和"或"一切社会形式中"，"决定其他一切关系的地位和影响"⑨的基础型或主导型的生产关系。三是在（基本）经济制度内容的元素关系问题上，马克思恩格斯否认把分配、交换、消费视为支配生产规则或脱离生产领域的"肤浅的联系"的庸俗经济论，"交换和消费不能是起支配作用的东西，这是不言而喻的。分配，作为产品的分配，也是这样"⑩。但也否认生产资料所有制单向决定生产关系的"所有制决定论"——斯大林生产关系"三分法"的核心内容。在"广义生产关系"中，分配、消费"并不仅仅是生产和交换的消极的产物"，"它反过来也影响生产和交换"⑪，因为，四要素构成"一个总体的各个环节、一个统一体内的差别"⑫，所以，"要想

① 《马克思恩格斯文集》第8卷，人民出版社，2009，第20、23页。
② 《马克思恩格斯文集》第5卷，人民出版社，2009，第103页。
③ 《马克思恩格斯全集》第4卷，人民出版社，1965，第352页。
④ 《马克思恩格斯选集》第1卷，人民出版社，2012，第258页。
⑤ 《马克思恩格斯文集》第3卷，人民出版社，2009，第18页。
⑥ 《马克思恩格斯文集》第3卷，人民出版社，2009，第547页。
⑦ 《列宁选集》第1卷，人民出版社，1972，第184页。
⑧ 《马克思恩格斯文集》第10卷，人民出版社，2009，第667页。
⑨ 《马克思恩格斯文集》第8卷，人民出版社，2009，第31页。
⑩ 《马克思恩格斯文集》第8卷，人民出版社，2009，第23页。
⑪ 《马克思恩格斯文集》第9卷，人民出版社，2009，第155页。
⑫ 《马克思恩格斯文集》第8卷，人民出版社，2009，第23页。

把所有权作为一种独立的关系、一种特殊的范畴、一种抽象的和永恒的观念来下定义，这只能是形而上学或法学的幻想"[1]。从这个意义来说，（基本）经济制度的本质内容就是生产关系，但所有制只是生产关系质的规定性，它不能呈现出生产关系和经济制度的完整形态。所以，党的十九届四中全会把社会主义基本经济制度从所有制"一元"上升为集所有制、分配、交换的"三元"是符合马克思恩格斯广义关系和广义政治经济学研究对象的。

（四）分析比较：生产总体视域下基本经济制度概念界定

1. 与西方制度经济学相比较

与马克思没有经济制度的具体概念相比，西方"新旧制度经济学"不但有制度、经济制度的具体内涵，而且与前者在本质意义上有很多不同。制度经济学对经济制度的论述，是以制度与经济制度的包含、被包含关系为前提的。美国早期制度学派代表人物舒尔茨认为，制度是制约经济、政治行为的一系列强制性规则[2]。在此基础上，其后的新制度经济学以西方哲学传统为立场，改造了制度的内涵范畴，在强制规则中又添加了软性约束的"伦理道德规范"准则。如代表人诺斯、拉坦认为，制度既是制约具体行为功利性的强制规则也是道义规范[3]。应当说，制度经济学派的这些观点被西方学界的大多数学者所接受而奉为圭臬，其中影响最大的莫过于以赛亚·伯林的"消极自由论"与哈耶克的"内部秩序论"。其共性方面在于，制度是具有约束力的规则和规范总和，制度、经济制度的形成，只涉及"社会有机体"中的政治关系与意识形态上层建筑，并且是人为制定的与积极主动的，丝毫不涉及制度的经济关系层面。

尽管马克思恩格斯没有制度的明确概念，但作为上层建筑的制度，它的形成与演变绝不是一个主观过程，而是要受到特定生产条件的制约。在马克思恩格斯看来，制度不管属于政治关系还是社会意识范畴，它都是特定阶段社会生产、交换的原则在制度领域与意识形态领域的反映。当这些生产、交换原则具体到政治与观念层面时，制度才具备了法与道德约束性的形态，而这种制度形态归根结底是受制于生产与交换关系的，两者是一种本质与现象、决定与被决定的关系。马克思说："具有契约形

① 《马克思恩格斯选集》第1卷，人民出版社，2012，第258页。
② ［美］R.科斯等：《财产权利与制度变迁——产权学派与新制度学派译文集》，刘守英等译，上海人民出版社，1994，第253页。
③ ［美］道格拉斯·C.诺斯：《经济史中的结构与变迁》，陈郁等译，上海人民出版社，1994，第22页。

式的法权关系，是一种反映着经济关系的意志关系，这种法权关系或意志关系的内容是由这种经济关系本身决定的。"①如分配制度，它首先反映生产资料、劳动产品个人消费品的占有与归属的经济关系，并且符合这一经济规律时，它才能在法的关系上成为规范人们利益分配的规则与规范。以此来说，制度经济学坚持实效分析法，把制度纳入一个不属于生产关系的社会系统中，排斥了制度的根源性质问题，这显然与马克思主义略有不同。这是两者区别之一。

这里，我们不妨以马克思唯物史观的立场，为制度下一个定义，它无非是从根本上反映特定生产关系原则的，在受此决定的政治关系与意识形态关系中，规范人们的社会关系，特别是政治、经济行为的一系列强制规则与伦理规范。如果我们把制度的这一内涵具体到经济领域，则经济制度从共性特征来看，也无非就是规范经济主体经济关系与经济行为的一些规则规范体系。马克思的巨著《资本论》在揭示资本主义生产方式内在矛盾时，这样的经济制度内涵到处都是。如生产资料归不同主体占有的小私有制、大私有制、土地所有制、集体协作制，和不同生产经营方式的工厂制、资本联合制、雇佣劳动制、交易所信用制等。虽然这一系列经济制度具有维持生产秩序得以构建的能力，但它在本质上却掩盖了阶级社会的雇佣与劳动关系、剥削关系。

比较来说，瑞典经济学家林德伯克认为，以现代经济运行的多样化视角来看，经济制度决不能从意识形态上只是区分为资本主义经济制度与社会主义经济制度。他随后给出的关于经济制度内部体系"八大系统"的定义，显然只是经济制度的共性价值，从深层次上掩盖了阶级社会经济制度的本质意义。事实上，"八大系统"既包含了从生产资料占有关系性质直接规定经济制度性质的基本经济制度，也囊括了与此无关的"效用"经济制度。经济制度本身是一个包含本质意义与共性约束性的复杂综合体，把经济制度区分为资本主义、社会主义两种显然不妥。但就经济制度事实而言，这种共性效用的发挥，首先要导源于它得以构建、形成的基础因素，若看不到这点，公有制与私有制将无界限，剩余价值剥削与共同富裕、雇佣劳动与平等劳动将无区别可言。

不能否定的是，林德伯克关于经济制度的定义，涉及经济制度的性质与功能两方面。后来，有学者正是意识到经济制度的这种层次性，才从生产资料所有制、所有制法权形式、经济交换体制的"三元两层面"，

---

① 《马克思恩格斯文集》第5卷，人民出版社，2009，第103页。

来界定经济制度与基本经济制度的区别。从所有制的法律形式即产权界定基本经济制度显然有着重要的意义，产权既是占有生产资料从事社会生产与劳动产品价值实现进行社会再生产的制度保障，也是市场经济以明晰的排他性工具进行商品生产与交换的制度基础。这一点，从我国改革开放以来的所有制结构调整以及经济体制改革的显著成效中就能得到证明。但产权作为现代经济元素，本身要受到生产领域的制约，现代资本主义与社会主义存在相同产权制度，但它显然不是区分基本经济制度的根本标志。林德伯克的"八大系统"与国内论者的"三元两层面"，是把所有制与所有权视为同一事物，并没有严格区分所有制与所有权分别对应的经济属性、政治属性，把经济制度的功能与性质区别相混淆，没有意识到政治上的功能性所有权，只是经济关系所有制的反映，只是经济主体实现经济利益的手段工具。

从这一层面来说，马克思主义关于经济制度与西方制度经济学的区别在于西方把经济制度、基本经济制度看作规定的规范体系，脱离了生产关系本意。如果我们从马克思恩格斯关于《资本论》中生产关系本质意蕴的更深层次挖掘中就会发现，这种特定生产关系是有前提条件的。社会生产力不同阶段决定不同生产关系及其建立其上的一切社会关系，而实现社会生产的秩序运行，首先就要保证用于社会生产的生产资料和其他一切自然物能够得到合理配置，就要求劳动主体必须占据一定生产条件。因此，生产关系实质内含了生产资料所有制的归属关系，它是一切社会生产、再生产，包括人自身生产、再生产的前提条件。同样，它也是区分不同生产关系性质、社会经济形态与经济制度的根本标志。所以，什么是基本经济制度，它首先是一种制度化的生产关系；其次是生产关系中生产资料所有制的关系；再次，生产关系各要素是一个"总体性范畴"，所以，基本经济制度同样是包含受所有制性质决定的，关于生产、分配、交换与消费的制度化生产关系体系。

2. 与斯大林所有制决定论相比较

在斯大林生产关系三分法与所有制决定论影响下，我们一直把基本经济制度等同于所有制。然而按照马克思《〈政治经济学批判〉导言》中的四环节理论来看，所有制对生产关系、基本经济制度具有"质的规定性"，但却只是基本经济制度的必要条件，而非充分条件。因为在马克思那里，生产关系是一个相互决定、牵制的"总体性"范畴，在现实经济活动中，所有制的决定作用是以生产、分配、交换的牵制作用发挥为前提的。有什么样的生产资料性质和受此决定的"生产资料与劳动者不同结合形式"，就有什么样的分配、交换关系与社会关系。马克思说："任何时候，我们总是要在生产条件的所有者同直接生产者的直接关系——这种关系的任何形式总是自然地同劳动方式和劳动社会生产力的一定的发展阶段相适应——当中，为整个社会结构，从而也为主权和依附关系的政治形式，总之，为任何当时的独特的国家形式，找出最深的秘密，找出隐蔽的基础。"① "土地国有化将使劳动和资本之间的关系彻底改变"，一切旧的生产关系将完全改变，不仅消除了工农之间的资本生产方式，而且连同资本主义的生产关系存在的条件都彻底地消灭，"同社会相对立的政府和国家将不复存在"②。人将成为自由的人。在一定程度上，甚至生产资料所有制关系的变革，能使整个社会生产关系，特别是以政治关系为代表的社会关系发生翻天覆地的改变，但这却是以生产力与生产关系内在矛盾演化的"自然史"为前提的，这已经为20世纪社会主义国家公有化的经济实践所证明。

社会生产力的解放与升级，首先是现实中有生存、发展需求的历史主体通过社会化生产途径，在自身需求满足中实现的，是主观需求与客观内容，是主体需求与社会途径之间内在矛盾演化的必然结果。这一需求过程不仅是自然物、生产资料的占有关系，而且它同样是生产、分配、流通、交换、消费、价值实现与再生产的总体过程、循环过程。其中，若有一环断层，则社会生产、需求满足也将因此而中断。所以，对生产关系的理解，不能仅仅停留在传统"三分法"与"所有制决定论"。作为制度化的生产关系，不管是经济制度还是基本经济制度，无论其本质属性有何不同，其价值皈依都是通过规范社会生产以满足主体需要的客观过程。尽管这种利益实现机制在阶级社会被私有制、资本逻辑异化了，但它在资本家的利润攫取中同样保证了部分工人的微额工资。尽管经济制度的所有制内涵在斯大林那里固化了，但他关于社会主义基本经济规律是"生产满足需求"的论断是正确的。反过来，若基本经济制度的内涵仅限于所有制，只是生产条件与劳动产品占有的法权关系，而不能两权分离带来经济效益，那它就是无用的。

那么，到底如何定义、区分经济制度、基本经济制度呢？正如上面文献提到的，依照马克思的"社会有机体"与"生产关系总体性"理论，经济制度是指统治阶级为反映在社会中占统治地位的生产关系的发展要求，建立、维护和发展有利于其政治统治的经济利益秩序而经过确认、

---

① 《马克思恩格斯文集》第7卷，人民出版社，2009，第894页。

② 《马克思恩格斯选集》第3卷，人民出版社，2012，第178页。

创设的各种有关经济关系的规则和措施的总称，这是经济制度的共性特征。在这种规范化定义上，这种制度化的生产关系还潜含了与生产水平同步适应的对物质资料、生产条件占有、支配、使用的所有权关系，以及受此性质决定的经营、组织、分配、交换与消费关系。而基本经济制度就体现这种"总体性内质"。即是说，所有制对基本经济制度的规定应该是全面整体的，不能仅仅停留在生产条件、劳动资料与劳动者、非劳动者的占有、归属之法权关系上，而应当还包含经营、分配、交换统一体。如一块土地的所有权即使是清晰的，但若不能灵活经营，没有收益，那它就是无用的。马克思认为，对资产阶级所有权来说，"是把资产阶级生产的全部社会关系描述一番"①，而《资本论》对资本主义经济制度研究理路并不是如此，尽管"以劳动者和劳动实现条件的所有权之间的分离为前提"②是资本主义一切社会关系生产与再生产的根源，但却不仅限于私有制单一面，而是综合单个资本、社会总资本生产、流通、交换与分配的总规律。以此来说，这显然是党的十九届四中全会的历史贡献。

四、"社会主义基本经济制度"概念解读与界定

复次需明确，既然社会主义基本经济制度是理解新时代社会主义基本经济制度内涵的核心要义，那么什么是社会主义基本经济制度呢？不论是社会主义基本经济制度还是社会主义经济制度，它们都是社会主义生产关系或基本生产关系的规范表达。但从简单范畴与复杂范畴的关系来看，社会主义基本经济制度属于简单范畴，社会主义经济制度属于复杂范畴，其内容广泛，涉及社会主义所有制或产权制度、分配制度、计划制度、工作制度、企业制度、创业制度、金融制度、财政制度、税收制度、社会保障制度、市场经济体制、宏观调控体制等多方面的制度安排，所以社会主义经济制度包含了社会主义基本经济制度。我们认为，党的十五大提出社会主义初级阶段基本经济制度这一命题，这个"基本"的含义就是主要矛盾、重大原则、关键因素、要义安排的含义。社会主义基本经济制度的生成和作用场域是"社会主义初级阶段"，它提出初始的核心内涵是社会主义所有制关系对整个社会主义经济关系的支撑性、决定性、制约性作用。

然而，自从2000年以后，国内学界关于现阶段"混合所有制关系"是社会主义基本经济制度，还是社会主义初级阶段基本经济制度的内涵

---

① 《马克思恩格斯选集》第1卷，人民出版社，2012，第258页。
② 《马克思恩格斯文集》第5卷，人民出版社，2009，第821页。

特征一直争论不休。有论者指出，现阶段混合所有制关系应该是涵盖"整个社会主义阶段"的基本经济制度，而其他反对者则认为这种所有制关系应该定位于"初级阶段"基本经济制度。事实上，他们的观点症结并不在于当前所有制关系是否违背了科学社会主义经典原理，而是对当前非公有制经济的存在、发展有不同看法。前者之所以把所有制关系定位于整个社会主义阶段，是因为看到了非公有制经济在解放发展社会生产力、增进人民福祉方面的巨大作用。而后者的定位，则是意识到非公有制的这种当下作用只限于社会主义初级阶段，显然无法比肩共产主义的生产力所体现的特征。我国正处于并将长期处于社会主义初级阶段，合理利用非公有制经济活力和所创造的生产力，对我国整个社会主义社会生产力的发展具有巨大的推动作用，因而所有制关系应该定位于社会主义初级阶段。就其理论分歧的本身来看，争论的发生是没有看清马克思恩格斯关于"社会主义基本经济制度"的本质意蕴。

（一）社会主义基本经济制度概念之辨

2000年以来，"公有制为主体、多种所有制经济共同发展"如何定位引发了巨大争议。"初级阶段和中国特色社会主义论者"认为，只有"公有制"才是社会主义基本经济制度。"社会主义论者"反驳到，中文版的"公有制"概念在德文版经典文献中没有出处，频繁出现的是"社会所有"和"全民共有"，该论者辨析的结论令人出乎意料：公有制为主体、多种所有制经济共同发展"是整个社会主义历史阶段的基本经济制度"①。上述争议并没有得到根本解决，以至于重新延续到了新内涵的定位问题。有学者认为，党的十九届四中全会决定不再延续以往"中国特色社会主义基本经济制度"和"社会主义初级阶段基本经济制度"的提法。这一论断商榷的地方在于：决定正文虽无对基本经济制度"中国特色"和"初级阶段"的限定词，但基本经济制度新内涵作为13个方面制度体系和治理优势之一，是在决定正题——"坚持和完善中国特色社会主义制度"的体系框架中阐述的。

社会主义基本经济制度时空定位问题时常引发分歧，是理论上没有得到根本解决。之所以不能解决，主要是因为"社会主义基本经济制度"没有一个明确的概念，而这恰恰是引发定位分歧的根源所在和学界不曾重点关注的地方。改革开放以来，为适应社会主义初级阶段生产力水平的结构性与层次性，我们创造了"社会主义基本经济制度"一词（最早

---

① 汤在新：《论社会主义基本经济制度》，《经济学家》2004年第6期，第39-44页。

出现于党的"十五大"报告，此前世界社会主义正式文件中一般称为"社会主义基本制度"）。但什么是"社会主义基本经济制度"，学界迄今为止也没有一个明确的概念。那么，概念不明确的原因是什么？为什么说这种情况才导致了基本经济制度时空定位的分歧呢？一般认为，概念是"通过抽象化的方式从一群事物中提取出来的反映其共同特性的思维单位"，即是事物的"共同本质"和"抽象共性"[①]。社会主义基本经济制度概念也就是"社会主义基本经济制度的共同本质和抽象共性"。社会主义基本经济制度概念不明确并由此导致定位分歧，主要与学界以下三种界定方式有关。

一是言简意赅。这种界定方式较为常见，只是指出社会主义基本经济制度反映"社会主义生产（经济）关系"，但究竟什么是"社会主义生产关系"、来自何处、本质意蕴如何、有何基本特征等核心问题概不涉猎。二是概念比较。这种界定方式同样较为常见，指通过比较马克思主义政治经济学和西方经济学（尤其是制度经济学）关于制度、经济制度、产权、经济体制等元素概念的区别来解说基本经济制度的概念。然而，初衷问题——"社会主义基本经济制度概念"如何，要么被遗忘，要么转向前一种界定方式而被一笔带过。三是张冠李戴。这种界定方式有一定的迷惑性，是造成基本经济制度定位分歧的根本原因所在。其显著特征在于把社会主义基本经济制度的"具体内涵""具体形态"等同于其"概念本身"，即"抽象共性"本身。"基本经济制度社会主义论者"不顾中国具体国情，拘泥于传统理论，坚持仅只把"公有制为主体、多种所有制经济共同发展"定位为"社会主义基本经济制度"，而对其在场背景或场域避之不管，其实是混淆了其"具体内涵"与"抽象共性"的区别。那么，问题在于什么是"社会主义基本经济制度的抽象共性"和"社会主义基本经济制度的具体内涵"，为什么不能将两者相混淆？

依此同理转化，社会主义基本经济制度的抽象共性，也就是社会主义生产关系的共同本质，即"社会主义基本生产关系"。社会主义基本生产关系从何而来？按照马克思《〈政治经济学批判〉序言》"两个决不会"理论和《哥达纲领批判》按劳分配思想，当然从其"母体"即资本主义生产关系的对立面产生而来。马克思恩格斯曾将这些"对立面"概括为：（1）"一切生产部分将由整个社会来管理"[②]，即公有制或社会所有制；（2）经济流通由"社会对自己的劳动时间所进行的直接的自觉的

---

① 张明楷：《刑法学中的概念使用与创制》，《法商研究》2021年第1期，第3—22页。
② 《马克思恩格斯选集》第1卷，人民出版社，2012，第302页。

控制"①，即计划调节；（3）消费品分配由劳动者"从社会储存中领得和他所提供的劳动量相当的一份消费资料"②，即按劳分配。社会主义基本生产关系的核心要义在于，通过生产平等、占有平等、分工平等、交换平等、分配消费平等来实现贯穿社会主义从理想到学说，社会主义从空想到科学、从理论到实践，历经五百余年的核心问题——"经济平等"和"人的解放"。因此，公有制（到社会所有制）+按劳分配（到按需分配）+计划调节（到产品经济）就是社会主义基本经济制度的抽象共性。

如果说，"社会主义基本经济制度的抽象共性"是马克思恩格斯批判"现代社会"、探求"古代社会"、预知"未来社会"人类经济发展演进规律所得的基本结论，那么，"社会主义基本经济制度的具体内涵"就是"消灭现存状况的现实的运动"——"在将来某个特定的时刻应该做些什么，应该马上做些什么，这当然完全取决于人们将不得不在其中活动的那个既定的历史环境。"③由于社会生产反复进行、生产关系变动不居，由于现实社会主义并不是"世界历史"即"多国胜利论"的产物，因而其基本生产关系理论原理的实际理解"随时随地都要以当时的历史条件为转移"④。这种生产关系的历史辩证法就形成了"社会主义基本经济制度的抽象共性"在不同民族（如中国、苏联和东欧）和不同发展阶段（如社会主义改革前后）中的不同形式和具体内涵（如"苏联经济模式"和"中国特色社会主义基本经济制度"）。就关系而言，时空性是"社会主义基本经济制度的具体内涵"的根本特征，而"社会主义基本经济制度的抽象共性"相对来说是不分时空的。因为不分发展阶段，不分民族区别，我们都能在其具体内涵中找到其共同本质——公有制+按劳分配+计划调节。

从这一层面来说，定位分歧问题并不在于有没有背离科学社会主义，而在于能不能把基本经济制度的"抽象共性"和其特殊时空中的"具体内涵"区分开来。固然，在马克思恩格斯看来，所有制问题是革命的根本问题。但在社会主义实践发展中，对所有制就是公有制的认识发展到公有制为主体、多种所有制经济共同发展，再发展到所有制和分配制度、市场经济体制内在有机联系与聚合的新时代社会主义基本经济制度新内涵，体现了主观和客观认识上的具体的历史的统一原理。"公有制为主

---

① 《马克思恩格斯选集》第4卷，人民出版社，2012，第467页。
② 《马克思恩格斯选集》第3卷，人民出版社，2012，第363页。
③ 《马克思恩格斯文集》第10卷，人民出版社，2009，第458页。
④ 《马克思恩格斯文集》第2卷，人民出版社，2009，第5页。

体、多种所有制经济共同发展"的"社会主义基本经济制度"之所以必须扩展，是因为它只是"社会主义基本经济制度抽象共性"单就其生产（所有制）层面在中国时空场域的具体呈现和阶段性内涵。因此，党的十九届四中全会提出的基本经济制度新内涵只是"社会主义基本经济制度"在中国当代国情下的具体化，是对中国社会主义初级阶段生产关系总和中的多种所有制关系、多种分配关系、多种调节方式的规范化表达。时空性上应该定位于"中国特色社会主义"和"社会主义初级阶段"基本经济制度。必须指出，若不加以时空限定，不仅会降低马克思恩格斯眼中的社会主义标准，还会混淆十月革命以来基本经济制度出现的不同具体内涵和历史形态。

（二）社会主义基本经济制度形态之辨

社会主义基本经济制度除了中国过往的单一内涵（公有制为主体、多种所有制经济共同发展）和新内涵之外，百年实践中是否存在其他具体内涵呢？若先不论"社会主义基本经济制度"一词如何产生，就其抽象共性和历史脉络来说，作为空想因素，它曾有"财产公有"+"人人劳动"+"没有货币"+"按需分配"的理想形态；作为科学理论，它有马克思恩格斯的"社会主义基本生产关系"理论，我们称为"经典形态"；作为社会主义实践与时空概念，它自十月革命以来就有不同具体内涵和历史形态。这些不同历史形态也从侧面表明了新内涵的定位问题。由于学界尚不涉及对社会主义基本经济制度具体内涵或历史形态的分类研究，因此对此尝试性论述需要确立相关标准。

首先，生产关系视角。过往多以"市场经济"为标准探讨社会主义发展的"历史脉络"。市场经济在马克思恩格斯话语中属于"商品经济"和"交换方式"后者又属于"生产方式"和"生产关系"范畴。以市场经济为标准可以很好地揭示社会主义的共性与个性问题，但在完整意义上并不适合基本经济制度研究。一是因为经济制度同生产关系相联系，交换作为人类"生产方式都具有的现象"[1]，只是生产方式和生产关系的一个环节。二是因为"每一个社会中的生产关系都形成一个统一的整体"[2]，交换单一视角就极易排除生产（所有制）、分配、消费的作用，而社会主义"交换的方式同生产资料的社会性相适应"[3]。其次，受研究方向限制，本书基本经济制度历史形态的分类研究，专指对世界社会主

① 《马克思恩格斯文集》第5卷，人民出版社，2009，第136页。
② 《马克思恩格斯选集》第1卷，人民出版社，2012，第222页。
③ 《马克思恩格斯选集》第3卷，人民出版社，2012，第811页。

义发展产生过重大影响的基本经济制度（如苏联、中国的，而不是朝鲜、老挝的），也不包含半制度化、历时性较短的基本经济制度（如战时共产主义和新经济政策）。依照苏联以来"社会主义基本生产关系"在不同阶段呈现出的所有制、分配、交换的不同历史样貌，及其"历时性"体现出的逻辑关联，社会主义基本经济制度的时空内涵或历史形态可细分（命名）为"苏联模式形态""改革过渡形态"和"中国新内涵形态"三种类型。

1. "苏联模式形态"

这一制度形态学界又称为"苏联或斯大林经济模式"，也就是曾被社会主义阵营效仿，由《苏联政治经济学教科书》（1954年）和《苏联宪法》①（1936年、1977年）确立的"社会主义模型"——"公有制"+"按劳分配"+"计划调节"。其特点在于排斥私有生产关系而具有"单一性"。但和"经典形态"相比，其"单一性"不具有"完备性"和"纯粹性"，单一性内部事实上存在着（现实社会主义）公有生产关系的层级结构。由于"经典形态"是建立在生产的高度社会化之上，因此社会主义生产关系是纯粹的"计划调节""社会所有"的完备状态（即使存在低级与高级阶段之分）。与此不同，"苏联模式形态"产生于马克思说的"亚细亚生产方式"②，因此《苏联社会主义经济问题》才会有对社会主义生产关系的层级划分：除了公有制两种经济成分、国民经济计划定制和消费品统分统派外，还承认部分小生产、价值规律的局部作用和间接的价值分配形式③。后来，苏联通过强行过渡方式来解决这一现实与经典之间的悖论，于是"苏联模式形态"进一步演化为纯粹公有化+指令化+平均化。从这一层面来说，不管是以正统自居的马克思主义者，还是具有意识形态对抗性的西方经济学，历来总是把"经典形态"与"苏联模式形态"相互混淆，进而对前者加以指责、否认其科学性的认识逻辑都是错误的。说到底，"经典形态"与"苏联模式形态"并不是同一制度形态。

2. "改革过渡形态"

这一制度形态是针对"苏联模式形态"的弊端产生的。它起始于以

---

① 《苏联宪法》具体条例规定详见李晓新：《中国经济制度变迁的宪法基础》，复旦大学博士学位论文，2009，第26—28页。

② 《马克思恩格斯文集》第2卷，人民出版社，2009，第686页。

③ 吴世泰、邓星盈：《社会主义经济理论的曙光——读〈苏联社会主义经济问题〉札记》，《中国经济问题》1979年第6期，第36—40页。

苏东"社会主义商品生产论"和"市场社会主义"①为代表的社会主义改革大潮，成形于中国改革开放时代的基本经济制度形态（公有制为主体、多种所有制经济共同发展）。其特点是开始探索社会主义生产关系新形态，这个过程具有明显的创新性、过渡性与风险性。围绕"苏联模式形态"弊端，当时的苏东学界开始大胆地把正统理论认为的私有制、市场、利润等非社会主义因素融入公有制生产关系中，以"市场—计划"的融合机制构建各类"市场社会主义"理论模型。其核心思想是认为"市场—计划"的可行性前提在于变"国家所有制"为"社会所有制"②。在理论创新下，东欧改革实践（其中著名的有"自治社会主义""布拉格之春"和"新经济体制"）开始承认私营、个体等非公有制经济的合法地位，否认集体经济的"二等形式"，认为都是社会主义的"辅助经济"③。共同点是引入市场机制、弱化指令调节、实施两权分离、改革企业生产利润等④。然而，遗憾的是，苏东改革并没有冲破"苏联模式形态"的根基与框架，最终不得不走向了反面。中国改革稍晚，但也是世界社会主义改革的组成部分。得益于苏东改革前期的奠基，我们不仅在"社会主义市场经济"理论下破除了"苏联模式形态"弊端，而且形成了基本经济制度新形态（公有制为主体、多种所有制经济共同发展）。由于这一时期处于社会主义生产关系的重塑期和过渡期，所以经济制度呈现出分割特征，基本经济制度只指所有制关系。

3. "中国式内涵形态"

这一形态是相对于"改革过渡形态"的弊端产生的。改革开放后，中国以所有制关系改革为起点⑤，不仅催生了分配制度和经济体制的新形态，不仅创造了"中国两大世界奇迹""中国式现代化新道路"和"人类文明形态"⑥，而且"解决了旧的社会主要矛盾，同时又产生了新的社会

---

① "社会主义商品生产论"和"市场社会主义"强调生产资料公有制的商品性和市场性。苏联代表人物有利别尔曼、利西奇金等；东欧代表人物有兰格、霍尔瓦特、布鲁斯、锡克、科尔奈等；中国代表人物有顾准、孙冶方等。

② 张宇：《论公有制与市场经济的有机结合》，《经济研究》2016年第6期，第4-16页。

③ 刘开铭：《近年来东欧各国关于所有制的理论和改革措施》，《苏联东欧问题》1987年第4期，第50-65、68页。

④ 庄福龄：《简明马克思主义史》，人民出版社，1999，第505-509页。

⑤ 刘谦、裴革：《中国特色社会主义政治经济学逻辑起点定位研究——基于所有制视角的探索》，《上海经济研究》2020年第6期，第5-13页。

⑥ 习近平：《在庆祝中国共产党成立100周年大会上的讲话》，《人民日报》2021年7月2日第2版。

主要矛盾"①。重塑社会主义生产关系虽然从根本上解决了"绝对贫穷"问题，但也同步生出了生产关系的局部失衡问题，如公有经济成分比重下降、财产性收入过度侵蚀劳动收入、政府与市场关系时有脱节的结构性失衡现象。进入"后改革"和"社会主义强国建设"时期，为破解新的社会主要矛盾、实现高质量发展与人民对美好生活的向往，就需要实现生产关系的体系化建构与协调发展。在此情形下，"按劳分配为主体、多种分配方式并存"和"社会主义市场经济体制"具有了新的时代使命，被提升至了"社会主义基本生产关系"的历史高度，从而形成了中国基本经济制度新内涵。与"苏联模式形态"相比，它在生产关系的性质构成上呈现出社会主义主体因素+社会主义初级阶段中非社会主义因素的二元组合——公有制+非公有制、按劳分配+要素分配、国家计划+市场调节。与"过渡形态"所有制的单一内涵相比，它在生产关系要素构成上呈现出所有制+分配+交换的三元组合。依据其生产关系特征可称为"双三元基本经济制度"，它是社会主义基本经济制度在中国的时代升华。

（三）社会主义基本经济制度单一内涵之辨

可见，在百年实践中，社会主义基本经济制度历经了三种具体形态："苏联模式形态"——"公有制"+"按劳分配"+"计划调节"；"过渡形态"——基本经济制度（公有制为主体、多种所有制经济共同发展）+分配制度+经济体制的分割；"新内涵形态"——"双三元基本经济制度"。这里随之也产生了一个历史疑问：从"苏联模式形态"到"过渡形态"，基本经济制度的要素构成为何会从生产（所有制）+分配+交换的三元演化为所有制关系一元，历史缘由何在？通过上文分析发现，"苏联模式形态"（"单三元基本经济制度"）的局限性并不在于生产关系的"要素构成"，而在于社会主义生产关系的"性质构成"。即"苏联模式形态"由于并未严格区分"经典社会主义"和"现实社会主义"的区别，以至于以正统理论自居，把私有制、资本等非劳动收入和市场机制视为"异端学说"排斥于社会主义基本经济制度之外。从"苏联模式形态"到"过渡形态"，基本经济制度的要素构成为何会从生产（所有制）+分配+交换的三元演化为所有制一元？难道真如有学者指出的是我们"人为去掉了"党的十五大关于基本经济制度中"一项"的规定吗？难道中国基本经济制度单一内涵的形成就没有历史必然性吗？若我们置身当时的历史环境，这一疑问可以从"社会主义基本经济制度"的由来、改革底线、

---

① 庞庆明：《社会主义市场经济体制上升为社会主义基本经济制度的内在逻辑》，《马克思主义与现实》2021年第1期，第173-178页。

理论根据、时代解读几个方面进行解析。

首先，据初步考证，与社会主义史相比，"社会主义基本经济制度"是一个新进概念，学术用语最早出现于1992年的《论我国社会主义基本经济制度与深化经济体制改革》一文，正式用法是在党的十五大报告中出现的。也就是说，在世界社会主义改革大潮之前，社会主义阵营没有基本经济制度的官方称谓，公有制、按劳分配、计划调节都统称为"社会主义基本制度"和"社会主义经济制度"①。原因何在呢？若我们从当时时代背景看，主要原因在于，20世纪国际局势仍处在两极对立、世界战争的意识笼罩之下，社会主义阵营有实现工业化、现代化的紧迫任务，需要发挥公有制和计划经济的制度优势。而这一制度凸显出的短期追赶优势使社会主义阵营忽视了"经典"与"现实"的区别，自然认为社会主义生产关系具有纯粹性，自然以为社会主义经济制度没有体系分层，社会主义经济制度就等于社会主义基本经济制度。尽管改革时期意识到社会主义生产关系不具有纯粹性，内含了当下社会生产力的层次性、结构性和生产方式的阶段性与两重性，虽然中国共产党人据此从生产关系总和（经济制度）中分离出了基本生产关系（基本经济制度），但改革的原则底线使得基本经济制度指向了所有制关系一方。正如邓小平所言："一个公有制占主体，一个共同富裕，这是我们必须坚持的社会主义的根本原则。"②

其次，基本经济制度指向所有制关系单一内涵具有深厚的理论根据。虽然马克思的生产关系（四环节）未直接说出所有制，但"认识一切经济关系以及它们变化发展的规律就离不开对所有制的分析"③。对此，《共产党宣言》指出，"所有制问题是运动的基本问题，不管这个问题的发展程度怎样"④，无产阶级的使命就是要实现"两个决裂"，"废除资产阶级的所有制"⑤。但需要明确的是，马克思恩格斯强调所有制对生产关系"质的规定性"作用，在当时环境中主要是针对"和平长入社会主义论"和"庸俗经济论"的错误观点来说的，马克思恩格斯并不否认所有

---

① 如斯大林在《论反对派》一文中说，"要有五十年甚至一百年，社会主义经济制度才能在生产力发展方面实际证明自己优于资本主义经济制度"。见斯大林：《论反对派》，人民出版社 1963，第405页。

② 《邓小平文选》第3卷，人民出版社，1993，第111页。

③ 吴宣恭：《马克思主义所有制理论是政治经济学分析的基础》，《马克思主义研究》2013年第7期，第48-57、160页。

④ 《马克思恩格斯文集》第2卷，人民出版社，2009，第66页。

⑤ 《马克思恩格斯文集》第2卷，人民出版社，2009，第45页。

制、生产力、生产关系之间的相互辩证法。依据之一是《共产党宣言》在强调上述问题时，把"物质产品的占有方式和生产方式"①、"生产关系和所有制关系"②并列表述。就"过渡形态"基本经济制度单一内涵而言，无非是根植于斯大林的"所有制决定论"——生产资料所有制是生产关系的首要要素和决定性基础。斯大林在特殊时期从生产关系中分离出所有制本无可厚非，甚至在一定程度上讲是对马克思恩格斯生产关系理论的巨大发展，但他显然也割裂了他们关于所有制与生产关系的辩证法。有学者曾把斯大林理论的这一影响称为新时期的"两个凡是"③。这告诉我们，破除"苏联经济学范式"和完善基本经济制度需要一个过渡过程，而基本经济制度"过渡形态"的不完善性显然符合这一历史逻辑。

再次，基本经济制度指向所有制关系单一内涵与中国改革的时代背景和基于此的理论解读不无关联。从时代背景看，我国改革是从（农村）所有制改革开始的，改革就是要利用市场机制调动创造社会财富的一切可用性的生产要素。但当时人们并未从各类非劳动要素特别是资本、财产性收入及其展开平台即市场机制等同于资本主义的思想困顿中彻底解放出来，直至邓小平"两个不等于"对此做了纠正。源于此，理论界提出了"经济体制"一词，对基本经济制度、分配制度、经济体制三项概念做了区分。"提出经济体制这一概念并把它与经济制度严格区别开来，是改革开放后中国政治经济学特有的产物"④，其目的在于通过论证市场机制的非制度性和非意识形态性及其与分配制度对于所有制的从属性和受制性来解放思想、发展生产力。学界这种解读逻辑对中国经济发展可谓是贡献极大，但也遗留了分配制度与经济体制不宜进入基本经济制度的历史问题。诚然，马克思说，分配、消费、交换（尤其是商品交换和市场流通）作为"文明社会"的共有现象，作为"极不相同的生产方式都具有的现象"，"只知道这些生产方式所共有的、抽象的商品流通的范畴，还是根本不能了解这些生产方式的本质区别，也不能对这些生产方式作出判断"⑤，更不能确定特定社会经济制度的性质问题。但作为生产与再生产的基本要素，四环节（四要素）不但统一于生产关系，而且对所有制有重要影响。因此，基本经济制度所有制单一内涵有待于扩展，

① 《马克思恩格斯文集》第2卷，人民出版社，2009，第48页。
② 《马克思恩格斯文集》第2卷，人民出版社，2009，第48页。
③ 何伟：《突破对斯大林的"两个凡是"》，《探索》2009年第4期，第165-172页。
④ 崔朝栋、崔翀：《要深化对基本经济制度与经济体制关系问题的认识》，《管理学刊》2014年第6期，第10-14页。
⑤ 《马克思恩格斯文集》第5卷，人民出版社，2009，第136页。

有待于实现完整性转化。

五、"新时代社会主义基本经济制度新内涵"概念解读

最后需明确，新时代社会主义基本经济制度是一个全新概念，具体指社会主义基本经济制度在中国特色社会主义进入新时代历史方位后前者呈现的新形态，即包括"公有制为主体、多种所有制经济共同发展""按劳分配为主体、多种分配方式并存""社会主义市场经济体制"三位一体的新内涵。我们认为，新时代社会主义基本经济制度新内涵之新，除了上文分析的它区别于西方资本主义基本经济制度、苏联传统社会主义基本经济制度和以所有制为单一内涵的社会主义基本经济制度之外，新内涵之新呈现的是"理论根据"之新，性质上"主次两元"定位之新，结构上"三元"定位之新和总体上"双三元"定位之新。这些在更深层次上构成了解读与界定新时代社会主义基本经济制度概念及其内涵的重要维度。

（一）新内涵依据的"理论根据"之新

目前，学界在追溯基本经济制度从"过渡形态"到"新内涵形态"其要素构成的完整性转化的理论根据时，更多地诉诸斯大林的生产关系"三分法"理论。但也有少数学者阐述于马克思的"四要素"理论[1]。那么，分配制度、经济体制纳入基本经济制度的依据到底以谁为标准？是斯大林的生产关系"三分法"，还是马克思恩格斯的广义生产关系理论？1952年，斯大林在《苏联社会主义经济问题》中对生产关系内涵进行了三重划分："生产资料的所有制形式""相互交换其活动"和"产品分配形式"[2]。如果仅从三重划分中所包含的所有制、分配、交换的"关键词"来说，"三分法"确实可以充当理论根据，但实际能不能是有商榷的余地的。1857年，马克思在《〈政治经济学批判〉导言》中批判庸俗经济学研究对象'生产一般"时，讨论了不同于"肤浅的联系"[3]的生产关系四要素。"三分法"与"四要素"两者关系如何历来是争论的焦点。论战最早始于苏联学界。20世纪80年代，孙冶方最早对"三分法"提出质疑，认为它是一种生产关系"定义的后退"[4]。而另有学者认为，"三分

---

[1] 方敏：《基本经济制度是所有制关系、分配关系、交换关系的有机统一》，《政治经济学评论》2023年第2期，第59-66页。

[2] 《斯大林选集》下册，人民出版社，1979，第594页。

[3] 《马克思恩格斯文集》第8卷，人民出版社，2009，第13页。

[4] 孙冶方：《论作为政治经济学对象的生产关系》，《经济研究》1979年第8期，第3-13页。

法"正确揭示了生产关系与经济制度的本质内涵，对理论与现实都有重大意义。我们可以从两者的区别与联系中来看待基本经济制度从一元到三元完整性转化的根据。

在共同点上，两者都强调所有制对生产关系的规定性。有学者认为马克思恩格斯的生产关系四环节中没有所有制，但正如程恩富所言，《资本论》三卷本对资本主义经济制度的论述都以资本所有权（私有制）为中心。马克思在《〈政治经济学批判〉导言》中说："一切生产都是个人在一定社会形式中并借这种社会形式而进行的对自然的占有，在这个意义上，说所有制（占有）是生产的一个条件，那是同义反复。"①言下之意，从生产的对象（自然）和生产的条件（占有）来说，生产与占有并无区别，占有就是生产、生产就是占有。因为价值形成过程都是劳动者与生产资料直接结合的过程，直接反映生产资料的占有归属关系，这一关系"是在生产关系本身范围内，落到同直接生产者相对立的、生产关系的一定当事人身上的那些特殊社会职能的基础"②。它"决定着生产的全部性质"，"决定参与分配的形式"，决定"交换的深度、广度与方式"③。因此，斯大林把所有制抽调出来放在生产关系首位起决定作用，是符合马克思原意的，具有重大理论贡献。但"三分法"能否成为基本经济制度完善的直接依据呢？我们从两者的区别来看。

其一，《〈政治经济学批判〉导言》区分了两个过程——直接生产过程和"原来意义上"的产品过程。前者指生产过程同时也是生产资料（人与物）的分配、交换、消费过程，后者指生产出来的产品的分配、交换及消费过程④。两种过程有何关联性？马克思认为前者在实质上形成狭义的生产关系即生产资料所有制关系，它决定产品的分配、交换及消费过程。如分配上以资本参与生产，就以利润参与分配，"分配关系和分配方式只是表现为生产要素的背面"⑤；如交换上"生产本身中发生的各种活动和各种能力的交换，直接属于生产"——商品交换"以私人生产为前提"⑥。那么"三分法"有没有这两种过程的区分呢？显然没有。因为分配与交换被具象化为了"产品分配形式"和"相互交换其活动"，而两

---

①　《马克思恩格斯文集》第8卷，人民出版社，2009，第11页。
②　《马克思恩格斯全集》第46卷，人民出版社，2003，第995页。
③　《马克思恩格斯文集》第8卷，人民出版社，2009，第20、23页。
④　《马克思恩格斯文集》第8卷，人民出版社，2009，第14-23页。
⑤　《马克思恩格斯文集》第8卷，人民出版社，2009，第19页。
⑥　《马克思恩格斯文集》第8卷，人民出版社，2009，第23页。

者的实质是消费资料的"半分配"和直接生产过程的"半交换"①。就现实来看，分配与交换既在直接生产过程也在产品消费过程，如材料市场和材料成品消费市场。因此，"三分法"在生产关系结构上并不完整，不能直接构成基本经济制度体系化的理论依据。

其二，退一步讲，"三分法"即使有两种过程区分——因为斯大林也曾说"相互交换其活动"包括了马克思恩格斯说的"交换"②，但他强调所有制的决定性，并不重视分配与交换，两者被视为从属和消极因素——如"商品交换"是"某些社会形态所特有的现象"③。社会主义事业前无古人，强调生产资料所有权问题符合马克思恩格斯原意。但他们也强调生产、分配、交换、消费构成"一个总体的各个环节、一个统一体内的差别"④，其中，所有制并不构成"单个社会"⑤。因为"产品成为商品，需要有一定的历史条件。要成为商品，产品就不应作为生产者自己直接的生存资料来生产"⑥，"像李嘉图这样一些经济学家，把生产和资本的自行增殖直接看成一回事，因而他们既不关心消费的限制，也不关心流通本身由于在一切点上都必须表现对等价值而存在着的限制"⑦，产品只有通过分配、流通、消费才有剩余价值。因此，"要想把所有权作为一种独立的关系……只能是形而上学或法学的幻想"，"给资产阶级的所有权下定义不外是把资产阶级生产的全部社会关系描述一番"⑧。从这一意义上说，"三分法"只是基本经济制度"过渡形态"而不是"新内涵形态"的直接依据，因为"所有制决定论"否认所有制与生产关系的统一性。

其三，这种统一性体现在生产关系各要素并不是所有制的消极产物，前者对后者有重要影响。"生产和交换，一方面制约着分配"，"同时它们在自己的运动形式上又受着后者的制约"⑨，"分配并不仅仅是生产和交

① 宋涛：《关于生产和分配、交换及消费的关系》，《经济理论与经济管理》1982年第1期，第35-41页。
② ［苏］斯大林：《苏联社会主义经济问题》，中共中央马克思恩格斯列宁斯大林著作编译局译，人民出版社，1961，第58页。
③ ［苏］斯大林：《苏联社会主义经济问题》，中共中央马克思恩格斯列宁斯大林著作编译局译，人民出版社，1961，第58页。
④ 《马克思恩格斯文集》第8卷，人民出版社，2009，第23页。
⑤ 《马克思恩格斯选集》第1卷，人民出版社，2012，第223页。
⑥ 《马克思恩格斯文集》第5卷，人民出版社，2009，第197页。
⑦ 《马克思恩格斯文集》第8卷，人民出版社，2009，第91页。
⑧ 《马克思恩格斯选集》第1卷，人民出版社，2012，第258页。
⑨ 《马克思恩格斯文集》第1卷，人民出版社，2009，第529页。

换的消极的产物"，"它反过来也影响生产和交换"①。20世纪30年代，西方自经济过剩和两极分化的危机以来，不仅借此衍生了凯恩斯主义的宏观干预，也使现代资本主义经济成分不是纯粹私有。这一过程彰显了分配与交换对资本主义所有制结构变迁的重要作用。就关联性来看，"原来意义上"的分配、交换、消费结构取决于直接生产过程关系，但生产（所有制）"就其单方面形式来说也决定于其他要素。例如，当市场扩大，即交换范围扩大时，生产的规模也就增大，生产也就分得更细。随着分配的变动，例如，随着资本的积聚，随着城乡人口分配的不同等等，生产也就发生变动。最后，消费的需要决定着生产。不同要素之间存在着相互作用。每一个有机整体都是这样"②。分配、交换与消费结构不合理，会助推高剩余价值率、资本积累率和马太效应，进而固化经济结构乃至改变经济成分。反过来，分配、消费、流通越是合乎社会化规律，则经济成分就越能跳出私人狭隘界限。经过40多年超常规发展，中国目前也面临着生产关系内部局势失衡的问题。这一现象与公有制主体地位下降、市场作用急剧凸显及其制度体系不完善不无关联，因此，把分配制度、经济体制并入基本经济制度显然有时代要求。

总之，从"三分法"与"四要素"的共性和异性关系来说，前者是后者的狭义理解，虽在所有制层面发展了后者，但在直接意义上"三分法"并不构成基本经济制度从"过渡形态"所有制关系一元走向"新内涵形态"三元的理论依据，其直接依据是马克思的"四要素"生产关系理论。

（二）新内涵性质的"主次两元"定位之新

关于新内涵问题，我们需要明确两个传统理论误区。第一，当下所有制关系，当然也包括党的十九届四中全会关于基本经济制度三位一体新内涵的定位，应该定位于社会主义初级阶段（因为有论者已经提出了新内涵的定位问题）。把当前的包含混合经济关系的基本经济制度定位于"整个社会主义阶段"，一来是降低了社会主义在经典作家那里的标准；二来是看不到社会经济形态与社会基本矛盾自身演进的规律及其阶段性、动态性。第二，既然基本经济制度定位于社会主义初级阶段，那么它在性质上自然与经典构想有所不同。可以看出，基本经济制度新内涵在性质上集合了公有制、按劳分配、政府计划等社会主义因素和私有制、要素分配、市场机制等非传统社会主义因素。尽管如此，受特定阶段社会

---

① 《马克思恩格斯文集》第9卷，人民出版社，2009，第155页。

② 《马克思恩格斯文集》第8卷，人民出版社，2009，第23页。

生产能力的结构关系限制，一个社会事实上存在不同生产关系结构，其中，只有居于主导地位的生产关系性质，才能决定基本经济制度的性质，居于次要地位的社会生产关系或所有制，只能对基本经济制度产生正向或反向影响，它不决定基本经济制度的性质。

1. 马克思恩格斯存在前后思想转变

新内涵在性质上集合社会主义与非社会主义因素是符合科学社会主义原理的。自从"社会主义"从空想者那里诞生以来，一直到《哥达纲领批判》"阶段论"之前，马克思恩格斯关于社会主义、共产主义概念事实上是通用的。因此，在代表著作《资本论》中，马克思在揭示私有制"外壳"被生产社会化"炸毁"基础上，所言及的共产主义社会关于"重建个人所有制"的占有关系、"商品货币关系消亡"的交换调节关系、"按需求比例进行有计划调节"的生产分配关系，是"经典的"社会主义经济关系。但是，作为自由资本主义特定时期的历史产物，就如同恩格斯所说："我们对于未来非资本主义社会区别于现代社会的特征的看法，是从历史事实和发展过程中得出的确切结论，不结合这些事实和过程去加以阐明，就没有理论价值和实际价值。"①后来，事实也证明了这一说法。19世纪70年代以来，在总结垄断资本、巴黎公社经验的背景下，他们的先前理论也借此发生了明显转变。正是看不到这些变化，才导致社会主义国家曾经的曲折。

在生产资料占有关系上，尽管《资本论》在探究工业领域基础上，得出了"继承资本主义成就"以实现"社会共有"的财产组织形式，但随着19世纪70年代对受"托拉斯垄断工业"支配的小农问题的研究，经典作家对社会主义经济成分的预判，已经有所变化。马克思在《论土地国有化》中说，工业国家不仅存在大量手工业者、小农，而且他们"排斥了采用现代农业改良措施的任何可能性"②，所以，对于农民占多数的地方并且以土地为生的人们，就应该实现土地的集约化管理，促进经济的发展，并且"让农民自己通过经济的道路来实现这种过渡"③。同样，恩格斯在《法德农民问题》中也表达了相似观点。并且，他在《社会主义从空想到科学的发展》中指出了社会主义财产组织的具体途径。他说："国家真正作为整个社会的代表所采取的第一个行动，即以社会的名义占

---

① 《马克思恩格斯选集》第4卷，人民出版社，2012，第582页。
② 《马克思恩格斯全集》第18卷，人民出版社，1972，第66页。
③ 《马克思恩格斯选集》第3卷，人民出版社，2012，第338页。

有生产资料，同时也是它作为国家所采取的最后一个独立行动。"①因此，他们的前期"社会所有制"的单一成分在理论上已经有所变化，除了农民个体、集体所有制外，还有国家所有制，并且，变生产资料国家化为社会化是以"国家消亡"为前提的。

在社会分配形式上，马克思《资本论》所设想的共产主义不存在商品、货币、价值与交换价值，尽管如此，对价值有着"质的规定性"的"劳动时间"，却作为计量分配尺度而被保留了下来。马克思说，假定劳动时间决定社会生产资料所占发的份额，那么劳动时间不仅对计划分配有着调节作用，而且是个人生产资料所占比重的衡量标准，"这样，劳动时间就会起双重作用"②。同时，强调了不同时期分配形式的多样性，"分配的方式会随着社会生产机体本身的特殊方式和随着生产者的相应的历史发展程度而改变"③。后来，这两种思维也延伸至了其《哥达纲领批判》对拉萨尔"公平分配"的批判。他说，受生产水平限制，未来社会不但有低级、高级之分，而且分配形式也由此受限。在共产主义低级阶段，分配原则依旧遵循的是"劳动时间是衡量劳动者贡献量、消费品配置份额的尺度"，也即按劳分配；在高级阶段，随着生产变为直接生产，分配形式也转变为"按需分配"。

在经济交换调节形式上，马克思同样有着前后变化。在《资本论》中，他说，商品经济内部矛盾的解决，有赖于交换，需要"交换"与"价值"插手其间。当交换以完备的价值形式出现时，价值就转化为了关乎"物的神经"和财富的"绝对形式"的货币，至此，商品经济的内在矛盾也随即外化为了"商品货币关系"，商品货币关系成了商品经济的"内核"。然而，在资本主义条件下，货币找到了转化为资本的外部条件，但同时也产生了它难以克服的内在矛盾，使它在自身否定中产生了代替商品货币关系的"产品经济"，所以，不存在价值调节或商品货币关系曲折，是产品经济区别于商品经济的根本特征。但是，社会经济采取何种交换形式，是以生产力为转移的。《哥达纲领批判》说，在共产主义低级阶段，"分工是谋生手段"，"三大差别"的"旧社会痕迹"的经济"权利"关系，决定了"一种形式的一定量劳动同另一种形式的同量劳动相交换"④。

① 《马克思恩格斯选集》第3卷，人民出版社，2012，第667页。
② 《马克思恩格斯选集》第2卷，人民出版社，2012，第127页。
③ 《马克思恩格斯全集》第23卷，人民出版社1972，第96页。
④ 《马克思恩格斯文集》第3卷，人民出版社，2009，第434页。

可以看出，马克思关于共产主义第一阶段即社会主义社会经济关系经历了前后阶段性转变，尽管并未指出非公有制经济、其他生产要素分配在这一阶段存在的可能，但这并不影响其科学性。首先，这一预判是建立在生产力高度发展的"西欧模式"之上的，而这与20世纪确立无产阶级政权的"现实社会主义国家"，在跨越"卡夫丁峡谷"之前的"非工业化""自然经济主导""对人依赖关系"的社会构建存在巨大差别。所以，在公有制建制后，现实国家又不得不重返工业化、市场化以发展社会生产力。其次，受限于论战需求，尽管并未提及私有经济特征，但却指出这一阶段"在经济、道德和精神方面还带着它脱离出来的那个旧社会的痕迹"[①]。事实上，"旧社会的痕迹"已经预示现实社会主义经济关系的混合特征。再次，所有制、生产决定分配、交换是经济事实，已经在诸多文献中反复论证了，这里没必要再说，分配、交换的阶段性就体现为所有制、生产的阶段性。最后，低级阶段之所以存在分工、分工差别、劳动依旧是谋生的手段等"资本主义权利"的商品经济关系，是因为与分配阶段性的根源共同导源于一个因素（生产力）。这一逻辑说明，受生产力水平影响，这一阶段并非一个纯粹的"社会共有"阶段，不同的所有制占有关系、分配形式与交换体制并存是社会的经济常态。

2.新内涵性质突破了简化思维

马克思恩格斯关于未来社会基本经济制度内涵就是"全民所有制"与"重建个人所有制"以及受此决定的按劳分配—按需分配、计划比例调节的问题。并且，这种社会所有制、按劳按需分配、计划调节的基本经济制度是单一的，排除了其他经济成分、分配方式与交换关系存在的可能。这是因为马克思恩格斯关于未来社会基本经济制度是以社会演化的最终形态和生产力充分涌流为论述前提的，而这显然与当下社会主义国家的现实经济关系存在巨大差别。基本经济制度新内涵在性质上集合了公有制、按劳分配、政府计划等社会主义因素和私有制、要素分配、市场机制等非社会主义因素。然而，受特定阶段社会生产能力的结构关系限制，一个社会事实上存在不同生产关系结构，其中，只有居于主导地位的生产关系性质，才能决定基本经济制度的性质，居于次要地位的社会生产关系或所有制，只能对基本经济制度产生正向或反向影响，它不决定基本经济制度的性质。

在当代中国，居于主导地位的社会生产关系只能是生产资料公有制

---

① 《马克思恩格斯选集》第3卷，人民出版社，2012，第363页。

与按劳分配，它符合人类社会生产社会化基本规律、符合我国社会主义初级阶段的国情，因此，决定着基本经济制度的性质。我国正处于社会主义初级阶段即共产主义第一阶段的"初级阶段"，而非有论者提出的介于"过渡时期"与"共产主义第一阶段"中间地带的"独立社会形态"；并且社会主义初级阶段生产关系是主次分明的混合关系，既是公有制、按劳分配为主体，也是多种经济成分、分配方式并存。在这一阶段，资本逻辑、商品生产的市场经济的历史使命尚未完成，因而作为人类经济文明结晶的商品经济或市场经济，在调节关系中居于决定地位，它只是解放发展生产力的手段，不是区分社会制度、基本经济制度的根本标志。我们假定，社会主义已经处于财富充分涌流的高级阶段，那么，其生产关系势必将不存在私有制与商品货币关系曲折。就像自由资本主义阶段生产关系确立之时，尽管存在封建小私有制与自给自足的自然经济，但它并不决定当时社会的主导型生产关系与经济制度。

这一问题，必须要突破生产方式、社会阶段、社会生产关系、社会基本经济制度演进的"简化"思维。马克思曾根据社会不同生产方式属性，把社会阶段确定为"五形态"，把社会经济的演化史定格为"三形态"，一切社会形态并非唯一固定的，而是根据不同的划分形式来确立的；唯物史观根据生产力与生产关系的矛盾运行来划分社会的形态。因此，也不能完全理解为公有制必然全面地代替私有制，社会主义生产关系只能是纯而又纯的社会关系，这种做法是历来被马克思恩格斯所批判的教条唯心主义。在社会与社会之间，受生产力继承结构的影响，势必会在当时社会生产关系上保留"旧的痕迹"，社会不仅具有过渡性，社会经济形态也同样具有阶段过渡性，这已经在《哥达纲领批判》中说得再清楚不过了。在过渡阶段中，其生产关系并不是纯粹性的，新的与旧的之间，高级的与落后的之间，不仅是对抗统一关系，而且是一个不断自我否定进而质变的长久过程。私有制生产关系经历奴隶、封建与资本阶段，为何更加高级的公有制社会就是"一蹴而就"的？所以，总体来说，当下的社会主义基本经济制度，不管是从主导地位的公有制、按劳分配生产关系来说，还是从资源配置中起决定作用的市场体制来说，基本经济制度都应该定位于"初级阶段"。

（三）新内涵结构的"三元要素"定位之新

传统基本经济制度是以斯大林生产关系三分法为依据的。关于斯大林生产关系三分法学界一直有争议，但如果我们与马克思恩格斯的生产关系理论对比来说，三分法显然是"狭义"生产关系。一是三分法把生产关系元素一定为三种，显然就范畴来说，是小于马克思的"四元素"或"四分法"的。二是马克思强调生产关系元素之间的总体性辩证法与统一性，并且，在马克思那里，生产关系四元素尽管不包含所有制，但所有制是一个贯穿于生产关系各元素的"内质"，从其本质来说就是对生产资料的占有方式。但是"三分法"，将所有制放在了首位充当决定作用，忽视了生产关系的反作用。三是恩格斯在分析政治经济学研究对象的生产关系时，明确谈及了生产、分配与交换，而就三分法本身来论，把生产局限于生产资料所有制，把交换界定为生产中的地位、关系，进而排除交换，是不符合恩格斯原意的。

首先，正如有部分学者所批判的那样，把所有制从生产关系的各个元素中剥离出来，认为所有制对生产关系所形成的决定作用不过是一个"先验范畴"，这种认识强制割裂了所有制与生产、分配、交换、消费之间的统一关系，进而使所有制的决定作用成为一个在生产关系之外脱离后者牵制作用的孤立范畴。在关联性上，生产关系中的生产、分配、交换与消费任何一方面，都涵盖了归属性的占有关系。所有制是一个广义范畴，不仅仅专指生产领域内的物质资料、劳动对象与生产条件的占有关系。如在分配与流通领域，它就包含了生产资料或劳动产品归谁占有支配与以什么原则、方式进行分配与流通的问题，而这些都正好属于所有制的范畴。所以，若是生产关系内部缺少这种共性的、质的关系，所有制与生产关系都将毫无意义。所有制就像是人的精气神一样，既看不见也摸不着，但它就像贯穿于人体经络一般贯穿于生产关系诸方面，从而使社会生产环节不至于在断裂中发生终止。

如此说来，所有制贯穿于生产关系，而生产资料所有制又具有基础作用，决定其他领域内的所有制，但生产资料所有制只不过所有制的一个子集而已。进一步，如果把所有制从生产关系中强制剥离，所有制不但不能体现一个社会的制度属性，而且无法揭示生产关系的本质内容。例如，把私有制从资本主义生产关系中分离出来，让它脱离活劳动与剩余劳动时间生产，脱离剩余劳动时间的交换与流通，脱离剩余劳动时间的价值实现与分配，还谈什么剩余价值生产？离开了剩余价值生产、流通、分配的私有制，它和封建社会、奴隶社会就没有区别可言。在人类社会经济形态演进中，私有制在阶级社会是共性特征，但却不是把资本主义生产关系与其他社会区分开的根本标志。这是因为资本主义所有制关系，在不同时期所有权的表现形式是不同的，"在完全不同的社会关系下面发展起来的"。所以，单独将某一种社会关系以特殊的方式、抽象的观念和一成不变的思维固定下来，"这只能是形而上学"①。

其次，若是把所有制强制剥离，就背离了所有制与生产、分配、交换之间的统一关系。作为占有支配关系上的广义范畴，所有制的内容与生产、分配、交换的内容是互相体现的，所有制反映它们的各自进行的条件与关系，而它们的实现又本质上是所有制。所以，所有制、生产关系的发展演变，本身要受到对方的牵制与制约。在阶级社会，私有制与商品生产、交换不但互为前提，而且一方自身也能反映出另一方的内容。恩格斯说："在私有财产形成的任何地方，这都是由于改变了生产关系和交换关系。"②在原始社会末期，正是由于分工的不断出现以及细化，才导致了生产与交换的扩展，进而导致了私有制与阶级社会的产生。对于资本主义来说，资本主义发展的过程必然会导致两极分化：一方是"很少的阶级所垄断"；另一方是"被降低到无产者的地位"③。显然，所有制与生产关系不仅仅是单项的决定作用，后者对前者的作用就如同前者对后者的作用一般重要。而这也是三分法所有制决定论的缺陷所在。作为制度化的生产关系，这也是传统基本经济制度所有制定位的局限所在。所以，把分配、交换并入基本经济制度范畴，是符合政治经济学原理的。

（四）新内涵总体的"双三元"定位之新

在社会主义初级阶段理论提出之前，关于马克思的"共产主义低级阶段即社会主义社会的定位"，特别是后者的"经济关系形态"，一直在国内学界饱受分歧争议。绝大多数人认为现实社会主义及其经济关系，是一个不同于马克思言及的"共产主义低级阶段"，并将其界定为位于"过渡阶段"与"共产主义低级阶段"之间的一个"独立型社会形态"，其显著特征是多种公私成分、多元分配交换方式并存。可以说，这在很长时间内造成了理论混淆，致使经典作家的社会主义及其经济形态理论定位，成为一个异常困惑的"历史谜题"。在《国家与革命》中，列宁把马克思在《哥达纲领批判》中说的"初级阶段"，等同于它的"第一阶段"，并命名为"社会主义社会"，忠实地转述了马克思的原意。我们认为，"现实社会主义社会"专指马克思的"共产主义第一阶段"。对此，有人可能要问，既然两者在阶段划分上对等，那么，为何现实社会主义国家会存在私有经济成分、市场调节与要素分配的经济关系，为什么不同于《哥达纲领批判》所言及的低级阶段经济关系形态呢？正如上文所

---

① 《马克思恩格斯选集》第1卷，人民出版社，2012，第258页。
② 《马克思恩格斯选集》第3卷，人民出版社，2012，第542页。
③ 《马克思恩格斯选集》第3卷，人民出版社，2012，第543页。

说，现实社会主义与经典社会主义具有不同历史前提。

在马克思恩格斯那里，尽管共产主义阶段有第一阶段和高级阶段之分，但与社会主义概念是通用的，其全民所有、按劳—按需分配与计划调节的三元经济制度，是以资本生产力"炸毁"私有制"外壳"为前提的。正是由于生产力高度发展消除了分工组织差别、生产劳动一开始具备"直接社会性"，社会财产组织形式才能在"联合"之上实现"社会共有"以"重建个人所有制"，经济交换形式才能不经过"商品货币关系"的曲折而进行必要劳动时间的"等量交换"，社会财产利益才能按照统一标准进行分配。可以说，这种建立在社会发展规律之上的理论认知，其科学性已逐步为现代资本主义生产关系所印证。然而，对于其后跨越"卡夫丁峡谷"的现实国家来说，其经济关系与经典作家的预判存在前提差别。生产力"自然史"与"资本历史使命"的不可跨越性，决定了现实社会主义定立，不仅是"初级阶段"，即共产主义低级或第一阶段的"初级阶段"，也即社会主义初级阶段，而且在生产关系上，体现为成分公私兼有，多元占有、经营、分配、交换格局。

列宁在第一个社会主义国家的实践中，从不固守既有框架，当现实拒斥具有"直接过渡性"的"实物化"配给模式时，他果断采取了用国家资本主义、商品货币关系连通大工业、小农，以允许多种经济形式存在，克服党内"平均主义"风潮，实行了按劳动量分配的"新经济政策"。真正对现实社会主义及其经济关系定位造成理论混淆的是斯大林。1936年，当苏联经过大规模工业化、国有化、集体化消灭了私有成分，确立两种公有制时，他贸然宣布："我们苏联社会已经做到在基本上实现了社会主义，建立了社会主义制度。"[①]并在生产关系"三分法""自动适应论"与"所有制决定论"的逻辑下，推绎出了经济成分"二元论"、国家所有"最优论"、集体合作"二等论"与公有制结构"单一论"，这些理论一道与"特有经济规律"形成了对其他社会主义国家影响深远的苏联"传统经济模式"。我们现在知道，现实社会主义的定位是社会主义初级阶段，在"质"上，前者尽管已经处于马克思列宁说的低级或第一阶段，但却存在不同道路形成的"量"的差别，即阶段划分上，现实社会主义实际是"低级阶段的初级阶段"，多出了个生产力水平决定的"初级阶段"。在经济关系上，受不同道路、"初级阶段生产力"制约，存在着公私兼有的经济成分与受各自决定的不同组织、实现形式。斯大林的理

---

① 《斯大林选集》下册，人民出版社，1979，第399页。

论缺陷在于：忽视了现实社会主义生成条件，把量等同于质，把"低级阶段的初级阶段"等同于"低级阶段"，并把后者的经济关系等同于前者，造成了理论混淆与现实脱节。

可以说，从苏联的新经济政策到中国的改革开放，从"公有制为主体、多种所有制经济共同发展"的基本经济制度，再到"双三元"三位一体新内涵，我们都在不断弥补马克思共产主义第一阶段的经济关系理论与生产力标准问题。所以，我们不能因为社会主义公有化实践的历史挫折就否定未来社会（共产主义高级阶段）公有制的科学性。说到底，一切问题都在于坚持在社会主义制度下发展社会生产力，积极调整社会主义分配关系，坚决遏制两极分化倾向，努力完善社会主义市场经济体制。当前中国虽然进入了新的历史方位，但总体定位依旧处于社会主义初级阶段。受经济新常态发展态势的影响，中国当前经济发展的供需结构关系也发生了显著改变：一是集中体现在多元化、高质量的社会需求日益与发展不平衡、不充分的社会供给形成新一轮社会、经济矛盾。二是生产力、生产关系内部之间结构的极不平衡，生产力有先进大工业生产与落后生产之间的矛盾，生产关系二元分割仍是主流趋势。就拿城乡分配问题来说，2010年城乡居民可支配收入分别为19109元和5919元，2017年分别为36396.2元和13432.4元[①]。尽管近年来相对差距正在减小，但绝对数值依旧居高不下。依照社会发展规律，新矛盾的解决，就需要新发展。党的十九大报告明确指出，当前的新发展即是高质量发展，它是当前经济发展思路、原则、策略制定的根本要求。而实现新发展就要诉诸新的经济制度，这显然是党的十九届四中全会的历史贡献。所以，从这一方面来说，社会主义基本经济制度在性质上双元、结构上三元的定位，是符合我国现阶段基本国情的。党的十九届四中全会关于基本经济制度三位一体新内涵的定位，是趋于完善的。

---

① 数据来源于2018年《中国统计年鉴》。

第五章 新时代社会主义基本经济制度新内涵的理论逻辑

本章基于我们党对马克思主义系统观念和系统思维的贯彻，结合改革开放以来党的经济理论创新的总体进展，对新时代社会主义基本经济制度新内涵分理论内核、理论传承、理论创新三个角度做了阐述，回答了新时代社会主义基本经济制度新内涵指什么、新时代社会主义基本经济制度新内涵从哪来、新时代社会主义基本经济制度新内涵新在哪儿等三个基本问题。以此说明新时代社会主义基本经济制度新内涵是基于马克思主义政治经济学原理、基于中国特色社会主义经济理论与实践的对社会主义经济理论的重大创新。

一、改革开放以来我们党对社会主义经济理论的创新

2020年8月24日，习近平总书记在经济社会领域专家座谈会上的讲话中，梳理和阐述了改革开放以来我们党在社会主义经济理论方面创新的十一个要点。分别是：

（1）关于社会主义本质的理论；（2）关于社会主义初级阶段基本经济制度的理论；（3）关于创新、协调、绿色、开放、共享发展的理论；（4）关于发展社会主义市场经济、使市场在资源配置中起决定性作用和更好发挥政府作用的理论；（5）关于我国经济发展进入新常态、深化供给侧结构性改革、推动经济高质量发展的理论；（6）关于推动新型工业化、信息化、城镇化、农业现代化同步发展和区域协调发展的理论；（7）关于农民承包的土地具有所有权、承包权、经营权属性的理论；（8）关于用好国际国内两个市场、两种资源的理论；（9）关于加快形成以国内大循环为主体、国内国际双循环相互促进的新发展格局的理论；（10）关于促进社会公平正义、逐步实现全体人民共同富裕的理论；（11）关于统筹发展和安全的理论等。

从以上理论的总体结构来看，虽然涉及经济社会发展的方面，但社会主义基本经济制度理论在党的理论创新中具有基础性地位。这十一个方面，有四个方面涉及了新时代社会主义基本经济制度新内涵。

（一）社会主义本质理论

邓小平指出："社会主义的本质，是解放生产力，发展生产力，消灭

剥削，消除两极分化，最终达到共同富裕。"①邓小平同志关于社会主义本质理论的回答，是对什么是社会主义、怎样建设社会主义的时代回应，是马克思主义中国化的重要成果，是与马克思主义基本原理一脉相承，在与时俱进中对社会主义本质理论的完美阐释。

党的十八大以来，习近平总书记高屋建瓴地在多个场合谈到共同富裕的话题。《中华人民共和国国民经济和社会发展第十四个五年规划和2035年远景目标纲要》也提到，人的全面发展和共同富裕要取得更加实质性的突破。2021年8月，习近平在《在高质量发展中促进共同富裕　统筹做好重大金融风险防范化解工作》中指出："共同富裕是社会主义的本质要求，是中国式现代化的重要特征，要坚持以人民为中心的发展思想，在高质量发展中促进共同富裕。"②从这一科学论断的提出可以看出，一是共同富裕是在不断解放生产力、发展生产力的过程中持续发力并实现共享性的一个过程。二是共同富裕在高质量发展中实现，促进社会公平正义和促进人的全面发展。三是共同富裕是全民在辛勤劳动的过程中实现共同富裕。"共同富裕是全体人民的富裕，是人民群众物质生活和精神生活都富裕，不是少数人的富裕，也不是整齐划一的平均主义，要分阶段促进共同富裕。要鼓励勤劳创新致富，坚持在发展中保障和改善民生，为人民提高受教育程度、增强发展能力创造更加普惠公平的条件，畅通向上流动通道，给更多人创造致富机会，形成人人参与的发展环境。"③

（二）社会主义基本经济制度理论

党的十九届四中全会提出："公有制为主体、多种所有制经济共同发展，按劳分配为主体、多种分配方式并存，社会主义市场经济体制等社会主义基本经济制度，既体现了社会主义制度优越性，又同我国社会主义初级阶段社会生产力发展水平相适应，是党和人民的伟大创造。"④这也标志着社会主义基本经济制度更加成熟、更加定型。

在总体性的视域下，中国共产党将马克思主义基本原理与中国的实际相结合，在革命、建设、改革的伟大实践中，不断探索、不断发展和完善了社会主义基本经济制度。"公有制为主体、多种所有制经济共同发

① 《邓小平文选》第3卷，人民出版社，1993，第373页。
② 《在高质量发展中促进共同富裕　统筹做好重大金融风险防范化解工作》，《人民日报》2021年8月18日第1版。
③ 《在高质量发展中促进共同富裕　统筹做好重大金融风险防范化解工作》，《人民日报》2021年8月18日第1版。
④ 《中共中央关于坚持和完善中国特色社会主义制度　推进国家治理体系和治理能力现代化若干重大问题的决定》，人民出版社，2019，第18页。

展"按劳分配为主体、多种分配方式并存""社会主义市场经济体制"，三者相互联系、互为支撑、共同促进，构成了"三位一体"的社会主义基本经济制度。社会主义基本经济制度同我国社会生产力发展水平相适应，并且体现了社会主义制度的优越性。"公有制为主体、多种所有制经济共同发展反映了生产资料的归属关系，不仅规定了我国社会主义基本经济制度的性质，也对分配制度和市场经济体制起着决定性的作用；按劳分配为主体、多种分配方式并存是由我国生产力状况、所有制关系决定的，是所有制关系在收入分配领域中的实现，反映了生产方式、生产成果的分配方式，对所有制关系及其实现方式具有重要影响；社会主义市场经济体制以所有制关系为前提和基础，体现所有制关系、交换方式和资源配置方式，并受所有制关系、生产力发展水平等影响，对所有制关系及其实现形式也有重要影响。"①

（三）新发展理念理论

正确认识我国现阶段所处的历史方位和发展阶段，是我们更好地贯彻新发展理念的根本出发点和基本依据。贯彻新发展理念是我国现代化建设的指导原则，也为更好地把握新发展阶段和构建新发展格局提供了现实的行动指南。

习近平总书记在党的十八届五中全会上提出了"要坚持创新、协调、绿色、开放、共享的发展理念"②。这一理念的提出就是要求在发展中解决现实中的问题，以理念指导实际，在实践中更好地创新理念，两者相得益彰、共同发展。"创新发展注重的是解决发展动力问题、协调发展注重的是解决发展不平衡问题、绿色发展注重的是解决人与自然和谐问题、开放发展注重的是解决发展内外联动问题、共享发展注重的是解决社会公平正义问题。"③一方面，坚持新发展理念从根本上体现了"以人民为中心"的发展，这是我们党的初心与使命，时刻把人民的福祉、人的全面发展、共同富裕作为我们执政兴国的第一要务。另一方面，坚持新的发展理念，是根据我们国家主要矛盾的变化、发展不平衡等各方面现实问题提出的，以新发展理念为指导才能解决好发展不平衡不充分的问题，才能实现经济高质量的发展。

① 蔡丽华：《正确理解我国社会主义基本经济制度》，《经济日报》2019年12月16日第12版。
② 《习近平谈治国理政》第2卷，外文出版社，2017，第197页。
③ 《习近平谈治国理政》第2卷，外文出版社，2017，第198–199页。

（四）市场决定作用和政府更好作用论

党的十八大以来，随着我国市场经济体制的不断推进，理论也在实践的过程中不断得以创新。党的十八届三中全会通过的《中共中央关于全面深化改革若干重大问题的决定》提出："经济体制改革是全面深化改革的重点，核心问题是处理好政府和市场的关系，使市场在资源配置中起决定作用和很好发挥政府作用。"①党的十九届四中全会进一步指出："必须坚持社会主义基本经济制度，充分发挥市场在资源配置中的决定作用，更好发挥政府作用。"②这一理论，首先体现为要处理好政府与市场之间的关系。一方面，我们要坚持辩证法、两点论，"充分发挥市场在资源配置中的决定性作用"与"更好发挥政府作用"两方面的优势都要发挥好；另一方面，明确市场和政府之间的职能和范围。我国政府的职能是满足人民对美好生活的追求和促进经济的发展，那么政府就要发挥好宏观调控、市场监管、社会管理等各项职能，减少政府的直接支配和干预，推进"放管服"职能的转变，激发市场主体的活力，不断地解放和发展生产力。其次体现为要着力构建市场有效竞争、微观主体有活力、宏观调控有度的市场体制，良好的营商环境是实现经济发展的前提，这就需要政府和市场双管齐下、宏微互补、长期结合、统分协调。

（五）新常态下经济高质量发展理论

党的十九大报告指出："我国经济已由高速增长阶段转向高质量发展阶段。"③高质量发展，是能够很好地满足人民日益增长的美好生活需要的发展，体现了一种新的发展理念、一种新的发展模式、一种新的发展道路。推动高质量发展就是我们要坚持质量第一、效益优先，推动经济体制改革，转变发展方式、效率变革、动力变革，不断增强经济发展的创新力与竞争力。

在我国这样一个人口大国和经济发展大国，要实现经济高质量的发展，一是"坚持和完善党领导经济社会发展的体制机制，坚持和完善中国特色社会主义制度，不断提高贯彻新发展理念、构建新发展格局能力和水平，为实现高质量发展提供根本保证"④。二是在坚定不移的改革

---

① 中共中央文献研究室编《十八大以来重要文献选编》上，中央文献出版社，2014，第513页。

② 《中共中央关于坚持和完善中国特色社会主义制度　推进国家治理体系和治理能力现代化若干重大问题的决定》，人民出版社，2019，第18页。

③ 《习近平谈治国理政》第3卷，外文出版社，2020，第23页。

④ 《中共中央关于制定国民经济和社会发展第十四个五年规划和二〇三五年远景目标的建议》，人民出版社，2020，第6-7页。

中，在不断的开放中，实现国家治理能力和治理体系现代化，为实现经济高质量发展提供有力的支持。三是市场在实现资源配置的过程中、加大产权保护，更好地发挥政府的作用，在创新体制的过程中实现经济高质量发展。

（六）"四化同步"的区域协调发展理论

由于我国当前工业、信息、城镇与农业之间发展的不平衡、不稳定以及各区域出现的不协调、差异性的存在，党的十八大提出了具有中国特色的新型工业化、城镇化、信息化与农业现代化等四个层面协同推进的发展战略，这成为我国经济发展必不可少的环节，对于今后经济的发展具有巨大的促进作用。工业化、城镇化、信息化与农业现代化"四化同步"的区域协调发展理论是统筹城乡与区域协调的发展战略与实现社会主义现代化的必然要求。

"四化同步"的区域协调发展，是当今中国发展的根本任务。工业化进程的加快，促进了城镇越来越快速的发展，这就依赖于广大的消费群体，进而拉动经济的发展，缩小贫富差距，使工业化与城镇化协调同步发展。随着产业化的优化升级，必然以新的形势不断促进结构优化、技术进步、创新技术等各方面的发展。同时，加快农业现代化的过程，既是满足不断扩大的工业化、城镇化需求的保障，也是打造新型农业现代化与农民生活幸福的必要途径。加快推进信息化与工业化的深度融合。工业化的过程必然伴随着信息化进程的发展，并且两者同步协调发展、相互促进，通过信息化技术改造现代化的工业，不仅能够使生产力得到根本提升，还能在工业化转型中促进技术、产业的优化升级。城镇化与工业化推进过程中实现良性互动，城镇化与农业现代化之间相互协调、整体推进。在这个过程中，始终要保障农民的权益，提升农民的收入，使农民在发展中成为最大的受益者，探索多种形式的发展，实现农业的标准化、机械化、生态化和高效化。

（七）土地"三权分置"理论

2016年，国务院颁布《关于农村土地所有权承包权经营权分置办法的意见》，将农村土地产权中的土地承包经营权进一步划分为承包权和经营权，实行所有权、承包权、经营权分置并行。这一意见的出台在现阶段具有非常重要的意义，是继家庭联产承包责任制后农村改革又一重大制度创新。党的十九大报告提出，巩固和完善农村基本经营制度，深化农村土地制度改革，完善承包地"三权分置"制度，其实质就是在根据法律规定，依法保护集体土地所有权和农户承包权的前提下，实现土地经营权的平等。

"三权分置"是巩固和完善农村基本经营的制度，是实现乡村振兴、城乡一体化发展的重要基础。"三权分置"强调要始终坚持农村土地集体所有权的根本地位，通过农村集体土地所有权的有效实施，能够约束不合理的征地行为，保护农户的利益，同时能够确保农村土地的承包者与所有者合理利用土地资源，避免农地非农用行为，从而保护国家整体耕地不受侵害。"三权分置"能够最大化地保障土地承包权，进而实现土地资源的优化配置，提高土地流转的积极性、土地的利用率与生产率，进而提升农业生产的良性循环。

（八）两个市场、两种资源理论

两个市场、两种资源就是指国内市场和国外市场、国内资源与国外资源。充分利用两个市场、两种资源就是在供给侧结构性改革中，保持供需平衡和实现经济的稳步发展，从而更好地服务于社会主义市场经济建设。在新时代，两个市场两种资源之间反映的就是以国内大循环为主体、国内国际双循环相互促进的一种发展模式。

习近平总书记在《不断开拓当代中国马克思主义政治经济学新境界》中指出："要善于统筹国内国际两个大局，利用好国际国内两个市场、两种资源。"[①]在面临百年未有之大变局的时代背景下，统筹两个市场、两种资源，这是根据国内外形势变化提出的重大理论决策，对于新发展阶段的认识和新发展格局的构建具有重要的理论与实践意义。"中国开放的大门不会关闭，只会越开越大。以国内大循环为主体，绝不是关起门来封闭运行，而是通过发挥内需潜力，使国内市场和国际市场更好联通，更好利用国际国内两个市场、两种资源，实现更加强劲可持续的发展。"[②]可以看出，这是一种在开放经济的形势下，国内外市场与资源之间的一种优势互补、协调发展，既有利于推动我国经济稳中有进的发展，又有利于国外资源的兼收并蓄；既能实现两种资源的优化配置，又能促进各国经济的发展；既能实现产业的优化升级，又能推动市场经济的发展；既能实现国内外供求平衡，又有利于构建人类命运共同体。

（九）国内国际双循环新发展格局理论

当今社会，处于百年未有之大变局和实现中华民族伟大复兴的历史

---

① 习近平：《论把握新发展阶段、贯彻新发展理念、构建新发展格局》，中央文献出版社，2021，第64页。

② 《激发市场主体活力弘扬企业家精神　推动企业发挥更大作用实现更大发展》，《人民日报》2020年7月22日第1版。

时期，各种不稳定因素此起彼伏，加之世界经济下行低迷，贸易保护主义、单边主义的抬头和逆全球化思想的发酵，各种不确定不稳定性因素潜滋暗长。随着国内外形势的变化，党中央在加强防范化解重大风险的基础之上，根据国内外发展形势做出了科学的预判，提出了以高质量发展为主题，构建"双循环"新发展格局的重大战略部署。

2020年5月14日，中央政治局常务委员会会议首次提出了我国"要深化供给侧结构性改革，充分发挥我国大规模市场优势和内需潜力，构建国内国际双循环相互促进的新发展格局"①。随后，习近平同志在看望全国政协会议的经济界委员以及主持召开的企业家座谈会等重要场合，多次提出要尽快形成国内大循环为主体、国内国际双循环相互促进的新发展格局。2020年8月24日，习近平听取经济社会领域专家意见时指出："要推动形成国内大循环为主体、国内国际双循环相互促进的新发展格局。这个新发展格局是根据我国发展阶段、环境、条件变化提出来的，是重塑我国国际合作和竞争优势的战略抉择。"②2020年10月29日，中国共产党第十九届五中全会进一步提出："加快构建以国内大循环为主体、国内国际双循环相互促进的新发展格局。"③2020年是我国全面建成小康社会的收官之年，也是全面开启社会主义现代化国家的新征程的开局之年。很显然，"双循环"新发展格局是党中央在科学分析国内外形势基础之上的准确识变、科学应变、主动求变，而不是盲目采纳、模糊运用、被动应对；不仅是国家治理体系和治理能力现代化的一种表现，还是实现经济高质量发展，完成"第二个一百年"奋斗目标的重要保证。站在"两个一百年"奋斗目标的历史交汇点上，把握新发展格局的深刻内涵，"构建以国内大循环为主体、国内国际双循环相互促进的新发展格局，要紧紧扭住供给侧结构性改革这条主线，注重需求侧管理，打通堵点，补齐短板，贯通生产、分配、流通、消费各环节，形成需求牵引供给、供给创造需求的更高水平动态平衡，提升国民经济体系整体效能"④，对"十四五"开好局、开启全面建设社会主义现代化国家新征程

---

① 《中共中央政治局常务委员会召开会议　分析国内外新冠肺炎疫情防控形势　研究部署抓好常态化疫情防控措施落地见效　研究提升产业链供应链稳定性和竞争力》，《人民日报》2020年5月15日第1版。

② 习近平：《在经济社会领域专家座谈会上的讲话》，《人民日报》2020年8月25日第2版。

③ 《中共中央关于制定国民经济和社会发展第十四个五年规划和二〇三五年远景目标的建议》，《人民日报》2020年11月4日第1版。

④ 《中央经济工作会议在北京举行》，《人民日报》第2020年12月19日第1版。

具有十分重要的意义。

（十）促进社会公平正义，逐步实现共同富裕理论

党的十八大以来，习近平总书记提出了一系列新的论断与新的观点，其中就包括新时代共同富裕等问题的精准回答。2021年，习近平在《在高质量发展中促进共同富裕　统筹做好重大金融风险防范化解工作》中指出："共同富裕是社会主义的本质要求。共同富裕是全体人民的富裕，是人民群众物质生活和精神生活都富裕，不是少数人的富裕，也不是整齐划一的平均主义，要分阶段促进共同富裕。"①共同富裕是社会主义本质的体现，也是马克思主义政治经济学发展的内在要求，更是我们党持之以恒为之奋斗的目标。

随着我国经济社会的持续发展，人民群众对社会公平、正义、安全、环境等各方面的要求日益增长，因此，在促进共同富裕的过程中要把人民的利益、人民的愿望、人民的福祉始终放到社会发展的全过程，不断满足人民对美好生活的需要和期待，让人民群众在公平正义中，不断增强人民群众的获得感、幸福感、安全感。共同富裕并不是平均主义，其包含的公平理念更多体现为机会的平等、公平。也就是说，通过市场经济体制的规则的公平和权利的公平，实现市场主体中每个微观主体有参与公平竞争的权利。在这个过程中就要降低市场准入的门槛，创造更多的机会，在提供机会的过程中，激发企业的活力和科技的创新力，从而提升生产和市场的效率。坚持在市场化竞争的过程中，实现经济的增长和共同富裕。充分发挥产业链、供应链的作用，以先进的企业带动落后的企业，帮扶落后的企业。在促进社会公平正义中，逐步实现共同富裕，在多措并举、多种方式结合中，在分配到市场的过程中，从差异到融合中，逐步实现共同富裕，进而达到高质量的发展。

（十一）关于统筹发展和安全理论

发展是我们党执政兴国的第一要务，安全是我国繁荣发展的首要前提。面临百年未有之大变局，我国国家的发展与安全比以往任何时候都具有丰富的内涵与外延，也比以往任何时候都能把握机遇，"发展与安全问题事关主权国家的根本利益和最高利益"，安全是为了更好的发展，安全为发展提供了更好的保障，只有在安全与发展两者相互协调发展的过程中，才能促进人类社会的共同进步，促进全体人民的共同发展以及保障我国的安全与发展。

---

① 《在高质量发展中促进共同富裕　统筹做好重大金融风险防范化解工作》，《人民日报》2021年8月18日第1版。

统筹国家发展和安全，实现经济社会持续健康发展是我们党面临的一个基本问题与现实问题。以习近平同志为核心的党中央，面临新情况、新问题，创新性地提出了统筹发展和安全的理论，并且成为我国经济发展的重要内容。习近平指出："安全和发展是一体之两翼、驱动之双轮。安全是发展的保障，发展是安全的目的。"①一方面，发展是党执政兴国的第一要务，是解决我国一切问题的基础与关键。"以经济建设为中心是兴国之要，发展是党执政兴国的第一要务，是解决一切问题的基础和关键。"②另一方面，国家安全是保障一切工作的重心。"国家安全和社会稳定是改革发展的前提。只有国家安全和社会稳定，改革发展才能不断推进。当前，我国面临对外维护国家主权、安全、发展利益，对内维护政治安全和社会稳定的双重压力，各种可以预见和难以预见的风险因素明显增多。"③要在发展与安全中构筑提高国家的综合实力，党的十九届五中全会指出：'把安全发展贯穿国家发展各领域和全过程，防范和化解影响我国现代化过程的各种风险，筑牢国家安全屏障。"④

二、新时代社会主义基本经济制度新内涵的理论内核

中国特色社会主义进入新时代以来，以习近平同志为核心的党的新一代领导集体不但在完善所有制关系、发展混合所有制经济、推进国有企业改革、调整分配结构分配体系、完善社会主义市场体制、创新发展理念、建立现代化市场体系等方面提出了一系列新观点，而且提出了新时代社会主义基本经济制度新内涵，是一次重大的理论突破。

（一）新时代社会主义基本经济制度新内涵的理论贡献

2019年10月31日，党的十九届四中全会通过了《中共中央关于坚持和完善中国特色社会主义制度 推进国家治理体系和治理能力现代化若干重大问题的决定》，该决定指出"公有制为主体、多种所有制经济共同发展，按劳分配为主体、多种分配方式并存，社会主义市场经济体制等社会主义基本经济制度"⑤，构成了中国特色社会主义基本经济制度的

---

① 习近平：《习近平谈"一带一路"》，中央文献出版社，2018，第92-93页。

② 中共中央文献研究室编《十八大以来重要文献选编》中，中央文献出版社，2016，第245-246页。

③ 中共中央文献研究室编《十八大以来重要文献选编》上，中央文献出版社，2014，第506页。

④ 《中共中央关于制定国民经济和社会发展第十四个五年规划和二〇三五年远景目标的建议》，《人民日报》2020年11月4日第1版。

⑤ 《中国共产党第十九届中央委员会第四次全体会议公报》，《人民日报》2009年11月1日第1版。

新要义与新内涵，是社会主义基本经济制度的新概括。

新时代社会主义基本经济制度新内涵具有以下几个鲜明特征：

其一，所有制的规定性仍然被放在首要地位，坚持了公有制为主体这一社会主义制度的根本要求；其二，提升了社会主义分配制度在制度安排中的地位，将其上升到基本经济制度的地位，适应了社会经济发展对分配制度和分配方式调整的内在要求；其三，明确了市场经济本身不姓资也不姓社，而是人类共同发明的经济调节方式，规定了社会主义和市场经济的结合要求，适应了对社会化大生产和市场经济共同规律的客观要求，强化了社会主义市场经济体制改革的方向；其四，坚持了基本经济制度的社会主义性质。公有制为主体、多种所有制经济共同发展，按劳分配为主、多种分配方式并存本来就是社会主义经济制度，我国的市场经济是社会主义市场经济。

新时代社会主义基本经济制度新内涵是基于我国社会主义制度的内在本质规定，基于我国社会主义初级阶段的生产力发展的现实条件，基于市场在资源配置中的基础性地位，基于我国改革开放以来分配关系存在的问题，基于混合经济发展的时代课题，基于坚持和发展中国特色社会主义的时间要求的必然理论命题。

新时代社会主义基本经济制度新内涵的确立，是习近平新时代中国特色社会主义思想的新内容，是中国共产党人在对社会主义建设规律认识上的升华，是对改革开放四十多年理论与实践探索的结晶，是一次在社会主义经济制度本质属性和内在结构认识上的伟大思想解放。

（二）新内涵对社会主义所有制基础地位的坚持

"公有制为主体、多种所有制经济共同发展"的所有制关系是社会主义基本经济制度的本质层面，其目的是维护社会主义国家性质、调动不同所有制经济发展动力、维护人民群众根本利益，同时为分配、市场的交换和调节提供制度根基，对基本经济制度的分配关系与交换关系起质的规定性与决定作用。社会主义基本经济制度的所有制关系是在中国共产党人领导人民群众进行改革开放与社会主义经济建设中，将科学社会主义经典原理根植于中国大地、中国国情与传统文化而形成的理论结晶与制度体系，为中国经济发展创造世界奇迹，乃至为全球经济发展做出了不可磨灭的历史贡献。

首先，坚持和发展公有制经济。改革开放的实践已经证明，只有在发展改革中才能实现经济的快速发展。我国公有制经济包括国有经济和集体经济，与改革前相比已经发生了很大的变化，在名称上国营变为国有，国营意味着国家是全民生产资料占有与使用的唯一合法主体，而国有则意味着可以将部分国有企业通过转让出租的方式交予集体、个人，甚至外资经营使用；在公有制经济调节方式上，改指令性计划调节为有限性国家宏观调控，国有企业进行市场化改革并在经营管理上拥有充分自主权；在分配方式上，改革统一调拨的平均主义方式为股份责任经营机制，实行多劳多得的按劳分配原则。可以说，自改革开放以来，我国公有制经济发展成绩显著，但同时在多方面还要继续深化发展。党的十九届四中全会指出，一是公有制经济实现的形式应该是多元开放的体系，不是僵化固定的，我们应该在发展国有、集体的同时，实现各种非公有经济交叉持股、融合发展的混合所有制经济，实现公有与非公有资本的平等竞争、相互促进与互利共赢。二是要调整国有经济结构合理布局，在市场化原则下，实现国有资本的转型事关国计民生、公共安全，对于国家经济发展起着至关重要的作用，经济结构的调整能够促进国家综合实力的增强，能够提升企业创造力、竞争力、控制力等各种能力，能够更好地实现社会主义现代化。三是实现更深层次的国有企业改革，不断增强国有企业的现代化能力，完善国企法人管理与经营机制，健全高管任期制与职工合同制，完善企业内部责任机制与股份持股制度，遵循市场贡献原则推进国企公职与工资制改革，完善人才职工奖励机制，创新企业内部活力驱动机制。四是形成以管资本为主的国有资产监管体制，强化国有资本经营运作能力，实现国有资产效用最大程度的发挥。

其次，毫不动摇地促进非公有制经济发展。同样，我国非公有制经济也发生了较大变化。新民主主义时期，非公有制经济虽然与国营经济、集体经济并存，并接受国营经济的领导，但两者在一定程度上仍然是争抢资源的竞争关系；社会主义改造后，非公有制经济除了少量的个体经济外已经在事实上不存在了；改革开放后，为解放发展生产力，各类非公有制经济在国家政策层面相继得到了支持与发展。现在，各类非公有制经济不但存在于手工业、工业、商业、农业、文化、教育、科技、法律、交通、饮食、服务等国民经济各个领域，而且在实现形式上与市场经济、要素分配相联系，为社会主义市场经济注入了新活力。习近平指出："非公有制经济是稳定经济的重要基础。"[1]非公有制经济不仅能带动经济的活力，而且成为国家税收的主要来源；不仅能保障经济的持续健康发展，而且在竞争中实现着资源的优化配置；不仅能实现金融的发展，

---

① 《习近平谈治国理政》第2卷，外文出版社，2017，第260页。

而且成为区域经济协调发展不可或缺的一部分。为此，党的十九届四中全会强调，必须毫不动摇地促进非公有制经济健康发展。一是创造良好的营商环境。不仅要在法律方面对个体经济、私营经济、外资经济给予保护，而且在竞争原则上要实现机会、权利与规则的公正、公平与平等。二是要克服市场经济弊端，构建"亲清"的新型政商关系，使党的领导干部与政府官员同各类非公有制经济人士、民营企业家之间保持纯洁、清白、坦荡的交往关系，领导干部要保住为政为人底线、清正廉明，非公有制经济人士要遵守国家法律与人民底线，健康发展。三是要健全市场法规，保障各类主体的权益。公平、公正的市场环境是实现资源优化配置的前提条件，因此，不仅要在政策上支持鼓励各类中小型非公有制企业的健康发展，而且要对有条件做大做优的非公有制企业提供政策援助，在政策支持、保护上对国有经济与非公有制经济公正对待、一视同仁。

（三）新内涵对社会主义分配制度地位的提升

"按劳分配为主体、多种分配方式并存"的分配关系是基本经济制度的实现层面，其目的是保障社会的公平正义、激发市场活力、实现人民的美好生活。分配关系是所有制关系和市场经济制度的具体体现。一是按劳分配是对公有制所有权的实现，要素分配是对非公有制经济所有权的实现。二是按劳分配是劳动成果有计划按比例即国家计划调控的交换方式或调节方式的实现和结果，要素分配是要素劳动成果市场交换或市场调节的实现和结果。党的十九届四中全会把当前分配关系纳入基本经济制度内涵体系，表明分配领域的合理性对国民经济持续发展已经有所影响。从当代世界整体经济发展状况来看，多数国家从中等收入如何跨越收入陷阱而步入高等收入之列依旧是经济难题，因为中等收入陷阱与分配比例失衡存在着必然联系。就中国而言，受社会主义初级阶段生产力水平影响，一方面经济发展要适当拉开差距，让一部分人先富起来，激发经济发展动力与活力；另一方面我国是社会主义国家，又不能忽视社会公平正义与共同富裕。就目前实际情况来看，我国居民可支配收入的相对差距正在缩小，但绝对差距依旧居高不下。为此，党的十九届四中全会将分配关系纳入基本经济制度范畴的同时，从三次分配层面对此做了明确的要求。

首先，完善初次分配制度。初次分配既有按劳分配，也有按生产要素分配，都遵循市场分配原则，所以按劳分配、按要素分配在初次分配中分别按照劳动量、贡献力量参与分配。党的十九届四中全会强调，一是按劳分配在初次分配中按照劳动多寡来分配，重点保障劳动者的合法收入，并且要逐步实现工资的增长机制和企业职工对工资协商的权利，建立更加合理的工资保障机制，要完善劳动力市场竞争机制，着重保护初次分配中劳动者的收入比重。二是劳动、土地、资本、技术、管理、知识、数据等生产要素参与初次分配必须坚持贡献量分配原则，投入多少、所得多少，其贡献收益均由市场决定，由市场评价其贡献、决定其报酬。但需要明确的是，不能把技术、管理、知识等生产要素分配仅仅看作是区别于按劳分配的要素收入，因为以上生产要素参与分配事实上也是劳动所得成果，只是在劳动形式的价值量核算上属于复杂劳动，但归根结底还是按劳分配，只有把它们作为劳动成果参与股份收益价值增值时才算要素分配。党的十九届四中全会强调知识、技术、管理生产要素分配的重要性，显示了这类生产要素对促进经济发展越来越具有决定作用，尤其是首次将数据列为要素分配元素，显示出数据信息对提升要素生产率、全要素生产率的引领作用，经济发展数据化趋势日趋凸显。所以，在生产要素初次分配中，要适应中国经济由传统农业经济、重工业经济向知识、信息、管理、技术、人才等现代微观型经济元素转型的需要，进一步实现好各类生产要素的价值分配。

其次，健全再次分配制度、调整分配结构、健全分配体系。再分配机制是国家通过经济手段调整收入分配结构、缩小贫富差距、维护社会公平的重要手段。一是我国城乡之间、区域之间、群体之间存在收入差距问题，在分配过程中要更加健全税收制度、完善社会保障制度和调节转移支付的手段。特别要重视税收调节杠杆作用，要进一步健全直接税制度并逐步增加其比重。二是第三次分配是一种伦理责任与公共道义驱动分配机制，在分配形式上不同于初次分配和再分配，它不具有较多政治性、权威性，可以很好地成为初次分配和再分配的合理弥补。因此，集中发挥社会主义制度的优越性，增强社会力量的帮扶行动，逐步实现联动效能，逐步提高中等收入水平人群的收入比重。三是要进一步调整分配结构、完善分配秩序、健全分配体系。三次分配制度建设要构建良好的分配收入秩序，形成合理的刺激导向，发扬勤俭节约、劳动致富、艰苦奋斗的传统美德，以自身勤奋努力来实现人生价值。为此，首先要保障合法收入、取缔非法收入、健全收入分配法治环境与良性秩序，坚决打击公权参与垄断和不正当竞争非法收入，将调整分配结构、完善分配体系建立在公平公正、良性竞争的分配秩序上。四是要扩大中等收入群体规模。中等收入群体扩大意味着现代意义上的橄榄型收入分配格局，中等收入群体是一个社会分配结构缓冲器与调节器，不仅有利于形式巨大的需求与消费市场、维护社会公平正义，而且有助于克服中等收入陷阱、促进国民经济高质量发展。为此，需要进一步调节分配结构，增加低收入人群收入，调节过高收入群体，进一步大力发展中小型公有与非公有企业，扩充中等收入劳动者群体。

（四）新内涵对社会主义市场经济体制地位的重置

社会主义市场经济体制的交换关系或调节关系是基本经济制度的条件、载体层面，社会主义制度与市场经济规律、国家宏观调控与市场调节相结合，是对传统经济原理的继承与发展，破除了米塞斯等西方经济学认为市场与价值规律是资本主义生产方式专利的天然神话，社会主义运用市场规律旨在积极扬弃私有弊端、发展社会生产力。市场经济体制的完善是实现所有制关系与分配关系的必然选择。中国实现从单一制所有制、分配方式向双元结构转变，其目的是发展社会生产力，而市场经济规律在社会主义初级阶段还具备存在基础，是实现资源优化配置、提升社会生产率的有效形式。再者，公有制经济与非公有制经济之间的共同发展关系、按劳分配与按生产要素分配的内在实现，只有通过市场机制才能发挥作用。一来多种所有制经济的相互联系、相互促进、共同发展，只有在良性的市场关系中才能平等使用资源、公平参与竞争。二来劳动产品的按劳分配需要以劳动价值量大小为衡量媒介参与公平分配，而生产要素的自由流动与报酬所得需要市场决定其贡献量大小。从现实层面来看，自中国确立社会主义经济体制改革目标以来，社会主义市场经济体制的优越性得到了充分展现。但目前还有一些限制市场经济规律与价值规律发挥作用的体制机制弊端，而这在一定程度上限制了经济高质量发展，为此，党的十九届四中全会再次明确了社会主义市场经济体制的基本要求。

首先，完善产权制度、要素市场制度与公平竞争制度。产权是所有制的法律形式，是经济主体利益实现的制度保障，只有各类市场主体的合法权益得到平等与公正保障，生产、分配、交换与消费才能正常进行，市场秩序才能得以有序运转。近年来，中国屡次出现侵权行为，这从中央最近下发的各类知识产权保护法案与纠正一批典型涉企产权冤假错案就能得到证明。为此，党的十九届四中全会明确指出，一是在保障公平、公正的前提下，健全法律法规和社会保障机制，特别是对知识产权的保护以及赔偿机制的完善。二是实现要素市场的多元化发展和市场法制化运营。随着市场机制的逐步健全，我国商品市场伴随着产业结构调整与市场化改革已经具备了相当完整的制度体系，而要素市场一直以来由于多种原因限制，表现出要素市场化程度不高、要素自主流动区域范围小、要素市场法则不健全等特征。因此，在公平、有序、高效中实现要素流通，推进土地、金融、科技、数据等领域的发展，有利于提高市场化水平。特别是以金融产业为代表的资本市场，不但整体影响着其他要素市场，而且承载着国家经济发展战略。为此，需要进一步强化资本市场基础法规建设，健全具有高度适应性、竞争力、影响力、普惠性的现代金融体系，提高金融服务实体经济的整体能力。三是要进一步健全市场公平竞争制度。市场经济由于其固有的竞争性、盲目性、滞后性等特点，往往不能实现资源的优化配置，这也是马克思批判资本主义生产方式内在矛盾的根源所在，因为市场竞争若不能秉承公平公正原则，则势必会在一定范围内导致生产过剩与供需失衡，从而导致经济危机与社会财富浪费。为此，党的十九届四中全会指出，在公平竞争制度保障中实现市场的有效运行，加强反垄断和反不正当竞争的机制构建。

其次，完善科技创新机制、推进城乡区域协调发展、建立有为政府。一是要完善科技创新机制。面临复杂多变的国内外环境，实现经济稳中有进的发展，建设更高水平的开放经济和实现经济的高质量发展，关键在于科技创新。党的十九届四中全会强调，必须进一步深化科技创新体制机制改革，要健全市场经济条件下关键核心技术攻关新型举国体制，把社会主义制度法规保障优势同市场经济内部科技创新驱动相互结合起来，把人才创新、知识创新、科研创新同科学技术需求应用联系起来，以健全国家实验室体系为重点，有效推进学科创新、科研协作创新与科技应用平台创新，进一步强化基础研究与原始创新体制机制，进一步发扬科学与工匠精神，健全人才创新的培养体制与激励机制。二是推进城乡区域协调发展。党的十九届四中全会强调，"三农"问题事关国计民生，必须进一步强化乡村振兴战略，推进农村公共基础建设，优化农业农村产业结构布局，健全保障国家粮食安全的相关法规。进一步破除城乡二元化发展障碍机制，推进城乡融合发展机制。在优势互补、相互交融、创新协调、交相带动、互利共赢中实现区域发展新模式。三是要建立有为有限政府。发挥政府职能、加强宏观经济管控，是克服市场经济缺陷、保证国民经济持续健康发展的稳定器。党的十九届四中全会强调，政府与市场的关系是促进经济健康发展的关键，进一步简政放权，建立有为有限政府，实现经济高质量发展。

总之，党的一九届四中全会将所有制关系、分配关系与市场经济体制一同纳入社会主义基本经济制度的范畴中，是对马克思主义经典原理、社会主义初级阶段生产关系形态理论的重大突破与创新发展，势必会在社会主义发展史上留下举足轻重的历史地位。

三、新时代社会主义基本经济制度新内涵的理论传承

马克思恩格斯出于谨慎的科学态度只是预测了未来社会基本经济制度的一些宏观特征。列宁本着小农国家现实国情把社会主义基本经济制度从战时共产主义政策形式转到了新经济政策。斯大林围绕国际局势动荡与西方阵营敌对态势构建了苏联传统单三元基本经济制度。受时代局限，这一基本经济制度的时代特征是在所有制关系上极力排斥甚至消灭各类私有制，把"国家所有制"视为"全民所有制"的最高形式，并推行"集体经济"国有化方针，生产、分配、流通与消费领域均由国家统一计划调节，并演变为一种"指令经济"和"平均主义"模式。中国传统基本经济制度的建立是以生产资料私有制的改造为前提条件的。随着我国第一个五年计划的实施和社会主义工业化的起步，随着党在过渡时期总路线的提出和宣传，对农业、手工业和资本主义工商业的社会主义改造，也在有步骤地向前推进。到1956年，我国的社会主义改造基本完成，单三元基本经济制度在我国确立。

这一制度形态不但忠实地还原了马克思主义经典作家关于未来社会经济形态的最初构想，而且它同时也忽视了马克思恩格斯论述这一制度形态的立论前提。1859年，恩格斯在推介马克思《政治经济学批判·第一分册》的文章中指出："在历史上出现的一切社会关系和国家关系，一切宗教制度和法律制度，一切理论观点，只有理解了每一个与之相应的物质生活条件，并且从这些物质条件中被引申出来的时候，才能理解。"[1]1868年，恩格斯在《卡·马克思〈资本论〉第一卷书评——为〈民主周报〉作》中指出："正像马克思尖锐地着重指出资本主义生产的各个坏的方面一样，同时他也明白地证明这一社会形式是使社会生产力发展到很高水平所必需的：在这个水平上，社会全体成员的平等的、合乎人的尊严的发展，才有可能。要达到这一点，以前的一切社会形式都太薄弱了。"[2]在实践进程中，由于社会主义制度建立的条件和马克思恩格斯设想的并不相同，所以早期的社会主义国家走了许多弯路，并没有能够坚持把社会主义道路走下去。中国共产党人在改革开放以前尊崇苏

---

① 《马克思恩格斯文集》第2卷，人民出版社，2009，第597页。

② 《马克思恩格斯文集》第3卷，人民出版社，2009，第87页。

东模式，在经济发展上付出了教条主义代价之后，才开启了社会主义改革开放之路。

多年以来，传统基本经济制度忽略了马克思恩格斯关于社会主义基本经济制度的以下几个重要观点，这些观点有许多是他们在中老年时代阐发的，是以生产力的发展状况为依据的，是马克思恩格斯随时间推移与时俱进的思想结晶。这些思想包括：一是马克思1859年在《〈政治经济学批判〉序言》中指出："这些生产关系的总和构成社会的经济结构。"①即生产关系往往不是只有一种关系，而是"这些"关系。并且在"这些"关系中，总是有一种关系在一定社会历史条件下占据着统治地位或主导地位，占主导地位的生产关系对其他生产关系的地位和影响起着决定作用。正如1857—1858年《〈政治经济学批判〉导言》指出的："在一切社会形式中都有一种一定的生产决定其他一切生产的地位和影响，因而它的关系也决定其他一切关系的地位和影响。"②关于私有制的命运问题，马克思恩格斯有过一个思想转变过程。在《共产党宣言》中，他们明确提出了"资产阶级的灭亡和无产阶级的胜利是同样不可避免的"③，"共产主义革命就是同传统的所有制关系实行最彻底的决裂"④。十多年后，马克思在《〈政治经济学批判〉序言》中指出："无论哪一个社会形态，在它所能容纳的全部生产力发挥出来以前，是决不会灭亡的；而新的更高的生产关系，在它的物质存在条件在旧社会的胎胞里成熟以前，是决不会出现的。"⑤

二是马克思1875年在《哥达纲领批判》中指出："劳动不是一切财富的源泉。自然界同劳动一样也是使用价值（而物质财富就是由使用价值构成的！）的源泉，劳动本身不过是一种自然力即人的劳动力的表现。"⑥即价值创造和使用价值或财富生产是有区别的概念，按生产要素分配不违背劳动价值论。马克思还预测了社会主义社会"用来发展共同需要的部分，如学校、保健设施等"比起资本主义社会"一开始就会显著地增加，并随着新社会的发展而日益增长"⑦，社会主义还有"为丧失

① 《马克思恩格斯文集》第8卷，人民出版社，2009，第591页。
② 《马克思恩格斯文集》第8卷，人民出版社，2009，第31页。
③ 《马克思恩格斯文集》第2卷，人民出版社，2009，第43页。
④ 《马克思恩格斯文集》第2卷，人民出版社，2009，第52页。
⑤ 《马克思恩格斯文集》第2卷，人民出版社，2009，第592页。
⑥ 《马克思恩格斯文集》第3卷，人民出版社，2009，第428页。
⑦ 《马克思恩格斯文集》第3卷，人民出版社，2009，第433页。

劳动能力的人等等设立的基金"①。马克思在《〈政治经济学批判〉导言》中指出："利息和利润作为分配形式，是以资本作为生产要素为前提的。它们是以资本作为生产要素的分配方式。它们又是资本的再生产方式。"②即只要承认资本逻辑的作用，就要承认除劳动以外的其他生产要素参与分配的合理性，否则资本积累或资本再生产就会受到限制。

三是马克思在《政治经济学批判（1857—1858年手稿）》中指出："资本越发展，从而资本借以流通的市场，构成资本流通空间的道路的市场越扩大，资本同时也就越在空间上更加扩大市场，力求用时间去更多地消灭空间。"③即就像早年资本开拓出了世界市场一样，资本越发展，市场空间就越大，故离开了市场发展谈生产发展就成为无水之鱼。恩格斯在1890年《致康·施密特》的信中指出："生产归根到底是决定性的东西。但是，产品贸易一旦离开本来的生产而独立起来，它就循着本身的运动方向运行，这一运动总的说来是受生产运动支配的，但是在单个的情况下和在这个总的隶属关系以内，它毕竟还是循着这个新因素的本性所固有的规律运行的，这个运动有自己的阶段，并且也对生产运动起反作用。"④可见，恩格斯晚年阐述了市场因素对生产的影响，并且指出了市场有它自己的固有规律，绝不能因为生产的决定作用就忽略产品贸易运动的规律。

改革开放以来，中国共产党对社会主义基本经济制度新内涵的认识是建立在苏联和东欧的教训和对马克思主义的全面理解上的。党和国家的共识是，我们的社会主义不是在高度生产力发展基础之上的，也不是在世界市场之外独立的，而是处于社会主义初级阶段。这一思想集中体现在党的十五大对基本经济制度的全新理解上：我国现在的所有制结构仍然不合理，需要调整和完善；提出了"混合所有制"的概念和发展混合所有制的要求；认为公有制应当包括更大的范围，不仅是我们传统的认识中所认定的国有经济和集体经济两部分，还包括混合所有制当中的国有和集体成分；认为公有制的主体地位是针对全国而言的，不同地区和不同产业可以不同；认为国有经济的比重减少一些，不会影响社会主义性质；公有制主体地位和主导地位不仅体现在量上更要体现在质上；要求必须把公有制和公有制的实现形式分开；选择什么样的公有制实现

---

① 《马克思恩格斯文集》第3卷，人民出版社，2009，第433页。
② 《马克思恩格斯文集》第8卷，人民出版社，2009，第19页。
③ 《马克思恩格斯文集》第8卷，人民出版社，2009，第169页。
④ 《马克思恩格斯文集》第10卷，人民出版社，2009，第595页。

形式，标准是"三个有利于"。换句话说，不利于生产力发展的公有制实现形式必须摒弃；股份制有利于生产力的发展，资本主义可以用，社会主义也可以用；非公有经济已经不仅是"补充"，而且是"重要的组成部分"；不分姓"公"姓"私"，依法对各类企业予以保护、监督和管理。

四、新时代社会主义基本经济制度新内涵的理论创新

（一）在社会主义所有制问题上

首先，我们依据我国社会生产力水平恢复了非公有制经济。改革开放以来，随着经济体制变革，我们对非公有制经济的认识也不断深化。最初只是"允许存在"；党的十三大提出"有益补充"，认为私营经济是公有制经济必要的和有益的补充；党的十四大提出"共同发展"，指出以公有制包括全民所有制和集体所有制经济为主体，个体经济、私营经济、外资经济为补充，多种经济成分长期共同发展；党的十五大提出"重要组成部分"，把公有制经济为主体、多种所有制经济共同发展上升为社会主义基本经济制度，明确个体、私营等非公有制经济是社会主义市场经济的重要组成部分；党的十六大提出"两个毫不动摇"，强调毫不动摇地巩固和发展公有制经济，毫不动摇地鼓励、支持和引导非公有制经济发展；党的十七大提出"平等物权"，在"两个毫不动摇"的基础上提出，坚持平等保护物权，形成各种所有制经济平等竞争、相互促进新格局；党的十八大进一步提出"法律保护"，保证各种所有制经济依法平等使用生产要素、公平参与市场竞争、同等受到法律保护。这么多年来，非公有制经济也不负众望，对中国社会生产力的贡献日益凸显。根据2012年至2016年有关统计数据，非公有制经济对GDP增长的贡献率不断提升。私营企业和个体就业人员由2012年的1.99亿人，增加到2015年的2.81亿人。截至2015年底，中国的私营企业达到1908余万户，个体工商户已达5408万户。私营企业的注册资本达到90.6万亿元，个体工商户资金数额达到3.7万亿元。从税收角度看，在国家对小微企业的税收优惠政策不断加码的情况下，私营企业与个体税收由2012年的1632亿元，增长到2016年的2232亿元，同比增长36.7%，年均增长8%，快于平均增速。非公经济税收收入占比由2012年的68%提高到2016年的68.5%，提高了0.5个百分点[1]。

其次，在发展非公有制的同时，毫不动摇巩固和发展公有制经济，

---

[1]　刘涛、李凯：《从税收数据看十八大以来我国经济发展新走向》，《中国财经报》2017年12月21日第3版。

坚持公有制的主体地位，发挥国有经济主导作用，不断增强国有经济活力、控制力、影响力。并提出要积极发展混合所有制经济，强调国有资本、集体资本、非公有资本等交叉持股、相互融合的混合所有制经济，认为它们是社会主义基本经济制度的重要实现形式，有利于国有资本放大功能、保值增值、提高竞争力。"要坚持和完善社会主义基本经济制度，毫不动摇巩固和发展公有制经济，毫不动摇鼓励、支持、引导非公有制经济发展，推动各种所有制取长补短、相互促进、共同发展，同时公有制主体地位不能动摇，国有经济主导作用不能动摇，这是保证我国各族人民共享发展成果的制度性保证，也是巩固党的执政地位、坚持我国社会主义制度的重要保证。"①然而发展公有制经济也绝非易事，问题在于如何实现公有制与市场机制的相互结合。改革前，由于我国在公有制实现问题上缺乏经验，起初一直把公有制性质与公有制实现形式混为一谈。20世纪70到80年代，改革浪潮席卷当时所有社会主义国家。一批苏东社会主义国家由于没有找到公有制实现形式，故对社会主义公有制失去信心。中国共产党的十一届三中全会拉开了我国社会主义经济体制改革的帷幕。从生产力发展水平考量所有制结构和公有制实现形式成为全党共识。我国农村改革的基本经验就是找到了适合农村现有生产力发展水平的公有制实现形式，即以家庭联产承包为基础，统分结合的承包经营责任制，由此实现了对农村传统的集体所有制的变革。所有制理论的创新与我国经济体制改革特别是国有企业改革的实践密不可分。由于我国国有企业比例大、作用大、影响大，故对传统的社会主义公有制的认识与改革，是以我国国有企业改革为突破口的。实践是检验真理的唯一标准。传统的国有企业虽然为我国社会经济发展做出过并仍然在做着重大贡献，但以国有企业为代表的传统公有制企业的许多弊端激发了对其的新认识与改革。

（二）在社会主义分配问题上

首先，我们认识到，按生产要素分配并不违背马克思的劳动价值论。将劳动价值论中的价值创造理解为财富生产，错误在于混淆了"价值"与"财富"。第一，两者来源不同。价值创造与抽象劳动联系在一起，而财富生产则与具体劳动相关联。财富就是指使用价值本身。第二，说明问题不同。价值创造要说明的是其源泉在于劳动，财富生产说明的是在生产中各生产要素的不可或缺。第三，反映关系不同。从根本上说，价

---

① 中共中央党史和文献研究院：《十八大以来重要文献选编》下，中央文献出版社，2018，第5页。

值、价值创造反映的是社会经济关系或经济活动中的社会关系；使用价值、财富生产体现的则是人与自然的关系以及生产效率问题。关键在于两条：一是财富里蕴含的价值能否实现其价值，这取决于交换关系；二是劳动者的劳动是为谁创造了财富，这取决于生产关系。可见，按劳动分配是承认劳动创造价值，按生产要素分配是承认要素在使用价值生产中不可替代的作用。

于是，多种生产要素被纳入按要素分配的内容，在中国共产党的历史文献中，这个认识和实践经历了如下过程：在劳动要素按劳动分配为主的已有规定下，第一步，资本要素参与分配的确定。党的十四届三中全会通过的《中共中央关于建立社会主义市场经济体制若干问题的决定》提出在坚持按劳分配原则的基础上，"允许属于个人的资本等生产要素参与收益分配"，第一次明确规定了个人资本作为生产要素参与分配的权利。第二步，管理要素参与分配的确定。党的十五届四中全会通过的《中共中央关于国有企业改革和发展若干重大问题的决定》提出"实行董事会、经理层等成员按照各自职责和贡献取得报酬的办法"，认可了管理作为生产要素参与收入分配的权利。第三步，技术要素参与分配的确定。党的十六大报告又进一步指出，"确立劳动、资本、技术和管理等生产要素按贡献参与分配的原则，完善按劳分配为主体、多种分配方式并存的分配制度"，这就把劳动、资本、技术和管理各要素明确列为参与分配的生产要素。第四步，知识产权要素参与分配的确定。党的十八届三中全会通过的《中共中央关于全面深化改革若干重大问题的决定》提出"健全资本、知识、技术、管理等由要素市场决定的报酬机制"，进一步加入了知识这一生产要素。第五步，数据要素参与分配的确定。党的十九届四中全会通过的《中共中央关于坚持和完善中国特色社会主义制度　推进国家治理体系和治理能力现代化若干重大问题的决定》首次增列数据作为生产要素。由此，就形成了一个完整、规范的参与要素分配的生产要素体系及其制度安排①，按劳分配为主，按要素分配相结合的整体的分配制度得以确立和贯彻。与此同时，我们在理论上厘清了，按劳分配为主贯彻的是马克思劳动价值论，按要素分配相结合贯彻的是马克思财富生产论。

其次，我们始终坚持按劳分配为主位。劳动创造财富，这一观念古今有之，但对劳动本质的真正理解是伴随着大工业和社会化大生产时代

———————

① 陈启清：《健全和完善生产要素参与分配机制》，《经济日报》2020年3月5日第11版。

的曙光而产生的。劳动价值理论从古典经济学奠基到马克思对其的发展，再到新时代人们对其的争论、坚守与创新，是理论命运最艰辛的一个学说。劳动价值论之争实质上是劳动的根本价值观之争，是人和物的关系之争，是劳动主体认可之争，是劳动人民的利益之争。从2000多年前柏拉图在《理想国》中提出劳动是建立城邦的基础，到200多年前亚当·斯密在《国富论》里把劳动者利益的保障作为社会公正的标志，再到100多年前马克思《资本论》通过剩余价值学说对劳动者解放的旨归，一代一代的思想家对私有制和商品货币经济条件下劳动的主体地位的提升发出了真切的呼唤。虽然商品货币经济本质上把人当成手段，把金钱和资本当作目的，但这绝不是人类的宿命。唯物主义历史观揭示了人类社会大厦的总体框架、内在结构关系和发展动力机制，其中关于劳动的观点是我们认识和触动社会的理论指南：劳动不仅创造了人本身，而且通过一定的创造物使人的本质力量得到确认；物质生产是人类社会的发源地，也是文明史的源头；劳动是人类最基本的存在方式，也是人类最基本的实践活动；作为物质生产的承担者和社会生产力的体现者的劳动群众，既是物质产品的生产者，也是精神产品的创造者。我们党坚定地认识到，劳动理应是劳动者的全面发展的需求而不应仅是谋生的手段，劳动是自由自主地创造幸福美好的源泉而不能是痛苦折磨的根源，劳动的所得与劳动者的辛勤付出必须共同增长，劳动应该成为劳动者能力的发挥而不是生命的耗损，劳动成果应该由全体劳动者共享而不能让不劳而获者侵占，劳动者的权益应该受到法律的坚强保护而不能肆意践踏。劳动创造价值，资本提供条件，管理整合要素，科技催化效益，这一切规定性理应是赋予劳动的时代内涵。尽管在当代科学技术在生产力发展中的地位愈来愈重要，从事科学技术工作的广大知识分子在推动社会生产力进步、创造社会物质财富过程中所起的作用日益突出。无论科学技术有多发达，信息技术带来的劳动生产率有多高，归根结底还得以人的劳动为基础，其中有科技劳动的贡献、操作劳动的提供、管理劳动的付出、基础劳动的支撑。

（三）在社会主义市场经济体制问题上

首先，改革开放前我们以计划为准，排斥市场。在新中国成立初期，我们制定了国民经济第一个五年计划，在全国人民的努力下这一计划得以胜利完成。受传统理论的影响，认为市场经济属于资本主义，商品货币关系是贫富两极分化的根源。按照科学社会主义的基本原理，我们把公有制、计划经济、按劳分配三项作为社会主义的最主要特征。从社会主义的本质要求来看，这些规定是社会主义区别于资本主义的最大特点，也是向社会主义高级阶段发展要经历的途径。只是在新中国成立初期，我们还没有认识到我国的社会主义还处在初级阶段，没有认识到消灭商品货币经济的条件还不具备，而只能利用它，所以对市场经济采取的是避之不及的态度和政策。在对待价值规律的认识上，我们接受了斯大林在《苏联社会主义经济问题》中的观点，只承认价值规律对社会主义流通有调节作用，否定价值规律对社会主义生产的作用，结果虽有新中国成立初期经济发展的繁荣局面和伟大的建设成就，但此后很长时间内，僵化的计划经济体制导致经济活动陷入僵化局面。企业活力减弱，政府作用乏力。特别是在发展思想上，由于特殊历史时期的惯性，经济建设实际上饱受干扰。所以，在新中国成立初期的后一段时期，除了个别领域外，我国经济总体上发展缓慢，国有企业活力不足，市场供应短缺，人民生活长期得不到改善。

其次，市场在资源配置中基础性作用的确定。1978年底，党的十一届三中全会提出把党和国家工作的重点转移到以经济建设为中心的轨道上来，解放思想，实事求是，对传统计划经济体制弊端开始反思。由此开始承认市场对整个经济活动的调节作用，我国国民经济活力由此开始进发出来。随着我国农村改革的成功，整个社会经济的繁荣，我国改革的高层设计开始加快，1982年，中央发布了关于社会主义经济体制改革的决定，明确了以计划经济为主、市场调节为辅的改革指向。1984年，提出了有计划的商品经济的概念，对商品经济的地位终于给予了认可。到1987年，我们又进一步认识到计划与市场两者是有机统一体，并对计划和市场的各自功能做了合理的区分，即国家调节市场，市场引导企业。但这时的市场地位很尴尬，政府调节也处于困境。1992年，邓小平的南方谈话提出社会主义有市场，计划和市场都是手段，终于为社会主义市场经济地位的确立扫清了认识上的障碍。随后，党的十四大确立了社会主义市场经济体制的改革目标。如今来看，这一步步理论与实践的探索与创新极其不易。2003年党的十六届三中全会提出，市场在资源配置中起基础性作用，这是一个重大突破，承认了发展社会主义经济必须以市场配置作为基础。社会主义市场经济就是以市场的基础性作用为依据的，注重国家宏观调控的市场经济。但问题在于，在理论上，基础性作用表现的是承认和利用市场机制作为市场运行的基础，但担心全面市场化的不良后果；在实践中，基础性作用是政府在这个过程中起主导作用，市场的作用没有得到充分发挥。

再次，市场在资源配置中决定性作用的突破。党的十八届三中全会指出："经济体制改革是全面深化改革的重点，核心问题是处理好政府和市场的关系，使市场在资源配置中起决定性作用和更好发挥政府作用。市场决定资源配置是市场经济的一般规律，健全社会主义市场经济体制必须遵循这条规律，着力解决市场体系不完善、政府干预过多和监管不到位问题。"决定作用表现的是对市场经济规律的充分承认和给其最充分的空间，彻底相信市场机制的决定性作用，是让政府退到后台，让各种生产要素和资源的活力充分发挥，让各种要素资源充分涌流。政府则完成服务型政府的转型，为市场经济各主体提供政策、法律、计划和应急调控的服务，让权力干涉让位于规律贯彻，让闲不住的手变为帮一把的手。当然，承认市场在资源配置中的决定性作用，并不是推行全面市场化，不是要把一切都交给市场而放任不管，而是顺应市场经济规律要求，通过市场机制的充分作用，把资源配置交给市场，促使市场作用更加显著，促使一切创造财富的源泉充分涌流，推进经济发展，造福中国人民。必须明确的是，社会主义基本经济制度新内涵中的市场经济，不是什么别的市场经济，而是社会主义市场经济；社会主义基本经济制度新内涵中的市场经济不是落脚于市场本身，而是落脚于市场经济体制。因此，社会主义市场经济体制的建立和完善，是社会主义基本经济制度得以顺利运行的重要环境性条件。

第六章　新时代社会主义
基本经济制度新内涵的历史逻辑

本章从历史发展过程角度阐述了新时代社会主义基本经济制度新内涵发生、发展、成形的历史脉络。在分析中基于马克思唯物史观视域的"从后思索方法"，进行了中国共产党人对社会主义基本经济制度的探索史回顾，从而可以看出，党的十五届四中全会对社会主义基本经济制度新内涵的确立，绝不是一蹴而就的，也绝不是主观构想的，它有着在历史验证中形成的坚实的思想和实践基础，是历史的必然。

一、马克思"从后思索方法"的历史分析视域

在马克思的视野中，历史不过是人的实践活动，实践创造历史；人是实践的前提，也是实践的结果，实践是人的类本质。马克思的历史科学，"这种历史观和唯心主义历史观不同，它不是在每个时代中寻找某种范畴，而是始终站在现实历史的基础上，不是从观念出发来解释实践，而是从物质实践出发来解释各种观念形成"①。

（一）马克思"从后思索方法"的文本解读

1.通过对唯心主义历史观的批判分析阐发了"从后思索"

马克思"从后思索方法"的阐发，较早来自马克思恩格斯合著的《德意志意识形态》。在批判资产阶级唯心主义历史观、阐发唯物主义历史观的时候，他们指出："历史不外是各个世代的依次交替。……每一代一方面在完全改变了的环境下继续从事所继承的活动，另一方面又通过完全改变了的活动来变更更旧的环境。然而，事情被思辨地扭曲成这样：好像后期历史是前期历史的目的。"②对前期历史的一些概念性的总结，"终究不过是从后期历史中得出的抽象，不过是从前期历史对后期历史发生的积极影响中得出的抽象"③。这就是说，历史活动中的人的历史不仅是一个承前启后、继往开来的过程，也是一个开拓前行、更新发展的过程，每一代人都不是被动地、僵化地按照前人的历史因循守旧地延续历史。后人不仅在生产力发展上承前启后更新发展，而且在思想观念上，

---

① 《马克思恩格斯选集》第1卷，人民出版社，2012，第172页。
② 《马克思恩格斯文集》第1卷，人民出版社，2009，第540页。
③ 《马克思恩格斯文集》第1卷，人民出版社，2009，第540页。

也是在总结归纳前人的思想，并汲取前人有利的经验和各种教训的基础上不断变革的。这就是马克思"从后思索方法"体现的历史唯物主义原理的精髓。

2.通过对法国大革命历史的分析阐发了"从后思索"

1885年，恩格斯在马克思所著《路易·波拿巴的雾月十八日》一书第三版的序言中说："正是马克思最先发现了重大的历史运动规律……在这部著作中，他用这段历史检验了他的这个规律；即使已经过了33年，我们还是必须承认，这个检验获得了辉煌的成果。"①该著作体现的"从后思索方法"，体现在马克思对当时欧洲无产阶级革命与资产阶级革命不同历史特征的分析上，"从前的革命需要回忆过去的世界历史事件，为的是向自己隐瞒自己的内容，19世纪的革命一定要让死人去埋葬他们的死人，为的是自己能弄清自己的内容"。马克思通过法国大革命的历史，指出了资产阶级革命的局限性在于，资产阶级革命每天都充满极度狂欢，然而为时短暂。"相反，无产阶级革命，例如19世纪的革命，则经常自我批判，往往在前进中停下脚步，返回到仿佛已经完成的事情上去，以便重新开始把这些事情再做一遍。"②在马克思看来，由于资产阶级革命的局限性，他们回顾历史是为了自我安慰，而无产阶级革命则必须从历史中了解和认识革命的规律；资产阶级革命是短视的，而无产阶级革命是反思性的，他们要不断通过自我批判来实现对历史在回归中的超越，以便摆脱"很少而且只是在特定条件下才能够进行自我批判……所以总是对过去的形式作片面的理解"③的历史羁绊。所以回头看不是为寻找解释当下的借口，而是为总结历史的经验和反思历史的教训。这是马克思主义反思批判精神的体现。

3.通过对政治经济学方法的分析阐发了"从后思索"

《〈政治经济学批判〉导言》作为《资本论》创作过程的重要手稿，马克思在探索政治经济学研究方法时，站在历史唯物主义基点上，用深邃的历史视角、严谨的辩证分析、珍贵的实践感知解剖资本主义生产方式，揭示这个生产方式发生、发展和必然被替代的规律。在这个研究过程中，他认为，"资产阶级经济为古代经济等提供了钥匙"④，对人类社会历史的考察应当从较高级形式阶段向较低级形式阶段展开"从后思

① 《马克思恩格斯文集》第2卷，人民出版社，2009，第469页。
② 《马克思恩格斯文集》第2卷，人民出版社，2009，第474页。
③ 《马克思恩格斯文集》第8卷，人民出版社，2009，第30页。
④ 《马克思恩格斯文集》第8卷，人民出版社，2009，第29页。

索"，才能使原来不太清晰的趋势得以清晰，由此"现实的"分析才能为"历史的"考量提供解读历史的"钥匙"，而"历史的"考量也才能为"现实的"分析提供辩证考察的度量衡。马克思说："人体解剖对于猴体解剖是一把钥匙。反过来说，低等动物身上表露的高等动物的征兆，只有在高等动物本身已经认识之后才能理解。"①"所说的历史发展总是建立在这样的基础上的：最后的形式总是把过去的形式看成是向着自己发展的各个阶段。"②马克思借助猴体解剖与人体解剖的关系，提出了人类对自己的认识不是先验的，而是后成的；人类是以后来的历史总结和思考前面的历史的方式前进的，人对自己行为的认识和评价也是随着人的成长才能正确做出的；经验和教训相辅相成，历史和现实相互印证。实践是检验真理的唯一标准，人类社会的实验室不在书房里，而在历史进程中，时空运动中的实践是人们判断正误、走向成熟的参照和依据。同时，历史虽是"过去"，但却并非与现实切断了联系，因为历史总是以浓缩或是发展的形式被包裹在现实社会运动中，对于历史的认识，需要立足于当下的历史在场，透视自己时代的历史场景，这就是马克思主义时空统一观的体现。

4.通过对商品拜物教秘密的分析阐释了"从后思索"

马克思在《资本论》中，揭示商品拜物教的秘密时，逻辑地分析，市场上的产品交换者们关心的是交换的比例，但这个比例要由价值量来确定，而价值量又体现的是劳动产品的价值，这个价值量的不停波动在交换者眼里被误认为是一种控制着他们命运的物的力量。只有当商品经济高度发展了，人们才有可能认识到其中的规律，进而认识到不是物在控制人，而是商品关系在支配人。"要有充分发达的商品生产，才能从经验本身得出科学的认识"，认识到"生产这些产品的社会必要劳动时间作为起调节作用的自然规律强制地为自己开辟道路"③。据此，马克思看到，对规律的认识绝不是先验的，而是一个认识逐渐深化的过程，商品生产越是发达，其内在规律性的东西的表露越是明显，人们对它的认识也越是深刻。马克思指出："对人类生活形式的思索，从而对这些形式的科学分析，总是采取同实际发展相反的道路。这种思索是从事后开始的，就是说，是从发展过程的完成的结果开始的。"④马克思在这里说明了，

————————
① 《马克思恩格斯文集》第8卷，人民出版社，2009，第25页。
② 《马克思恩格斯文集》第8卷，人民出版社，2009，第30页。
③ 《马克思恩格斯文集》第5卷，人民出版社，2009，第92页。
④ 《马克思恩格斯文集》第5卷，人民出版社，2009，第93页。

人们对事物运动发展的规律总有一个认识过程，而这个过程需要时空与条件，需要经验积累，需要从事后的总结和思考开始，每一个发展过程完成的结果，就构成人们得以思考从而进入下一个发展过程参照的依据。人们认识真理、把握规律是为了更好地实现自己的目的，但认识真理、把握规律需要过程，需要在实践中并在对实践的理解中深化认识。历史在向前走，思考从其后始，这种"同实际相反的道路"，往往成为人们通常在走的路，行动的调整是这样，思想观念的变化也是这样。

5.通过对认识过程的辩证法的分析阐释了"从后思索"

1873年，马克思在《资本论》第二版跋中强调阐述了辩证法的革命和批判本质："辩证法在对现存事物的肯定的理解中同时包含对现存事物的否定的理解，即对现存事物的必然灭亡的理解；辩证法对每一种既成的形式都是从不断的运动中，因而也是从它的暂时性方面去理解；辩证法不崇拜任何东西，按其本质来说，它是批判的和革命的。"①辩证唯物主义原理揭示了，人们认识真理和开辟真理的道路不是一蹴而就的，而是一个螺旋式上升的否定之否定的过程。实践、认识、再实践、再认识，循环往复以至无穷，就是马克思主义认识论的鲜明特征，而这个过程是一个时空统一作用的过程，有时间间距的作用，也有空间舞台的作用，马克思指出了对辩证法的深刻认识需要时空条件的具备，马克思说，资本主义社会充满矛盾的运动的顶点的经济危机"由于它的舞台的广阔和它的作用的强烈，它甚至会把辩证法灌进新的神圣普鲁士德意志帝国的暴发户们的头脑里去"②。这就是马克思"从后思索方法"的真谛所在。

（二）马克思"从后思索方法"的深刻意蕴

在解释学看来，"时间间距"亦称为"间距"，它是指由于时空运动导致的时间推移和历史演变所形成的时间上的距离。所有事物都是在时空运动中存在和发展，这种时间上的一维性运动，使得任何精神产品的凝结，即作为文本，都在经历时间的验证、磨砺、选择或淘汰。在时间推移中，历史文献中的观点或思想有的被遗忘，有的被扬弃，有的被传承，还有的被重新唤醒。正是由于时间的这种间距作用，客观上就会导致文本在当下解读者之间产生的三种结果，即远化、异化和间距化。"远化"是指某些文本的思想观点和所含内容随着岁月流逝和时间推移被人们逐渐遗忘或被忽略；"异化"是指某些文本的思想观点和所含内容随着岁月流逝和时间推移使其原本价值或含义被人们做出了相反的解释或误

---

① 《马克思恩格斯文集》第5卷，人民出版社，2009，第22页。

② 《马克思恩格斯文集》第5卷，人民出版社，2009，第23页。

读；间距化是指文本的思想观点和所含内容随着岁月流逝和时间推移与现时现刻的阅读者之间形成历史隔阂、时空差距。在这里，时间间距就成了文本原初的意义与解释者解读时生成的意义之间的一个中介，这个中介成为特定文本不断产生新意义的理解或解释的精神生长域。可见，正是由于时间间距的作用，才提供了当时当下的解释者对历史文本新的意义的再造和对历史文本观点进行时代组合、重构或重置的可能性①。

马克思也有类似时间间距的思想。马克思指出："人体解剖对于猴体解剖是一把钥匙。反过来说，低等动物身上表露的高等动物的征兆，只有在高等动物本身已经认识之后才能理解。"②这就是马克思的"从后思索方法"。马克思的这个理论启迪我们：对所有事物的认识，都是随着时间和实践的推进而不断加深的，不可能一蹴而就；认识过程也是一个反思过程，只有不断总结不断思考不断回顾，我们才能越来越成熟。我们走过的许多路，我们经过的许多事，当时可能我们并不理解或理解不深，回过头来才能领悟。人类文明从野蛮中走来，但我们不能认为过去幼稚愚昧就否定过去的我们，正是过去的历史成就了今天的岁月，正是过去的猴体成就了如今的人体。马克思的这个思想就类似于后来解释学中的时间间距概念。只不过马克思是历史眼光，解释学是文本视角。当我们把两种思路结合起来，就既利于研究历史发展也利于研究文本观点。

列宁说过："实践高于（理论）的认识，因为实践不仅有普遍性的优点，并且有直接的现实性的优点。"③由此我们说，马克思"从后思索"的"后"，看似面向"过去"，但它的目的和意义却指向未来，因为马克思在历史性存在中看到了人的实践活动的根本意义，就在于人能够不断地有意识地生成和创造自己新的生命本质，也能够在"用历史来创造历史"的这一过程中，不断地开辟出丰富的未来。人的实践能力和认知能力的成熟也是一个伴随着历史自身否定之否定的渐进式的矛盾运动，而以未来引导现实社会的发展，则将这种运动指向了一个可以趋近的现实，也使得历史意识的重心真正停留于当代。马克思的"从后思索"法，是历史唯物主义在指导科学研究中的哲学方法论形态，它体现了历史和逻辑的辩证统一，是立足现实、反思历史、以超前的眼光对未来社会运动特质予以科学预测、蕴含着实践的时代精神的科学方法。运用这一方法，

---

① 朱宝信：《马克思哲学文本："回到"抑或"重读"?》，《贵州师范大学学报》（社会科学版）2002年第1期，第13-17页。

② 《马克思恩格斯文集》第8卷，人民出版社，2009，第25页。

③ 《列宁全集》第38卷，人民出版社，1986，第230页。

我们可以以宏大历史视野在百年世界社会主义实践中审视新时代三位一体基本经济制度新内涵这一完成形式或典型形式相较于苏联模式形态和改革过渡形态是多么来之不易，其历史总体性就在于新内涵形态、改革过渡形态、苏联模式形态从前至后的否定之否定。

二、新中国成立初期对社会主义基本经济制度的探索

新中国的成立给我们开辟出一条达到理想境界的坦途。但具体的社会主义经济体制怎么搞，社会主义经济制度怎么建立和完善，都只能在理论和实践的双向发展中寻找答案。一代代中国共产党人为此艰辛探索，中国的经济理论学界为此呕心沥血。

诚如马克思所说："只要资本的力量还薄弱，它本身就还要在以往的或随着资本的出现而正在消逝的生产方式中寻求拐杖。而一旦资本感到自己强大起来，它就抛开这种拐杖，按它自己的规律运动。"[①]新的社会主义制度对被它超越的旧制度的态度也是这样。正如马克思恩格斯所说，社会主义新社会制度最初的措施"在经济上似乎是不够充分的和无法持续的，但是在运动进程中它们会越出本身"[②]。

（一）新中国成立初期对社会主义基本经济制度的认识与实践

中国传统基本经济制度的首次实践，是在"综合经济成分"基础上，以苏联传统模式为鉴，通过生产资料改造来确立的。尽管前期中国共产党的第一代领导集体曾对社会主义商品经济规律、所有制关系做过艰难有益的探索，但却伴随着探索中的"资产阶级法权批判"等的"三次失误"而终止了。改革开放后，中国在解放发展生产力的征程中，重启了探索生产关系的新里程，并经历了"有益补充""共同发展""初级阶段基本经济制度""两个毫不动摇""两个都是""混合所有制经济是基本经济制度的实现形式"，一直到今天"双三元"基本经济制度确立的艰辛历程。应该说，当前新内涵的结构体系，既符合政治经济学生产关系的"广义内涵"，也符合共产主义第一阶段中国基本国情，既是科学社会主义原则根植于新时代中国大地的最新政治经济学理论成果，也是社会主义基本经济制度内涵体系结构的最完整表达。

新中国成立初期单一的公有制形式为特征的"单三元经济制度"（单一公有制、计划调节与平均主义按劳分配），深受苏联"传统模式"影响，它的形成是通过社会主义生产资料改造确立的。它的建立遵循了当

① 《马克思恩格斯文集》第8卷，人民出版社，2009，第180页。
② 《马克思恩格斯文集》第2卷，人民出版社，2009，第52页。

时中国国情，具有非常重要的战略意义。新中国成立之初由于受社会条件和外界环境的限制，中国共产党人在成就与失误中不断完善理论与实践。因此，要理解新时代社会主义基本经济制度新内涵形成的历史根据，就必须对新中国成立初期的经济制度进行考察。

新民主主义混合经济制度是特殊历史时期的产物。这种混合结构以公有私有成分同时并存为特征，是新民主主义过渡时期的经济基础。新中国成立之初，《中国人民政治协商会议共同纲领》规定，"国营经济、个体经济、资本主义经济、合作经济和国家资本主义经济五种经济成分"，都是在国营经济统分结合的领导下，分工合作、各得其所①。

就五种经济成分依次来看，国营经济生产资料公有制属性，对其他经济成分与国民经济发展起支配作用。新中国成立前后，人民政府通过创办满足解放战争所需的各类军工以及民用企业，对一切旧的制度进行改造，对旧中国（1840—1949年）所遗留的财产进行了严格的管控，比如对旧中国官僚资本采取没收的办法、对帝国主义在华的财产采取接收的方法等，从而建立起来一大批具有公有性质的国营经济，用以满足人们生产生活与经济发展需要。新中国成立后，国家通过资产调整，将事关国计民生的大型企业收归国有，实行生产资料社会、国家、集体共同占有，主导与支配着其他私有经济成分与发展方向，对国民经济的恢复与发展做出了巨大贡献。以个体农业、手工业为代表的个体经济与国有经济保持联系，不同于旧中国的个体经济，在半殖民地半封建社会，个体经济不但从属依赖于外资经济、官僚资本与民族资本，而且受其支配。新中国成立后，国营经济的主导地位决定了个体经济的生产、经营势必要与前者步调一致。一来国营经济有偿为其提供生产所需的各类经济条件；二来个体经济要尽力接受国营经济领导，为国民经济的恢复与发展做出应有贡献。私人经济即旧中国的民族资本主义，尽管属于资本主义性质，但在国营经济领导下具有积极一面。旧中国的民族资本主义是在外国资本入侵的环境中产生的，所以与新中国成立后的民族资本主义有所不同。在国营经济领导下，私人资本的生产经营在生产原料、资金借贷与产品销售方面都要受到国有经济的支配，虽然在经济属性上仍具有资本主义剩余价值生产和剥削弱势劳动者群体的一面，但却在国民经济的恢复发展、满足人民群众的基本生活需要方面做出了相当贡献。

合作经济与国家资本主义分别由个体经济与私人民族资本主义的发

① 中共中央文献研究室编《建国以来重要文献选编》第1册，中央文献出版社，1992，第7页。

展而生，随着社会的发展，具有社会主义性质的集体经济和国营经济应运而生。早在新民主主义革命时期，我国合作经济就已经初具规模，如个体农民、个体手工业者、个体工商户所组成的"农业生产合作社""手工业供销合作社""合作商店"等合作经济雏形，虽然在生产经营规模上大都处于以"农业生产合作社"居多为特征的初级合作社，并且在各类生产要素入股的前提下实行多样化的所有制形式与要素参与报酬分股，但在性质上，已是具有公有制属性的集体所有制和按劳分配。国家资本主义产生于私人资本与国有资本相结合的经济模式，这种经济合作模式如果只是国家为私人资本提供原料供给与销售经营渠道，则国家资本主义是资本合作的初级形式。若合作模式发生在生产领域与资本投资基金方面，且国家或集体股份能在企业总资本中占到一半以上利润分红，则国家资本主义在性质上就具有准社会主义国有经济或集体经济性质，在规模上则是公私合营的高级形式。无论如何，新民主主义五种经济成分，既区别于半殖民地半封建社会的外国资本、官僚资本与民族资本共存于一体的经济成分，也区别于马克思恩格斯眼中的正统社会主义所有制模式。就性质来看，它是位于新民主主义与共产主义第一阶段之间的过渡性经济结构，因为它在国营经济领导下既没有旧中国生产资料占有与支配的旧式所有权主体，也不是生产资料社会占有的"公有"模式，即使是国营经济处于领导地位并且支配着国民经济命脉，那也只不过是新民主主义人民解放战争的历史产物，若要论国营经济的真正实力，在过渡时期它尚还处于多种经济成分的碰撞与压制之下，国有资产并不占优势。因此，实行生产资料公有化改造以保证革命成果势在必行。

受历史条件的限制，我国新民主主义混合经济成分经过短暂的恢复期，就实行了生产资料公有化社会主义改造。事实上，党的第一代领导集体领导全国各族人民进行社会主义改造到公有制经济制度的最终建立，经历了一个从理论准备到方针政策实践的复杂过程。1949年初，人民解放战争取得了全国性胜利，为此在随后召开的党的七届二中全会专门讨论了"向社会主义转变的问题"，毛泽东同志在此次会议上专门强调，新民主主义时期中国存在五种经济成分，其中，国营经济对其他一切经济都具有引领作用，是具有公有制特征的社会主义经济，而且要在国营经济领导下尽快实现国民经济恢复与发展，把我国由落后农业国转变为现代化工业强国。同时，要积极引导小农经济与个体工商户走社会主义集体化道路，对私人资本采取必要政策限制并引导其走国家资本主义道路①。1951年初，毛泽东针对党内出现的一些急于过渡的思想，他指出，向社会主义过渡是一个漫长而艰巨的过程，首先就要"三年准备"和"十年计划经济建设"②。1952年，通过经济恢复与发展，国营经济在国民工业的占比从1949年的43%变为1952年的67%，同期私营工业占比从56%下降到了32%③。有鉴于此，1952年中下旬，毛泽东改变了原来过渡计划的设想。他认为"经过十年到十五年基本完成社会主义"④。1953年6月，在党中央召开的政治局会议中，毛泽东就指出，从新中国的成立到社会主义改造的完成是一个"过渡时期"，并且要确立这个时期的总路线。同年12月，《关于党在过渡时期总路线的学习和宣传提纲》通过，并规定"过渡总路线"为："在一个相当长的时期内，逐步实现国家的社会主义工业化。并逐步实现国家对农业、手工业和资本主义工商业的社会主义改造。"⑤按照中央文件精神，从1953年下半年起，到1956年生产资料社会主义改造的完成，我国正式建立了公有制经济制度。

（二）新中国建设时期在经济制度上的新思想

三大改造完成后，以毛泽东为代表的共产党人围绕着社会主义经济建设实践中出现的一些突出问题，对社会主义公有制经济制度、分配原则与经济体制进行了初步探索，并出现了一些新的理论观点。但是，由于主客观条件与历史环境的限制，这些新思想并未理论化、制度化，甚至公有制经济制度在社会主义实践中出现了严重的历史挫折。

这里的新思想是指公有制经济制度下，共产党人对不同所有制结构、市场与计划关系和分配制度上的新观点。1956年9月，陈云在三大改造即将完成前中共中央召开的第八次全国代表大会上强调，生产资料改造完成后会产生一系列新的经济问题，所以我国经济发展应该在国有集体经营、国家计划核算为主体下，伴随着个体经营，在国家允许的范围内自由生产与自由计划中对"国家集体经营""计划生产"和"国家市场"的补充⑥。陈云在所有制结构与经济体制上的新思想并未被大会全部采纳，大会决议只是说明了国营主体下，"许可范围内的分散经营""部分

---

① 《毛泽东选集》第4卷，人民出版社，1991，第1431-1437页。

② 中共中央文献研究室：《毛泽东传（1949—1976）》，中央文献出版社，2003，第236页。

③ 中共中央文献研究室：《毛泽东传（1949—1976）》，中央文献出版社，2003，第242页。

④ 中共中央文献研究室：《毛泽东传（1949—1976）》，中央文献出版社，2003，第236页。

⑤ 《毛泽东文集》第6卷，人民出版社，1999，第316页。

⑥ 陈云：《陈云文选》第3卷，人民出版社，1995，第13页。

产品不列入国家计划"作为生产补充①。决议所说的"分散经营"与"个体经营"等非公有制并非一回事，也并未提及"市场自由"，所以，大会事实上否定了陈云所说的一定范围内的"非公有制经济"与"市场自由调节"。1956年底，三大改造正式完成，但公有制经济并非如马克思恩格斯所预料的一般会极大解放生产力。当时，在上海出现了一些私人投资的"地下"工厂与商店，对此，毛泽东在回应记者就这一问题提问时说："地下工厂可以合法化"，"可以经营大工厂"，"可以消灭了资本主义，又搞资本主义"，"这是新经济政策"②。同年，刘少奇也提出了有关过渡后的社会主义经济问题，他说，生产资料在公有制下，"有百分之几的资本主义"不可怕，可以作为公有制经济的补充，还可以"同社会主义经济作比较"③。1957年，周恩来总理也说，搞公有制经济可以"活一点"，私营经济作为补充对"社会主义的发展"是有益的④。可以看出，党的第一代领导集体事实上在所有制与经济体制问题上都做过有益探索，旨在说明，在生产资料公有制前提下，可以适当发展各类非公有制经济作为对国民经济发展的补充。但这一新思想在随后的"反右派斗争"中并未被继承下来。

虽然公有制经济制度的有益探索受到了阶级斗争问题的干扰，但并未就此中断。1961年春，邓小平向中央提交了《国营工业企业工作条例（草案）》，该草案对国家所有权与企业经营绩效分别做出了"五定"与"五保"的规定，事实上是对生产资料所有权与经营权的分离，旨在建立企业与国家之间、企业内部之间的生产经营责任制。这个草案的初步实施，对于调整国家所有制结构、调动企业生产积极性有着重大的现实意义。无独有偶，在农业领域内的包产到户、生产责任制相继在以安徽为代表的多个省份得到试验。时任农村工作部部长的邓子恢多次向中央提及，只要坚持农业集体化主体地位稳固，那么，这种责任制就不会产生破坏作用，并且"只有好处而没有坏处"⑤。邓小平不但大力支持包产到户的农业生产责任制，而且从社会基本矛盾的层面对此展开了论证，他

---

① 中共中央文献研究室编《建国以来重要文献选编》第9册，中央文献出版社，1994，第346页。

② 《毛泽东文集》第7卷，人民出版社，1999，第170页。

③ 中共中央文献研究室编《刘少奇年谱》下卷，中央文献出版社，1996，第382–383页。

④ 中共中央文献研究室编《建国以来重要文献选编》第10册，中央文献出版社，1994，第164页。

⑤ 中共中央文献研究室编《关于建国以来党的若干历史问题决议注释本（修订）》，人民出版社，1985，第288页。

说包产到户门农业责任制可以采取多种经营方式，"在什么地方采取何种形式有利于恢复发展农业生产，就采取哪种形式"[①]。这是伴随着社会生产力的发展与人民群众的意愿采取的措施。邓小平在农业经济发展上的新思想，不仅指涉农业集体化与经营方式多元化的问题，而且意在说明农村所有制改革与整个国民经济体制改革的问题。邓小平的这些观点，是共产党人对社会主义公有制、农业集体化实现形式的有益探索，对中国改革开放后所有制关系调整与经济体制改革具有重大历史意义。

（三）公有制经济制度探索中的失误

毫无疑问，对马克思主义经典作家关于未来社会经济形态的不同解读就会出现不同的经济理论。列宁实事求是从国情出发，发展了马克思恩格斯在共产主义第一阶段的经济关系理论，但在斯大林的思维中，列宁的新经济政策只是一种暂时性退却。这充分体现了在解读经典原理上的两种不同的思路。中国社会主义建设曾效仿苏联模式，在社会主义经济理论与经济建设中出现了严重的历史挫折。

首先是公有制不同形式之间急于过渡的失误。1958年左右，一部分地区为解决农村建设资源不足问题而出现了公社合并现象，俗称"人民公社"。

其次是在左右倾斗争扩大化中，将农业生产经营责任制冠以"资本主义道路"而遭到取消的失误。

最后是在批判"资产阶级法权"中对社会主义商品经济规律与按劳分配的否定的失误。

在新中国成立之初，我国对社会主义公有制经济制度探索的失误表明，在这一阶段，单一公有制、计划调节与按劳分配的"单三元模式"并不适用。在现有生产力发展水平下，社会主义单三元经济制度并不适应我国目前经济发展的实际情况。

三、改革开放时期对社会主义基本经济制度的认识与实践

生产资料的社会主义改造完成之后，我国经济制度理论曾一度受制于经典社会主义原理与苏联模式的双重影响，认为社会主义生产资料公有制下，一切带有商品与货币关系的各类非公有制经济都必须彻底消灭，因而在极力追求高度公有化的经济实践中建立起了以单一公有制为核心的单三元经济模式。实践证明，这一制度虽然建立在社会主义制度经济

---

① 《邓小平文选》第1卷，人民出版社，1994，第323–325页。

基础之上，一定程度解放了社会生产力、巩固了工农联盟与奠定了中国社会发展的制度基础，但它由于超前的所有制关系与经济特征，同样在违反社会生产规律中付出了昂贵代价。为此调整所有制关系和实行经济体制改革势必成为历史趋势。1978年，党的十一届三中全会顺应历史潮流，坚持解放思想与总结历史经验，我国社会主义基本经济制度的发展与完善进入了一个全新的历史时期。

（一）从"对立替代"到"有益补充"

从社会主义改造完成到党的十一届三中全会这段历史时期，我国基本经济制度的公有成分与私有成分的所有制关系一直都处于对立替代关系中，这种现象直到党的十一届三中全会，至此之后"社员自留地、家庭副业和集市贸易是社会主义经济的必要补充部分，任何人不得乱加干涉"①。改革开放后，恢复与发展首先从农村实施的"家庭联产承包责任制"开始，在农村土地集体所有前提下以家庭为单位采取生产经营责任制，事实上，这一农业土地双层经营体制还不是中央明文规定的独立意义上的个体经济，反而是外资经济的恢复与发展最先得到中央重视。1979年，邓小平、李先念等中央领导人明确指出，要充分吸引外资、利用外国技术、兴办外资企业，通过"搞合营"来发展经济。同年，中央召开的五届人大二次会议通过了《中外合资经营企业法》，在法律层面做出了发展外资经济的有关规定②。党的十一届三中全会后，个体经济得到恢复发展，但却并没有正式的文件法案，直到1981年，党中央召开的十一届六中全会才以正式决议的形式把个体经济的发展作为基本经济制度范畴确定下来。社会生产关系并非一成不变、僵化静止的，而是随着生产力的发展和社会条件的改变发生变化，因而需要根据现阶段生产力状况探索出与此相符的"生产关系的具体形式"。具体到所有制生产关系层面，就当时我国经济发展水平来说，我国以国有经济与集体经济为主，但必要的个体经济的发展是"公有制经济的必要补充"③。党的十一届三中全会从社会基本矛盾的经济规律层面，不仅视个体经济为发展社会主义生产力的要求，而且视其为公有制经济的有益补充，事实上已经将个体经济纳入了基本经济制度体系内容中。

---

① 中共中央文献研究室编《三中全会以来重要文献选编》上，人民出版社，1982，第7页。

② 中共中央文献研究室编《三中全会以来重要文献选编》上，人民出版社，1982，第11-13页。

③ 中共中央文献研究室编《三中全会以来重要文献选编》上，人民出版社，1982，第840-841页。

1981年10月，针对当时学界对允许非公有制经济存在众说纷纭，党中央在十一届六中全会有关决定的基础上通过了《关于广开门路，搞活经济，解决城镇就业问题的若干决定》。此决定再次强调了目前我国经济发展中公有制经济与多种经营方式并非一种发展社会主义经济的"权宜之计"，而是党的一项"战略决策"。同时，针对当时一些部门、地区与个人突破国营经济与集体经济限制筹集资金的一些做法，该决定指出，突破原有体制限制，在不同领域筹集资金，资金来源"有国营企业和集体企业的，也有个人的"①。这实际上是对混合所有制经济的许可，虽然这时还没有出现混合所有制经济的特定概念。可以确定的是，这一文件对多种经济成分与经营方式合理性与长期性的肯定，为把非公有制经济纳入基本经济制度指明了方向。1982年，邓小平在党的十二大提出了"建设有中国特色的社会主义"的历史任务，为进一步探索所有制关系与推进经济体制改革提供了实事求是、具体问题具体分析的马克思主义哲学观。同年，胡耀邦在党的十一届中央委员会报告中指出，国营经济与集体经济是社会主义经济关系的基础，但受现阶段生产力状况的影响，多种经济成分的存在对我国经济发展来说是必要的，尤其是个体经济的发展，能够激活民间经济的发展，所以，在发展的同时鼓励个体经济为社会主义公有制经济"服务"。同时，要坚定不移推进改革开放，通过利用外国资金、技术、经验来"促进我国的生产建设事业"②。

　　1982年，五届人大五次会议通过了新的《中华人民共和国宪法》，在所有制关系上对个体与外资经济做了相应规定。宪法规定，社会主义经济制度的基础是生产资料的社会主义公有制，个体经济是公有制经济的补充；在法律允许的范围内外资经营"受中华人民共和国法律的保护"③。可见，在法律允许的范围内，个体经济与外资经济受到法律的保护。随后，在《中共中央关于经济体制改革的决定》中指出，国营经济在我国经济发展中处于主导地位，集体经济是我国公有制经济的重要组成部分，两种公有制经济与其他经济成分并存、共同发展；个体经济与"社会主义公有制相联系"，是"社会主义经济必要的有益的补充"；在坚持自愿互利原则下，国家、集体与个人多种经济形式可以"合作经营"，

---

① 中共中央文献研究室编《三中全会以来重要文献选编》上，人民出版社，1982，第983-986页。

② 中共中央文献研究室编《十二大以来重要文献选编》上，人民出版社，1986，第20-24页。

③ 中共中央文献研究室编《三中全会以来重要文献选编》上，人民出版社，1982，第220-223页。

小型国营企业可以通过多种方式租借给集体或个人；另外，合资、合作与独资的"三资"企业合法权益受国家法律保护，也是"对我国社会主义经济必要的有益的补充"①。可以看出，这个决定在多方面对基本经济制度的探索做出了历史贡献：首先，明确个体经济的合法地位，是社会主义公有制经济的有益补充；其次，多种所有制形式展开合作经营，实际上是混合所有制经济与股份制的雏形；再次，实现国有企业出租转卖，已经暗含了非公有制参与国企股改与公有制不同的实现形式。1986年3月，从国务院下发的《关于进一步推动横向经济联合若干问题的规定》中可以看出，不同经济形式是混合所有制创见的延续，规定指出，不同形式横向经济联合以社会生产规律为基础，既有利于社会主义社会生产与商品交换，也有利于资源配置与产业结构布局②。这一定程度上为混合所有制经济成分在基本经济制度中的确立做出了有益探索。

1987年以来，随着个体经济的恢复与发展，我国社会相继出现了雇工增加的私营企业，对于私营经济的存在与发展，中央起初既没否定也没支持。1983年，中央在《关于印发〈当前农村经济政策的若干问题〉的通知》中指出，我国农村生产经营能力低下，在一定程度上存在着资金、技术与劳动力的自由流动及其不同的结合方式，这"对发展社会主义经济是有利的"③。1987年，中央关于农村经济发展的第五号文件指出，私营经济尽管与公有制经济属性相异，但两者却在发展生产力上并不矛盾，并且在一定程度上可以相互促进。虽然私营经济存在固有的缺陷，但通过管理的方法可以弥补其中的不足。在现有生产水平下，私营经济作为"社会主义经济结构的一种补充形式"，有利于生产力发展与不同生产要素结合。对待私营经济，我们应该坚持"允许存在，加强管理，兴利抑弊，逐步引导"十六字方针④。进而，私营经济作为社会主义经济成分，已经以文件的形式确立了其应有地位。同年10月，党的十三大报告指出，目前我国处于社会主义初级阶段，我国要继续坚持公有制为主的地位，与此同时，发展各种所有制经济，并且"公有制经济本身也有

---

① 中共中央文献研究室编《十二大以来重要文献选编》中，人民出版社，1986，第579-581页。

② 中共中央文献研究室编《十二大以来重要文献选编》中，人民出版社，1986，第912页。

③ 中共中央文献研究室编《十二大以来重要文献选编》上，人民出版社，1986，第260页。

④ 中共中央文献研究室编《十二大以来重要文献选编》下，人民出版社，1988，第1237-1238页。

多种形式"。要不断扩大个体经济与外资经济发展的规模。非公有制经济是"公有制经济必要的和有益的补充"①，因此，在鼓励发展的同时加以更好地发挥作用。1988年，七届人大一次会议通过了《中华人民共和国宪法修正案》，使私营经济的发展有了更加有力的保障。至此，私营经济的合法地位受到了法律保护。

（二）从"有益补充"到"共同发展"

继党的十三大、七届人大一次会议与党的十三届四中全会等重要会议之后，我国基本经济制度、所有制关系以及经济体制改革的探索，在新一代党中央领导集体的领导下出现新的提法，最显眼的莫过于所有制关系从有益补充到共同发展的转变。

改革开放以来，个体经济、私营经济与外资经济得到了进一步的发展，在经济发展中出现了违反市场法规与市场秩序的乱象。对此，1988年党中央专门通过了《关于进一步治理整顿和深入改革的决定》，并在全国各地付诸实施。但这一经济治理措施却在当时引起了理论界和政界部分人士对私营经济的批判，认为经济乱象是私营经济与个体经济本身的弊端造成的。在这一思想下，部分省域与地方政府对私营经济的发展采取了政策打压与叫停限制，致使私营部门企业在1989年全年减少了近1.4万家。同年9月，党中央与国务院在重大场合重申了党的十三大以来各届会议关于国家在个体经济与私营经济上的政策，要求社会各界依此贯彻执行。即便这样，到1991年，我国个体经济与私营经济依旧发展缓慢。这表明，社会各界对我国非公有制经济的发展与经济体制改革还有诸多认识障碍，这要求必须在理论层面上加以突破。1992年，邓小平在指导改革开放工作中发表了数次重大谈话，总称为"南方谈话"。"南方谈话"从回答"什么是社会主义"的理论高度解决了长期以来影响人们经济建设的思想障碍，对于完善发展基本经济制度与推进经济体制改革具有重大历史意义。

同年10月，在党的十四次代表大会中论述了"建设有中国特色社会主义"理论"九方面"的基础上，对我国基本经济制度及其所有制关系提出了一些新论断和新观点。首先，大会报告重申了党的十三大以来党中央对社会主义经济成分的理论，指出社会主义公有制经济主体有"全民所有制和集体所有制经济"两种成分，补充成分包含了"个体经济、私营经济与外资经济"，并且，"不同经济成分可以自愿实行多种形式的

---

① 中共中央文献研究室编《十三大以来重要文献选编》上，人民出版社，1991，第31-32页。

联合经营"，从而首次提出了"多种经济成分长期共同发展"的新论断。其次，在总结改革开放以来党和国家对计划与市场关系认识历程的基础上，大会再次确认了，对经济体制的改革是社会主义现代化建设全局的根本性问题，只有对这个问题彻底明确地了解，才能正确看待与解决我国社会主义现代化建设中出现或将要出现的一系列重大理论与现实问题①。在社会主义初级阶段，我国在继承前人优秀成果的基础之上，发展和完善了社会主义基本经济制度。社会主义经济成分纵然有主体与补充之分、地位的主导与影响之别，但共同使命都在于解放发展生产力，进而消灭两极分化、实现共同富裕。市场化改革取向为中国经济发展与人民生活水平提高贡献了不可磨灭的历史功绩。

为了坚持邓小平社会主义本质论思想和贯彻落实党的十四大关于社会主义经济制度与市场化改革的相关规定，1993年，党的十四届三中全会通过了《关于建立社会主义市场经济体制若干问题的决定》，在思考经济体制改革的基础上，对我国社会主义所有制关系做出了新提法："以公有制为主体、多种经济成分共同发展的方针"②，不仅改变了以往"以公有制经济为主体"的提法，而且将公有制经济与非公有经济的关系实现了从"有益补充"向"共同发展"的转变。甚至，就这一表述本身内容及其内容相互关系来说，除了"方针"二字外，已经与党的十五大对社会主义基本经济制度的表述来说并无不同。至此，个体经济、私营经济、外资经济统称为非公有制经济，不仅在社会主义初级阶段具有根本大法规定的合法地位，而且各类非公有制经济在与国营经济、集体经济以及混合所有制中的公有成分的关系，不再是一般意义上的"补充关系"，而是"共同发展"的新型关系。这是改革开放以来，科学社会主义经济原则在社会主义基本经济制度与经济制度上的哥白尼式创新。

（三）社会主义初级阶段基本经济制度的确立

1997年9月，经过几代共产党人对社会主义所有制关系及其经济特征的艰辛探索，中国共产党召开的第十五次全国代表大会正式将"公有制为主体、多种所有制经济共同发展的基本经济制度"的所有制关系确定为社会主义初级阶段基本经济制度，而"这一制度的确立，是由社会主义性质和初级阶段国情决定的"③。党的十五大不仅确立了社会主义基

---

① 《江泽民文选》第1卷，人民出版社，2006，第226-227页。
② 中共中央文献研究室编《十四大以来重要文献选编》上，人民出版社，1996，第520页。
③ 《江泽民文选》第2卷，人民出版社，2006，第17-19页。

本经济制度，而且首次使用了"社会主义基本经济制度"这一名词。党的十九届四中全会进一步扩展了这一制度，两者在内涵与外延上有所不同，但都坚持了"公有制为主体、多种所有制经济共同发展"的核心层面。党的十五大对基本经济制度的概括有以下特征。

首先，和党的十四届三中全会对所有制关系的界定一样，不再使用"公有制经济为主体""有益补充""多种经济成分"与"长期存在"的称呼，在去掉了以往"长期存在"的宾语与宾语修饰词的基础上，将前三者表述改为了"公有制为主体""共同发展"与"多种所有制经济"。因为，"公有制为主体"的外在延伸意义会造成理论混淆，容易让人把"公有制的主体地位"理解为在数量上公有制经济占国民生产总值多半，而剩下的就是非公有制经济的所占份额。若从高质量与控制力层面而论，即使是公有制占比不高，也不会改变公有制的性质。同样，在所有制关系上，将以往的"补充"改为"共同发展"，不仅给予非公有制经济平等地位，而且意味着"非公有制经济是我国社会主义市场经济的重要组成部分"。长期存在到底有多长，事实上也是一个模糊的概念，既然大会报告已经指出这一基本经济制度是社会主义初级阶段基本国情的产物，那就没必要再次强调，长期就意指社会主义初级阶段。除此之外，"多种经济成分"也不再使用，因为多种经济成分一般意指有公有的成分同时存在非公有的成分，但对混合所有制的论述显然有所欠缺，为此，也不宜再用。

其次，大会报告对"公有制为主体"的本身内涵做了说明：第一，"公有资产在社会总资产中占优势"，从"量"和"质"两方面来说都具有重要的地位。第二，"国有经济控制国民经济命脉"，其主要指国有经济关乎国计民生与重大国家垄断行业占据主导与支配地位。第三，"对经济发展起主导作用，"指国家经济发展与经济体制改革要克服市场经济的内在缺陷，对国民经济的健康有序发展具有管控与调节能力，这种能力主要体现在"控制力"上[1]。

再次，阐明了非公有制经济的地位与作用，"非公有制经济是市场经济的重要组成部分"，不仅对生产力的发展而且对促进整个国民经济的发展都具有重要的意义。在经济地位方面，报告不再使用"必要限制""法律许可范围之内""依法监督"等字样，而是改为"要继续鼓励、引导，使之健康发展"[2]

---

① 《江泽民文选》第2卷，人民出版社，2006，第19—20页。
② 《江泽民文选》第2卷，人民出版社，2006，第20页。

最后，大会报告说明了建设有中国特色社会主义政治、经济、文化的相关规定与政策主张，并将此确定为"社会主义初级阶段的基本纲领"。作为事关经济全局的基本经济制度，大会强调，建设有中国特色社会主义的经济，就是推进市场化改革、解放社会生产力，提高经济效益，坚持"公有制为主体、多种所有制经济共同发展的基本经济制度"①。

四、新时代对社会主义基本经济制度的认识与实践

继党的十五大之后，中国共产党的多位领导人对我国社会主义初级阶段及其经济制度都做了深入的分析，其中包括其内涵、所有制关系以及制度的完善，都做了更为深入的探索，实现了所有制关系从"共同发展"向"两个毫不动摇"再到"两个都是"的历史转变，尽管前后表述不同，但却是一脉相承。党的十八大以来，以习近平为总书记的党中央在推进中国特色社会主义伟大事业中，对处理不同所有制关系与完善混合所有制经济方面做出了新的理论贡献。

（一）从"两个毫不动摇"到"两个都是"

就所有制层面来说，自新中国成立以来，我国就面临着公有制经济与非公有制经济之间的取舍问题，其实质是关于社会性质、关系、地位的问题，也就是社会主义制度的保持问题与是否利用资本问题，归根到底就是社会主义国家基本经济制度的问题。自党的十五大确立初级阶段基本经济制度之后，面对21世纪之交中国推进经济建设所产生的一些时代问题，共产党人依据我国国情与特殊条件，对坚持与完善基本经济制度的所有制关系做出了调整，以增强经济发展微观主体活力与国家尊重市场规律之上的宏观调节能力。2002年11月，党的十六大首次提出了"两个毫不动摇"的所有制关系，"必须毫不动摇地巩固和发展公有制经济"，"必须毫不动摇地鼓励、支持和引导非公有制经济发展"②。这一思想的提出立足于我国的国情，是对公有制经济与非公有制经济关系的明确规定，旨在解放发展社会生产力。为此，在保持经济持续、健康、稳定发展的基础之上，不能把它们对立起来，而应统一于中国社会主义现代化建设中。

2003年，党中央召开了十六届三中全会，在重申"两个毫不动摇"的政策上，通过了《中共中央关于完善社会主义市场经济体制若干问题

---

① 《江泽民文选》第2卷，人民出版社，2006，第17页。
② 中共中央文献研究室编《十六大以来重要文献选编》上，中央文献出版社，2005，第19页。

的决定》。决定明确了，社会生产力的发展不仅需要公有制经济的促进，而且需要个体、私营、外资等非公有制经济的刺激。所以，既要对各类非公有制经济的健康发展提供政策保护，还要健全相关市场法规，为非公有制经济发展创造良好的环境；既要支持各类非公有中小型企业的发展与有能力的非公有企业做优，还要积极引导非公有制经济发展①。2004年，党的十六届四中全会不但明确了"两个毫不动摇"关系不仅是基本经济制度的"首要关系"问题，还是一个事关中国经济体制改革的根本性问题②。如果忽视生产力阶段性，一味地追求公有制经济的纯度与强度，则势必重回以往过错，并将为未来发展埋下隐患。如果一味地否定非公有制经济的促进与激发作用，则必然会导致生产力的发展缓慢与经济动力不强等一些后果。只有把两者结合起来，取长补短、优势互补，才是"两个毫不动摇"的真实含义。

为进一步促进各类非公有制经济发展、增强微观经济主体活力，党中央、国务院于2005年2月印发了《关于鼓励支持和引导个体私营等非公有制经济发展的若干意见》，这是党的十一届三中全会以来对非公有制经济发展所做规定最为全面的纲领性文件。该意见指出，"两个毫不动摇"的所有制关系是我国发展经济的必然选择，"是完善社会主义市场经济体制、建设中国特色社会主义的必然要求"③。同时，在市场准入、财政支持、职工权益、监督立法等不同方面规定了今后促进各类非公有制经济发展的相关办法。这对于促进我国经济发展具有重大现实意义。2007年10月，中共中央召开了第十七次全国代表大会，对我国所有制关系做了进一步政策规定。大会报告指出，推进我国经济体制改革与国有企业改革，要坚持现代企业产权制度、坚持平等保护物权制度，进而形成不同所有制、多种组织形式与经营方式的公平竞争、互利共赢的良好局面。推进集体所有制企业改革、促进各类非公有制经济发展以及实现不同经济成分联合合作，就要"推进公平准入，改善融资条件，破除体制障碍，促进个体、私营经济和中小企业发展"④。随后，此前关于促进

---

① 中共中央文献研究室编《十六大以来重要文献选编》上，中央文献出版社，2005，第464-467页。

② 中共中央文献研究室编《十六大以来重要文献选编》中，中央文献出版社，2006，第278页。

③ 中共中央文献研究室编《十六大以来重要文献选编》中，中央文献出版社，2006，第684页。

④ 中共中央文献研究室编《十七大以来重要文献选编》上，中央文献出版社，2009，第20页。

各类非公有制经济健康发展的相关规定得到了政策落实。2008年，财政部、发改委与国家工商总局联合发文，宣布取消民营、个体经济的"两个管理费"征收。2009年，国务院印发的《个体工商户条例》取消了个体工商户在市场准入、雇佣雇工、投资贷款、经营许可等方面的一些限制。可以说，自改革开放以来，国家在对待个体、私营、外资、民营等微观经济主体的政策支持上做出了极大的努力。

（二）我国非公经济发展的几个历史阶段

第一阶段（1978—1980年）　我们在最初谨慎的探索中，针对公有制企业自主权缺乏的困境，提出的方案是，以扩大企业自主权试点为突破口，力图通过扩权、减税、让利，给企业以一定的自主财产和经营权利，以激发公有制企业的活力。

第二阶段（1981—1982年）　为摆脱公有经济责任缺乏、吃大锅饭、效率低下的困境，我们开始提出和试行企业内部的经济责任制。1980年开始在部分地区的企业中大胆试行多种形式的盈亏包干责任制和计分计工资、计件工资、浮动工资等办法，这种把责权利相结合的经济责任制，将改革与企业管理制度的完善结合起来，有效地增强了公有经济的内在活力。

第三阶段（1983—1984年）　主要内容是利改税。也就是说，我们在改革实践发展中逐步认识到，公有制经济改革，不仅是解决企业内部活力的问题，还必须全国经济一盘棋，从宏观经济运行入手，以考虑国家财政收入的增长。1983年6月在各地试点基础上实行税利并存的第一步利改税。1984年9月，税利并存过渡到完全的税代利，从而促进了国家财政收入的增长，此举为公有制改革提供了国家宏观经济调控的运作空间。

第四阶段（1985—1988年）　1984年10月，党的十二届三中全会通过《中共中央关于经济体制改革的决定》，这是一个具有历史意义的文献，其建立在进一步解放思想和经济理论创新的基础之上。决定认为我国城市经济体制中严重妨碍生产力发展的种种弊端还没有从根本上消除。中央此次提出了"两权分离"的理论和措施，即所有权与经营权可以适当分离，并开始在一些企业里实行承包责任制，公有制实现形式的选择开始走向多样化。租赁制、资产经营责任制、委托经营责任制等试点得以展开。

第五阶段（1989—1991年）　主要内容是完善企业的经营机制，合理借鉴农村改革的成功经验，实行以"包死基数、确保上交、超收多留、欠收自补"为主要内容的承包制，以便打破企业中的大锅饭，调动企业和职工两个方面的积极性。根据我国一贯重视经济计划制定和运行的成功传统，中共中央1990年12月通过的《中共中央关于制定国民经济和社会发展十年规划和"八五"计划的建议》，强调"要探索公有制经济的多种有效的实现形式"。

第六阶段（1992—1996年） 1992年10月，在邓小平南方谈话的启迪下，党的十四大明确提出了我国经济体制改革的目标是建立社会主义市场经济体制。紧接着在1993年党的十四届三中全会上通过的《中共中央关于建立社会主义市场经济体制若干问题的决定》，明确提出我国国有企业改革方向是建立现代企业制度。要求按照"产权清晰、权责明确、政企分开、管理科学"现代企业制度原则深化企业改革，使企业真正成为市场主体。

第七阶段（1997—2001年） 1997年党的十五大提出，要把国有企业改革同改组、改造、加强管理结合起来。着眼于整个国有经济的发展，提出抓好大的、放活小的，对国有企业实施战略性改组的要求。并要求积极实行鼓励兼并、规范破产、下岗分流、减员增效，以便形成企业优胜劣汰的竞争机制。这一时期，国有经济战略布局重大调整，国企改革坚持"抓大放小"，收缩战线。

第八阶段（2002—2011年） 党的十六大明确了国有资产管理体制改革的基本原则，要求中央政府与地方政府分别代表国家履行出资人职责，并建立专门的管理机构，措施是建立和完善国有资产监管体制；以国有大型企业股份制改革为重点，建立现代企业制度，完善公司法人治理结构；以核定主业和推进联合重组为主线，推进国有企业布局和结构调整；以建立现代产权制度为核心，规范国有企业改制和国有产权转让。

第九阶段（2012年至今） 党的十八大以来，树立新发展理念，坚持不懈推动国有企业改革，积极推进建立现代企业制度和完善的法人治理结构，积极发展新经济，依托"互联网+"，不断创新技术、产品与服务，提高企业的核心竞争力，推动传统产业改造升级。着力破除体制机制障碍，完善监管制度，积极为国有企业改革营造良好环境。

（三）"两个毫不动摇"信念的确立

改革开放以来，中国共产党人经过几十年的不懈奋斗，中国经济实现了高速发展，改革开放与所有制关系调整所带来的历史成就是有目共睹的。但经济发展同时也产生了一系列的社会问题与经济问题，进入新时代以来，我国经济发展的总体特征不但体现为经济发展新常态，而且不平衡、不充分发展是新常态的集中体现，这与新时代人民群众对政治民主、公正法治、环境美好、社会和谐的美好生活需求构成了现阶段的社会主要矛盾。而美好生活的满足，从基本经济制度的所有制层面来说，公有制与非公有制的关系势必要更加完善。2013年，党的十八届三中全会通过的《中共中央关于全面深化改革若干重大问题的决定》，对所有制内部关系、所有制与市场经济、社会经济发展的关系做了进一步明确，创新性地提出了"两个都是"的新论断，即"公有制经济和非公有制经济都是社会主义市场经济的重要组成部分，都是我国经济社会发展的基础"①。这说明，公有制经济与非公有制经济的发展都能促进整体经济实力的增强，依旧体现"两个毫不动摇"的本质含义。不同的是，非公有制经济对市场经济与经济社会发展的作用的"基础"提法，比以往"重要组成部分""重要力量"更加明确。总体说来，"两个都是"是对"两个毫不动摇"的发展创新。

"两个毫不动摇"与"两个都是"的所有制关系之所以创新了社会主义基本经济制度，从基本国情来看，是因为坚持"两个毫不动摇"与"两个都是"，既不走单三元的高级生产关系、经济制度的老路，也不走苏联全盘私有化、放弃社会主义经济制度的邪路。"两个毫不动摇"与"两个都是"的所有制关系，从中国基本国情出发，坚持科学社会主义原则具体化、民族化，在形式上采取多元化、混合化的生产资料占有与使用，以发挥公有制与非公有制各自的长处与优势，从而在调动内生性网络交错动力与维护国民经济秩序发展的双向作用中解放发展社会生产力。社会主义历史实践证明，共产党人在基本经济制度上所创新的"两个毫不动摇"与"两个都是"所有制关系，符合中国国情与共产主义第一阶段关于经济发展的特征，是马克思主义在中国的具体体现。

① 中共中央文献研究室编《十八大以来重要文献》上，中央文献出版社，2014，第515页。

第七章　新时代社会主义
基本经济制度新内涵的现实逻辑

恩格斯在《反杜林论》中说，"每一时代的社会经济结构形成现实基础"[①]，而观念的形式"归根到底都应由这个基础来说明"[②]。以此说来，社会主义基本经济制度新内涵的形成，有着它固有的社会背景与时代条件。本章以马克思主义政治经济学为分析工具，结合当代世界经济发展态势与中国改革开放以来的经济实践历程，提出、论证了基本经济制度新内涵形成的时代动因。在关联性上，新内涵体系的创新，与经济全球化与对外开放新格局、新时代新任务与全面深化改革、市场经济发展与市场决定作用、所有制改革与公有制主导地位、分配领域改革与调整分配关系等的"时代要求"密切相关。

一　"新内涵"是应对世界百年未有之大变局之需

开放是融合之需、发展之需、命运之需。改革开放40多年的时间和实践都证明，实行对外开放是正确的。当今世界处在大发展、大变革、大调整时期，人类面临全新的机遇和挑战，世界各国命运与共。在新的历史方位，中国应如何应对全球之势，抓住大变革中的机遇，发展自身并提升参与全球治理的能力？党的十九届四中全会指出，中国特色社会主义制度有其独特的制度优势，坚持独立自主和对外开放相统一，不仅是实现国家治理体系和治理能力现代化的内在要求，而且是构建人类命运共同体的显著优势。历史的潮流滚滚向前，我国的发展只有遵循发展规律，积极融入世界发展之中，才能促进全球化的发展。中国的发展离不开世界，世界的稳定离不开中国。经济全球化与对外开放新格局，是基本经济制度内涵体系得以完善的原因之一。

（一）掌握开放主动权之需

纵观世界百余年发展，其"变"如下：首先，世界多极化向多层次、多领域扩展。多数新兴经济体在百年前尚未实现民族独立，发展受控，第二次世界大战结束后，随着殖民体系瓦解，其迎来了政治、经济的独立，逐步自主发展。进入新世纪以来，新兴经济体群体性崛起，国际力

---

① 《马克思恩格斯选集》第3卷，人民出版社，2012，第401页。
② 《马克思恩格斯选集》第3卷，人民出版社，2012，第796页。

量的对比渐显平衡。在经济方面，新兴经济体的经济总量占世界比重逐渐提升，对世界经济增长的贡献率越来越高。以愈加强劲的经济为支撑，新兴经济体在国际的影响力持续增大，在参与全球经济治理中更有发言权，扩展了自身的发展空间。其次，新一轮经济全球化进程继续向前推进。自航海时代开启至百年前，经济全球化以商品贸易为主，百年来，各种生产要素及商品在世界范围内自由流动、自由布局，贸易更为繁荣、投资更为便利、技术更为发展、人员更为流动，全球产业链、价值链环节非一国独自占有，南南、南北贸易发展，发展中国家与发达国家互相投资，世界各地的资源优势得以充分发挥，各国相互交往、相互联系、相互依存的程度比过去更紧密，世界整体发展向前迈进。再次，文化因素对国际关系的作用突出。文化交往是影响世界各国关系的重要因素，各个国家在互相尊重文化与价值观的基础上进行文化交流。最后，新兴技术引导世界发展变革。科技是推动人类文明和世界发展的动力。16世纪特别是18世纪以来，人类创新空前活跃，科技革命推动产业革命，社会生产力解放，人类生活水平跃升。新世纪以来，"社会信息化"演进发展，大数据、人工智能等新兴技术为世界各国增添发展动能及发展路径。以上推动国际体系发生深刻变革，冷战后的失衡态势转变，面对如此趋势，加之全球不确定性和风险性还在提升，全球挑战增多，世界各国为维护自身利益，确保自身安全，开始重新寻找定位、抢占资源、制定战略，聚焦于国际规则、体制、机制的重塑，争夺发展制高点。

纵观我国社会主义经济的发展，其"变"如下：首先，发展速度快，实现了从"站起来""富起来"向"强起来"的转变，完成了实现生存到实现温饱再到实现小康的转变。新中国成立以来，特别是改革开放四十多年来，我国完成了西方百年多来的工业进程，生产力水平飞速提升。在经济总量扩大的同时经济结构不断优化，跃出"贫困陷阱"，攀升发展阶梯。其次，国际影响力深。综合国力的提升增强了我国的国际影响力，国际社会开始希望我国能在处理国际事务中起到更大的作用，在全球性挑战的应对中承担起更多的责任。最后，扮演角色转变。我国与世界的关系发生变化，开始全面参与到全球治理体系的完善中，为稳定国际秩序提供新理念和新方案，经历了从旁观者到维护者、参与者、倡导者的角色转变。

在"百年未有之大变局"下，立足于我国发展的历史方位，面对更加激烈的竞争、更加突出的矛盾，跟进世界格局变化掌握开放的主动权是我国发展的重要课题。改革开放之初，处在历史转折期的我国投身改革开放洪流，用实践回答了"为什么要改革开放？什么是改革开放？怎样改革开放"的问题。新世纪之初，我国进一步开放，加入世界贸易组织，主动参与市场竞争，在世界市场上寻求发展机会，提升国际竞争力。特别是党的一八大以来，经济发展进入新常态，如何推动进一步发展？我们提出新发展理念，以期实现质量更高、效率更高、更加公平、更加持续的发展。时间和实践都证明，只有掌握开放的主动权才能实现发展。在开放中，社会主义制度在建设中不断得到推进，社会主义市场经济不断得以完善，国家的治理效能也不断得到提升，经济社会的突出问题得到解决；借鉴别国先进经验，破除改革阻力，对现存的不合理、不完善的制度进行改革，更好地处理经济发展中的重要关系；战略机遇得到把握，抓住海外市场扩张、国际资本流入的机遇成为全球制造中心。现今，我国在进行新一轮的开放，此次开放的要求更高，要求提升整体性、系统性、主动性、积极性、创新性、战略性以及经济风险的抵御能力。新一轮开放的任务更明确了"引技""引智"，提升开放标准和开放水平；明确了积极推进行政体制改革，以多种措施处理好政府与市场的关系；明确了积极推进市场经济的发展，以多种措施推动民营企业发展，实现要素的自由流动和配置；明确了积极推进重点领域的发展，以多种措施推动贸易、投资、金融开放，促进与各国的科技、教育、文化交流。

（二）丰富开放内涵之需

新中国70多年的发展历程表明，对外开放是我国经济实现快速发展奇迹的重要法宝，开放的内涵也在70多年的发展实践中得以丰富。新中国成立至1978年可以看作是我国对外开放的准备阶段，经历近三十年的准备工作，我国初步建立起较为完备的工业体系，为改革开放奠定了一定的产业基础。党的十一届三中全会后，以邓小平同志为核心的党的第二代中央领导集体以"横下一条心""杀出一条血路"的变革胆魄和改革决心实施以市场为导向的经济改革，实施对外开放战略，并使开放广度逐渐延展。1980年，以四个沿海城市为经济特区"窗口"，迈出开放的关键一步；20世纪80年代中期，以十四个沿海港口为扩大开放点，"点点"相连，开放呈"线"；1992年之后，以多个省份的国家级高新技术开发区为力量集中点，"线线"绘面，改革之风吹进内陆，我国开放向纵深发展。这一阶段的开放部署与战略实践是我国经济取得如此成就的根本动因。新世纪的第一个十年，以加入世界贸易组织为标志，我国变为"世界工厂"，开台扮演经济全球化的重要参与者一角，开放范围、地域、领域拓宽，由政策性开放向制度性开放、自我开放向互动开放转变。党的十八大以来，我国坚定不移地落实对外开放国策，采取更加积极主动的开放战略，"一带一路"倡议使得对外开放的层次和水平以及融入世界发展的深度再次提升。以全面深化改革为总目标，在目前的形势下，党的十八届三中全会部署了构建开放型经济新体制的要求，提出以更加开放的形式促进国内外经济的双向发展，不仅要引进先进的技术，而且要带动国内市场的繁荣，"促进国际国内要素有序自由流动、资源高效配置、市场深度融合，加快培育参与和引领国际经济合作竞争新优势，以开放促改革"①，从内外两方面进行高层次的、相对等的、各领域的、更规范的新一轮开放。党的十九大强调："要以'一带一路'建设为重点，坚持引进来和走出去并重，遵循共商共建共享原则，加强创新能力开放合作，形成陆海内外联动、东西双向互济的开放格局。"②全面开放新格局重点突出、范围扩大、领域增多、层次提升、区域优化、方式合理、富于原则，回答了新时代关于开放的重大命题。

（三）参与全球经济治理之需

当今世界一方面人类文明发展的步伐加快，另一方面全球经济发展障碍重重，世界经济面临重大变局，资本主义国家经济发展出现低迷状态，世界经济的复杂变化预示其内部的深层矛盾。

第一，新一轮科技产业再塑世界，但世界经济却没有出现迅速增长。进入新世纪以来，全球科技创新和发展在总量上几乎可以和上个世纪百年相提并论，新一代的信息技术、互联网大数据、人工智能等新兴科技催生出的新产业、新业态、新模式以巨大的力量再塑世界，世界范围内科技创新的速度加快再加快。但从全球金融危机至今，世界经济一直处于萎靡状态而难以改善，长周期的缓慢增长状态，表明全球的科技创新与经济增长仍存在结构不匹配的矛盾的阵痛之中，这种难以克服的矛盾是由资本主义制度的本质决定的。从增长动能来看，世界经济增长旧动能逐渐褪去，新动能尚未做到全面接续，世界经济在新旧动能转换过程中遇到了巨大障碍。

第二，新一轮经济全球化再发展，但供需的空间结构失调。新世纪以来，世界经济增长的主要空间从传统发达国家转向新兴经济体且主要集中在亚洲。新兴经济体和发展中国家沟通协调，共同发展，为世界经

---

① 《中共中央关于全面深化改革若干重大问题的决定》，人民出版社、中国盲文出版社，2013，第31页。

② 习近平：《决胜全面建成小康社会　夺取新时代中国特色社会主义伟大胜利——在中国共产党第十九次全国代表大会上的报告》，人民出版社，2017，第34-35页。

济增长提供了超过三分之二的贡献率。但整个世界的市场需求的增长极仍然在发达国家，发达国家自身经济增长较慢，无法消化新兴经济体的供给，这种供需的空间结构失调拖慢了世界经济的增长。

第三，新的多极化出现，但对制度与规则的变革调整较为滞后。进入新世纪20年来，美国、西欧、日本经济总和在全球经济占比下降，与此同时，新兴经济体尤其是东亚经济体占比迅速提高，世界经济呈现多极化，但有关世界经济运行的相关制度安排、规则使用并未完全跟上这一步伐，难以适应世界经济的新变化，经济发展与治理模式的矛盾显现。

第四，全球经济发展不平衡的状况愈演愈烈，发展鸿沟越来越深。多数贫困国家与世界的发展差距还在不断拉大。除了以上几点世界经济发展的矛盾以外，世界还面临着其他难题：经济全球化的"双刃剑"作用深刻影响着世界的不同国家及地区、不同产业及领域、不同区域及群体；气候变化、生态危机、极端主义和恐怖主义、移民难民等传统的全球问题还未得到有效解决；不断深入发展的多极化趋势下国际秩序不稳定的因素增多，不确定性及风险性仍在升高。这些矛盾和难题将使世界三大赤字问题变得越来越突出。

为消解经济全球化所带来的负面影响，我国不断转变在国际舞台上的角色，积极参与全球经济治理，推动新型经济全球化，力求与世界各国一道实现开放、包容、普惠、平衡、共赢。同时，顺应世界变化的潮流，结合当前国际政治多极化、经济全球化、文化多样性以及危机共同性，在迈向新时代、新征程的路上为世界提供构建人类命运共同体的新智慧、新方案。一方面，我国在和平共处五项原则的基础上，求同存异，坚持以平等协商解决问题。以全球现实需要为出发，遵循经济发展的客观规律，继续主动同世界各国加深政治、经济、文化等各领域的交流。参与到全球治理体系之中，倡导世界各国着眼于世界发展的整体利益，在开放、合作、公平的价值体系内，推动全球治理格局朝良好方向变革。另一方面，以更开放的姿态面对世界各国，构建发展开放型经济：以"一带一路"为顺应经济全球化潮流的合作平台，不仅提供给世界公共产品，还提供给世界发展机会和成果；加快转变对外贸易的发展方式，综合加工、创新、服务，主动打开市场；改善外商投资环境，创新对外投资方式，鼓励中外合作与交流；优化区域开放的布局，给予开放区域更加灵活的政策、更大的改革自主权，加大开放力度，提升开放层次。在开放中发展，在发展中开放，我国与世界的关系这样变化，与各国的互动这样进行，做参与者，做受益者，做贡献者。

二、"新内涵"是分配领域改革与调整分配关系之需

改革开放40多年来，我国国家综合实力稳步增长，现已成为世界第二大经济体，在经济一体化的当代世界民族之林，中国具有举足轻重的地位。但是，随着经济建设的长足进步，"中等发达国家收入陷阱"、贫富两极分化、社会分配不公等问题也接踵而至。因此，必须处理好公平与效率的关系问题，提高初次分配中对劳动者的分配，发展多种形式的分配方式，保证分配的公平公正，从而推动人民共享发展成果，调动不同劳动群体生产经营的积极性。新时代，"只有将分配制度提升为基本经济制度，才能确保微观主体有活力"①，因此，党的十九届四中全会把分配制度纳入社会主义基本经济制度是缩小贫富差距、保证分配公正、维护分配秩序、推进社会保障体系建设、促进共同富裕目标的重要举措，也是分配领域改革与分配关系调整的必然要求。

（一）积极调整社会分配关系的必要性

一是处理好社会分配关系，是实现党的十九大报告提出的战略目标的检验标准之一。改革开放后，我们党对我国社会主义现代化建设做出的"三步走"战略已有两个目标提前实现。综合各项形势和发展条件，党的十九大报告明确了"两个阶段"的安排，从2020年到2035年为第一阶段，在全面建成小康社会的基础上，基本实现社会主义现代化；从2035年到本世纪中叶为第二阶段，把我国建成富强、民主、文明、和谐、美丽的社会主义现代化强国，这一阶段"五大文明"全面提升，全体人民共同富裕基本实现，屹立于世界民族之林的中华民族将展现出更昂扬的姿态。而要实现这些战略目标，让人民生活更富裕、更体面，让社会主义的本质彰显真理的力量，就必须处理好社会分配的关系。

二是积极调整社会分配关系是实现共同富裕的必然要求。过去因为落后，我们吃过亏、受过苦，所以改革开放以来我们铆足劲地解放和发展生产力，如今我们的经济总量居于世界第二，综合国力极大提升，在国际社会中占据不可撼动的重要地位。2020年席卷全球的新冠肺炎疫情更从侧面反映了中国自身的制度优势、总体实力以及在为构建人类命运共同体中做出的巨大贡献。但是，在为成绩感到骄傲的同时，我们也要理性地看到中国大陆的人均GDP处于世界后列，衡量贫富分化的基尼指数也屡屡逼近世界红线标准，隐藏的大批富豪开始显露并在世界各种财

---

① 蒋永穆、卢洋：《坚持和完善社会主义基本经济制度》，《学习与探索》2020年第6期，第2、87—93、192页。

富榜上引起关注；而另一边贫困人群和贫困现象并未完全根除，低收入群体面临各方压力，经济腐败和政治腐败等问题并没有被彻底解决。这些问题反映出我们在抓经济发展、抓生产力发展的时候，对消灭剥削、消除两极分化、实现共同富裕却抓得不够，反映出理论与实践在一定程度上脱节。贫穷不是社会主义，但只讲富裕不讲共同富裕，那也不是社会主义。社会分配的问题最直接的体现是收入分配的问题，如何提高低收入人群的收入，提高中等收入群体的比例，缩小贫富之间的差距，缩小城乡之间、东西部之间、发达地区和欠发达地区的发展差距，实现基本公共服务均等化等问题急切地需要在现实中得以解决，因而，积极调整社会分配关系是实现共同富裕的社会主义本质必须考虑的方面。

以下几组统计数据反映了我国收入分配差距的现状（图7-1、7-2，表7-1）：

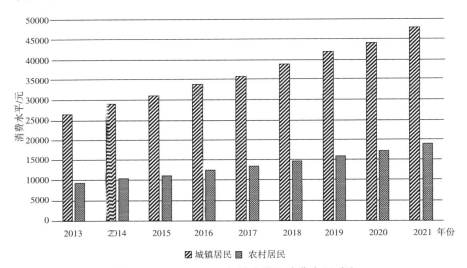

图7-1　2013—2021年城乡居民消费水平对比

注：数据来源于国家统计局。

表7-1　2017—2021年全国居民人均可支配收入分组情况　　单位：元

指标	2017年	2018年	2019年	2020年	2021年
低收入组家庭	5958	6440	7380	7869	8333
中间偏下收入组家庭	13843	14361	15777	16443	18446
中间收入组家庭	22495	23189	25035	26249	29053
中间偏上收入组家庭	34547	36471	39230	41172	44949
高收入组家庭	64934	70640	76401	80294	85836

注：数据来源于国家统计局。

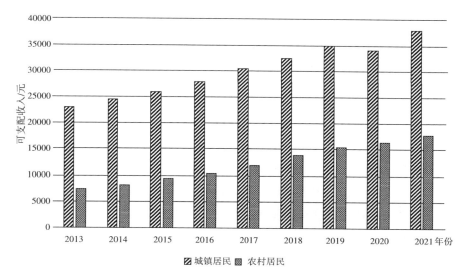

图7-2　2013—2021年城乡居民人均可支配收入对比

注：数据来源于国家统计局。

三是积极调整社会分配关系是实事求是、紧抓社会主要矛盾的具体体现。马克思主义唯物辩证原理和中国共产党积累的宝贵经验告诉我们，要找到正确理解和把握时代的钥匙，就要抓住主要矛盾。党的十九大指出，我国社会的主要矛盾为人民日益增长的美好生活需要和不平衡不充分的发展之间的矛盾。这种判断不仅依据生产力水平的提高这一事实，而且依据人民对民主、法治、公平、正义等方面有了更高的要求。这说明发展的不平衡不充分问题是更突出的问题，在分配领域就会具体体现上述的社会现实问题和民生问题。所以，要紧抓新时代社会主要矛盾，在分配问题上，就要积极调整社会分配关系。

四是积极调整社会分配关系是保障社会稳定、和谐的题中应有之义。在改革开放初期，受社会生产力低下的制约以及政治体制遗留问题的影响，我们侧重强调发展效率，将经济建设作为重点工作，市场经济体制得以确立，多种经济形式得以发展，允许一部分先富起来。但是随着发展时期和阶段的不同，我们要根据具体情况进行具体分析。当下，先富起来的那部分人带动之后的致富效果体现不显著，现实中贫富收入差距有愈加扩大趋势。在把握效率与公平的关系上，应更加侧重强调公平。因为，人民的民主、平等、公正等意识得到很大的提升，认同并践行着社会主义核心价值观，如果对民主、平等、公正等需要得不到合理满足，如果对社会主义核心价值观的理论宣传与实际出现偏差，那么会对人民群众的心理造成压力，引发群众不满、反对甚至是仇视富人等消极情绪。这些负面社会情绪如果不能得到宣泄、缓解和彻底根除，就会成为影响社会稳定、和谐的重要因素。因此，积极调整社会分配关系不仅是为了调动人民发展经济的积极性，充分利用各要素投入社会生产，而且是为了维护和保障社会的稳定与和谐。

（二）分配制度作为基本经济制度的必然性

收入分配方式的制度化确立是社会主义基本经济制度发展的必然。马克思认为："分配关系和分配方式只是表现为生产要素的背面。"①不能很好地解决分配关系问题，就不能很好地解决经济发展问题。也就是说，只有将收入分配制度纳入我国基本经济制度才能保证收入分配差距、公正、秩序问题的有效解决，才能更好地利用再分配制度进行社会保障体系建设，最终实现共同富裕、共享发展的美好生活。生产与分配是相互协同、相互制约的关系，生产情况在总体上通过流通、消费等环节来影响分配，而分配情况则反过来制约再生产结构。因此，生产与分配是经济领域相互关联的两个重要环节，党的十九届四中全会对基本经济制度新内涵的新概括，是基本经济制度理论和实践内在发展的必然，也是我国收入分配制度理论与实践成熟的表现，更对社会主义经济发展具有推动作用。

在理论上，生产问题与分配问题是经济领域的基本问题，并且生产、交换、消费、分配在商品生产过程中是统一的过程。在产品分配上，生产决定分配。生产的产品，即为分配的对象，有了生产才可能有分配。对于分配的方式而言，人们在生产过程中的地位决定了其在分配中的地位与分配的比例，由此可见，"分配关系的历史性质就是生产关系的历史性质，分配关系不过表现生产关系的一个方面"②。因此，生产和分配在经济活动中是不可分割的，不管是从政治经济学的理论来说还是从唯物史观的角度来阐明，一定的生产关系必然与一定的分配关系相联系，其中所有制关系、市场经济体制的深化发展"都为社会主义基本经济制度的新内涵提供了理论支撑，都为分配制度上升为基本经济制度提供了理论支撑"③。我国将分配制度纳入基本经济制度，体现了我国对社会主义经济发展规律的深化认识，也体现了我国人民至上、以人民为中心的发

---

① 《马克思恩格斯文集》第8卷，人民出版社，2009，第19页。
② 《马克思恩格斯文集》第7卷，人民出版社，2009，第1000页。
③ 时家贤、康东：《论分配制度上升为基本经济制度的几个问题》，《沈阳师范大学学报》（社会科学版）2020年第3期，第16–23页。

展思想，是党和人民的伟大理论创新，是将实践经验上升为制度的成熟体现，是新时代需要兼顾公平与效率的体现，也是分配领域与分配关系不断优化、调整的体现。

在实践层面上，将收入分配方式纳入基本经济制度是经济建设的内在需要，也是我党在社会主义经济建设实践中的伟大创造。收入分配制度是社会经济发展中的基础性制度之一，是经济运行的必然环节，是发展市场经济的重要基石。同时，"收入分配是民生之源，是改善民生、实现发展成果由人民共享最重要最直接的方式"①。所以，不断推动分配制度改革既是促进经济高质量、可持续发展的必然要求，也是缩减贫富两极分化、实现社会公正、促进共同富裕目标的重要保障。在中华民族站起来、富起来、强起来的伟大征程中，我国的分配制度随着经济社会的发展和国内国际形势的变化不断地做出调整、不断地进行改革，从而推动了我国经济的持续稳定增长，提升了我国的市场化程度，人民生活水平稳步提高。新中国成立以来，我国对分配领域进行了多层次的深化改革，主要体现在对分配制度的改革上，因为分配原则、分配政策等都内含于分配制度中，并由分配制度所决定。而对分配制度的改革时间段集中体现在改革开放以后，成效显著，尤其是党的十九届四中全会，将分配制度首次纳入我国基本经济制度，实现了分配制度地位的高度提升。应该说，分配制度的不断改革和完善是缩减贫富差距、保证分配公正、维护分配秩序、推进社会保障体系建设的重要举措，也是分配领域改革与分配关系调整的必然要求。

（三）分配制度作为基本经济制度的显著优势

总而言之，分配制度作为基本经济制度的内涵之一是新时代实现共同富裕、共享发展的重要保障。在分配方式上，多种分配方式并存，调动资源的充分利用，保证分配公正；在分配价值上，可以正确处理效率与公平的关系，既保证社会主义经济体制内在公正、公平，又可以保证市场经济的灵活性，扩大中等收入群体；在分配结构上，可以妥善处理好先富后富的问题，让先富带动后富，后富追赶先富，消除贫富差距，走向共同富裕；在分配层次上，既保证初次分配的合理性、秩序性，又可以通过再分配手段调节分配差异，构建社会保障体系。具体来说，按劳分配为主体、多种分配方式并存的制度化确立具有以下显著优势。

其一，有利于保证分配公正，缩减贫富差距。分配制度以基本经济

---

① 中共中央宣传部：《习近平总书记系列重要讲话读本》，人民出版社、学习出版社，2014，第114页。

制度的形式得以确立，坚持发展为了人民、发展依靠人民的原则，有利于保证不同阶层群体的收入分配公正。初次分配强调按劳分配的主体分配原则，能够有效保障普通劳动者的收入水平，多种分配方式并存的补充分配原则能够充分激发资本、土地、知识、技术、管理、数据等各类生产要素潜力，体现了效率原则，有助于发挥市场的灵活性。再分配制度强调了政府的指导、调控、兜底功能，能够有效规避因收入差距悬殊带来的各类社会矛盾。"合理的分配制度在着力解决发展不平衡、不充分问题的同时，也有利于更好地满足人民美好生活的需要。"①此外，按劳分配和按生产要素分配相结合的收入分配方式能极大地激发企业、市场、资本以及个体的潜能与活力，进而推动生产力的解放与发展。

其二，有利于维护分配秩序。将分配制度纳入基本经济制度，能够有效维护分配秩序，有利于将收入分配合理化与规范化，使之有制度可依、有法规可循，形成一个健康、稳定、规范的收入分配方式。在收入分配比上，可以有效平衡政府、企业、居民三者的收入比例，使分配更加合理、规范，避免收入分配中出现的一系列问题，建构起更加合理的分配秩序。

其三，有利于社会保障体系建设。社会保障体系是指国家通过立法而制定的社会保险、救助、补贴等一系列制度的总称，是国家最重要的社会经济制度之一，通过完善的社会保障体系能够有效保障全社会成员基本生存与生活需要，特别是保障公民在年老、疾病、伤残、失业、生育、死亡、遭遇灾害、面临生活困难时的特殊需要。完整的社会保障体系主要由社会福利、社会保险、社会救助、社会优抚和社会安置等各项不同性质、作用和形式的社会保障制度构成。社会保障体系主要是国家通过调节国民收入分配和再分配的方式实现的。因此，将收入分配方式纳入基本经济制度能为社会保障体系的建设给予政策保障、制度保障、经济保障。综上，将分配制度上升为基本经济制度，不仅有利于解放生产力和发展生产力，更有助于保证分配公正，缩减贫富差距，维护分配秩序，推动社会保障体系建设，增进人民美好生活的幸福感。

三、"新内涵"是完善社会主义市场经济体制之需

新时代，把社会主义市场经济体制纳入基本经济制度这项伟大举措具有深刻的理论背景和现实背景，是基于当前社会历史发展状况和国内

---

① 时家贤、康馨 《论分配制度上升为基本经济制度的几个问题》，《沈阳师范大学学报》（社会科学版）2020年第3期，第16—23页。

外经济形势变动，在经济体制上做的一次重要调整。将市场经济体制纳入社会主义基本经济制度，既是经济规律的客观要求和发展社会主义市场经济的要求，也是市场在资源配置中决定性作用的要求。对于解决当前我国发展面临的挑战和困境具有重要作用。

（一）我国市场经济发展面临的时代挑战

市场经济体制在我国实行几十年来取得了非凡的成果，在社会主义经济建设中发挥了重要作用。但是，随着社会历史的发展，国内国外经济形势发生了重大改变，市场经济体制外在运行环境也发生了转变。将市场经济体制提升到社会主义基本经济制度地位的情况下，必须基于新的时代背景，对我国市场经济面临来自内部与外部的严峻挑战加以客观分析。

1.市场潜能与活力尚未充分释放

在社会化大生产的背景之下，市场经济体制是一种有效的将市场作为资源配置手段与方式的经济类型。自从党的十四大提出要"建立社会主义市场经济体制"以来，建立和完善市场经济体制就成为我国改革的目标。但因为种种原因，市场的潜能与活力并未充分释放，统一大市场还未形成，市场作为资源配置有效方式的功能并未完全发挥，这与当前加快社会主义经济建设高质量发展，不断提高市场经济效能的主旨是不相符的。因此，要不断优化市场结构，提升政府服务效能，彻底释放市场经济内在活力。激发市场潜能与活力主要指促进各类生产经营主体主动、自觉参与市场体系建设；培育良好的营商环境和市场环境；推动人才流动机制，调动人才活力；破除体制机制对市场的过度约束。

2.政府与市场的关系尚未厘清

政府与市场的关系问题是市场经济体制内生的首要问题，妥善处理好政府与市场的关系问题能在很大程度上提升市场经济与政府工作效能，从而既保证市场对资源的有效配置，又减少政府对市场领域公共事务的介入，达到缩减开支、提高治理效能的作用。处理好政府与市场的关系不是放任市场体制自由运行，因为市场经济存在着一定的盲目性、自发性以及滞后性弊端，所以在保证市场的决定性作用不改变的前提下，也要充分发挥政府的职能作用，建立并不断完善国家宏观调控体系，来弥补市场缺陷。放任市场体制自由运行很可能导致市场供需结构、供需关系紊乱，使技术、资金、人员大范围涌入优势行业、盈利行业，而无法保证基础行业建设以及事关国计民生的重要行业。此外，高度市场化也可能导致资本脱离管控范围，给经济建设埋下巨大"隐患"。此外，处理好政府与市场的关系需要各宏观调控体系的相关政策之间协调配合，以促进宏观调控体系的科学化、完整化。与此同时，政府要积极转变职能定位，优化宏观调控方式，建立服务型政府。总之，政府对市场的作用在于基础性引导、宏观性调整、风险把控、缺陷弥补等方面，而非经济活动的微观领域的干涉。

3.市场体系发展不够健全完善

作为资源有效配置方式的市场经济体制有其自身孵化、成长、运行的土壤，因此，市场体系的成熟与完善不是一蹴而就的，而是处于一个不断调试、调整的过程。目前，我国市场体系还不够健全完善，除了来自市场经济体制自身缺陷的原因外，还与市场经济同我国社会体制、经济传统、社会现状相融合的程度有关，也与各级政府、各行业、各生产经营主体对政策的认知和执行能力有关。因此，建立健全成熟完整的市场体系是一项重要并且艰巨的任务，既要在宏观层面把握市场体系内生的缺陷，不断进行市场调整，注重市场体系与社会主义制度的有效融合，又要在微观层面加强对基层部门、组织及个人的引导，让各类生产主体自觉构建、维护健全完善的市场体系。

4.市场体系需要制度化依据

党的十四大就已经正式提出要建立社会主义市场经济体制，但长期以来，人们对所有制结构和市场经济体制的关系有疑虑，无法自觉融入市场体制的构建、维护。随着我国经济建设实践以及党和人民对社会主义市场经济体制认识的不断深化，党的十九届四中全会首次将社会主义市场经济体制与所有制结构、收入分配制度共同确立为基本经济制度，为我国进一步推进经济高质量发展打稳了基础、明确了方向。党的十九届四中全会在制度层面对市场经济体制进行了角色定位，将其纳入社会主义基本经济制度，从制度上明确了市场经济的地位，这对于建设完善有效的市场体系、提升市场经济效能、进一步激发各类生产经营主体动力具有重要意义，使市场经济活动做到了有政策可循、有政策可依。

（二）市场经济体制作为基本经济制度的显著优势

1.有利于健全市场体系，发挥市场的决定性作用

将市场经济体制纳入基本经济制度，不仅可以实现资源的优化配置，而且可以健全社会主义市场经济体制，发挥市场在资源配置中的决定性作用。市场在资源配置中起决定性作用，其实质就是要使市场在生产、流通、消费、分配整个经济运行环节中起统领作用。市场活动中，价格形成和供给需求由价值规律决定，通过价格机制、供求机制及竞争机制，

在利益驱动和优胜劣汰作用下，刺激生产经营者不断提高生产技术和生产效率、降低能源损耗、改善经营管理、提升创新能力。无形中对生产与需求机制进行了自动调节与平衡，避免了政府对商品价格的不恰当干预造成产能过剩、资源浪费、效益低下现象的出现，使价格成为市场供求的信号器和指示灯，打破体制机制障碍，使各类市场主体在经济领域中依市场规则竞争发展，真正发挥市场优化资源配置功能，以最小的投入获得最大的产出，加快经济转型升级步伐。如在促进区域协调发展等方面，"使市场在资源配置中起决定性作用，促进各类生产要素自由流动并向优势地区集中，提高资源配置效率"①。

2.有利于优化政府职责，处理好市场与政府的关系

有效发挥有为政府和有效市场的协同作用是提升市场经济效能的关键，既要保证政府的指导、调控、反馈、约束作用，又要充分保证市场在资源配置中的决定性作用，发挥市场自身的供需调节能力。将市场经济体制纳入基本经济制度有利于优化政府职责，将政府职能用制度形式加以约束，同时在制度层面给予市场更大自由度。事实证明，政府与市场，公有制结构和市场体制并不相悖，发展完善的社会主义市场经济体制、深化经济体制改革的核心是处理好政府与市场的关系问题。如习近平将此归纳为四化，即"农村产权明晰化、农村要素市场化、农业支持高效化、乡村治理现代化"②。充分发挥市场在资源配置中的决定性作用，有利于转变政府职能，把政府的工作重点转移到市场不能做或者做不好的领域，如市场监管和公共服务等方面，有利于促进政府做好"放管服"改革，集中精力做好做深做优各项服务工作，打造高效廉洁政府。同时，"我们仍然要坚持发挥我国社会主义制度的优越性、发挥党和政府的积极作用"③。历史发展的实践已经证明，市场和政府两者职能的发挥，更加有利于实现经济的平稳发展。因为市场的作用并不是万能的，并不能在所有历史时期内，对全部领域都进行优化配置，也会由于盲目趋利、不规范竞争、信息不对称等出现失灵。在经济过热以及发生重大突发事件时，市场的作用就会受限，需要政府采取措施进行干预。因此，我们要充分发挥各自优势，"既要'有效的市场'，也要'有为的政府'，

---

① 《习近平谈治国理政》第3卷，外文出版社，2020，第271页。
② 《习近平谈治国理政》第3卷，外文出版社，2020，第262页。
③ 中共中央文献研究室：《十八大以来重要文献选编》上，中央文献出版社，2014，第500页。

努力在实践中破解这道经济学上的世界性难题"①,那么,就要将社会主义制度和市场经济体制结合起来,"使之在发展社会生产力方面发挥出巨大的'合力'作用"②。明确权责边界和交集,在市场做不好和做不到的领域大力发挥政府的作用,使二者优势互补、良性互动,形成资源优化配置的合力,在政府与市场的相得益彰中,达到资源配置的最佳状态。

3.有利于在制度层面建立一个良好的营商环境

良好的市场体制与营商环境需要有规范的制度加以保证和引导,将市场经济体制纳入基本经济制度有利于在制度层面为生产经营主体创造一个健康的市场生态,同时也有利于促使各类生产经营主体自觉构建维护市场体制。首先,市场经济体制在基本经济制度层面的确立说明党和国家对市场经济体制的长期坚持与重视程度,以及对市场经济体制的信心,这为那些对市场经济体制持动摇态度的人给予了定心丸,并通过制度层面的确立将会为各类生产经营主体提供一个有制度保障的良好、健康、稳定、规范的商业环境和市场环境。其次,市场经济体制的制度化确立可以有效规避政府越权,市场不公正、不透明,市场生态脆弱,资本摇摆不定等问题,使市场和政府各自的职能得到最大化的发挥。良好的商业环境、市场环境同样可以反过来促进主体自觉构建、维护现有的健康、规范的市场生态,使市场与生产经营主体实现互利双赢。

四、"新内涵"是构建新发展格局之需

新发展阶段目标的实现是一项长期任务,畅通的经济循环是这一阶段发展获得动力和活力的保障。然而,百年未有之大变局使国际经济循环对我国国内经济发展的带动作用在减弱。但随着我国经济的快速发展,人民生活水平整体提高,内需对我国经济增长的贡献率持续增长。在复杂的国际形势与国内经济转型的背景下,党中央根据新发展阶段要求做出推动构建以国内大循环为主体、国内国际双循环相互促进的新发展格局的战略决策。新发展格局有助于充分发挥国际、国内两个市场优势,有助于加快要素流动,畅通经济运行,增强技术创新能力,增强经济发展韧性,进而实现高质量发展。

(一)新发展格局的现实背景:国内、国外复杂环境相互交织

构建"双循环"新发展格局,符合我国的现实国情与现阶段的发展

---

① 中共中央党史和文献研究院:《十八大以来重要文献选编》下,中央文献出版社,2018,第6页。

② 习近平:《关于社会主义市场经济的理论思考》,福建人民出版社,2003,第41页。

要求。从我国经济发展环境来看，进入新发展阶段，我国经济发展发生了较大变化。我国在改革开放时期所采取的"以国际循环主导带动国内循环"即"两头在外，大进大出"的发展战略，现在出现了一定的问题：一是出口产品所凭借的低成本优势，使其在国际市场、国际价值链中无法排至中高端位置，因而，其无法有效、大幅度地增加国民财富，进而积累国家财富。二是随着中国特色社会主义进入新时代，社会主要矛盾发生转化，此发展战略以国际市场和国外消费者为主要目标，这种产品的供给在量和质上都无法适应国内市场需求，因而无法满足人民对美好生活的需要。并且，随着我国经济的发展以及人口红利的消失，旧的生产方式的组合形式难以维系；经济全球化遭遇强势逆流，我国低成本出口的工业化战略难以适应当前状况，在关键核心技术上受制于人，经济安全风险持续升级，我国经济循环出现了诸多瓶颈。在如此形势之下，我国发展面临着各类不确定性带来的压力、风险与挑战。但也必须看到，我国拥有超14亿的人口，超100万亿的人民币经济总量，人均GDP达到1万美元，这意味着我国拥有超大规模的国内市场，意味着我们有巨大的内需潜力，具备了依靠扩大内需持续做大经济循环流量、推动经济增长的条件。鉴于以上，我国需转变发展模式与发展方式，提高自主技术创新能力，突破发展瓶颈，优化产业结构，实现经济循环的畅通无阻；需围绕扩大内需，构建以国内市场为主要目标的生产体系，加强需求侧管理，深化供给侧结构性改革，不断引导和创造新需求，实现内需潜力的最大释放。

（二）新发展格局的重要特征：国内循环与国际循环相互促进

社会主义市场经济应是良性循环、良性运行的经济。所谓经济运行，即由社会生产、分配、交换、消费四个环节所构成的经济总体在时间上与空间上的变动，这种变动的结果表现为经济总量的增减、经济结构是否均衡以及经济发展质量与效益的高低程度。构建"双循环"新发展格局，首先要顺利实现国内经济循环。生产的国内循环，即生产全过程在国内进行；分配的国内循环，即国内分配过程；交换的国内循环，即产品在国内的流通、流动；消费的国内循环即商品在国内完成消费。新发展格局的构建前提在于国内循环的进行，但"新发展格局决不是封闭的国内循环，而是开放的国内国际双循环"[①]。在经济全球化的国际背景下，要把握发展机遇，在全球经济发展中占据一席之地，必须参与国际

---

① 《中共中央关于制定国民经济和社会发展第十四个五年规划和二〇三五年远景目标的建议》，人民出版社，2020，第53页。

循环。国内循环是推动国际循环的基础，国际循环为国内循环提供更大动力与更广空间。国内循环在扩大内需、延长国内产业链、增加国内供给规模的同时，会扩大对外贸易范围、增加对外投资，从而刺激国际需求、国际生产，延长全球产业链。国际循环为国内循环提供全球资源要素、技术要素、管理经验要素，从而推动国内供给链和产业链转型升级，以提升我国产品在国际市场上的竞争力，进而使得国内循环基础更为牢固。综上，只有在国内国际循环的相互促进中才能完成商品一次又一次的"惊险的跳跃"。

（三）新发展格局的建构要点：微观、中观、宏观多层面的制约

当前，新发展格局的构建面临着一些压力。

微观层面，从生产来看，我国产业链和供应链对外依存度较高，企业缺乏技术创新能力，创新短板较为突出。关键核心技术的缺乏使我国所生产出的产品、所提供的服务存在同质性问题，高附加值、高端供给短缺；从分配来看，我国收入分配格局不合理，政府、企业、居民在初始收入分配中所占比重不合理，居民劳动报酬在初次收入分配中所占比重较低，城乡、地区、行业之间收入差距较大、分配不公；从流通来看，我国商品物流成本较高，中西部地区与东部地区物流基础设施建设存在差异，农村地区物流基础设施缺乏，区域间流通存在隐性成本；从消费来看，我国虽然全面建成小康社会，消除了绝对贫困，但地区差距、城乡差距、不同群体收入差距仍然存在，中西部部分地区、广大农村地区有一部分群体的收入水平偏低，人均收入水平与人均消费水平偏低。房地产价格上涨过快，使得居民其他消费空间被严重挤压。

中观层面，金融的发展与实体经济的发展出现了一定程度的背离现象。尽管金融业对实体经济的支持持续向好的方向发展，但金融自由化使得实体经济特别是中小企业面临资金短缺、经营困难的问题。地方政府债务规模不断膨胀，可能会影响到我国未来经济发展。进行分税制改革之后，地方政府财权、事权无法统一，特别是受政绩考核要求影响，地方政府有着不断扩张政府债务危机的主观想法。如此状况下，一旦发生实质危机，债务风险可能会引发金融风险与实体经济风险。

宏观层面，首先，产业需求层次较低。近几年，供给侧结构性改革的推进，"三去一降一补"的实施使我国供给质量有了明显提升，但仍存在着较多低效能产业。我国产业体系在技术、安全、环保标准等方面目前尚未能与国际市场高效接轨，这很大程度上影响了国内经济的循环质量以及国内循环和国际循环的对接与互动。其次，国内外市场存在准入

障碍。近年来，我国不断深化机制体制改革，简政放权，扩大对外开放范围与领域，延长开放链，简化企业办事程序，降低行业准入门槛。但在一些产业领域，仍存在着对民营企业、外资企业开放度不高、门槛高的情况。国内市场分割现象较为突出，部分地区存在着企业发展的地方保护行为。加快构建新发展格局，必须着力解决以上问题。

（四）新发展格局的有效建构：基本经济制度的助推机制

"构建新发展格局，我们是有显著制度优势和坚实改革基础的。"①显著制度优势主要来自社会主义基本经济制度。新发展阶段，必须从社会主义基本经济制度新内涵出发，有针对性地疏通构建新发展格局的多个堵点。

首先，坚持并完善所有制结构，激发各所有制主体发展活力，更好满足人民需要。构建"双循环"新发展格局，目标在于实现全方位、各领域的高质量发展，以提升人民的幸福感与满足感。随着我国经济的稳步发展，按高质量发展要求，各消费主体对美好生活的需求不断提升，我国产业体系的建设不仅要满足数量要求，而且要追求质量。因此，提供差异化、个性化、高质量的产品至关重要。企业是市场经济的细胞，是进行生产、进行创新的主体，其提供着多样化产品。为此，一要以深化供给侧结构性改革为主线，使产业结构走向合理化、高级化。二要深化创新驱动，着力发展高端制造业，加大对各所有制经济主体的科研创新投入，鼓励企业创新，支持企业科技成果的转化，不断提高我国产业的科技水平，促进各技术标准与国际接轨，适应全球价值链向中高端攀升的速度，以提高我国企业核心竞争力，占领发展制高点。三要适应国内消费升级需求，提高企业自主研发、自主创新、自主设计水平，利用居民各类消费心理，将传统文化内涵与当前消费潮流相结合，积极开发全新"国货"品牌，满足消费者对蕴含民族元素的商品的需求。四要把握世界科技前沿，积极利用新兴技术，如云计算、互联网、物联网、大数据、5G技术、人工智能等，推动供应链不断升级；大力发展数字经济，推动产业数字化、数字产业化，延伸产业价值链；对传统服务业进行改造，创新服务模式，提高服务产品供给质量。

其次，坚持并完善收入分配制度，推动居民消费持续增长。以国内循环为主体，就是要使国内消费与投资成为推动经济高质量发展的主要

---

① 《习近平主持召开中央全面深化改革委员会第十五次会议强调：推动更深层次改革实行更高水平开放　为构建新发展格局提供强大动力》，《人民日报》2020年9月2日第1版。

驱动力。因此，要坚持贯彻并完善按劳分配为主体、多种分配方式并存的基本分配制度，处理好初次分配与再分配、三次分配之间的关系问题，着力增加我国城乡居民可支配收入，努力缩小城乡、区域、领域、行业、群体之间的不合理收入差距，致力于稳步提升低收入群体的收入水平，培育较为完整的内需体系。为此，第一，拓宽就业渠道和扩展就业机会。鼓励商业模式和产业业态的创新发展，据此生成新型就业形态，大力拓展就业机会，拓宽居民收入来源渠道。第二，提高劳动者的收入水平。要提升我国产业创收的能力，增加产品的附加值和利润率，以提高劳动报酬在初次分配中所占规模和比重，真正体现按劳分配的主体地位。第三，努力扩大中等收入者群体。要多措施增加中等收入群体收入，扩大中等收入群体的比重，充分挖掘中等收入群体的消费潜力，发挥这个群体对整体消费的拉动作用。第四，完善社会保障体系。要加大对税收、社保等的政策调节力度，做到精准调节，构建更为公平、完整的社会保障体系，千方百计增加低收入群体收入。第五，消减人民生活刚性需求压力。在住房方面，抑制投资性住房的无序增加，积极扩大保障房、廉租房建设规模，完善居民住房信贷政策；在医疗方面，加大力度推动基本医疗服务和公共卫生服务均等化，保障人民生命健康公平；在教育方面，优化教育资源配置，推动学前教育、高等教育向普及化、均衡化方向发展。

再次，政府坚持好"有所为有所不为"，不断优化自身行为结构。有效市场与有为政府的协调统一是新发展格局的运行基础。贯彻社会主义基本经济制度的内涵要求，构建双循环发展格局，政府在对市场经济的宏观调控中可行的选择是：第一，稳住国民经济总盘子。在外部环境、世界金融危机等风险冲击的情况下，切实提高宏观调控能力，更为科学灵活地运用财政政策与货币政策，运用税收、利率、价格等手段调节市场自身运行；要稳定住、稳定好物价，控制通货膨胀水平。第二，加快社会保障基础条件建设。重点加强基础性、普惠性、兜底性的民生保障建设，切实为民办实事、办好事，以共同富裕为价值导向，使全体人民共享经济发展、改革发展红利。第三，加大关键领域资金投入。面向世界科技前沿、经济主战场、国家重大需求、人民生命健康这四个方面，加大对基础和应用研究的资金投入。第四，瞄准新的经济增长点。加强基础设施建设向重点领域、新兴领域、关键领域的倾斜，大力发展以互联网、大数据为核心特征的新型基础设施建设，促进传统基础设施数字化、智能化发展。第五，建设全国统一大市场。要有市场经济全国一盘棋的意识，破除市场经济对内开放的体制机制障碍，推进新型城镇化发展，破除城乡二元化局面，打破发展不协调、不均衡状态。第六，要进一步规范地方政府的招商引资行为，坚决防止国内市场竞争内卷式损耗，尽可能地减少对竞争性领域的不合理干预行为，以充分激发市场竞争活力，释放创造性能量，真正体现社会主义市场经济体制的内在要求。

最后，深化全面改革和坚持扩大开放并举，坚决破除制约内外经济循环的体制和机制障碍。以内循环为核心、外循环为助力，并不意味着内循环是一个闭环，寻求内外循环的优势互补，是中国经济未来发展基本规划①。在新发展阶段，要以胸怀天下、创新开拓的气概，发挥社会主义市场经济体制的长处，在立足国内循环的基础上，设法延长战略机遇期，建设更高水平的开放型经济新体制。这个新体制的特征有：充分利用国内、国际两个市场和国际、国内两种资源；有效促进内需和外需、引进外资和对外投资、进口和出口的协调发展。具体的关键性措施是：其一，在进一步扩大对外开放方面，一要稳步推进规则、管理、标准等制度型开放，落实好《外商投资准入特别管理措施（负面清单）》，缩减负面清单准入范围，使内外资企业展开公平有序竞争；二要加强与"一带一路"共建国家的经贸合作，使各对外开放平台有效发挥作用；三要积极参与现有多边机制的改革与完善，着力构建能合理体现发展中国家利益诉求的新机制；四要大力优化开放环境，以便以开放、包容、普惠的建设性原则推动区域经济一体化。其二，在深化国内改革方面，一要深化以市场为导向的改革，通过市场的决定性作用的发挥，提高各类商品和要素市场的配置及运行效率，实现价格反应灵活、要素自由流动、企业优胜劣汰；二要不断完善金融市场体制机制，尽可能将金融风险控制在最低程度；要深化"放管服"改革，落实"非禁即准"原则，打破行业垄断与地方保护，降低某些领域、某些行业的市场准入门槛，持续进行"最多跑一次"改革；三要持续优化营商环境，贯彻社会主义基本经济制度多种所有制共同发展的要求，创造公有制经济平等竞争的条件，积极支持我国民营企业更好地参与到市场竞争与合作之中，为民营企业发挥创造力、创新力提供更为宽松的环境、广阔的空间；四要积极探索人才引进机制，在培育内部人才的同时引进外部人才，更要提高我国国内人才的待遇，防止高端人才过度流失。

---

① 戴翔、张二震、张雨：《双循环新发展格局与国际合作竞争新优势重塑》，《国际贸易》2020年第11期，第11–17页。

五、"新内涵"是助推高质量发展之需

社会主义基本经济制度在不同时期、不同发展阶段针对不同发展任务为我国经济发展提供制度支撑与引导。新发展阶段，我国经济发展的要求与目标是实现高质量发展。高质量发展，从目标来看，是满足人民日益增长的美好生活需要的发展；从发展方式来看，是以深化供给侧结构性改革为基础的集约化生产为主的发展；从宏观调控方面来看，通过供给侧结构性改革，提升供给体系的质量与效益，在扩大有效与中高端供给上发力，以适应人民多元化需求。基于新发展阶段我国经济加快转型发展、经济高质量发展需要强有力的制度支撑的实际，必须坚持不懈完善和发展社会主义基本经济制度。

（一）新时代从高速度增长到高质量发展的转变

习近平指出："我国经济已由高速增长阶段转向高质量发展阶段。这是一个重大判断。"[①]党的二十大报告再次强调："高质量发展是全面建设社会主义现代化国家的首要任务。"[②]经济发展质量是衡量社会发展、进步程度的重要指标。我国社会主义市场经济体制转轨的独特性，加之劳动者的劳动与智慧，使得改革开放期间我国经济高速增长，成为世界第二大经济体。更应该看到，尽管我国实现了人类历史上较为罕见的经济增长奇迹，但经济发展方式较为粗放、创新动能不足、市场经济体制机制运行不畅、有效供给短缺、资源配置效率不高、区域发展协调机制滞后、各群体收入分配差距较大等问题仍然突出。要实现新阶段新的发展目标，必须转向高质量发展。

"高质量发展是我们党在推进经济建设不断向高级形态迈进过程中形成的。"[③]经济发展过程是动态的、阶段性的。在不同的历史方位，经济发展的方式与形态不尽相同。因此，在不同历史发展阶段，相对应的经济发展内涵和侧重点也会有所变化。中国特色社会主义进入新时代，是我国发展阶段性特征的体现。在这一阶段，我国经济发展呈现出诸多新特征：由低收入阶段进入中等收入阶段；发展受自然资源条件和生态环境条件约束；发展指标由数量型增长转向质量效益型发展；发展目标由

---

① 《习近平谈治国理政》第3卷，外文出版社，2020，第237页。

② 习近平：《高举中国特色社会主义伟大旗帜 为全面建设社会主义现代化国家而团结奋斗——在中国共产党第二十次全国代表大会上的报告》，人民出版社，2022，第28页。

③ 刘鹤：《必须实现高质量发展（学习贯彻党的十九届六中全会精神）》，《人民日报》2021年11月24日第6版。

摆脱贫困转向基本实现现代化。推动高质量发展，要紧密围绕新时代这一历史阶段，围绕国内外发展环境，围绕全球发展趋势，围绕我国发展要求，合理制定发展目标、发展任务，及时、科学调整发展政策，根据实践要求解决发展问题与难题。

"高质量发展就是体现新发展理念的发展。"[①]党的十九届六中全会通过的决议强调要实现创新是第一动力、协调是内生特点、绿色是普遍形态、开放是必由之路、共享是根本目的的高质量发展。创新、协调、绿色、开放、共享五大发展理念构成了一个系统性、综合性、整体性的高质量发展内涵体系，具有显著的逻辑严谨性和鲜明的实践针对性。它既体现了新发展理念与高质量发展的有机融合，又体现了我国"十四五"时期乃至更长时期内经济社会发展的主题和要求。

创新是第一动力，揭示了我国经济发展的新型动力。从全球发展历史经验来看，落入"中等收入陷阱"的国家几乎都面临着科技创新能力滞后于经济发展的问题。因此，能否成功跨越"中等收入陷阱"，关键在于能否实现要素驱动向科技创新的转向。并且，由于世情、国情的深刻变化，科技创新已不仅关乎到我国发展问题，更关乎到我国如何站得住、立得稳的问题。为此，必须依靠科技创新，实施创新驱动发展战略，推动我国经济内涵式发展。

协调是内生特点，揭示了我国经济结构优化的方向。在经济高速增长阶段，经济结构的优化未与经济总量的快速扩张同步实现，在某些方面，经济高速增长甚至衍生出了经济结构失衡问题。为此，必须协调我国经济发展中的投入结构、需求结构、产业结构，实现经济结构的平衡，协调区域经济发展，实现区域一体化发展。

绿色是普遍形态，揭示了我国经济发展产业转型的属性。高增长、高污染、高能耗是我国经济发展的阶段性特征之一。忽略生态环境而发展经济，直接影响人民生活质量，制约社会生产力的持续发展。为此，必须高度关注生态环境问题，将生态环境保护作为发展的重要内容，以绿色、低碳、环保作为各类型产业发展的基本方向，在产业发展中引入更多现代生产要素，逐步有序实现各产业的绿色高效发展。

开放是必由之路，揭示了我国经济发展空间的扩展与延伸。我国经济高速增长与加深对外开放程度、充分利用国际市场密不可分，全球化红利更是我国取得经济增长奇迹的重要原因之一。当前，复杂的国际发

---

① 本书编写组：《〈中共中央关于制定国民经济和社会发展第十四个五年规划和二〇三五年远景目标的建议〉辅导读本》，人民出版社，2020，第185页。

展环境给我国经济发展带来了新的挑战。但要认识到，全球化仍是人类历史发展的趋势，开放与合作仍是我国实现高质量发展的途径。为此，必须扩展开放途径、丰富开放内涵、提升开放层次，构建更高水平的开放体系，依托"一带一路"、自贸区、自贸港平台，更为积极地参与全球化发展。

共享是根本目的，揭示了我国经济发展的目标指向。社会主义的本质要求是实现共同富裕。经济高速增长阶段，为共同富裕的实现奠定了坚实基础，但不同群体之间对发展成果的分享程度仍存在较大差距。进入新发展阶段，实现全体人民共同富裕被摆在更加重要的位置上。为此，必须坚持推动高质量发展以扩大共同富裕之基，必须瞄准影响发展成果分享的各类结构问题，加快推进公共产品均等化配置以促进更高程度的公平。

（二）基本经济制度助推高质量发展的内在机制

经济高速增长阶段需要解决的是发展"快"和"慢"的问题，而经济高质量发展要解决的是"好"和"更好"的问题。"本质上，高质量发展问题是制度建设问题。"①因此，要解决"好"和"更好"的问题，实现高质量发展，必须坚持并完善我国社会主义基本经济制度。从高质量发展的本质来看，高质量发展就是着眼于提高人民生活质量的发展，着眼于供给侧结构性改革的发展，着眼于提高生产要素利用效率的发展，着眼于内涵型、集约型、素质型、持续型的发展。从高质量发展的内容涵盖上来看，高质量发展，意味着高质量的投入产出、高质量的供给、高质量的需求、高质量的配置、高质量的收入分配和高质量的经济循环。从高质量发展的要素结构关系来看，高质量的配置决定高质量的投入产出，高质量的投入产出决定高质量的供给与需求，高质量的供需关系又决定高质量的分配来源，而以上各要素的实现又都要取决于高质量的经济循环。从高质量发展与我国社会主义基本经济制度的运行来看，高质量的投入产出需要通过不同所有制经济的有效协同来完成，高质量的供给和需求与高质量的经济循环需要通过市场经济来调节，高质量的配置需要通过充分发挥市场的决定作用来贯彻，高质量的收入分配需要完善和改革分配制度来实现。

通过贯彻新时代基本经济制度新内涵助力新发展阶段的高质量发展，首先，要完善公有制为主体、多种所有制经济并存的基本经济制度，寻

①　高培勇、袁富华、胡怀国、刘霞辉：《高质量发展的动力、机制与治理》，《经济研究》2020年第4期，第4-19页。

求最优所有制结构，以充分激发并增强各类所有制经济的发展活力与内生动力，为高质量发展提供源头活水。所有制结构的优化关系到人民群众福利的获得和社会经济发展前景，涉及有效的激励机制问题。充沛的发展活力、强劲的发展动力是高质量发展的基本特征。要调动个人、企业创造局部利益的积极性，调动全体人民创造整体利益的积极性，最大限度地激发经济发展的潜在活力、增强经济发展的内生动力，必须坚持"两个毫不动摇"原则，使公有制经济和非公有制经济携手并进，双轮驱动中国特色社会主义市场经济的发展。其次，要完善按劳分配为主体、多种分配方式并存的收入分配制度，促进效率与公平的有机统一，以满足人民日益增长的美好生活需要。高质量发展的最终目的与落脚点在于满足人民日益增长的对美好的向往。再次，要加快完善社会主义市场经济体制，依据市场化、法治化、国际化要求构建现代化经济体系。从高速增长转向高质量发展，要继续沿着社会主义市场经济改革的方向，充分厘清政府与市场关系；在制度安排方面，需完善和发展产权保护制度以充分释放市场主体活力；需破除各种体制机制障碍，以完成对资本等生产要素的科学的市场化配置；需完善公平竞争审查制度以实现各市场主体的优胜劣汰，提升市场经济运行质量与效率；需完善科技创新制度以增强我国经济创新力和国际竞争力；还需完善消费者集体诉讼制度、实体经济振兴制度、城乡协调发展制度、区域协调发展制度、粮食安全保障制度、宏观经济调控制度等一系列市场经济制度，以深度融合社会主义制度与市场经济体制，进而为实现高质量发展保驾护航。最后，实现高质量发展，需在坚持并完善社会主义基本经济制度的原则下，有效化解经济发展过程中的各种风险挑战。经济发展是解决社会其他问题的前提条件，高质量发展是实现发展目标的重要保证。坚持完善和发展社会主义基本经济制度，发挥社会主义基本经济制度的强大优势，应对化解经济发展中的各类挑战和风险，是实现高质量发展的必由之路。当前，世界处于百年未有之大变局中，全球经济处于2008年世界金融危机之后的深度调整、变革、转型时期，"部分发达经济体实施量化宽松政策，缓解了经济衰退的阵痛，但结构性改革推进迟缓，深层次矛盾发酵，部分甚至向外部转嫁，民粹主义、贸易保护倾向突出，宏观政策空间更加收窄，经济增长潜在水平继续低位徘徊"①，以上外部经济环境对我国经济发展极为不利。而我国正处于全面建设社会主义现代化国家的新发展阶

---

① 陈昌盛、许伟：《怎么看与怎么干——中央经济工作会议精神解读》，《学习时报》2019年12月13日第A1版。

段，这一阶段对发展质量要求更高。面对如此境况，必须坚持党对经济工作的领导，以保证我国经济社会发展的根本方向；国家要明确稳中求进经济工作总基调，进行科学、合理的宏观调控，根据我国发展目标与发展实际，制定并实施科学的财政政策、货币政策；政府要在做好"六稳"工作的基础上，做到"六保"，即保居民就业、保基本民生、保市场主体、保粮食能源安全、保产业链供应链稳定、保基层运转以稳定经济发展；要真正使市场在资源配置中起决定性作用，提高各种生产要素的使用效率；特别要在深化供给侧结构性改革上下功夫，加快经济发展方式转型升级的速度，壮大实体经济，发展数字经济，切实提高新发展阶段我国经济发展的质量和效益。

第八章　新时代社会主义基本经济制度新内涵的比较视域

本章基于马克思的世界历史理论的启迪，通过比较分析法，即制度比较和理论比较两个角度，基于社会主义基本经济制度新内涵，从对社会主义经济制度和资本主义经济制度的对比分析、中国特色社会主义经济制度理论与西方经济学的制度理论的对比分析入手，阐述了资本主义经济制度的本质及其新变化的实质，论证了社会主义经济制度的本质及其优越性和历史必然性，揭示了新时代社会主义基本经济制度理论对西方经济学的借鉴与超越。

一、马克思世界历史理论视域及其思想启迪

中国是世界的一部分，经过改革开放的奋斗和各项事业的发展，中国已作为世界第二大经济体的身份自立于世界民族之林。而新时代社会主义基本经济制度新内涵的确立，就是中国改革开放的理论成果。其既体现了中国共产党人胸怀天下的博大气势和智慧，又体现了对人类社会化大生产和经济文明的借鉴，这一切来自马克思世界历史理论的思想启迪。

（一）马克思世界历史理论的主体视域

在马克思世界历史理论的语境中，这一问题可以置换为世界历史的主体是谁、世界历史对谁有利的问题。从其发源和形成来看，"不断扩大产品销路的需要，驱使资产阶级奔走于全球各地。它必须到处落户，到处开发，到处建立联系"①，因此，世界历史首先表现为资本的全球化，源于资产阶级的推动和主导，是资本主义发展的结果和条件的统一。然而，从人类历史发展趋势和长远结果看，世界历史的实质又是最终趋向于社会主义和共产主义的。马克思恩格斯在《德意志意识形态》中明确指出："共产主义……是以生产力的普遍发展和与此相联系的世界交往为前提的。"②在共产主义的形成发展史中，"每一民族都依赖于其他民族的变革；最后，地域性的个人为世界历史性的、经验上普遍的个人所代

---

① 《马克思恩格斯选集》第1卷，人民出版社，2012，第404页。
② 《马克思恩格斯选集》第1卷，人民出版社，2012，第166页。

替"①。由此可见，世界历史的进程改变了交往不发达、各民族封闭和彼此隔绝的状态，使各民族在普遍交往的发展中相互影响、彼此促进，由此铸就和积累生产力的全面发展和人的全面发展的双重条件，反映的是人类文明进步的必然要求，塑造的是人类解放和发展的前景。

（二）马克思世界历史理论的客体视域

从"地域性历史"到"世界历史"的发展过程阐明了人类历史发展的客观规律，而马克思世界历史理论不过是对这一客观规律的主观表达形式。列宁指出，马克思主义历史分析方法是"从社会生活的各种领域中划分出经济领域，从一切社会关系中划分出生产关系，即决定其余一切关系的基本的原始的关系"②。而且，"只有把社会关系归结于生产关系，把生产关系归结于生产力的水平，才能有可靠的根据把社会形态的发展看做自然历史过程"③。马克思世界历史理论正是从"生产力的高度"，描述了'世界历史'的形成与发展的完整历程："大工业建立了由美洲的发现所准备好的世界市场。世界市场使商业、航海业和陆路交通得到了巨大的发展。这种发展又反过来促进了工业的扩展，同时，随着工业、商业、航海业和铁路的扩展，资产阶级也在同一程度上发展起来，增加自己的资本，把中世纪遗留下来的一切阶级排挤到后面去。"④由此可见，马克思世界历史理论立足于生产力发展这个历史进步的根本动力，深刻揭示了历史现象之间的内在联系，科学预测了人类社会的发展趋势。工业革命导致了资本主义体系的世界扩张，"工业较发达的国家向工业较不发达的国家所显示的，只是后者未来的景象"⑤。把握"世界历史"形成与发展的客观规律性，有助于我们更准确地理解开放发展、更自觉地坚持开放发展。

（三）马克思世界历史理论的历史维度

"世界历史"的形成既是人类社会历史演进的结果，又是社会发展的新的起点，体现了历史的辩证法。马克思世界历史理论诞生于19世纪中叶，正是资本主义生产关系在世界范围内建立统治秩序的时代，马克思恩格斯阐明了资本主义时代变动不安的时代特征及其背后动因，指出："资产阶级除非生产工具，从而对生产关系，从而对全部社会关系不断

---

① 《马克思恩格斯选集》第1卷，人民出版社，2012，第166页。
② 《列宁选集》第1卷，人民出版社，2012，第6页。
③ 《列宁选集》第1卷，人民出版社，2012，第8-9页。
④ 《马克思恩格斯选集》第1卷，人民出版社，2012，第401-402页。
⑤ 《马克思恩格斯文集》第5卷，人民出版社，2009，第8页。

地进行革命，否则就不能生存下去。反之，原封不动地保持旧的生产方式，却是过去的一切工业阶级生存的首要条件。"①正是在这种持续进行的生产工具—生产关系—全部社会关系的革命化中，铸造了资本主义时代这个开放时代。马克思在《资本论》等著作中，根据商品经济发展的一般规律，论述了世界市场、世界贸易、全球生产、商品的国际价值、世界劳动的平均单位以及资本输出等范畴，充分说明了资本主义社会的开放性。对于资本主义生产方式及其带来的"世界历史"，马克思恩格斯做出了肯定的评价和对其自身命运归宿的分析。从历史维度看待马克思世界历史理论，对于当代中国开放发展的战略设计具有重要意义。从宏观历史分期来说，全球化进程既给资本主义的发展创造了空间，又更加暴露了资本主义制度的固有弊端。

（四）马克思世界历史理论的空间维度

马克思世界历史理论的空间维度，在社会主义国家诞生之前就是资本主义世界体系在全球的阶段性扩张。"资产阶级，由于开拓了世界市场，使一切国家的生产和消费都成为世界性的了……"②世界市场的开拓并不是一蹴而就的，资本主义生产关系分步骤、分阶段地扩展到"及其遥远的国家和地带"。资本主义的迅速发展源于地理大发现。英、法、荷等西欧新兴资本主义强国最终击败老牌殖民大国西班牙和葡萄牙，夺得世界各地的殖民霸权。随着工业资本主义国家的强盛，19世纪末20世纪初，资本主义世界殖民体系最终形成。"世界历史"的空间性，从整体来看是如此，从各个资本主义强国与各自的殖民地的具体联系来看同样如此。联系当代，影射当前的新帝国主义插手干涉他国内政，世界历史借助新的技术手段在空间上向纵深发展。

（五）马克思世界历史理论的实践维度

马克思认为，一个"民族本身的整个内部结构也取决于自己的生产以及自己内部和外部的交往的发展程度"③。在生产力没有充分发展的历史条件下，每个民族是在狭隘的地域上孤立发展的，民族间的外部交往只是偶然地发生，甚至内部交往也并不发达，因而各民族在实践中形成了自己的发展路径和发展特色。在资本主义世界市场主导了世界之后，这一切都被彻底改变了。资产阶级迫使各民族在"世界历史"进程的实践中遵循资本逻辑，导致世界范围内财富和发展条件的两极分化。正如

---

① 《马克思恩格斯选集》第1卷，人民出版社，2012，第403页。
② 《马克思恩格斯选集》第1卷，人民出版社，2012，第404页。
③ 《马克思恩格斯选集》第1卷，人民出版社，2012，第147页。

《共产党宣言》指出的，对于"世界历史"来说，"物质的生产是如此，精神的生产亦是如此。各民族的精神产品成了公共的财产。民族的片面性和局限性日益成为不可能，于是由许多种民族的和地方的文学形成了一种世界的文学"①。

作为目前世界上最大的发展中国家，作为社会主义国家，走出一条社会主义开放发展成功之路，中国有较多的责任，也有较大的希望。坚持开放发展不但在经济建设方面要加强与国外的商品、劳务、资本、技术等方面的交流合作，而且政治建设方面也应在坚持我国社会主义根本政治制度和基本政治制度的前提下，注意借鉴国外政治和行政的机制、技术方面的有益成果；文化建设方面同世界上其他民族文化进行平等交流对话，为我国民族文化发展不断注入新的活力；社会建设方面注意吸收其他国家和地区的成熟经验，助益我国社会在快速现代化的过程中顺利转型；生态文明建设方面坚持共同但有区别的责任原则，加强生态保护的国际合作，解决人类社会的全球性问题。

（六）马克思世界历史理论视域的启迪

1.科学认识资本主义制度的本质

"地域性历史"转向"世界历史"是大势所趋，不过除了原发内生型的西欧资本主义国家之外，世界上大部分国家和地区都是被动地卷入了世界体系。"由于一切生产工具的迅速改进，由于交通的极其便利，把一切民族甚至最野蛮的民族都卷到文明中来了。"②殖民地半殖民地纳入世界资本主义体系的过程是伴随着血与火的苦难经历，资产阶级通过"推行自己的文明"来改造世界的结果，造成了古老民族的前资本主义经济解体，其结果只能是"使未开化和半开化的国家从属于文明的国家，使农民的民族从属于资产阶级的民族，使东方从属于西方"③。中国近代以来的历史进程便是上述图景的生动例证。

2.坚持独立自主的对外关系原则

也正是在被动卷入世界资本主义体系的情境中，中国的民族独立运动成为世界社会主义革命的重要组成部分，中华民族在争取民族独立的同时完成了社会制度的变革，争得了独立发展和主动开放的权利。对这一艰难历程的反思，更应坚定我们遵循历史发展客观规律、增强主动开放发展意识的信念。开放发展要把握战略原则。就一般趋势而言，中国

① 《马克思恩格斯选集》第1卷，人民出版社，2012，第404页。
② 《马克思恩格斯选集》第1卷，人民出版社，2012，第404页。
③ 《马克思恩格斯选集》第1卷，人民出版社，2012，第405页。

发展的战略选择既不能重蹈苏联排斥与世界市场（主要指以西方国家为中心的资本主义市场）的联系、推行"两个平行市场"理论与实践的失误，又不能失去警惕、坠入"中心—依附"理论所描述的依附型发展境况，成为西方国家的附庸。在两种社会制度的共存与竞争的历史背景中，当代中国的开放发展必须贯彻战略思维、辩证思维、底线思维，既要加强与世界的全面联系，在对外开放中谋取发展，又要自觉保持战略选择和战略设计的自主性，坚决维护社会主义中国的经济开放。

3.处理好传承民族文化和借鉴西方文明的关系

发展要保持民族精神。民族精神是民族在长期发展过程中积淀的历史底蕴，集中反映了民族气质和民族风貌。中华民族的民族精神以爱国主义为核心，包括团结统一、爱好和平、勤劳勇敢、自强不息等内容，是中华民族克服艰难困苦，使一个古老文明经常焕发出勃勃生机的精神基因。对于开放发展来说，民族精神不但没有过时，而且其中的精华如整体观念、首创精神、和谐理念、包容思想等都具有非常现实的意义。开放发展意味着更多地吸收其他民族文化的优秀成果，但绝不是邯郸学步、东施效颦。在"世界历史"进程中，越是民族的就越是世界的，各民族在交融中实现开放发展的再造升级。

4.对外开放要注重和保证国家安全

一方面，闭关锁国不能保证国家安全，长期闭关锁国带来的贫弱反而是安全威胁。开放发展并不必然损害国家安全，开放发展带来的繁荣富强会改善国家的安全态势。另一方面，开放发展要面对更加复杂的国际环境，又确实有可能使国家安全增加不确定因素。但只要能够正确对待、妥善处理，从根本上看开放发展有利于改善国家安全态势。开放发展过程中注意国家安全，首先应树立新型国家安全观，不但要注意政治安全和国防安全，而且当前更应关注经济、金融、科技、粮食、生态、文化等领域的安全问题，防范传统威胁和非传统威胁。

5.开放发展要坚持推进制度创新

开放发展离不开创新，开放发展有利于创新，开放发展中最关键的创新是制度创新。制度具有稳定性特征，保护开放发展顺利进行、持续进行，但是制度的稳定性又必须是相对的，如果制度创新停滞、不能根据实际情况进行改革，那么就会从保护开放发展变为阻碍开放发展，制度也会因失去生命力而慢慢衰落。我国在开放发展中，不论对宏观的经济管理制度还是对微观的企业经营制度，都坚持根据实践状况推进制度创新，源源不断为开放发展注入制度动力。新时代社会主义基本经济制度新内涵就体现了制度创新。

二、资本主义经济制度的本质、新变化及其制度性危机

资本主义和社会主义是当今地球上客观存在的两种主要制度，在全球化环境中，深刻认识资本主义制度的本质特征，了解当代资本主义新变化，分析资本主义经济制度的内在弊端和基本矛盾运动趋势，对于我们坚持道路自信、理论自信、制度自信、文化自信，对于坚持中国特色社会主义基本经济制度意义重大。

（一）资本主义经济制度的本质特征

资本主义经济制度是资本和私有制相结合的经济制度。生产资料归资本家所有和雇佣劳动是资本主义经济制度的最基本特征。资本家对利润的无止境追求带来了其对世界市场的不断占有，但资本主义非正义的分配限制了广大劳动者支付能力的发展范围，甚至多数劳动者毫无支付能力。在资本主义经济制度下，生产剩余价值、最大限度追求利润是资本主义生产方式的绝对规律，生产社会化和生产资料的私人占有是资本主义社会生产的固有矛盾，以生产相对过剩为基本特征的经济危机是资本主义社会生产不可避免的结果。

1.根本立场：资产阶级立场

阶级立场问题是某一社会制度所要澄明的首要问题。鲜明的"阶级性"是各社会制度重要理论的特征之一。马克思恩格斯站在无产阶级立场上，基于无产阶级的利益、基于社会中被压迫阶级的利益，批判了为新兴资产阶级代言的资本主义经济制度及各经济理论，公开地、积极地为工人阶级的权利与利益辩护，以理论为武器指导无产阶级以暴力或政治手段争得解放。与马克思恩格斯公开说明共产主义社会制度以及马克思主义政治经济理论的人民立场与人民利益不同，资产阶级经济学家们竭力掩盖着自己学说的阶级属性。但支撑资本主义经济制度得以确立并随资本主义经济制度不断发展的各资产阶级经济理论的根本立场都是资产阶级立场，其代表资产阶级利益。马克思指出，古典政治经济学是"私经济学"，是关于"以剥削他人的但形式上是自由的劳动为基础的私有制"的经济学。在私有制出现后，古典政治经济学作为立于"私有制"这一经济基础之上的上层建筑随之出现，自然服务于资本主义私有制。古典政治经济学家们竭力论证着资本主义私有制的合法性，亚当·斯密以抽象的财产所有权为经济线索来说明社会经济现象；李嘉图"把人变成帽子"；李斯特用自然主义的研究法则来探寻国家富有之路径等。

然而他们的理论只是抽象地反映着资本主义社会中的经济问题，并未从内部深入探究资本主义生产问题。之后西方经济学理论宣称他们对现实社会的研究不带有任何主观偏见，是纯理性的。其在表面上消除了阶级立场，表现为纯粹的学理逻辑分析，但实质上其并未摆脱自资产阶级政治经济学诞生以来就带有的，为资本主义生产方式以及资产阶级国家辩护的根本立场。凯恩斯曾公开说道："如果我真是为了追求阶级的利益而加入党派，我应该追求我所属的那个阶级的利益。……但是在阶级斗争中会发现，我是站在受过教育的资产阶级一边的。"①也就是说，西方经济学理论仍在自觉或者不自觉地论证着资本主义生产方式是最为理想的生产方式，资本主义的经济关系是最为合理的经济关系。这实际上已经体现了资本主义经济理论的阶级性，即维护资产阶级利益、维护资本主义制度、维护有利于西方发达国家的国际经济秩序、宣传资本主义的意识形态。

2.经济基础：生产资料私有

马克思恩格斯在批判吸收前人思想成果的基础上，以历史唯物主义视野考察了私有制问题。他们对大量历史材料进行实证分析与比较研究，详细论证、分析了私有制的形成过程，揭示了资本主义经济制度的私有制本质，并指出生产资料私有制是资本主义社会赖以存在和发展的基础。私有制是一定历史条件下的必然产物，其形成经历了一个漫长过程——奴隶社会私有制、封建社会私有制、资本主义社会私有制。奴隶社会私有制和封建社会私有制是以个人劳动为基础的私有制，主要表现为劳动者个人占有生产资料，拥有对劳动产品的所有权。这种"靠自己劳动挣得的私有制，即以各个独立劳动者与其劳动条件相结合为基础"②的小私有制，其发展到一定程度就成为生产力发展的阻碍。随着社会大分工的进行以及生产力的发展，小私有制进而逐渐为资本主义私有制所取代。恩格斯指出："对于工场手工业和大工业发展的最初阶段来说，除了私有制，不可能有其他任何所有制形式，除了以私有制为基础的社会制度，不可能有其他任何社会制度。只要生产的规模还没有达到不仅可以满足所有人的需要，而且还有剩余产品去增加社会资本和进一步发展生产力，就总会有支配社会生产力的统治阶级和贫穷的被压迫阶级。"③资本主义

---

① ［英］约翰·梅纳德·凯恩斯：《劝说集》，李井奎译，中国人民大学出版社，2016，第186页。
② 《马克思恩格斯文集》第5卷，人民出版社，2009，第873页。
③ 《马克思恩格斯文集》第1卷，人民出版社，2009，第684页。

私有制实质上是资产阶级对无产阶级在物质财富和精神财富上的占有，是资产阶级剥削无产阶级的根源，是无产阶级越发贫困的根源。只要资本主义私有制存在，资本主义社会制度就会存在。

3.劳动形式：雇佣劳动

资本主义经济制度中，劳动表现为雇佣劳动资本家与工人之间是雇佣关系。雇佣劳动是剩余价值生产的前提，是工人生存的基本方式。在生产资料私有制前提下，工人借助于雇佣劳动手段以生产工具持续为资本家创造价值。与私有制一样，雇佣劳动并非天然存在，其是社会生产发展的产物。劳动者与生产资料相分离是雇佣劳动存在的历史条件之一。资本主义社会的资本原始积累时期，一方面，"圈地运动"使得劳动者无家可归，奴隶贸易又造就了大量的奴隶，这为资本主义生产准备了充分的劳动力资源。另一方面，资本家凭借手中资本，通过商业贸易、殖民侵略等方式不断积累生产资本，为工业革命的展开与大生产的进行准备了雄厚的物质基础。经过资本原始积累，社会中日益出现了两大对立阶级，除了自己劳动力之外一无所有的无产阶级和拥有几乎全部生产资料和货币财富的资产阶级。无产阶级没有一点可供支配和使用的生产资料，但为了生存，他们只能出卖劳动力给资本家，只能"主动"接受资本家的雇佣和剥削——"现代的工人只有当他们找到工作的时候才能生存，而且只有当他们的劳动增殖资本的时候才能找到工作。这些不得不把自己零星出卖的工人，像其他任何货物一样，也是一种商品，所以他们同样地受到竞争的一切变化、市场的一切波动的影响。"[1]资本家通过雇佣劳动占有着劳动者的价值，压榨着劳动者的剩余价值。剩余价值是资本积累的唯一源泉，而资本积累又是扩大再生产的重要源泉。随着扩大再生产的进行，雇佣劳动也在不断扩大并进行着生产。恩格斯指出："已经证明，无偿劳动的占有是资本主义生产方式和通过这种生产方式对工人进行的剥削的基本形式；即使资本家按照劳动力作为商品在商品市场上所具有的全部价值来购买他的工人的劳动力，他从这种劳动力榨取的价值仍然比他对这种劳动力的支付要多；这种剩余价值归根到底构成了有产阶级手中日益增加的资本量由以积累起来的价值量。"[2]这正是对资本主义生产和资本生产过程、对雇佣劳动的最好说明。

4.分配方式：按资分配

马克思指出："只是由于劳动采取雇佣劳动的形式，生产资料采取资

---

① 《马克思恩格斯文集》第2卷，人民出版社，2009，第38页。
② 《马克思恩格斯文集》第9卷，人民出版社，2009，第30页。

本的形式这样的前提——也就是说，只是由于这两个基本的生产要素采取这种独特的社会形式——，价值（产品）的一部分才表现为剩余价值，这个剩余价值才表现为利润（地租），表现为资本家的赢利，表现为可供支配的、归他所有的追加的财富。"①在生产资料私有和雇佣劳动制度前提下的资本主义分配关系，其基本准则是非正义的按资分配。按资分配表现在资本家彼此的相互关系上，为谁拥有的资本更多、谁的资本力量更强、谁的资本团体更大、谁的生产范围和经营范围更广，谁就会从中获益更多。所以各资本家用尽浑身解数、千方百计地扩大资本规模，以获得更多分配，获得最大收益。按资分配在资本家之间所体现出的是激烈的竞争关系。总之，以资本主义私有制为基础的资本主义生产方式，以工资形式掩盖了资本主义社会所存在的剥削事实，对于处于被剥削一方的工人来说，其劳动产品不归他们所有，资本家所支付的工资也仅仅够其维持生存，这种不平等的分配是由资本家所主导的。即使随着工人阶级运动的发展和人类文明进步，资本主义国家社会保障制度发展，工人阶级的生活待遇提高，也没有从根本上改变雇佣劳动制度的本质和工人阶级的阶级状态。

5.调节机制：自由市场自发调节

以亚当·斯密、大卫·李嘉图、让·巴蒂斯特·萨伊等为代表的传统自由主义经济学家认为，资本主义的市场机制是万能的，仅仅依靠市场机制这一"看不见的手"对市场经济进行调节，就可以实现社会资源的有效配置，实现社会经济的良性运转，在市场机制的自主自发调节下，资本主义社会中不可能出现大范围的、长时间的经济危机。亚当·斯密认为，即使人是自私、逐利的，但在市场经济条件下，市场机制会调节个人利益，引导人的行为，在个人利益目标实现的同时，社会利益目标也会实现。在市场机制配置资源的过程中，不用国家干涉，也不用法律限制。政府对于市场，只起"守夜人"作用而已。在传统自由主义经济学家看来，资本主义市场经济应交由市场机制、价值规律这一"看不见的手"调控，市场机制会解决掉出现于自由资本主义市场经济中的以产品过剩为特征的资本主义经济危机。传统自由主义经济思想对于资本主义国家的影响甚大并深远，从17世纪上半叶至20世纪30年代的经济大危机之前，传统自由主义经济思想几乎是西方资本主义各国的国家经济学。20世纪二三十年代的资本主义大危机、20世纪70年代的资本主义危

①　《马克思恩格斯文集》第7卷，人民出版社，2009，第998页。

机、21世纪初的美国次贷危机、亚洲金融危机都证明了资本主义市场失灵已成常态。资本主义私有制条件下的市场经济不可能从根本上免除危机。

（二）资本主义经济制度的时代新变化

马克思恩格斯指出："资产阶级除非对生产工具，从而对生产关系，从而对全部社会关系不断地进行革命，否则就不能生存下去。"[1]纵观资本主义的历史发展过程，它在不断调整生产关系、变革生产方式以继续生存并得以发展。在新一轮科技革命、新兴经济力量崛起、国际局势变革等多种因素的共同作用下，当代资本主义经济制度在所有制、分配制、调控手段等方面出现了新特点。

1.生产资料所有制的新变化

经过数百年的发展，资本主义私有制的形式不断变化，花样不断翻新，呈现出资本社会化趋向。在传统家族式私人经济的基础上，逐步发展出股份制经济、合作制经济、国家所有制经济等新形式。股份制经济是商品经济和社会化大生产的产物，是当代资本主义最为典型的经济成分。当前，股份制经济及其组织形式——股份公司已经扩展到资本主义经济的各个部门，并逐步控制了整个经济的发展。二战后，当代资本主义股权占有方式呈现出分散化特点，股东人数也迅速增加。股份制促成了资本占有的社会化，实现了资本管理的社会化，进而完成了资本所有权和经营权的分离。当代资本主义合作制经济规模不断扩大，内容和形式日渐丰富，并已成为当代资本主义国民经济中的重要组成，并在各国经济发展中起着越来越大的作用。资本主义国家所有制经济的发展，是当代资本主义经济发展过程中的一次重大变化。二战后国有资本在发达资本主义国家以前所未有的速度发展起来。国家与垄断资本相结合，控制着基础产业、公共事业以及石油、电力、铁路、公路、航空、港口、通信等重要部门，也涉足着航天、原子能等高精尖产业部门。必须看到，尽管当代资本主义私有制的形式有各种变化，但以生产资料私有制为根基的资本主义经济的本质并没有发生变化，反而得以强化。资本主义股份制经济的本质乃是少数人对社会绝大多数财富的占有和控制，资本主义合作制经济也并不意味着工人的社会满足程度得以提升。资本主义国家所有制经济即国家垄断资本主义本质上是国家为资本增值服务，为少数资本家的利益服务。之后，资本主义社会财富只会越来越集中在少数

---

① 《马克思恩格斯文集》第2卷，人民出版社，2009，第34页。

资本所有者以及各资本集团手中。

2.劳动形式的新变化

当代资本主义国家科技水平跃升，由此，西方发达国家借助于科技优势，对发展中国家的科技经济控制也不断增强，使一些经济落后国家在依赖性发展的局面下难以自拔。发达资本主义国家为降低生产成本、扩大消费市场、获取廉价劳动力资源、转移污染工业，集中将本国落后的实体产业转移至发展中国家，而本土的产业则集中于高新技术产业和第三产业。与此相对应，劳动力结构发生变化，传统蓝领工人比重降低，白领工人比重提升。劳动的特点也发生变化，劳动者由原先的工厂的简单机械化劳动转化为多样化劳动。劳动者的劳动环境得到改善、工作内容丰富化、劳动力素质整体提高。此外，劳动对资本的依赖程度较18、19世纪极大降低，劳动者可以直接运用公共平台上的公共信息进行生产或劳动创造，劳动者不再完全捆绑在由资本所提供的生产资料上。但劳动者对资本的依赖性降低并不意味着资本对劳动的控制力在减弱。当代，虚拟资本成为资本运行的普遍方式，数字化劳动以及数字平台经济迅速兴起，经济发展脱实向虚。在数字经济时代，劳动者从事着看似不完全依赖于生产资料的工作，例如写作、计算机编程等，但其仍处于资本控制中，并没有摆脱劳资关系。并且数字劳动实际上绕开了现代劳动契约对劳动者权利的保护，加剧了劳动者处于弱势地位的情形，扩展了劳动者对资本的依附，而成为当代资本主义剥削劳动者的新形式。而平台经济更是数据资本主义的孵化平台。在平台经济中，劳动者既要遭受工作时间、工作场所内的剥削，也要遭受私人活动中的剥削，资本家不仅剥削劳动者直接生产的剩余价值，也剥削劳动者在各色平台上间接生产的剩余价值。劳动者不仅受实体资本的剥削，也受虚拟资本的剥削。

3.分配结构的新变化

二战之后，以凯恩斯主义为指导的资本主义国家经济实践在很大程度上影响资本主义国家的收入分配结构。全球资本主义也经历了黄金发展时代。随着股份制经济的发展，资本主义企业内的雇员、职工开始拥有并越来越多拥有公司分散的股份，其收入也有所提高。并且，伴随着资本主义生产资料所有权和经营权的分离，中产阶级人数开始增多，中产阶级收入群体扩大。总体上，劳动力工资和生活水平有了较大程度的提高。到20世纪70年代中期，资本主义国家内收入分配差距已大大缩小。到80年代，新自由主义思潮的兴起再次使得收入分配状况陷入恶化。自20世纪80年代至今四十多年来，工资增长缓慢是资本主义收入分配的典型特征之一，普通劳动者工资性增长基本停滞，管理层以及资本持有者的收入仍在爆发性增长，资本主义收入分配差距持续拉大，社会两极分化趋势更为明显。为控制低下的社会购买力对资本主义社会生产力的影响，抑制劳动者或工人群体因极端贫困而进行的对资产阶级统治的反抗，资本主义社会从维护资产阶级总体利益的长远考虑出发，实行一定程度的社会福利制度。资本主义社会的福利制度绝非资产阶级所吹嘘的用来消灭剥削、消灭贫困的"收入革命"，而只是资本主义社会按资分配的补充形式，其无法保证真正的公平。而且，资本主义国家在社会福利方面的开支给普通民众带来了沉重的赋税负担，社会福利制度甚至成为福利国家民众的"悲催"。总之，工人持股、国家福利制度的实施并不意味着资本主义经济制度中按资分配方式在本质上的改变，更不意味着资本家对工人的剥削就此消除或者大大减少。反之，国家垄断资本主义通过更隐蔽的方式进行着对民众的剥削。

4.调控手段的新变化

马克思看到并深刻揭示了资本的逐利本性。资本家不断操控手中资本以实现资本增殖。在资本主义的扩大再生产过程中，"相互联系和不可分离的因素彼此脱离"[1]，导致资本主义社会总资本再生产的实际过程处于一种非均衡状态中，并且，这种失衡是资本主义经济发展的常态，其呈现出的经济现象就是生产的相对过剩所导致的周期性经济震荡问题和有效需求不足所导致的失业问题的普遍存在。依靠市场自行调节或刺激性政策如货币乱发行无法完全解决这种失衡问题。20世纪30年代席卷于资本主义国家的经济大危机证明了这一点。为走出经济危机困境、防止此类问题再次上演，主要资本主义国家开始推行主张国家干预的凯恩斯主义。凯恩斯主义认为，只有通过政府投资、政府干预经济和调节经济，才能从根本上解决经济萧条问题以及经济危机。但在凯恩斯主义的影响下，到了70年代，主要资本主义国家又陷入了"滞胀"状态。此时，新自由主义乘势而上，成为当代资本主义主流经济理论。新自由主义市场经济主张市场化、自由化、私有化。新自由主义市场经济主张至今仍在西方资本主义国家内盛行，并借助于经济全球化向其他国家迅速蔓延。

5.全球化发展的新变化

资本主义的发家史或者说发展史是对外侵略、占有国际市场、进行全球经济剥削的历史。马克思直接指出："掠夺是一切资产阶级的生存原

---

① 《马克思恩格斯文集》第8卷，人民出版社，2009，第247页。

则。"①资本主义国家通过强战争、硬掠夺的方式推进了最初世界市场的形成。第二次世界大战后，由于民族解放运动的高涨，旧帝国主义殖民体系走向瓦解。依靠赤裸裸的强权以及暴力侵占其他国家的野蛮扩张行动无法继续进行，资本主义国家便换以新的手法推行新殖民主义政策。他们把发展中国家变为自己的"身体国家"，将自己的地位维持在"头脑国家"，试图把发展中国家的命运永远把控在自己手里。同时，当代资本主义国家积极进行各类跨国公司的强势扩张。跨国公司将资本主义国家的资本铺展至全球，其在世界范围内进行国际资本的垄断性和国际性经营，这表明一种新的国际资本联合形式正在形成。跨国公司的发展极大增强了发达资本主义国家的经济实力，稳固了其在经济全球化进程中的地位。此外，跨国公司凭借资本力量逐渐在全球范围内的投资、生产、消费、科技、金融、服务等领域内获得控制地位，开始在一定程度上主导世界经济秩序的发展。

6. 三元资本主义的确立

英国牛津大学科林·克劳奇（Colin Crouch）在《新自由主义不死之谜》一书中指出，新自由主义不仅通过经济理念改变人们的观念，还通过政府政策获得权力，而且以巨型企业的强大力量改变了整个社会结构，将原先"政府和市场"之间的二元关系变为"政府、市场、巨型企业"的新型结构。在这种趋势中，政府、市场和企业已不再相互对抗，而是进行一系列舒适的调整。经济全球化的发展以及世界市场的发展确实在促进世界各国经济沟通、交流，推动各国经济发展等方面发挥了不可替代的作用，但其不可避免地与国际垄断资本主义相连。当代资本主义国家通过跨国公司推进垄断资本国际化、通过美元霸权进行经济霸权。这些行为加重了某些部门的生产停滞，加重了结构性失业问题，进而加剧了世界经济发展的不合理、不平等，并引发了全球生态环境危机。

（三）资本主义经济制度新变化与制度性危机

今天，由资本主义所主导的经济全球化实质上就是生产社会化的极端形式，即生产的全球化、贸易的全球化、金融流动的全球化等，而亿万富翁、金融寡头的增多则是各种资本更加集中于少数人之手的标志。从客观上讲，生产、贸易、金融流通的全球化需要人类共同努力来加以控制，但由于资本主义私有制的存在，加之近些年来以私有化为主流的新自由主义在全球范围的泛滥，使得全球社会的经济发展特别是金融流

---

① 《马克思恩格斯文集》第10卷，人民出版社，2009，第347页。

通的发展呈现出空前的无政府状态，少数亿万富翁、金融寡头正是利用了这种无政府状态大力操纵国际金融市场，制造了一起又一起的国际金融危机，而他们从中大发横财，全球社会广大人民尤其是发展中国家的人民则成为国际资产阶级牟利的对象和牺牲品。

高新科技的发展促进了生产力和社会经济的巨大发展，人民群众本来应当从中得到益处，但事实相反。由于资本主义基本矛盾的存在，高新科技成了摧毁传统产业、迫使工人失业的最强大力量；而经济全球化的发展进一步把全球社会的劳动力市场潜力挖掘出来，使得国际资产阶级能够利用更加廉价的劳动力，这更使发达国家的工人阶级雪上加霜。在这里，国际资产阶级一举多得，既扩大了对工人阶级的剥削，又间接挑起了国际工人阶级之间的矛盾，还通过经济全球化使国际资产阶级的利益联系起来。例如，美国和其他一些西方大国的工人甚至劳工组织竭力反对中国加入世界贸易组织，其原因就在这里。

在发达资本主义国家，工人阶级的生活状况总的来说比以前有所改善，但相对贫困化问题日益严重，绝对贫困化也还存在。正如法国著名学者弗朗索瓦·沙奈在接受《国外理论动态》采访时所说，尽管工人阶级的一部分人生活条件有所改善，他们有比较稳定的收入，工资也有所增加，甚至有少量股票，但总的来说，他们所受的剥削比30年代要严重，他们的收入相对少了，有的比自己以前的收入还要少；而另外一部分工人特别是传统产业工人落入社会最底层，处于绝对贫困状态。他还告诉我们，有人以为，在资本主义国家，阶级结构不存在了；人们之间的区别只是收入的不平等，只要通过努力，每个人都可以从较低的阶层上升到较高的阶层；一些中小生产者在资本主义的发展中消失了、看不见了；但实际上，阶级结构仍然存在，中小生产者也还存在，只不过是他们被边缘化了，他们的生活状况、社会地位更恶化了。发达资本主义国家之间的矛盾也在扩大，例如，美国在经济全球化进程中，利用自己的美元在国际金融领域所占据的主导地位，控制国际金融市场和投资流向，干预其他国家的经济发展，并从中受益，这引起其他发达国家的强烈不满。有的学者甚至提出要创造新的世界货币来制约美国的势力。

又如美国在推行其经济全球化的同时，也推行着政治和文化的全球化。它不仅对落后国家进行文化侵略，也对加拿大、法国等国家进行文化渗透。1997年就有资料显示，美国对加拿大的文化渗透相当严重，占领其电影市场的95%、电视剧的93%、英语节目的75%、书刊市场的80%。为此，加拿大有识之士忧心忡忡，呼吁采取保护本国文化的措施，法国的情况也很相似。所以，就连西方学者也认为，这种文化的"全球化"和"西方化"，实际上是"美国化"，并对此提出强烈抗议。近年来，后殖民主义和新的民族主义的兴起也与此直接相关。萨伊德是这方面的著名代表，1991年，英国学者汤林森写出专著《文化帝国主义》，也对这种文化帝国主义进行揭露和批判。

当今资本主义的发展还给人类造成了许多灾难。如生态环境问题，资本主义在工业化进程中曾经造成了大量的生态环境破坏，但当它们发展起来之后，却要遏制发展中国家发展经济，把生态环境的恶化归罪于发展中国家，对发展中国家提出了种种不合理要求，把有害于环境的生产线甚至垃圾转嫁到这些国家。

三、社会主义基本经济制度的本质特征与内在优势

（一）社会主义基本经济制度的本质特征

1.社会主义根本经济制度形态

2019年党的十九届四中全会对发展和完善中国特色社会主义制度、推进国家治理体系和治理能力现代化提出了总体目标，做出了重大部署。全会要求，坚持和完善支撑中国特色社会主义制度的根本制度、基本制度、重要制度，着力固根基、扬优势、补短板、强弱项，构建系统完备、科学规范、运行有效的制度体系，加强系统治理、依法治理、综合治理、源头治理，把我国制度优势更好转化为国家治理效能。根本制度，就是在中国特色社会主义制度中起顶层决定性、全域覆盖性、全局指导性作用的制度。基本制度，就是通过贯彻和体现国家政治生活、经济生活的基本原则，对国家经济社会发展等发挥基础性作用和影响的制度。重要制度，就是由根本制度和基本制度派生而来的、国家治理各领域各方面各环节的具体的主体性制度。那么，什么是社会主义根本经济制度呢？也许有人会问，什么是社会主义基本经济制度的本质内涵，为什么要不遗余力地去研究它？因为不懂其本质内涵，其基本内涵就无从谈起。

从人类社会经济形态演变的共同规律来看，我国经济制度与资本主义经济制度存在着诸如财政制度、税收机制、市场制度、保障机制等多种相似点，但两者在基本经济制度及其价值取向上存在着本质区别。中国改革开放的巨大成果让我们有理由相信，社会主义基本经济制度的本质内涵就在于对资本主义经济关系及其制度的扬弃与超越。建立在生产资料私有制基础上的资本主义经济制度，以资本消费劳动力无偿剥夺剩余价值的生产本质成为其最直接的制度表达。虽然其经济制度对人类历

史所做贡献是超越以往历史阶段的，但其经济关系却始终无法驾驭无情碾磨一切的社会生产力巨轮的前进。技术功利、产业失衡、财富浪费、贫富两极等天然弊病，破坏了生产、分配、交换与消费之间正常的市场运作，并在每一轮经济危机的强制复苏中对社会与生产力造成不可挽回的昂贵代价，已经成为生产力进步的制度桎梏。就阶段性而言，中国特色社会主义基本经济制度是社会主义基本经济制度在社会主义初级阶段的真实写照与集中体现。两者在本质内涵上具有共性，体现为决定分配方式与交换方式的并且也决定经济制度性质的生产资料公有制特征。生产资料公有制是劳动者共同占有生产资料、以平等劳动替代雇佣劳动制度的经济关系。这里，占有生产资料的劳动者可能会因为生产力发展水平的不同而出现国家、社会与集体的不同范畴，但其依旧体现的是劳动者是占有者，劳动与劳动过程的占有平等、分工平等、交换平等与管理平等的经济关系。受生产力水平的阶段性影响，这里可能还存在着社会分工的差别、劳动禀赋与分配的差距，但劳动依旧是衡量这些差距、差别的统一标准。而差距或差别的存在，反映出作为生产资料公有制核心范畴的平等劳动事实上是一个历史产物，生产力对其有着制约性。这也在一定程度上说明，公有制经济还需要在坚持生产资料公有的前提下，存在着用私有经济、生产要素与市场体制等生产力发展要素去彻底实现生产资料公有的必要性，因为这是它们的历史使命。同样，用社会主义基本经济制度的基本内涵去实现其本质内涵也是必要的。

社会主义公有制是社会主义社会的经济基础，社会主义公有制的形式是多样的，不同的发展阶段、不同的历史时期，社会的发展水平有所不同，马克思恩格斯指出社会主义公有制是全社会所有制，无产阶级革命在最发达的资本主义国家爆发并取得政权，生产力发达，生产社会化程度大，无产阶级通过革命取得政权后借助国家政权的力量代表整个社会统一行动，增加生产总量。所以，全社会所有制必然采取国家所有制的形式，随着资产阶级的消灭，阶级差别和阶级对立也随之消失，国家也将消亡，国家所有制转变为全民所有制，国家所有制是私有制向全社会所有制的过渡阶段。全社会所有制与国家所有制不完全等同，需要高度民主条件下，国家所有制才等同于社会所有制，邓小平说："没有民主就没有社会主义。"①公有制的另一种表现形式是集体所有制，相较于国家所有制，公有化程度降低，不是全社会共同占有生产资料，是部分人

①　《邓小平文选》第2卷，人民出版社，1994，第168页。

占有生产资料。"部分人"是个弹性的概念，相比较于国家所有制，生产资料拥有者只占据很小一部分，在集体经济内部，人们对于生产资料的占有关系是平等的，共同拥有生产资料及其权益。马克思、恩格斯和列宁都肯定社会主义性质的合作社，这种合作社是集体经济的表现形式之一，通过合作化道路在农村建立集体所有制经济，这是一条经过实践检验的正确的道路。社会主义集体经济在我国不断发展完善，在三大改造中对农业进行集体化改造，由低级向高级不断完善土地集体所有制。改革开放后实行的土地家庭承包责任制是土地集体所有制的完善，为我国工业化和经济发展奠定了坚实基础。集体所有制是一个不断发展的过程，社会化生产的程度越高，集体所有制的规模和公有化程度会越来越高。

2.社会主义基本经济制度的本质特征

以公有制为主体的所有制结构是我国基本经济制度的制度基础和本质特征，统领着收入分配制度和市场经济体制的运行，是"保证我国各族人民共享发展成果的制度性保证，也是巩固党的执政地位、坚持我国社会主义制度的重要保证"[①]。所有制的基础性和本质性首先体现在生产资料方面，即生产资料所有制是社会经济制度的本质与核心。社会生产关系的结构与性质是由社会上占据主体地位的所有制形式决定的，所以，作为社会主义国家，我们的社会生产关系是由公有制的所有制形式决定的。公有制是新时代社会主义基本经济制度新内涵的牵引要素和核心要素。

收入分配制度关系到以公有制为主体的所有制结构的运行效果，是所有制结构的现实体现，因而分配制度是我国基本经济制度的重要实践方式。分配制度不是孤立的存在，而是深刻反映并反作用于所有制结构的。如果不能很好地践行"按劳分配"的主体分配原则就会冲击"公有制为主体"的所有制结构。因此，必须坚持"按劳分配"的主体原则，加大初次分配力度。党的十九届四中全会将收入分配制度纳入基本经济制度可以有效明确其与所有制结构、市场经济体制的内在关系。

1992年至今，市场经济体制已经成为我国经济运行的一个长效、稳定的外部环境，党的十九届四中全会将市场经济体制纳入基本经济制度，重申了市场经济在资源配置中的决定性作用，赋予了市场经济制度属性。但是，在强调市场的有效性和决定性的同时不能忽视政府的职能，政府在经济活动中仍具有不可或缺的宏观调控和政策引导功能，是有形的手。

---

① 中共中央党史和文献研究院：《十八大以来重要文献选编》下，中央文献出版社，2018，第5页。

"发挥社会主义基本经济制度的整体优势，需要坚持'两手论'，使'看不见的手'与'看得见的手'共同发挥作用。在经济调节制度方面，将市场机制在资源配置中的决定性作用和更好发挥政府作用结合起来，促进社会主义市场经济体制优势与中国特色社会主义所有制结构优势、分配制度优势之间的深度融合，促进制度优势的整体提升。"①所以说，社会主义市场经济体制是有为政府和有效市场的统一，是社会主义制度和市场经济体制的结合。政府和市场是相互联系、相互支撑、相互促进的关系。

（二）社会主义基本经济制度的内在优势

1.社会性质上的内在优势

社会主义所有制关系区别于资本主义，有着本质的不同。首先，社会主义公有制与私有制的最大区别在于生产资料归谁所有，在私有制制度体系中，生产资料归个人所有，生产资料占有者在社会生产中处于支配地位，生产资料占有者对于生产资料的支配不受任何限制。在社会主义公有制下，生产资料归全体社会成员公有，全体社会主义成员对生产资料都拥有支配权，对生产资料拥有所有权以及由所有权派生的占有权、支配权（包括使用权）和收益权即剩余索取权。其次，表现在对"剩余"的归属上，剩余表现为剩余劳动、剩余价值以及剩余产品。不论在私有制还是公有制中，劳动者必要劳动时间所产生的价值或产品都属于劳动者，用于维持劳动者的生活及其家庭，维持劳动的再生产。私有制和公有制不同之处在于剩余价值的归属问题，在资本主义私有制中，资本家占有生产资料。一无所有的劳动者只能将自己的劳动力出卖给资本家，与资本家形成雇佣依附关系，资本家以剩余价值的形式占有劳动者创造的财富。与此同时，资本家通过增加劳动强度或延长相对劳动时间剥削压迫劳动者。在私营企业中，不论企业的拥有者是一个人或多数人，"剩余"都由一个人或多数人私吞。在公有制中，除去劳动者必要劳动时间后产生的"剩余"不归私人所有，而是归劳动者集体占有，劳动集体对"剩余"拥有所有权，"用于扩大再生产，增加储备，增加集体福利，归根到底也是为创造这种'剩余'的劳动者服务的"②，不再具体量化到个人或几个人，属于集体所有并为集体服务。

---

① 侯为民：《社会主义基本经济制度的整体观与显著优势》，《晋阳学刊》2020年第2期，第23–32页。

② 蒋学模、张旭明：《高级政治经济学——社会主义总论》，复旦大学出版社，2001，第111–112页。

公有制与私有制的区别还表现在劳动过程中劳动者是否拥有平等的地位，生产资料所有制是任何历史时代人们的社会关系中最本质、最基本的关系，并且在生产过程中形成人们之间的相互关系，在生产过程中劳动者出卖自己的劳动来获取生活资料，生产资料所有者通过购买劳动者的劳动力，并且无偿占有劳动者创造的"剩余"。换言之，劳动者"劳而不获"，生产资料所有者"获而不劳"，为了获得更多"剩余"，生产资料所有者不断增加对劳动者的剥削，生产资料所有者越来越富有，劳动者越来越贫穷，"雇佣工人靠自己的劳动所占有的东西，只够勉强维持他的生命的再生产。"①可见，在资本主义制度下，人民受剥削、受压迫是私有制下必然导致的结果。与此不同的是，在社会主义社会，生产资料归劳动者所有，劳动者作为集体的一员为集体劳动，不论从事什么职业，不论脑力劳动或体力劳动，生产资料和"劳动剩余"都归集体所有，都是平等地位，都是国家的主人，劳动者享有的这种民主权利有充分的制度和法律保障。社会主义基本经济制度（新内涵）的这两种根本特质是发挥其优越性的先在条件。其在社会性质上的优越性主要体现在超越了资本逻辑。

2.基本要素上的内在优势

新时代社会主义基本经济制度新内涵在本质上是同一制度的三个层面，三个层面有机统一于社会主义基本经济制度的内在规定之中。其中，公有制为主体、多种所有制经济共同发展是基本经济制度的本质层面，它决定了制度的社会主义根本性质；按劳分配为主体、多种分配方式并存的分配关系是基本经济制度的实现层面，它是社会主义所有制关系的实现；社会主义市场经济体制是基本经济制度的条件或社会载体层面，它是社会主义经济的运行机制。所以，在对社会主义基本经济制度的认识上，不能把它们理解为三个独立的制度要素，也不能理解为三项制度的简单相加，必须理解为一个制度整体、一个制度体系、一个制度总和。也就是说，社会主义基本经济制度三个组成部分之间是辩证的有机统一体，相互依存、相互作用、相互联系、相互制约。其内在关系进一步具体体现为"以公有制为主体、多种所有制经济共同发展"的所有制制度是社会主义基本经济制度的核心和根基，决定并支配着"按劳分配为主体、多种分配方式并存"的分配制度和"社会主义市场经济体制"的资源配置制度。而社会主义分配制度和社会主义市场经济体制则是社会主

---

① 《马克思恩格斯文集》第2卷，人民出版社，2009，第46页。

义所有制关系不可或缺的实现条件和运行条件。

3.总体功能上的内在优势

首先，要理清制度系统功能和制度要素功能的逻辑关系。马克思指出，作为辩证法的目的不仅仅在于梳理系统整体内部各要素间的联系和作用，更重要的是进一步说明这种状态何以成为可能。由此才能在思维中克服单一部分的片面性和局限性，再现系统的功能和意义。基于此，马克思分析了系统功能与要素功能的辩证关系，指出构成系统的各个部分（不论是之于系统还是之于要素）都有独特的规定和意义，这些意义的集合是系统功能的来源。譬如，在分析社会生产力功能时，他指出个人不仅"通过协作提高了个人生产力，而且是创造了一种生产力，这种生产力本身必然是集体力"①。但是同时，系统功能本身并不仅是要素功能的简单叠加"许多人协作，许多力量融合为一个总的力量，用马克思的话来说，就产生'新力量'，这种力量和它的单个力量的总和有本质的差别"②。这是由于系统的各要素和环节并不是孤立的、机械的简单序列，而是相互依存、彼此制约的辩证作用。因而，在认识论上，系统之于要素具有逻辑先在性，系统功能大于要素功能之和，要素因系统而存在，并在系统中获得依据和意义。

其次，具体到社会主义基本经济制度功能分析，要坚持系统功能统率要素功能的原则。所有制结构、分配制度和经济运行机制，作为基本经济制度的制度要素组成，三者在功能和意义层面既相对独立各有侧重，又互相联系彼此制约，共同生成了基本经济制度的总体功能。具体来说，所有制体制、分配制度和经济运行体制机制，作为我国经济生产活动的不同制度规制，在制度系统中具有不同的功能和意义，这些功能和意义间的对话共同生成了我国基本经济制度功能存在和发生作用的制度场域。其中，公有制为主体、多种所有制经济共同发展的所有制性质，不仅决定着分配制度和经济运行体制机制的具体制度设置，而且还是决定我国社会主义社会性质的重要制度基础，对于确保我国始终沿着社会主义方向前进具有重要的意义。所有制结构对分配制度和经济运行制度的决定作用，是我国基本经济制度的社会功能获取和强化的重要来源；以按劳分配为主体，多种分配方式并存的分配制度，作为社会功能的重要制度补充，由于它对收入差距、财富分配、公平效率调整的独特功能，基于坚持和完善社会主义市场经济制度的理念，必然自觉形成基本经济制度

①　《马克思恩格斯文集》第5卷，人民出版社，2009，第378页。
②　《马克思恩格斯选集》第3卷，人民出版社，2012，第505页。

体系的强大社会功能。同理，社会主义市场经济体制，作为所有制制度和分配制度的制度运行载体，在强化和贯彻二者的制度理念和制度功能的总体过程中，必然能够积极扬弃市场在资源配置过程中存在的固有弊端，使市场成为贯彻经济规律、调整经济关系、解放生产力、推动国民经济高质量发展的制度实现场域。

四、社会主义基本经济制度新内涵
对西方经济理论的借鉴与超越

坚持、完善社会主义基本经济制度新内涵，其根本理论阐释视域与实践推进路径在于马克思主义政治经济学及其经济制度观和方法论。然而，以马克思恩格斯关于人类社会经济形态演进规律的基本结论为参考系就能知晓：同处于"物的依赖关系阶段"，社会主义基本经济制度并非十全十美，资本主义基本经济制度也并非一无是处。后者作为"现代文明"和"现代性"始发的重要标志，不仅在推进人类文明演化中享有举足轻重的历史地位，而且在对"现代经济规律"的百年探索中，其理论基础即西方经济学已经集多元思想理论、众多学术流派、多样研究方法自成一派，至今仍然主导着整个世界经济的话语体系。

作为思想与历史结晶，西方资本主义基本经济制度及其经济学理论体系毫无疑问存在两面性。一方面，它包含了反映生产社会化、商品经济一般规律的众多经济学范畴、理论、政策与方法论，包含了对市场运行机制、政府宏观干预、效率与公平关系及其制度变迁规律的经验总结。另一方面，资本主义基本经济制度及其经济学理论体系具有强烈的阶级属性与意识形态色彩，从古典经济学到新古典经济学，从凯恩斯主义到新自由主义，西方经济学理论范式无不是服务于资本主义基本经济制度的阶级性、合法性与永恒性。所以，坚持、完善社会主义基本经济制度新内涵要正确对待西方经济学及其制度体系，重点在于吸收、借鉴有益成果，批判、超越其糟粕与落后部分。本文从所有制（产权）、收入分配、经济体制三个方面，系统论述了改革开放以来中国坚持完善社会主义基本经济制度对西方经济理论与制度安排的有益借鉴和历史超越。

（一）所有制（产权）理论与制度的借鉴和超越

所有制与所有权（产权）既有区别也有联系。马克思恩格斯认为，从"劳动者与生产资料"的结合层面而言，所有制是指生产资料所有制，亦即直接生产、分配、交换、消费过程中生产资料在劳动者与所有者之间体现的归属关系。现代西方经济学一般不谈所有制概念，只提其"法

权形式"即所有权或产权概念，认为在理性意愿和资源稀缺性原则主导下，人们对于特定社会财产与生产资源具有排他性，自然就产生了占有、使用、支配、处置某种财产以及规范此种财产权利边界的产权制度。马克思所有制理论与西方产权制度思想存在明显区别。前者"将关注的重心放在了'由谁所有'（ownership）以及由此带来的利益分配问题"①，后者"将关注的焦点放在了产权本身（properties）的内容、边界、分解、行使机制以及由此带来的效率优化问题"②。就关联性而言，产权及产权制度通过界定经济体的财产权类别、权能大小以及相应的权利边界规范着人们财产使用的权责利关系，本质上是所有制的具体实现形式和运行规则。

西方现代产权理论是在借鉴、批判、修正新古典经济学一些经济范畴及其前提假设的基础上产生的。后者假定，在完全理性、竞争、对称即没有不确定性、外部性的市场环境中，由于社会与私人边际收益、边际成本分别相等，不存在交易费用问题，因而在"帕累托最优"状态下新古典经济学并不研究产权制度与资源配置的关系③。但现实经济生活复杂多变，交易成本无处不在，产权界定以及归属对资源配置效率存在重要影响。西方产权理论以"交易成本"为基本分析工具，微观层面探究了企业制度的起源以及企业产权和治理结构，形成了企业组织、现代公司、委托代理等理论成果；宏观层面探究了产权、资源配置和经济制度之间的依赖关系，形成了制度变迁及其路径依赖理论。其研究目标在于通过界定企业产权边界降低影响优化资源配置的"制度性交易成本"来提高经济增长效率和经济发展。就中国所有制改革特别是国有企业改革本身看，这一过程本质上就是一个产权关系不断细化调整并不断释放激活产权活力的过程。现代产权理论的引入对中国坚持完善社会主义所有制关系有重要影响。

首先，产权理论引入推进了所有制关系调整和产权市场构建进程。传统所有制理论重点从生产领域审视所有制结构及性质，以生产资料公共占有和私人占有为标准判别国家基本经济制度的优劣，忽视了生产领域内部公有制自身存在的利益差别以及实现机制。与此相反，现代产权

---

① 王强：《反对"私有化"与发展私有经济——新时代中国特色社会主义市场经济的所有制理论研究》，《经济社会体制比较》2018年第3期，第19—29页。

② 王强：《反对"私有化"与发展私有经济——新时代中国特色社会主义市场经济的所有制理论研究》，《经济社会体制比较》2018年第3期，第19—29页。

③ 杨瑞龙：《外部效应与产权安排》，《经济学家》1995年第5期，第52—59页。

理论把所有权视为自然法和先在物，更加重视财产关系在流通领域的自由交易和市场效益。由于产权包括"所有权、占有权、支配权、处分权、知识产权、债权、股权等等各种经济权能"①，因而经济体可根据市场信息对此类权能进行分拆、评估、让渡与重组，以此优化产权结构以及配置效益。中国改革在确保公有制主体范围内，把传统所有制理论同现代产权理论相结合，通过分离所有权与经营权，一来克服了传统体制下公有制经济缺乏实现形式、政企不分和效益低下的问题；二来公有制与市场机制相结合产生了"公有资本"概念，从而国有资本、集体资本、非公有资本可根据需要进行交叉持股、资本融合，以混合所有制经济优化产权结构实现共同发展。进一步讲，现代产权理论坚信财产的自由流转和市场重组即产权交易和市场配置可带来资本增值。这一产权观为我国深化国有资产监管体制改革，对推进"管资产、管企业"的传统监管方式向以"管资本为主"的现代监管方式转变，对实现国有资本保值增值和做大做优做强国有企业产生了重要影响。

其次，通过建立现代产权制度体系发展了社会主义市场经济。现代产权理论认为，产权的自由流转、买卖重组和市场定价存在一般性条件，产权只有形成一套有效界定、保护其排他性、专有性、让渡性等一系列权能的法律法规体系，市场才能在确保财产价值增值中实现资源的有效配置。产权制度以产权各项权能为依托，是界定产权边界、规范产权行使的制度体系，亦即"关于各主体在产权关系中之权力、责任、利益关系及处理这种关系的制度安排"②。产权制度不仅是市场机制运行和完善社会主义市场经济体制的基础，更是保护公有产权、非公有产权，确保公有制主体地位和各类非公经济健康发展的有力保障。有鉴于此，2003年，党的十六届三中全会首次提出"产权是所有制的核心和主要内容"③，指出建立"归属清晰、权责明确、保护严格、流转顺畅"④的现代产权制度。2004年，我国把"公民的合法私有财产不受侵犯"和"依照法律规定保护公民的私有产权和继承权"写入宪法。2013年，党的十

① 林广瑞、王彦林：《论所有制与产权制度的关系》，《河北学刊》2007年第6期，第159-163页。

② 林广瑞、王彦林：《论所有制与产权制度的关系》，《河北学刊》2007年第6期，第159-163页。

③ 中共中央文献研究室：《十六大以来重要文献选编》上，中央文献出版社，2005，第467页。

④ 中共中央文献研究室：《十六大以来重要文献选编》上，中央文献出版社，2005，第467页。

八届三中全会把健全产权制度作为发展社会主义基本经济制度的首要任务之一，在明确"两个都是"的基础上提出："公有制经济财产权不可侵犯，非公有制经济财产权同样不可侵犯。国家保护各种所有制经济产权和合法利益，保证各种所有制经济依法平等使用生产要素、公开公平公正参与市场竞争、同等受到法律保护。"①2017年，党的十九大报告进一步指出："经济体制改革必须以完善产权制度和要素市场化配置为重点，实现产权有效激励、要素自由流动、价格反应灵活、竞争公平有序、企业优胜劣汰。"②这些重要思想论断与实践举措为健全社会主义市场经济产权制度和发展社会主义基本经济制度提供了坚实保障。

再次，推动国有企业改革和现代企业制度不断完善。国有企业改革在经历了80年代"放权让利"和"利改税"试点改革的困境后，党和国家逐步意识到，阻碍国有企业成为真正市场主体的症结不在于利益分配机制的放活而在于传统体制的产权制度。为此，党的十四届三中全会明确指出，国企产权制度改革的目标是建立产权明晰、权责明确、政企分开、管理科学的现代企业制度。其本质是实施两权分离、政企分开，建立权责利对称的国有企业激励约束机制，改变国有企业传统经营发展方式，使国企真正成为产权独立、自主经营、自负盈亏的市场主体。其改革方式或路径之一是对大中型国企进行公司化改造，建立与现代产权制度相对应的现代企业制和公司制。现代产权理论认为，现代企业经历股份制洗礼呈现出两权分离局面，然而，资本所有者对企业市场信息、经营绩效、生产成本以及经营者自身状况存在信息遮蔽，因此势必形成"委托代理制"以及责任问题，即代理人可利用信息不对称的优势为自身谋利从而损害所有者或委托人的利益。现代产权理论认为克服委托代理责任问题的主要途径是建立一套明确规定股东、董事会、经理层之间权责利关系的产权组织形式即现代企业制度和公司化治理结构。世纪之交，党和国家明确国企建立现代企业制度，标志着我国国企改革正式进入公司化改制阶段。90年代以来，国企深化产权制度改革和建立现代企业制度两项政策同步推进，实现了国企同市场机制的深度融合和质量效益的同步提升。

因此，80年代中国开放继东欧市场社会主义理论——"比较经济学

① 《中共中央关于全面深化改革若干重大问题的决定》，人民出版社，2013，第8页。
② 习近平：《决胜全面建成小康社会　夺取新时代中国特色社会主义伟大胜利——在中国共产党第十九次全国代表大会上的报告》，人民出版社，2017，第33页。

的范式"后，在"转轨经济学范式"①中引入的现代西方产权理论对中国改革的理论与实践产生了深远影响，甚至其中一些有益理论主张被党和国家所借鉴吸纳。概括来说，改革开放以来中国的所有制结构调整、公平与效率关系变革、建立社会主义市场经济体制，可视为健全社会主义产权制度体系、降低市场交易成本和提高社会主义基本经济制度治理效能的改革过程。在肯定现代产权理论对我国改革实践具有借鉴意义的同时，需要明确它又深植于资本主义经济哲学传统固有观念及其基本经济制度，其中根深蒂固的经济理念是私有产权优于公有产权。中国所有制改革若对此不注重思想批判与内在超越，则势必贻害无穷。事实上，中国所有制改革与产权制度构建既不同于传统社会主义也相异于资本主义，因为中国改革所形成的"公有制为主体、多种所有制经济共同发展"的二元型所有制结构关系属于中国特色社会主义政治经济学专有范畴理论和中国特色社会主义基本经济制度内在变迁模式，在理论上是马克思主义政治经济学和西方主流经济学任何一门学科都无力阐释的。

其一，尽管当今资本生产关系及其基本经济制度形态发生了一些显著变化，但其产权理论的先在基石即生产资料私有制的本质尚未发生实质性改变。有学者认为，当代资本主义生产关系历经单个资本到股份资本再到国有资本的演化历程已经说明其所有制结构趋近于我国二元型所有制关系。应该说，这一观点是值得商榷的。第一，资本主义所有制关系的确最先采用的是单个或个人资本，再进化到由单个资本联合投资的股份资本、集团资本和当今由国家垄断资本、私人垄断资本相结合的国家垄断资本，应该说，这种趋势体现了生产力与生产关系的历史辩证法，正如马克思恩格斯所说："资产阶级除非对生产工具，从而对生产关系，从而对全部社会关系不断地进行革命，否则就不能生存下去。"②第二，资本主义生产关系变化印证了马克思恩格斯关于公有制代替私有制的历史趋势。马克思在《资本论》中分析资本形态问题指出："建立在社会生产方式的基础上并以生产资料和劳动力的社会集中为前提的资本，在这里直接取得了社会资本（即那些直接联合起来的个人的资本）的形式，而与私人资本相对立"③，"资本主义生产极度发展的这个结果，是资本再转化为生产者的财产所必需的过渡点，不过这种财产不再是各个互相

---

① 张宇、张晨、蔡万焕：《中国经济模式的政治经济学分析》，《中国社会科学》2011年第3期，第69–84、221页。
② 《马克思恩格斯文集》第2卷，人民出版社，2009，第34页。
③ 《马克思恩格斯文集》第7卷，人民出版社，2009，第494页。

分离的生产者的私有财产，而是联合起来的生产者的财产，即直接的社会财产"①，"这是资本主义生产方式在资本主义生产方式本身范围内的扬弃，因而是一个自行扬弃的矛盾，这个矛盾明显地表现为通向一种新的生产形式的单纯过渡点"②。第三，资本关系从单个资本形态到股份资本形态再到国家资本形态演化只是所有制形式的改变，生产资料私有制性质或私有制主体地位并未改变。对此，恩格斯早就指出："无论向股份公司和托拉斯的转变，还是向国家财产的转变，都没有消除生产力的资本属性。在股份公司和托拉斯的场合，这一点是十分明显的。……现代国家，不管它的形式如何，本质上都是资本主义的机器，资本家的国家，理想的总资本家。它越是把更多的生产力据为己有，就越是成为真正的总资本家，越是剥削更多的公民。工人仍然是雇佣劳动者，无产者。资本关系并没有被消灭，反而被推到了顶点。"③

其二，"公有制为主体、多种所有制经济共同发展"是中国特色社会主义基本经济制度的本质特征，坚持公有制主体地位、国有经济主导作用和鼓励、支持、引导非公有制经济健康发展，不仅有利于公有制与市场机制、按劳分配与要素分配、政府调节与市场机制相结合，还有利于消除两极分化实现共同富裕，这是资本主义私有制为主体的所有制结构无法比拟的。第一，把国有资本集中投向关系到国家安全、国计民生的资源垄断行业、军工行业、公共基础以及支柱产业，为国民经济健康发展提供保障。第二，非公有制经济是社会主义基本经济制度的内生元素，在国有经济引导下对经济社会发展有不可替代的重要作用。一是非公有制经济参与市场竞争有利于促进各类所有权资本加快技术创新、制度变革和结构调整，有利于各类所有权资本降低生产消耗与交易成本，提高全要素生产率。二是非公有制经济健康发展会对国有经济改革发展产生溢出效应，尤其是当国有经济产权结构不完善，面临产业结构优化升级的压力时，非公有制经济通过混合所有制改革参与国企改革有利于国有资本保值增值、放大功能、提高竞争力，有利于做大做强国有企业，有利于产业结构升级。第三，以"两个毫不动摇"为基本导向发展"国有资本、集体资本、非公有资本等交叉持股、相互融合的混合所有制经济"④，有利于各种所有权资本取长补短、优势互补、相互促进、共同发

① 《马克思恩格斯文集》第7卷，人民出版社，2009，第495页。
② 《马克思恩格斯文集》第7卷，人民出版社，2009，第497页。
③ 《马克思恩格斯选集》第3卷，人民出版社，2012，第810页。
④ 《中共中央关于全面深化改革若干重大问题的决定》，人民出版社，2013，第8页。

展，有利于形成公有资本和非公有资本、资本与劳动互惠共赢的利益共同体，最大程度减少公私对立和劳资争议。而这些统统正好是资本主义私有制为主体的所有制结构在当今社会所不能根本解决的。

（二）收入分配理论与制度的借鉴和超越

西方现代收入分配理论与制度大体可分为两大维度。一是"要素价值理论"，主要研究各类生产要素及其价格在市场供求关系、竞争关系中如何得以确定并实现自由流转，实质解决了初次收入分配中的效率问题。二是以财产转移为主要特征的国民收入再分配理论，主要研究一国或国际社会收入分配是否公正、如何矫正以及效率公平关系（如著名的库兹涅茨曲线和涓滴效应）。

西方"要素价值论"是一种按生产要素的"投入—贡献"原则进行分配的经济理论，与马克思恩格斯的"劳动价值论"不同，前者认为，只要各类生产要素如资本、劳动、土地、管理、专利、数据等参与生产，就为产品价值创造和社会财富创造做了相应贡献，从而要素所有者应当以要素投入的贡献获取对等报酬。在西方思想史上，亚当·斯密的"劳动创造价值理论"首次说明了"劳动价值论"，但却并不是彻彻底底的劳动价值论，导致其分配理论呈现出前后矛盾和自我悖论。一方面，他以"劳动创造价值"为据认为，利润、工资、地租都是劳动者生产的产品价值中的一部分或扣除；另一方面，他又强调"工资、利润和地租，是一切收入和一切可交换价值的三个根本源泉"[1]。前一方面构成了马克思主义价值论、分配论的直接来源，后一方面成为庸俗经济学和现代西方分配理论的直接依据。庸俗经济学代表人物萨伊认为，资本、劳动、土地都为生产某种产品或服务提供了特定贡献，因此在财富分配中三种要素的所有者按照其要素投入生产的贡献获取特定报酬，从而构成了马克思批判的著名的庸俗经济学的"三位一体"分配公式，即资本、劳动、土地分别按其贡献获得利润、工资和地租。

19世纪末，新古典经济学进一步把"要素价值论"推向边际革命和均衡理论。其中最负盛名的是以克拉克的"边际生产力理论"和以马歇尔的"要素均衡价格"为基础的收入分配理论。两者分别为"要素价值论"构建了自认为的科学的理论体系，共同奠定了资本主义现代收入分配理论与制度的理论根基。"边际生产力理论"认为，生产要素的边际生产力即最后追加一单位生产要素所取得的边际产出，决定要素价值，也

---

① ［英］亚当·斯密：《国富论》上卷，郭大力、王亚南译，商务印书馆，2015，第46页。

决定要素所有者收入。所以，劳动的边际产出决定劳动者的工资，企业家的边际产出决定企业家的收入，资本的边际产出决定利息。由此，"要素价值论"由"要素贡献论"转化为"要素边际生产力贡献论"。马歇尔认为生产要素包含资本、土地、劳动、企业四种形式，强调生产要素的"均衡价格"即要素所有者的收入。要素"均衡价格"指生产要素供需均衡之时的价格，也就是说，工资是劳动者供需均衡时的价格，利息是资本供需均衡时的价格，地租是土地供需均衡时的价格，利润是企业供需均衡时的价格。就"要素价值论"本身来看，它以生产要素共同创造价值的理论逻辑显然掩盖了可变资本与不变资本的区别，掩盖了剩余价值的唯一源泉而具有极大的欺骗性、阶级性和虚伪性。但对于中国社会主义初级阶段来说，非公有制经济的存在场域使得生产要素按贡献取酬原则还有存在空间。

首先，在社会主义市场经济和"公有制为主体、多种所有制经济共同发展"的二元型所有制关系条件下，生产要素按贡献参与分配具有一定的必然性。一是资本、土地、技术、数据等生产要素是社会资源和社会财富的组成部分，尽管劳动是价值创造的唯一源泉，但非劳动要素在资源稀缺状态下并不是无偿的，它们参与商品生产全过程需要有"要求权"①，即"必须和劳动者本人的劳动一样给予报酬"②。一来生产过程没有生产资料，没有资本、土地等生产条件，也就没有劳动凝结为商品价值的物质载体。二来当今社会工业文明与后工业文明交替进行，区别于传统的现代生产要素的种类趋于繁多，这类要素如信息、技术、专利、管理等参与商品生产能极大提高劳动凝结为价值的效率，是一种全要素生产率和商品价值链的双重提升。三来在市场调节在资源配置中起决定作用的条件下，不同要素所有者都是具有专有性、排他性的产权主体，任何生产要素的流通、买卖、配置都要遵循等价交换原则，即各类要素通过市场供需关系形成各自的生产价格，从而实现贡献与收入的互转。二是生产与分配"一体两面"，所有制关系决定分配关系。我国当前的所有制结构是"公有制为主体、多种所有制经济共同发展"的二元型、混合型关系，这就决定分配方式、分配关系并不是单一的。三是多种分配关系、多种分配方式并存。改革开放以来，基于所有制结构调整与社会主义市场化推进，按要素分配也同步被列入了中国特色社会主义分配制度和基本经济制度。

① 《马克思恩格斯全集》第35卷，人民出版社，2013，第372页。
② 《马克思恩格斯全集》第35卷，人民出版社，2013，第356页。

其次，按劳分配同要素分配相结合。我国"按劳分配为主体、多种分配方式并存"的二元型分配关系历经艰辛探索。1993年，党的十四届三中全会提出"按劳分配为主体、多种分配方式并存"①的基本框架，并强调"国家依法保护法人和居民的一切合法收入和财产，鼓励城乡居民储蓄和投资，允许属于个人的资本等生产要素参与收益分配"②。1997年，党的十五大在重申"按劳分配为主体、多种分配方式并存"的基础上，首次强调"把按劳分配和按生产要素分配结合起来"③，"允许和鼓励资本、技术等生产要素参与收益分配"④。2002年，党的十六大首次提出"确立劳动、资本、技术和管理等生产要素按贡献参与分配的原则"⑤。2007年，党的十七大强调："要坚持和完善按劳分配为主体、多种分配方式并存的分配制度，健全劳动、资本、技术、管理等生产要素按贡献参与分配的制度。"⑥2013年，党的十八届三中全会进一步强调："健全资本、知识、技术、管理等由要素市场决定的报酬机制。"⑦2019年，党的十九届四中全会着重指出："坚持按劳分配为主体、多种分配方式并存。坚持多劳多得，着重保护劳动所得，增加劳动者特别是一线劳动者劳动报酬，提高劳动报酬在初次分配中的比重。健全劳动、资本、土地、知识、技术、管理、数据等生产要素由市场评价贡献、按贡献决定报酬的机制。"⑧实践证明，坚持"按劳分配为主体、多种分配方式并存"的分配制度是坚持完善中国特色社会主义基本经济制度的本质内容和根本要求。

再次，要素分配虽然有利于激发生产活力和经济效益，但由生产要

---

① 《中共中央关于建立社会主义市场经济体制若干问题的决定》，人民出版社，1993，第19页。
② 《中共中央关于建立社会主义市场经济体制若干问题的决定》，人民出版社，1993，第20页。
③ 江泽民：《高举邓小平理论伟大旗帜　把建设有中国特色社会主义事业全面推向二十一世纪——在中国共产党第十五次全国代表大会上的报告》，人民出版社，1997，第26页。
④ 江泽民：《高举邓小平理论伟大旗帜　把建设有中国特色社会主义事业全面推向二十一世纪——在中国共产党第十五次全国代表大会上的报告》，人民出版社，1997，第27页。
⑤ 江泽民：《全面建设小康社会　开创中国特色社会主义事业新局面——在中国共产党第十六次全国代表大会上的报告》，人民出版社，2002，第28页。
⑥ 《中国共产党第十七次全国代表大会文件汇编》，人民出版社，2007，第37页。
⑦ 《中共中央关于全面深化改革若干重大问题的决定》，人民出版社，2013，第46页。
⑧ 本书编写组：《〈中共中央关于坚持和完善中国特色社会主义制度、推进国家治理体系和治理能力现代化若干重大问题的决定〉辅导读本》，人民出版社，2019，第21页。

素占有量以及先天禀赋造成的收入分配两极化趋势不可避免。西方"要素价值论"对社会财富的再分配环节进行了有益探讨。二战后兴起的"福利经济学"认为，由于货币效用也存在边际递减规律，因而贫富之间的财产转移有助于提高社会整体效益，并认为财产转移包括富人以慈善捐赠为方式的"自愿转移"，以强制征收累进税和遗产税为方式的"强制性转移"，以建立社会保障为方式的"直接转移"，以住宅医疗实物供给为方式的"间接转移"[①]。凯恩斯主义认为，贫富两极分化的马太效应是有效需求不足的主要根源所在，为扩大社会需求、增进就业就势必要调整收入分配结构。其主要方式有，一是对富人直接征收累进税来提升社会消费预期。二是食利阶级的消亡，"一旦它的食利者阶级的方面消失掉，资本主义的其他方面会有重大的改变"[②]。凯恩斯国家宏观干预福利经济学理论关西方国家调整社会财产分配结构奠定了理论基础。但也有西方学者以公平与效率之间的现实悖论质疑国家调整收入分配结构的可行性。比如担任过美国约翰逊总统经济顾问的耶鲁大学教授阿瑟·奥肯认为："追求效率必然创造出不平等。因此社会在平等和效率之间，面临着一种权衡。"[③]可见，对于西方资本主义国家来说，正确处理公平与效率关系并未达成共识。

改革开放后，随着非公有制产权制度逐步完善，要素所有者凭借生产资料所有权优势参与分配也同步使中国产生了收入差距扩大的趋势。中国共产党能否突破西方"要素价值论"，正确处理效率与公平关系，对于这一问题的回答事实上经历了一个长久的探索历程。1993年，党的十四届三中全会提出："建立以按劳分配为主体，效率优先、兼顾公平的收入分配制度，鼓励一部分地区一部分人先富起来，走共同富裕的道路。"[④]这标志着在分配制度中公平和效率二者兼顾的确立，且效率先于公平。1997年，党的十五大重申了这一原则并指出，坚持和完善按劳分配为主体的多种分配方式，"保证国民经济持续快速健康发展，人民共享经济繁荣成果"[⑤]。2002年，党的十六大发展了分配制度，要求坚持效

---

① 孙祖芳：《西方收入分配理论与实践的发展及其启示》，《同济大学学报》（社会科学版）2002年第5期，第17—23页。

② ［英］约翰·梅纳德·凯恩斯：《就业、利息和货币通论》（重译版），高鸿业译，商务印书馆，2017，第393页。

③ ［美］阿瑟·奥肯：《平等与效率——重大的抉择》，陈涛译，中国社会科学出版社，2013，第□页。

④ 《中共中央关于建立社会主义市场经济体制若干问题的决定》，人民出版社，1993，第3页。

⑤ 《中国共产党第十五次全国代表大会文件汇编》，人民出版社，1997，第19页。

率优先、兼顾公平，在初次分配中注重效率，在再分配中注重公平；规范分配秩序、合理调节过高收入，扩大中等收入比重、提高低收入者水平等观点。从2007年党的十七大开始，强调"初次分配和再分配都要处理好效率和公平的关系，再分配要更加注重公平"[①]。2012年，党的十八大又提出了实现居民收入增长和经济发展同步、劳动报酬增长和劳动生产率提高同步，提高居民收入在国民收入分配中的比重，提高劳动报酬在初次分配中的比重的新要求。2017年，党的十九大在三个方面发展了社会主义分配制度的内容，一是要求坚持按劳分配原则，完善按要素分配的体制机制，促进收入分配更合理、更有序；二是积极提倡勤劳守法致富，扩大中等收入人群，增加低收入者收入，调节过高收入，取缔非法收入，把收入分配纳入法治轨道；三是要求强化要素分配作用，通过拓宽财产性收入渠道增加居民收入。分配政策的调整历程显示，随着经济社会深入发展，特别是当社会主要矛盾在新时代发生转变的态势下，我们党重视分配公正对于经济社会高质量发展的重要作用，也同步超越了西方"要素价值论"中关于效率和公平的矛盾观念，深刻认识到效率和公平是一对哲学矛盾，即既有内在对抗性也有内在统一性。

（三）经济体制理论与制度的借鉴和超越

1.一般经济制度理论的特点

一般认为经济体制是经济制度的实现形式。自亚当·斯密代表的古典政治经济学产生以来，市场经济规律一直属于西方经济学的显性学科或研究对象。除了证明市场机制是迄今最有效率的资源配置方式外，一些经济学家也将其视为资本主义基本经济制度的独有产物。西方市场理论与制度的核心要义可总体概括为四大方面。一是"资源稀缺性"假设理论。基于有用性资源的有限性和人的需要的无限性矛盾，经济科学和经济生活的目的是阐明如何以有限资源的最优配置和最小成本实现收益与效益最大化。二是"理性经济人"假设理论。即假定人是理性的，表现为在道德约束力和思想行为的预期性中以最优方式实现利益最大化。理性人假设强调人的"自利性"，也强调人的"能动性"，即市场主体具有独立的产权属性，能够及时捕捉市场信息和价格信号，能够承担自身经营活动的一切风险。三是研究、证明市场机制资源配置的运行机理。萨缪尔森就如何解决"经济组织的三个问题"指出，首先，消费者的购买选择诱导生产者生产有盈利前景的商品，这种诱导传输机制解决的是

① 《中国共产党第十七届中央委员会第五次全体会议文件汇编》，人民出版社，2010，第83页。

"生产什么"的问题；其次，价值规律促使生产者提高资本与技术构成来降低生产成本，进而解决"如何生产"的问题；再次，生产要素的供求关系决定工资、利润、利息等要素价格，进而通过决定要素所有者的收入水平和购买能力解决"为谁生产"的问题。四是把握市场经济中政府职能的有限性和边界性。西方经济理论认为由于市场存在不完全竞争、公共产品与服务的非营利性、外部性以及经济周期波动，国家要在特定区间内弥补、解决市场失灵问题。要求通过制定公共政策法规、提供公共产品与服务消除外部性，通过财产转移与再分配增进社会公正，通过财政、货币政策保持国民经济稳定。

2.社会主义经济制度理论对一般经济制度理论的借鉴

首先，社会主义市场经济体制把公有制（社会主义制度）与市场一般规律相结合。把国家宏观调控同市场调节相结合，在改革开放与社会主义现代化建设实践中显现出了蓬勃的生命力。社会主义市场经济体制的确立与发展既有借鉴西方市场理论的合理成分，也有基于马克思主义政治经济学与中国改革实践的创新和超越。一是经过理论界与决策层的不懈努力，明确我国经济体制改革的目标是建立社会主义市场经济体制。整个80年代，在东欧市场社会主义与新自由主义市场经济理论影响下，中国共产党就建立何种经济体制曾前后在探索中历经了六种理论创新："计划经济为主、市场调节为辅"—"公有制基础上的有计划的商品经济"—"计划与市场内在统一的体制"—"国家引导市场、市场引导企业"—"计划经济与市场调节相结合"—"社会主义市场经济体制"。中国社会主义经济体制探索历程表明，一是商品（市场）经济规律是人类共有经济调节方式，不反映社会制度的固有属性，但可与之结合产生不同效果。正如马克思所说，商品交换和市场流通作为"文明社会"共有现象，作为"极不相同的生产方式都具有的现象"①，"只知道这些生产方式所共有的、抽象的商品流通的范畴，还是根本不能了解这些生产方式的本质区别，也不能对这些生产方式作出判断"②，更不能确定特定社会经济制度的性质问题。二是我国仍处于社会主义初级阶段，生产力水平不高、生产关系不完善、对物的依赖性和商品经济规律仍是这一阶段经济形态的主要特征。我国改革的目标就是在有计划按比例规律之上建立现代化市场经济体制，其中既有中国共产党人自己的理论结晶，也有对西方市场经济理论有益成果的借鉴与吸收。

---

① 《马克思恩格斯文集》第5卷，人民出版社，2009，第136页。
② 《马克思恩格斯文集》第5卷，人民出版社，2009，第136页。

其次，建立健全社会主义市场经济体制就是使市场机制在社会资源配置中起基础性和决定性作用。1992年，党的十四大指出："我们要建立的社会主义市场经济体制，就是要使市场在社会主义国家宏观调控下对资源配置起基础性作用。"①1993年，党的十四届三中全会通过的《中共中央关于建立社会主义市场经济体制若干问题的决定》对建立社会主义市场经济体制的基本目标、基本原则和基本框架做了细致论述。市场调节发挥基础性作用，即"使经济活动遵循价值规律的要求，适应供求关系的变化；通过价格杠杆和竞争机制的功能，把资源配置到效益较好的环节中去，并给企业以压力和动力，实现优胜劣汰；运用市场对各种经济信号反应比较灵敏的优点，促进生产和需求的及时协调"②。2013年，党的十八届三中全会将市场资源配置的"基础性作用"修改为"决定性作用"。习近平总书记强调："处理好政府和市场关系，实际上就是要处理好在资源配置中市场起决定性作用还是政府起决定性作用这个问题。经济发展就是要提高资源尤其是稀缺资源的配置效率，以尽可能少的资源投入生产尽可能多的产品、获得尽可能大的效益。理论和实践都证明，市场配置资源是最有效率的形式。市场决定资源配置是市场经济的一般规律，市场经济本质上就是市场决定资源配置的经济。"③这一新思想新论断为我国新时代坚持完善社会主义基本经济制度从而实现经济高质量发展指明了方向。

再次，构建市场资源配置发挥基础性和决定性作用的所有制条件。市场经济是高度发达的交换经济，市场资源配置发挥决定性作用的首要前提是形成具有独自承担经营风险的多元化的产权主体。我国现阶段的经济基础是生产资料公有制和非公有制的混合结构，对于社会主义市场经济资源配置作用来说，一是在于深化国有企业产权与体制改革，使它真正成为独立核算、自主经营、自我激励、自我约束、自负盈亏的法人实体。二是在于积极鼓励、支持、引导个体、私营、外资等非公有制经济健康发展，积极引导各类非公有制经济参与国有企业混合所有制改革，通过资本融合、功能互补、相互竞争、共同发展形成多元化的市场竞争格局。三是在于建立市场调节发挥作用的现代化市场体系。1993年，党的十四届三中全会提出："发挥市场机制在资源配置中的基础性作用，必

---

① 中共中央文献研究室：《十四大以来重要文献选编》上，人民出版社，1996，第19页。
② 中共中央文献研究室：《十四大以来重要文献选编》上，人民出版社，1996，第19页。
③ 中共中央文献研究室：《习近平关于社会主义经济建设论述摘编》，中央文献出版社，2017，第52页。

须培育和发展市场体系。当前要着重发展生产要素市场，规范市场行为，打破地区、部门的分割和封锁，反对不正当竞争，创造平等竞争的环境，形成统一、开放、竞争、有序的大市场。"①2013年，党的十八届三中全会强调："建设统一开放、竞争有序的市场体系，是使市场在资源配置中起决定性作用的基础。必须加快形成企业自主经营、公平竞争，消费者自由选择、自主消费，商品和要素自由流动、平等交换的现代市场体系，着力清除市场壁垒，提高资源配置效率和公平性。"②

3.社会主义经济制度理论对一般经济制度理论的超越

西方经济学历经几百年发展，已经在市场竞争、产业政策、企业组织、对外贸易等方面产生了一批重要理论成果和政策实践，对中国完善现代化市场体系无疑有借鉴意义。但西方资本主义市场机制与社会主义市场机制存在本质区别，这在《资本论》及其手稿中得到了集中体现。社会主义市场经济作为人类经济思想史上的一门崭新学科范式，在资本主义与社会主义思想史演化中都无直接原型，它是中国共产党和中国人民自己的智慧和理论结晶。与西方资本主义现代市场经济相比，中国特色社会主义基本经济制度中的社会主义市场经济体制在理论与实践上都有重大创新，从根本上超越了资本主义现代市场经济理论与制度。正因如此，习近平总书记才强调："提出建立社会主义市场经济体制的改革目标，这是我们党在建设中国特色社会主义进程中的一个重大理论和实践创新。"③

首先，破解了社会主义与市场经济能否相结合这一百年难题。20世纪50年代，苏东理论界通过批判"兰格模式"和"斯大林经济模式"的基础上提出了"市场社会主义理论"，从而论证了市场与计划、公有制与市场相结合的可能性，但认为市场与计划结合的可行性前提在于变"国家所有制"为"社会所有制"，这事实上为东欧改革直接私有化奠定了理论基础。90年代，新自由主义在国际秩序构建中所主张的"华盛顿共识"更是将私有化、自由化、市场化标准视为后发展中国家和社会主义国家经济体制改革的唯一出路。改革开放后，邓小平的"两个不等于理论"首先在思想上成功破除了市场等于资本主义、计划等于社会主义的

① 《中共中央关于建立社会主义市场经济体制若干问题的决定》，人民出版社，1993，第10页。
② 《中国共产党第十八届中央委员会第三次全体会议文件汇编》，人民出版社，2013，第9页。
③ 《习近平谈治国理政》，外文出版社，2014，第94页。

教条；党的十四大提出建立社会主义市场经济体制和中国社会主义现代化建设则在实践上证明了公有制与市场相结合的可行性；党的十九届四中全会把社会主义市场经济体制作为社会主义基本经济制度，意味着市场等于资本主义、计划等于社会主义教条的根本解构，成为人类思想史上的一次"哥白尼式的革命"。

其次，社会主义市场经济的核心问题是正确处理市场与政府关系，不仅深化了马克思恩格斯的有计划按比例思想，而且超越了西方视野中的"政府有限论"。马克思恩格斯认为，垄断资本主义阶段资本也具有了计划性，但这种计划性只能称作"经济计划"而不是"计划经济"。计划经济以生产资料社会占有为基础，是生产、分配、流通、消费过程及其经济供需比例最彻底的计划性形态。西方经济学尽管认为市场机制存在先天失灵的弊病，需要政府介入，但其主流思想认为国家是一种"必要的恶"，因而对国家进入市场持消极乃至否定态度。尽管随着现代经济虚拟化、复杂化，西方经济学也主张积极性的国家干预和政府宏观调控，但西方与我国前中后政府干预相比多属于事后干预；从根源上看，西方经济学把政府与市场关系视为此消彼长、你强我弱以及零和博弈，从理性经济人、均衡理论、资源稀缺型等几大经济学范畴的假设出发，来最大程度限制政府市场权能和构建理想型的自由竞争市场模式。其结果只会进一步加深资本主义生产方式所固有的内在矛盾与社会危机，世纪之交"华盛顿共识"在国际范围内引发的经济衰退、社会动荡以及金融危机就是最好的佐证。中国共产党人和中国特色社会主义则更加辩证地审视运用政府与市场关系。正如习近平总书记指出的："在市场作用和政府作用的问题上，要讲辩证法、两点论，'看不见的手'和'看得见的手'都要用好，努力形成市场作用和政府作用有机统一、相互补充、相互协调、相互促进的格局，推动经济社会持续健康发展。"[①]社会主义制度最大的优势就是在坚持党的领导，坚持党对经济工作全面领导的前提下，统筹处理政府与市场关系，形成科学有效的宏观调控体系和政府经济治理体系。

---

① 《习近平谈治国理政》，外文出版社，2014，第116页。

第九章　新时代社会主义
基本经济制度新内涵的聚合机理

本章运用马克思主义"总体性辩证法"思维对新时代社会主义基本经济制度的内在结构做了阐述分析。新时代社会主义基本经济制度新内涵，作为中国共产党人对社会主义建设规律认识的结晶，基于马克思主义社会主义经济理论原理的坚持，吸取世界社会主义发展史的珍贵经验和教训，历经社会主义理论与实践的艰辛探索，最终形成了一个有着整体性内容的、立体构造的、相互支撑的、体系式存在的三位一体或三项聚合的社会主义基本经济制度。

一、马克思主义"总体性辩证法"分析视域

在马克思看来，按照唯物辩证法，总体或总体性是指事物的诸方面的相互依存、相互联系、相互影响和相互作用的不可分割性。总体性方法是用总体性视野来看问题的方法，就是要将对象和客体置于多重结构和复杂关系中来看待对象和客体，要走向辩证思维。

（一）总体性是马克思主义辩证法的总特征

1.马克思在继承与批判黑格尔哲学思想的基础之上，形成了总体性的思想，成为批判资本主义社会的科学指南

总体性作为马克思主义哲学的总特征，是"西方马克思主义"的核心概念之一，既是研究资本主义社会基本问题的一种视域，又是对马克思主义理论的继承与批判。总体性，最初并不是由马克思明确提出的概念，而是由卢卡奇在阅读了马克思的文本之后提出的，并且随着时代的发展这一思想得到了广泛的认同与发展，成为研究马克思主义不可缺少和至关重要的一种方法，同时也成为马克思主义哲学的总特征。

任何真正的哲学都是审视和反思的结果，马克思主义哲学也不例外，也正是在继承和批判以往哲学家思想的基础之上形成了马克思自己的独立思想，尤其是对黑格尔哲学思想的吸收与借鉴。黑格尔认为："对于科学说来，重要的东西倒并不很在乎一个纯粹的直接开端，而在乎科学的整体本身是一个圆圈，在这个圆圈中，最初的也将是最后的东西，最后

的也将是最初的东西。"①黑格尔由此也表达了关于总体性的看法，一是哲学是作为一个整体的发展过程，任何一个发展阶段的任何环节都是构成总体性的关键，缺一不可，不可分割。二是思维本身具有客观的内在逻辑，不仅意味着思想的独立性而且意味着思想对对象的把握，从而在总体思想的发展中把握每个阶段的内容。三是总体性的思想是动态的发展，而不是静态的永恒。精神外化的结果就是一个螺旋式上升的过程，在这个过程中，从物自身出发，外化为他物，再返回自身，从而在总体的发展过程中形成一种动态发展。马克思也正是在继承和批判黑格尔总体性基础之上，指出黑格尔的总体性是绝对精神的自我发展过程，这是一种思维的具体展现与理解，"观念的东西不外是移入人的头脑并在人的头脑中改造过的物质的东西而已"②，而马克思所展现的总体性是历史的总体性与社会的总体性。

马克思总体性方法的第一个要求是：对一切对象和客体要有一种总体性或整体性的视野，要在实践总体的基础上再现从具体总体到思想总体的上升。马克思总体性方法的第二个要求是：要从范畴的辩证运动着手来构筑思想总体，关键是要在起点范畴的矛盾运动中历史地逻辑地再现具体总体。

恩格斯在对马克思主义理论的阐述中，马克思主义被分为哲学、政治经济学、科学社会主义三个组成部分，但是这三个组成部分之间是有着内在有机联系的，而并非相互绝对独立的。用通俗的话来说，马克思主义是用其哲学的方法，通过对政治经济学的研究，得出了科学社会主义的结论。也就是说，马克思恩格斯用辩证唯物主义和历史唯物主义的科学世界观和方法论，通过对资本主义生产方式的批判分析，揭示了资本主义生产方式内在的固有的不可克服的矛盾性以及其运行和发展的内在规律，从而揭示了空想社会主义的历史贡献和局限性，阐述了资本主义被社会主义所替代的历史必然性，展现了科学共产主义的美好未来。

2.卢卡奇在研析与吸收马克思经典文本基础上，对马克思哲学关于总体性的恢复与发展，成为研判资本主义社会的现实基础

在马克思主义哲学发展史上，卢卡奇首先提出了以总体性来重新认识马克思主义哲学的理念，从而为我们更好地研判资本主义现实提供了一种思路。随着卢卡奇思想从研究康德转入黑格尔再到马克思，其思想也发生着一系列的转变。首先，在《小说理论》中，卢卡奇就对总体性

① ［德］黑格尔：《逻辑学》上卷，杨一之译，商务印书馆，1966，第56页。
② 《马克思恩格斯文集》第5卷，人民出版社，2004，第22页。

进行了初步的思考，主要体现为总体性意味着任何事物内部的一种完整性，进而表现为一种根本的实在，这种实在在追求自身完美的过程中得以存在和发展，"只有在知识就是美德、美德就是幸福的地方，只有在美使世界的意义变得显而易见的地方，存在的总体才是可能的"①。其次，在《什么是正统的马克思主义？》一文中，卢卡奇虽未看到《1857—1858年经济学手稿》，但是对辩证法的方法的理解，与马克思文本中的思想非常类似，也指出了总体的方法才是正确认识马克思主义最正确的方法，这也为后面总体性思想全面的表达奠定了基础，成为分析物化理论重要的思想来源。最后，在《历史与阶级意识》中，卢卡奇表达的总体性有两个方面的含义：一方面，总体性是一种方法论。卢卡奇在继承黑格尔和马克思思想的基础上，提出了任何事物的研究总是在总体性的视域中得以凸显，事物与事物之间的联系不仅是作为中介存在，而且也是在内部相互的衔接中得以完善。整个社会的发展不仅是一种动态的发展，而且也是一个历史的过程。其中卢卡奇分析的经典例子就是资本主义社会的发展。另一方面，总体性是社会存在的理想状态。卢卡奇通过透析现实社会发现，整个社会并非总体性的存在，究其原因，主要是因为物化和碎片化的现象存在。卢卡奇分析了马克思的《资本论》，发现整个社会中人与人的关系逐渐退化为物的关系，"这种合理的客体化首先掩盖了一切物的——质的和物质的——直接物性。当各种使用价值都毫无例外地表现为商品时它们就获得了一种新的客观性，即一种新的物性——这种客观性仅仅在它们偶然进行交换的时代才不具有，它消灭了它们原来的、真正的物性。"②这就表现为两种不同的物性，一种是事物固有的物性，另一种是商品化后的物性。可见，卢卡奇所展现的总体性成为研判社会的现实基础。

3.柯尔施与葛兰西在发展与完善以往哲学家思想的基础之上，对总体性提出了不同的看法，成为剖析社会经济现象有力的思想武器

在第二国际时期，对于什么是正统的马克思主义，柯尔施与葛兰西提出了各自的观点，但不能忽视的是两者都是马克思总体性思想的一种新阐释与新理解。

柯尔施在不同的著作中对总体性进行了不同的阐释。在《马克思主义和哲学》中，柯尔施认为，马克思主义哲学与科学社会主义思想是一致的。不管划分的标准和做法如何不同，其最终的归结点都在实践与历

① ［匈］卢卡奇《小说理论》，燕宏远、李怀涛译，商务印书馆，2012，第25页。
② ［匈］卢卡奇：《历史与阶级意识》，杜章智等译，商务印书馆，1992，第154页。

史的演变中分析和研判当前社会，归根到底，其总体性就是马克思主义哲学的一个重要特征。在《卡尔·马克思》中，柯尔施认为，不管是政治经济学批判还是哲学思想的阐发，都有着内在的联系，只有实现从唯心主义到唯物主义的转变，才能更好地对政治经济学加以研究和对当前社会进行批判，从而在总体性上对马克思主义哲学进行把握。

同样，葛兰西也强调了马克思主义哲学的总体性，认为总体性是整个文明发展的需要。其主要体现为三个方面：一是从总体性的特征来讲，不管是哲学与政治的不同划分，还是将理论与实践的结合，都是一种总体性的完成。二是不同要素作为总体的构成，相互之间存在着总体性的联系。"任何一种要素都包含在另外两种之中，这三种要素一起构成为一个同质的循环。"①三是从总体性出发，阐发了领导权作为一种政治、经济与文化的相互结合的理论，进一步阐明了无产阶级改变自身的途径与可能。

（二）总体性是马克思主义政治经济学研究的总优势

19世纪60年代，马克思在完成《1861—1863年经济学手稿》以后，于1863年开始分册撰写《资本论》。在写第一册手稿的时候，马克思决定把《资本论》其余三册写完，哪怕只写个草稿。1865年7月31日，马克思给恩格斯就此写了一封信，信中在说明他的研究和写作计划的同时，马克思指出："不论我的著作有什么缺点，它们却有一个长处，即它们是一个艺术的整体。"②

1867年8月23日，在认真阅读了马克思寄来的《资本论》手稿的36个印张后，恩格斯回信给马克思表示了对马克思方法的赞叹："我向你表示祝贺，你采取了完满的处理方式，你只是把错综复杂的经济学问题放在恰当的位置和正确的联系之中，就完满地使这些问题变得简单明了，几乎一眼就能看清楚；同时我还要向你表示祝贺，你实际上非常出色地叙述了劳动和资本的关系，这种关系在这里第一次得到完满而又相互联系的叙述。"③

1.总体性是马克思主义政治经济学研究的总优势

总体性作为马克思主义研究的总优势，不仅能够建构出一个应然的社会，而且能够解构一个必然的社会，即总体性不仅揭示了资本主义社

---

① ［意］安东尼奥·葛兰西：《狱中札记》，曹雷雨等译，中国社会科学出版社，2000，第316页。

② 《马克思恩格斯文集》第10卷，人民出版社，2009，第231页。

③ 《马克思恩格斯文集》第10卷，人民出版社，2009，第267页。

会的现存状态，而且批判了资本逻辑的运行内核。在《1857—1858年经济学手稿》中，马克思就阐明了总体性思想的独特优势："如果说，在完成的资产阶级体制中，每一种经济关系都以具有资产阶级经济形式的另一种经济关系为前提，从而每一种设定的东西同时就是前提，那么，任何[Ⅱ—24]有机体制的情况都是这样。这种有机体制本身作为一个总体有自己的各种前提，而它向总体的发展过程就在于：使社会的一切要素从属于自己，或者把自己还缺乏的器官从社会中创造出来。有机体制在历史上就是这样生成为总体的。生成为这种总体是它的过程即它的发展的一个要素。"①从这里就可以清晰地得出总体性作为马克思主义政治经济学的总优势。

2.总体性是贯穿马克思主义政治经济学的总线索

马克思对哲学的重建与政治经济学的批判殊途同归，从这个意义上来说，马克思主义政治经济学的原则与观念就是总体性。总体性作为社会的有机体制，对资本主义社会以及未来社会都是一种抽象的概括。在资本主义社会，资本占据统治地位，与其他任何经济关系、经济力量都是一种以资本为前提的空间存在。在社会主义社会，马克思批判了资本逻辑的运行机制，指明了未来社会的发展方向。也正因为如此，马克思的总体性作为马克思主义政治经济学的一条基本线索，在扬弃黑格尔哲学总体性的基础上，实现了总体性自我的重构；在超越古典政治经济学的基础上，实现了政治经济学的实证研究。

3.总体性是贯穿马克思主义政治经济学的总过程

马克思主义政治经济学研究的不是简单的个别事物，而是表现为运动的整个过程，即生产和流通的统一。不管是生产的总体还是流通的总体，这两者都表现为总体的自我推进、自我发展的有机整体，并且在此基础上形成的总体与总体之间事物的相互关系。"资本的总生产过程既包括本来意义的流通过程，也包括本来意义的生产过程。它们形成资本运动的两大部分，而资本运动表现为这两个过程的总体。"②在马克思主义政治经济学中，总体性构成了运动的一个过程，并且各个环节紧密相连，在总体性的一次又一次的飞跃中，创造出新的总体。例如资本总体基本上可以划分为等价资本、工场手工业、大工业、股份制等阶段，各个环节之间相互联系，在实现彼此的过程中不断飞跃，后者超越前者并构成了马克思主义政治经济学的整个过程。

---

① 《马克思恩格斯全集》第30卷，人民出版社，1995，第236–237页。
② 《马克思恩格斯全集》第31卷，人民出版社，1998，第6页。

4.总体性是贯穿马克思主义政治经济学的总趋势

马克思主义政治经济学以生产劳动作为研究的起点，剖析了资本主义社会的弊端，指明了未来社会发展的社会历史性。这样以生产劳动为基础和核心的总体性，从范畴的辩证运动来构筑思想的总体性以及在矛盾运动中历史地再现总体，这也成为马克思主义政治经济学的基本范畴和体系研究的总趋势。在总体性的结构中，各种范畴的总体性并不是由历史上的先后顺序所决定的，而是由总体的内部结构来决定的，呈现出共时性与历时性的特点。例如，资本的原始积累与资本积累之间既是同时性又是历时性。可见，马克思主义政治经济学不仅揭示了资本主义社会经济关系的历史性和社会性总趋势，也开辟了总体性历史与逻辑之间发展的一种总趋势。

新时代社会主义基本经济制度新内涵的提出，就是贯彻和运用马克思总体性辩证法思维的结晶。它拓展了我们对社会主义基本经济制度内在本质联系的思维，体现了在多重联系中运行的经济规律的运行机制的轨迹，揭示了繁杂多变且相互掣肘的经济生活内在的辩证关系。

二、社会主义所有制：
基本经济制度中的决定性制度及其聚合关系

基于唯物主义历史观的科学社会主义理论，把生产资料所有制问题看作关键问题。新时代社会主义基本经济制度新内涵的三项制度中，所有制是首要的，是具有基础性、支撑性、关键性的要件，是对社会主义所有制的制度规定。

（一）所有制与社会主义所有制

1.所有制概念与分类

马克思从经济意义和法律意义上对所有制的内涵做了区分，经济意义上的所有制以实际占有为基础，体现现实生产过程中的经济关系和经济利益。法律意义上的所有制是使现实的经济形态具有法律形态，将经济意义上的所有制关系上升到法的关系的高度。因此，所有制与法学范畴的所有权的概念既相互联系，又有层次上的区别。所有制可以是广义的生产关系总和，也可以特指生产资料所有制，或泛指财产所有制，但我们在很多语境谈论的还是生产资料的归属问题。而政治经济学研究的所有制，是作为生产关系基础的生产资料所有制。另外，所有制和所有制实现形式不同，例如对于公有制来说，它的存在形式和实现形式有一定区别，"公有制的存在形式包括原始社会公有制、社会主义公有制等，其中社会主义公有制又包括全民所有制、集体所有制和其他合作制经济等多种具体存在形式。公有制的实现形式包括租赁、承包、股份合作制、股份制等"①。实现形式不会改变所有制性质，如此，我们可以更好地理解我国在具体实践中积极探索公有制实现形式多样性的意义，突破了传统认识将公有制理解为只包括国有经济和集体经济的束缚，化解对混合所有制的误解。

2.社会主义所有制概念

所有制是马克思主义理论体系的一个核心问题，也是一个关乎国家稳定和发展的现实问题。把生产资料所有制问题看作社会主义的根本问题，是马克思主义经典作家的一个重要思想传统。马克思探讨了现代社会以前的所有制形式的基本内容和特征，在唯物史观的基础上分析和批判了资本主义所有制，指出"建立在生产资料私有制基础上的资本主义经济制度，以资本消费劳动力无偿剥夺剩余价值的生产本质成为其最直接的制度表达"②，揭示了劳动者被剥夺生产资料的过程是用血与火的文字载入史册的过程，马克思根据社会化生产与资本主义私人占有之间的矛盾分析，阐明了资本主义必然被共产主义取代的历史趋势，奠定了科学社会主义的理论基础。并在此基础上提出了其将为更高的、更新的所有制形态替代的历史必然性，提出"重新建立个人所有制"的命题。"从资本主义生产方式产生的资本主义占有方式，从而资本主义的私有制，是对个人的、以自己劳动为基础的私有制的第一个否定。但资本主义生产由于自然过程的必然性，造成了对自身的否定。这是否定的否定。这种否定不是重新建立私有制，而是在资本主义时代的成就的基础上，也就是说，在协作和对土地及靠劳动本身生产的生产资料的共同占有的基础上，重新建立个人所有制。"③

从这段论述中，我们看到了未来社会与个人的有机统一，未来社会是全面发展的自由人联合体，对生产资料的占有也是社会所有与个人所有的有机结合。社会所有制概括说来是在生产社会化高度发达的条件下，自由全面发展的劳动者个人联合起来的主体共同占有且是直接占有生产资料的所有制形式。因而，启示我们发展社会主义所有制一是要解放和

---

① 周文、刘守阳：《马克思的社会所有制构想及其当代形式探讨》，《马克思主义与现实》2020年第6期，第162-170、201页。

② 王维平、屈俊文：《社会主义基本经济制度新内涵与经济治理效能提升》，《西安交通大学学报》（社会科学版）2020年第2期，第8-16页。

③ 《马克思恩格斯文集》第5卷，人民出版社，2009，第874页。

· 268 ·

发展生产力；二是社会主义社会必须坚守公有制的原则，这是与资本主义私有制相区别的基本标识；三是社会所有制不等于国家所有制，要吸取过去实行纯粹的单一公有制而阻碍发展的经验教训；四是社会所有制是所有制发展的高级形态。共产主义有第一阶段和高级阶段之分，相应地，所有制有初级和高级形态。因此，我们对于所有制的探索具有历史发展性、实践性、阶段性和过渡性等特征。我国坚持公有制为主体、多种所有制经济共同发展的基本经济制度是对马克思在《资本论》中"重新建立个人所有制"经典论述的创新发展。

（二）中国特色社会主义所有制结构及其聚合关系

1.公有制主体地位决定我国的基本性质

所有制结构是指国民经济中各种经济成分之间的比例关系，同时反映了不同社会形态中所有制实现形式的多样性，在所有制结构中占主导地位的经济成分决定着一国经济制度的性质。因此，所有制结构是一国经济制度的制度基础，也是一个国家经济体制最核心、最重要的内容。此外，所有制结构的差异不仅决定了经济建设的大政方针和经济建设成效，而且直接表征了一个国家的社会类型、政权结构、阶级属性。因此，所有制结构在表现某种经济类型的同时，也具有明确的阶级属性与政治属性。"公有制经济的本质在于生产资料由劳动者共同占有，进而促进社会生产快速、协调、可持续发展。"[1]我国正是在建立生产资料公有制基础上，不断发展社会主义的。这与资本主义所有制在结构上完全不同。可见，不同归属不是由个人所决定的，而是由社会的本质所决定的。"公有制为主体"是所有制结构的基础与核心，只有长期坚持"公有制主体地位"才能确保经济建设秩序和经济建设性质。我们的经济建设特征是中国特色的社会主义经济建设，而不是别的什么性质的经济建设。所以，必须长期坚持"公有制主体地位"不动摇，认清所有制结构的阶级属性、政治属性，坚决抵制"所有制中性论"的荒谬论断。

占主体地位的公有制对社会主义初级阶段的基本经济制度的性质具有本质规定性。正如江泽民所言："坚持公有制的主体地位，是社会主义的一项根本原则，也是我国社会主义市场经济的基本标志。……只有确保公有制经济的主体地位，才能防止两极分化，实现共同富裕。任何动摇、放弃公有制主体地位的做法，都会脱离社会主义的方向。"[2]新时代，

① 戚聿东：《深刻理解社会主义基本经济制度的新内涵》，《人民论坛》2019年第31期，第44-47页。
② 《江泽民文选》第1卷，人民出版社，2006，第468页。

面对风云变幻的国际经济形势和国内经济发展新常态现状，需要公有制经济在"量"和"质"两个方面加强"公有制"主体地位，进而稳定经济形势，规范经济秩序，规避资本逻辑扩张风险，始终让公有制经济掌握绝对的主导权和话语权。在量上，不仅要保持单一公有制企业的数量，也要保障混合所有制企业内公有制成分的资产、股权占一定优势，总体上确保公有制资产占据相当规模。在质上，以国有经济为主导，提升国有企业对关于国家安全、经济命脉的各行业的控制力。持续推进国有企业改革，加强国有企业管理，培育一批在重要行业、产业内具有领导力和话语权的国有企业，"将国有企业做大做强做优"。只有不断加强公有制主体地位，明确所有制结构的阶级属性、政治属性才能在所有制结构改革中坚守中国特色社会主义的政治本色。

2.发展非公经济的理论依据

在《共产党宣言》中，马克思恩格斯提出，共产党人可以把自己的理论概括为：消灭私有制。这表达了共产党人彻底变革私有制的精神和决心。但与此同时，马克思恩格斯在后面有三点重要说明：一是我们要消灭的是雇佣劳动者仅能维持生命再生产的占有的可怜的性质；二是我们要消灭的是那种以社会上的绝大多数人没有财产为必要条件的所有制；三是我们要消灭的是利用财产占有奴役他人劳动的资产者、资产阶级私有者的个性①。这些原理表明，消灭私有制是消灭资本主义私有制条件下带来的以上三个极端恶果。同样在《共产党宣言》中，马克思恩格斯也谈到了消灭私有制的艰巨性——"这些措施在经济上似乎是不够充分的和无法持续的。但是在运动进程中它们会越出本身。"②恩格斯当时还明确回答了能否一下子就消灭私有制的疑问——"只能逐步改造现今社会，只有创造了所必需的大量生产资料之后，才能废除私有制。"③

马克思主义者在坚持人类共产主义理想是必然趋势的同时，根据历史发展和他们认识的深化，对私有制和消灭私有制的态度也是随着认识深化而发展的。

马克思1857年写的《〈政治经济学批判〉导言》中就阐述了占统治地位的生产关系的"普照光"原理："在一切社会形式中都有一种一定的生产决定其他一切生产的地位和影响，因而它的关系也决定其他一切关系的地位和影响。这是一种普照的光，它掩盖了一切其他色彩，改变着

---

① 《马克思恩格斯文集》第2卷，人民出版社，2009，第46—47页。
② 《马克思恩格斯文集》第2卷，人民出版社，2009，第52页。
③ 《马克思恩格斯文集》第1卷，人民出版社，2009，第685页。

它们的特点。"①也就是说，马克思看到了一个社会没有纯而又纯的一种生产关系，但占统治地位的生产关系对其他关系起着统摄的作用。

到了1859年，马克思在《〈政治经济学批判〉序言》中论述唯物史观基本原理时明确指出："这些生产关系的总和构成社会的经济结构。"②这就进一步说明了生产关系不是一种。在这篇著作里，马克思还阐述了"两个决不会"的观点："无论哪一个社会形态，在它所能容纳的全部生产力发挥出来以前，是决不会灭亡的；而新的更高的生产关系，在它的物质存在条件在旧社会的胎胞里成熟以前，是决不会出现的。"③这就说明了资本主义私有制的最终灭亡是有条件的。

马克思在《1861—1863年经济学手稿》中说道："正像各种不同的地质层系相继更迭一样，在各种不同的经济社会形态的形成上，不应该相信各个时期是突然出现的，相互截然分开的。在手工业内部，孕育着工场手工业的萌芽，而在有的地方，在个别范围内，在个别过程中，已经采用机器了。"④可见，马克思这时进一步认识到，各种生产方式不是断代的，它们有一个并存和更替过程。任何一种社会制度都不是在真空里诞生的，也不是和以往的制度一下子就能彻底割裂的，生产方式也是这样。

列宁在领导苏联社会主义实践时，丰富和发展了马克思主义所有制理论。十月革命胜利后，列宁曾把消灭私有制付诸实践，极力推行，并保持乐观态度，但在实施"战时共产主义政策"时，余粮征集制引发了工人和农民的普遍不满，甚至演变为广泛的骚乱。对此，列宁提出："向纯社会主义形式和纯社会主义分配直接过渡，是我们力所不及的，如果我们不能实行退却，即把任务限制在较容易完成的范围内，那我们就有灭亡的危险。"⑤也就是说，剥削的彻底消灭，公有制的充分实现，必须以生产力的高度发达为基本前提，而在生产力条件尚未达到的情况下，多种所有制经济共同发展也就蕴含着内在的合理性。列宁借用马克思《资本论》第一版序言中的话，针对苏联社会主义发展中存在的问题，一针见血地指出："与其说是苦于资本主义，不如说是苦于资本主义发展得不够。"⑥因此，在物质条件并非充分达到时，急于消灭私有制，只能导

① 《马克思恩格斯文集》第8卷，人民出版社，2009，第31页。
② 《马克思恩格斯选集》第2卷，人民出版社，2012，第2页。
③ 《马克思恩格斯选集》第2卷，人民出版社，2012，第3页。
④ 《马克思恩格斯文集》第8卷，人民出版社，2009，第340页。
⑤ 《列宁选集》第4卷，人民出版社，2012，第720页。
⑥ 《列宁选集》第1卷，人民出版社，2012，第556页。

致生产力发展受损并出现普遍贫穷，使共同富裕更难实现。

列宁1921年在《论粮食税》中说，有人"直到现在还常常爱这样议论：'资本主义是祸害，社会主义是幸福。'但这种议论是不正确的，因为它忘记了现存的各种社会经济结构的总和，而只从中抽出了两种结构来看。……既然我们还不能实现从小生产到社会主义的直接过渡，所以作为小生产和交换的自发产物的资本主义，在一定程度上是不可避免的，所以我们应该利用资本主义（特别是要把它纳入国家资本主义的轨道）作为小生产和社会主义之间的中间环节，作为提高生产力的手段、途径、方法和方式"[①]。按照列宁的观点，在资本主义和社会主义两种制度并存和竞争的历史条件下，在存在私有制的情况下，在经济社会都并不发达基础上选择社会主义制度的国家，市场经济是必然选择，利用包括资本主义因素在内的非公有制经济获得自己的发展是必然选择。上述马克思主义经典作家关于私有制的历史贡献，以及私有制消灭条件的相关论述，是中国共产党提出非公有制经济"两个健康"发展的重要理论依据。

3.公有制与非公有制经济相辅相成

（1）对立性关系

所有制改革中争论的发生，无不以公有制和私有制的不同性质和功能差异为条件。在二元所有制结构关系下，坚持公有制主体地位和国民经济主导作用与发展非公有制经济之间的矛盾显然客观存在。公有制属于生产资料集合占有、经营与消费的经济范畴，私有制属于生产资料个别占有、经营和消费的经济范畴。前者从整体利益出发一般从事利润微薄或无利润、社会成本或资金周期长的公益类、均等化、公共性、基础性的社会公共事业；后者以追求利润最大化和局部利益为目标，虽然存在短期效益，但不排除对公益类社会事业的危害。这两种性质与功能各异的所有制形式使社会主义经济实践中往往存在公有制与非公有制之间的矛盾。如公有制经济在社会主义生产关系中占据先天优势，在生产要素索取、制度与政策供给、资金来源提供等方面享有优势，这可能会挤占非公有制经济活动空间；再如非公有制经济为谋取市场暴利，可能通过特殊手段不惜以身试法破坏市场秩序和竞争环境，甚至有可能通过官商勾结做出国有资产流失和危害国家与社会的非法行为。公有制与私有制之间的这种矛盾在社会主义初级阶段仍具有显性趋势，是客观存在的，但就整体层面而言两者并无根本性矛盾。因此，在认识社会主义所有制

---

① 《列宁选集》第4卷，人民出版社，2012，第510页。

变革问题上，我们要坚持辩证法。

首先，对不利于公有制经济发展及其主体地位巩固的错误言论，我们要抵制西方自由主义对待中国所有制改革的错误观点，并重申马克思主义所有制的科学性。在维护社会主义公有制主体地位和国有经济主导作用的实际过程中，我国理论工作者以马克思主义政治经济学为基点揭露自由主义的根本错误，抵制西化意识形态的危害，批判自由主义在我国的思想根基。重点批判与揭露新自由主义对社会主义市场经济的曲解，把国有经济等同于国家资本主义、用产权理论替代所有制理论的错误。在维护公有制主体地位的理论问题上，除了批判各类西化思潮外，一个重要的方法途径就是重申马克思主义所有制理论的科学性，研究中国特色社会主义政治经济学和西方主流经济学范式之间的根本区别，重在说明所有制理论是中国经济体制改革的核心领域，所有制理论是马克思主义政治经济学的核心范畴，中国二元型所有制关系是中国特色社会主义政治经济学的逻辑起点。

其次，对不利于各类非公有制经济健康发展的错误理论，我们要抵制把马克思主义视为一种僵化不变的理论体系的形而上学观，在对待非公有制经济问题上，我们要善于运用马克思主义的唯物辩证法、唯物史观、唯物主义等世界观和方法论，以此为切入点重新审视社会主义初级阶段下私有制的属性功能、存在合理性及其发展趋势等基本问题，科学揭示各类非公有制经济对建设社会主义事业的基本功能。并重点说明，在社会主义生产关系本质特征下公有制和非公有制经济尽管存在性质与功能的差异性及其现实矛盾，但在解放发展社会生产力和实现共同富裕的目标下，两者不体现为一种根本性的对立关系，其性质与功能的差异性只有在相互联系、彼此制约的二元型所有制关系中才能得到本身逻辑确认和矛盾化解。阐明非公有制经济是社会主义市场经济的重要组成部分，是社会主义初级阶段基本经济制度的内在要素，是激活社会生产活力满足人民多样性需求进而破解社会主要矛盾的关键所在。阐明二元型所有制关系（不是社会主义市场经济，也不是分配制度改革）是中国特色社会主义政治经济学创新的逻辑起点和核心范畴。阐明非公有制经济对于发展生产力的基本功能与优势，它与公有制的矛盾并不是要走向一方生、一方灭的根本性矛盾，我们可以通过经济体制改革、规范市场经济秩序、塑造同等法律地位、强化经济监督和惩处力度等途径化解它们之间的现实矛盾。

（2）同一性关系

改革开放40多年的历史证明，公有制与非公有制各具不同优势与功能，对社会主义建设都有重要作用。各类非公有制经济虽然存在缺点，但能激发市场竞争活力；公有制虽有政企不分的弊病，但在关键领域能够保证整个国民经济的平稳运行。多年以来，围绕着公有制与市场相结合的改革主线，国有经济的技术创新能力及对国民经济的控制力、协调力和对外国资本的竞争力、影响力都在显著提升。非公有制经济经过多年政策调整，其机动灵活、消化市场信息、激活经济活力、催生公有制经济竞争力、创新新型市场关系的能力都得到了充分释放。这种彼此联系、相互制约、共同发展的二元型所有制关系体现出了一种各自关联、功能互补的同一性关系，在完善我国基本经济制度和发展国民经济中发挥出了巨大的功能作用。

首先，两者在发展中竞争合作。公有制与非公有制并存的现象早在原始社会末期就开始了，不同的只是社会生产关系总和中那种所有制经济占统治地位的问题。在社会主义实际经济生活中，公有制经济特别是以军工产业为基础的国有经济为各类非公有制经济的健康发展提供了经济安全保障；反过来，非公有制经济的健康发展又为国有经济进行战略转移、结构升级提供了有利的市场环境。自分权改革以来，部分国有经济通过战略性退出为各类非公有制经济发展腾出了空间，使它本身成为中国经济增长与关键因素。就国内生产总值和年均增长贡献率来说，非公有制经济是主力军；就国民经济产业均衡发展而言，充分利用市场信息、组织经营分散但体量庞大的各类中小型非公有制经济，为缓解经济政策失误所带来的滞胀和紧缩危机发挥了稀释效应；就国有经济本身而言，非公有制经济通过构建全社会范围的网状型市场竞争格局强化了国有经济改革的压力和动力，使得公有制经济主体地位和国民经济主导作用的本身强化与巩固建立在产业结构优化、主导产业调整、高新技术研发的基础上。

其次，两者在竞争中相互促进。公有制与非公有制的组合形式不仅存在于社会主义国家，也是当代资本主义生产关系和所有制结构的重要特征，大部分原因都要归结于两者各自功能对稳定宏观经济结构的重要作用。作为市场主体，两者平等参与市场竞争、平等使用生产要素的权利是受现代国家产权制度保护的，这种混合型产权结构有利于破除市场垄断、活跃市场氛围。经过多年的改革与探索，我国公有制经济的发展走出了一条与市场机制相结合、在多种经济成分混合发展中增强其主体地位的新的现代化所有制变革道路。体量庞大的非公有制经济特别以乡镇企业为代表的民营经济的不断涌现，致使各类公有制经济迫于竞争与生存压力不得不放弃国家行政单位的传统身份，并通过面向市场以自身主动调整的方式求得自身的变革与发展。当身处大规模的非公有制经济与企业这种产权极为清晰的环境下，国有经济不得不转换经营机制逐步成为合格的市场主体。改革40多年的历程表明，市场化进程越快，非公有制经济就发展越快，非公有制经济发展越快，市场竞争压力就越大，市场压力越大，国有经济自身转型就越快，自身转型越快，国有资产就越具有保值升值的空间，国有资产升值越快，公有制主体地位和国有经济对国民经济的控制力就越强，国民经济主导作用越强，它对各类非公有制经济的溢出效应就越多，溢出效应越多，非公有制经济就越有条件发展。可见，公有制与非公有制的这种循环效应正是两者在竞争中相互促进、共同发展的集中体现。

（三）社会主义所有制决定社会主义市场经济体制

市场经济不是生来就有，它是在一定社会历史条件下产生和发展的，是发达商品经济的产物。所以，市场经济同样具有商品经济的一般运行规律，它作为一种以交换为商品生产目的的经济形式，其自身具备的供求机制、竞争机制、价格机制对促进商品顺利流通、生产者与购买者的双赢起到了其他经济形式不可替代的作用。但是，市场经济不是哪一个国家的专利，所有制决定其性质。从广义角度来讲，市场经济是任何国家在一个阶段所处的大的经济环境和背景。从词性上看，此时为中性，不会因为对其带来的好处和弊端侧重不同产生褒义或贬义。这时，不论生产资料所有制是私有制还是公有制，只要现实生产中还不能消灭商品和交换，那么市场经济就在那。对于一个国家，既有公有制经济又有非公有制经济，其市场经济体制的根本性质如何，要看是以哪一种所有制为主体。

从狭义角度讲，在社会主义制度和市场经济结合下的社会主义市场经济体制中，市场经济体制是公有制为主体、多种所有制经济共同发展以及中国特色社会主义的分配制度的具体实现形式和实现载体。反过来，公有制经济和非公有制经济都是社会主义市场经济的重要组成部分，都是我国经济社会发展的重要基础。所有制关系具有静态属性，市场经济体制具有动态属性。特别是对于我国来说，中国的市场经济是从小生产阶段起步的，与马克思、恩格斯最初预想的生产力高度发达的社会化大生产还存在差距。所以在中国的市场经济环境下必须要引导和鼓励非公有制经济，非公有制经济引进和吸收国外先进技术和经验，促进国际经济合作，从而更好地实现市场经济，提升市场经济的整体水平，增强国民经济的活力。因此，我们要辩证地看待市场经济与所有制的关系，明确市场经济对所有制关系产生的积极和消极的影响，在发展市场经济的同时，致力于消除市场经济的固有弊端。

一是单一的公有制经济不可能形成真正的市场经济，"因为市场经济是一种交换经济，它要求不同产权的各类生产要素进行让渡与转移，独立、多元的产权是构建高水平社会主义市场经济的必要条件"[①]，因而，多种所有制经济是市场经济的内在要求，是推动社会主义市场经济发展的重要力量。二是按劳分配为主体、多种分配方式并存的分配制度既是社会主义公有制和我国现有社会生产力水平决定的，也是市场经济的内在要求。按劳分配原则否定了资本家的不劳而获，激发了劳动者的积极性和创造力，保护了劳动者通过劳动获得物质和相应权益，通过劳动获得报酬。为市场经济趋向共同富裕创造条件。另外，其他生产要素如土地、资本、技术和管理等并不是价值的直接源泉，它们只有与人的劳动相结合，进入生产领域，才能提高生产效率，创造更多的价值。否定按生产要素分配就会打击各市场主体参与积极性，无法促进市场高质量优化发展。因此，党的十九届五中全会提出，构建高水平社会主义市场经济体制必须"推进土地、劳动力、资本、技术、数据等要素市场化改革。健全要素市场运行机制，完善要素交易规则和服务体系"[②]。

（四）社会主义市场经济反作用于社会主义所有制

1.市场经济对各种所有制关系都有积极的促进作用

一方面，在我国公有制经济占据极端重要的主体地位，公有资产在社会总资产中占优势地位，国有经济控制国民经济命脉，对经济发展起主导作用，这种主导作用不仅要看量，而且更重要的是要看质。特别是国有经济的控制力，涉及国家安全的行业、自然垄断的行业、提供重要公共产品和服务的行业、支柱产业和高新技术产业中的骨干企业等。有国家政权的支撑，在这些行业里的垄断优势和地位一定程度上限制了竞争，缺少市场竞争的刺激，企业难免面临管理和经营方式落后、对市场需要状况不够灵活变通、国有资产利用和贡献不够等问题。市场经济体

① 林志友、李子忻：《构建高水平社会主义市场经济体制的三维论析》，《经济学家》2021年第9期，第100-108页。

② 《中共中央关于制定国民经济和社会发展第十四个五年规划和二〇三五年远景目标的建议》，人民出版社，2020，第20页。

制为国有企业增强了活力，促进国有企业的改革和完善，有利于国有资本放大功能，保值增值，增强竞争力，加大前进的步伐。另一方面，市场经济体制对非公有制的一个重要促进作用就体现在明确和保护非公有制经济的产权合理性和合法性。产权制度是现代市场经济体制的核心制度。产权在法律上标明财产归属权，具有鲜明的排他性。现代法人主体的企业要求建立现代的完善的产权制度，实现产权清晰、职责明确、规范有序、运行高效的公司治理是其基本要求。

建立现代企业产权制度具有以下三点好处：一是减少交易外部性，提高社会总福利水平。产权明晰，有助于企业法人独立承担和履行自身法律职责，减少制度交易成本。二是现代产权制度是社会信用体系的基础，有助于实现信用经济。市场经济体制下，市场交易双方依靠各自的信用维系，如签订商品销售或者服务合同、票据、赊销、担保贷款。产权清晰是指市场交易主体明确各自的权利与义务，减少交易风险，维护市场秩序，提升经济效率，反之，产权不清晰会出现欺诈、造假等社会问题，进而使得交易风险加大，市场秩序混乱，经济效率低下，错配资源。三是现代产权制度确保市场经济主体自由选择、公平交易。建立明晰的现代产权制度能够保障市场经济主体具有自由选择各种商品或者服务的权利，也能够确立供应商和销售商之间公平交易，在竞争机制作用下确保生产商和销售商公平竞争。产权制度明晰以后，能够最大限度保障交易当事人的获益或者把受损降到最低限度，如此实现资源有效配置，提升经济效率。市场经济体制要求保护非公有制经济的权利，为破除非公有制经济发展的体制障碍，使得非公有制经济能够平等参与市场竞争做出贡献。

我国的社会主义性质决定了在社会经济发展中公平与效率的必然统一性，而公有制就是统一的基础。改革开放初期，随着市场化的发展以及个体、私营、外资经济在我国的活跃，非公有经济迅猛发展，公平与效率的矛盾与日俱增，这种矛盾的产生主要是由于非公有制经济不加节制地追逐效率，罔顾经济秩序、市场公正，二者的矛盾也与社会主义公有制的体制机制优势没有很好发挥有关。针对社会出现的各种质疑声音，邓小平明确提出："一个公有制占主体，一个共同富裕，这是我们所必须坚持的社会主义的根本原则。"[①]这句话既强调了我国作为一个社会主义国家，维护和实现公平的极端重要性，又暗含了效率的重要性。现阶段，

---

① 《邓小平文选》第3卷，人民出版社，1993，第111页。

我国强调"两个毫不动摇"，既要大力发挥社会主义制度的优越性，又要利用市场体制发展公有制经济和非公有制经济，所以，新时代，在生产力取得较大发展的情况下，遵循生产力与生产关系基本规律，运用市场机制推动国有经济改革和国有企业重组，提升公有制经济的效率，已成为促进公平与效率统一的必然举措，用效率促公平、用公平促和谐，巩固公有制主体地位的同时也实现了公平与效率的统一。

2.市场经济对各种所有制关系都有消极的阻碍作用

社会主义市场经济的依托是市场经济，市场经济的固有弊端在社会主义条件下也不可能不表现出来，特别是在社会主义市场经济体制不完善的情况下。市场经济体制依靠价值规律在经济活动中进行自发调节时也可能会出现比例失调的情况，造成资源浪费，阻碍生产力发展，甚至导致两极分化。市场经济作为商品经济发展的结果，对价值、剩余价值和利润的自觉追逐是这种经济形式的本性。市场经济中的理性经济人只关心企业的经济效率和经济效益，所以，市场经济体制下，整个社会的社会总生产函数、就业总量、国民生产总值、社会总投资、进出口总额、社会总供给与总需求的平衡、第一部类和第二部类之间的平衡等宏观经济问题是市场经济体制难以从总量上把握和调节的。这就对公有制经济产生了一定的负面影响，诸如市场经济体制中的个人主义和"物本主义"冲击公有制经济背后的集体主义和以人为本的价值理念，市场对于短期的、眼前的利益的追逐不利于公有制坚持代表长期的、根本的人民群众的利益方向，与市场经济相适应的自由主义思潮泛滥，企图撼动我国公有制的主体地位和制度性质的根基。加之，商品经济本身固有私人劳动和社会劳动的基本矛盾一直存在，市场经济的另一个重要因素即信用失灵，会引发生产无限扩大的趋势与劳动人民有支付能力的需求相对缩小的矛盾和单个企业内部生产的有组织性与整个社会生产的无政府状态之间的矛盾，具体表现在现实生活中就是经济危机和金融危机。这个商品经济文明的"梦魇"不仅影响公有制经济，而且给非公有制经济带来巨大的冲击，甚至是破产。因此，建立并完善好公有制为主体、多种所有制经济共同发展的所有制基本经济制度，是发展社会主义市场经济的制度基础和必然要求。

党的十九届四中全会对所有制结构认识的深化，既体现了社会主义制度的优越性，又同我国社会主义初级阶段社会生产力发展水平相适应。坚持公有制的主体地位是我国社会主义性质的集中体现，随着所有制形式在不断发生变化。在对内改革不断加深、对外开放不断扩大的形势下，一段时间以来，公有制在所有制中所占的数量和形式在不断变动，我国国有经济在国民经济中的占比呈下降趋势，国有企业的数量和质量效益也呈下降势头，非国有企业不断发展壮大，公有制的主体地位逐渐开始遭到人们的质疑。但我们应认识到，公有制并不是一个简单、抽象的概念，计划经济体制内与市场经济体制内公有制的表现形式与运行模式也极不相同，改革开放前，我国坚持"一大二公三纯"的发展模式，公有制数量占据绝对地位。随着改革开放以来经济体制的变革，公有制的运行规律和发展方式产生质的变化，市场经济条件和环境的变化促使公有制的产权主体和产权形式更加多元化，公有产权和私有产权同样也具有了可交易性，适用市场作用的调节。所以，新时代背景下，在对外开放的大门越来越大、市场化程度越来越高的情况下，要确保公有制主体地位不动摇，国有经济的主导作用不动摇，推进国有企业改革，促进所有权、使用权与经营权相分离，提升国有企业效率，必须要发挥生产资料所有制与市场机制及分配制度的联动，发挥好公有制在中国特色社会主义市场经济运行中的基础性作用和在市场竞争中巩固公有制主体地位，在相互作用中促进经济高质量发展。

三、社会主义分配制度：
基本经济制度中的规范性制度及其聚合关系

社会主义分配制度的确立，是由社会生产和分配之间的内在关系决定的。生产关系决定分配关系，生产的性质决定分配的性质，生产的规模决定分配的规模。正如马克思所说，"分配的结构完全决定于生产的结构。分配本身是生产的产物"①，"能分配的只是生产的成果，就形式说，参与生产的一定方式决定分配的特殊形式，决定参与分配的形式"②。社会主义分配制度是社会主义经济制度在分配层面的体现，即公有制为主体、多种所有制经济共同发展的所有制制度决定我国在收入分配领域必然实行按劳分配为主体、多种分配方式并存的分配制度。"按劳分配为主体、多种分配方式并存"作为社会主义基本经济制度的范畴，提升了当代社会分配制度对生产发展的客观地位，适应了分配制度改革和分配关系调整的时代要求，有助于社会主义所有制关系的坚持和发展，有利于社会主义基本经济制度整体优势的发挥。具体来讲，社会主义分配制度的完善和合理化保障着各种所有制经济主体的生产过程与分配过程的顺

---

① 《马克思恩格斯文集》第8卷，人民出版社，2009，第19页。
② 《马克思恩格斯文集》第8卷，人民出版社，2009，第19页。

利进行，保障着社会主义市场经济中效率与公平的有机统一，保障着中国特色社会三义共同富裕的最终实现。

（一）中国特色社会主义分配结构及其内部关系

1.正确理解学界关于分配方式的理论争议

党的十一届三中全会明确了党的工作重点开始向经济建设转移，社会主义经济是公有制基础上的有计划的商品经济。在分配制度方面，坚持贯彻按劳分配的原则，但是在实际过程中，由于多种经济成分的存在和发展，分配领域只采取按劳分配，是有问题的。党的十四大，在改革市场经济体制的过程中逐步形成了新的市场形势。随后，逐渐经历了从按劳分配为主体、多种分配方式并存到把按劳分配与按生产要素分配结合起来到确立劳动、资本、技术和管理等生产要素按贡献参与分配的原则，直至党的十九届四中全会明确坚持按劳分配为主体、着重保持劳动所得，健全劳动、资本、土地、知识、技术、管理、数据等生产要素由市场评价贡献、按贡献决定报酬的机制，以及完善第二次和第三次分配的相关制度和政策（党的十九届四中全会）。至此，关于社会主义市场经济的分配制度逐渐完善成熟，当然这中间仍有许多问题需要进行理论的解答和实践的变革。所以，要继续完善社会主义市场经济的分配制度，就要厘清按劳分配和按要素分配的关系。

在学术研究中，按劳分配和按要素分配的关系是改革开放以来争论数十年的问题，学者之间有诸多的分歧和争议。其中争议众多的包括：一是按劳分配中的"劳"和按要素分配中的生产要素具体指什么？这两个指代是不是同一个东西？如果是，那是不是按生产要素分配已经包含了按劳分配？二是按劳分配和按要素分配的理论基础是不是在遵循马克思劳动价值论？这里涉及了价值创造和价值分配的辩证关系问题，特别是资本、土地、知识、技术、管理、数据等生产要素是否创造了价值的问题？除此之外还有其他观点的分歧，但是这些问题不能明确正确立场，就会阻碍二者在实践中作用的发挥。

本研究不针对每个争议问题展开叙述学者的观点，只对这些问题摆明三个立场：一是按劳分配和按要素分配不与社会主义和资本主义机械对应，即不是说安劳分配就是社会主义，按要素分配就是资本主义。二是我们要以发展的、辩证的、统一的、整体的观点去看待按劳分配和按生产要素分配的关系，不强行解读按劳分配和按生产要素分配中的"劳"具体指什么，但可以确定的一点是在社会主义市场经济中，按劳分配的主体地位不可动摇。三是马克思的劳动价值论仍然是有助于理解当下分配方式和制度的，我们坚持劳动价值一元论，劳动是价值创造的唯一源泉，坚持劳动人民的主体地位。非劳动的生产要素比如技术、管理等本身是不创造价值的，它们只是使用价值或财富生产的必要条件，它们只有同劳动者结合或者扩大劳动对象的范围和性能等来提高劳动生产率，从而创造出远远高于一般的简单劳动的价值。但是这些要素对价值形成的作用归根到底是要落实到劳动上来的。在此基础上，我们认为按劳分配和按要素分配在实践活动中是辩证统一的关系。

2. 所有制结构与分配结构彼此相互作用

按劳分配和按要素分配由公有制为主体、多种所有制经济并存的生产资料所有制关系决定，同时积极反作用于后者。受我国走上社会主义道路时的社会经济特殊历史条件制约，在我国社会主义初级阶段不仅存在公有制经济（这是社会主义社会经济的基础），还存在个体经济、外资经济以及以雇工经营为特点的私营经济。不把按劳分配当作社会主义的专利，也不把按要素分配当作资本主义的专利。在社会主义社会也可以与市场经济结合起来，计划和市场只是资源配置和经济调节的手段，不与姓"资"还是姓"社"挂钩，那些有利于提高企业的运作效率和经济收益的元素，资本主义可以用，社会主义也可以用。就所有制形式来说，有利于生产力发展的，即使是非公有制经济，也可以为社会主义服务。公有制经济中不适应生产力发展的也要及时改革和完善。在这样的思想指导下，市场经济与公有制能够结合，它也能与按劳分配结合。同样，公有制与按要素分配也可以结合。按劳分配和按要素分配结合的方式对公有制为主体、多种所有制经济发展起到能动的反作用。按劳分配促进公有制经济在产品分配上保持正确的政治方向。而经历了较长时间的实践积累才得以被承认的非公有制经济在实际发展中仍面临诸多困难，传统观念里对私有制及其引起剥削的惧怕是造成这种状况的原因之一。所以，"只要我们全面地把握按贡献分配的思想，把价值的创造和价值的分配统一起来，把非劳动收入和剥削区分开来，把剥削与私有制区分开来，保护合法的非劳动收入与保护私有财产就会顺理成章，消灭剥削和发展非公有制经济就会并行不悖，我们就能够打破传统观念和思维模式对人们的束缚，使保护私有财产逐步成为全社会的共识，从而为非公有制经济的进一步发展扫清思想上、理论上的障碍"[1]。

---

[1] 蔡继明：《按生产要素贡献分配理论：争论和发展》，《山东大学学报》（哲学社会科学版）2009年第6期，第2—15页。

3.按要素分配和按劳分配并不矛盾

正如前文所说，学界存在一种认为按要素分配是更高层次的分配，按劳分配是按要素分配的一部分的观点，显然这是不正确的。关于二者之间的地位关系，学者何雄浪等提出："在社会主义市场经济中，按劳分配与按要素分配是本质与现象、内容与形式的关系，是按劳分配因市场关系而转化为、表现为按要素分配，而不是在同一层面上并列或'主辅结合'的关系。"①持这种观点的学者还有关柏春，尽管双方在很多观点上出现分歧和争议，但在按劳分配和按要素分配的关系结论上达成了一致，他只是对按要素分配做出了传统和现代之分，进一步说明"按劳分配与传统的按要素分配是对立的，而与现代的按要素分配则是统一的；现代社会的按要素分配在表现形式上和资本主义社会的按要素分配好像差不多，但是实际上则根本不同，按要素分配实质上是按劳分配原则的具体实现形式，它们之间是内容实质与表现形式的关系"②。对此，有学者质疑上述观点，何炼成认为双方都没有明确回答争论的问题，那就是只有劳动创造价值还是所有生产要素都创造价值，简单地说就是价值的源泉问题。尽管他没有具体展开论述，但是他提出对马克思劳动价值一元论的坚持，坚决批判用价值源泉"多元论"理解价值分配的"共分论"③。基于此，本研究认为按劳分配和按要素分配是要在中国特色社会主义市场经济要求的统一性上看到区别，正如按劳分配不是按要素分配的一部分一样。按要素分配也不是按劳分配的现象和形式，如果是单独列出二者，社会主义经济和市场经济本质就要被模糊了。所以，本研究要强调按劳分配是社会主义市场经济的分配方式的本质规定，它占据主体地位，要坚持这样的主体地位不动摇。而按要素分配是对按劳分配在分配领域中不能涵盖到的空间的补充，也是通过其他生产要素按贡献分配对按劳分配自身致使的"不平等"起到完善辅助的作用。按劳分配就其用劳动代替资本作为分配标准而言是平等的，但劳动者这一标准在不同情况的人身上又是不平等的，因为劳动者的天赋、能力、身体素质、家庭负担情况等不同，因而按劳分配在某种意义上体现着商品的等价交换。所以，我们肯定按劳分配的历史进步性，我们也应该承认它的局限

---

① 何雄浪、李国平：《论劳动价值论、按劳分配与按要素分配三者之间的逻辑关系》，《经济评论》2004年第2期，第7—11页。

② 关柏春：《也谈按劳分配、按要素分配和劳动价值论三者之间的关系——与何雄浪、李国平先生商榷》，《经济评论》2005年第1期，第14—19页。

③ 何炼成：《关于劳动力商品论与劳动价值论、按劳分配与按要素分配之间的关系——兼评何雄浪、李国平与关柏春之争》，《经济评论》2005年第5期，第12—14、30页。

性。因此，为促进分配公平，为实现共同发展和共同富裕，按要素分配要与按劳分配相配合、相联系、相促进。

（二）分配制度保障生产总体循环与所有权实现

在《〈政治经济学批判〉导言》中，马克思指出政治经济学的出发点是"在社会中进行生产的个人"①所进行的"社会性质的生产"②。这种"社会性质的生产""不只是特殊的生产，而始终是一定的社会体即社会的主体在或广或窄的由各生产部门组成的总体中活动着"③，其与资产阶级古典政治经济学家所说的"孤立的一个人在社会之外进行生产"④完全不同。资产阶级经济学家没有看到生产的历史性——"一切生产阶段所共有的、被思维当做一般规定而确定下来的规定，是存在的，但是所谓一切生产的一般条件，不过是这些抽象要素，用这些要素不可能理解任何一个现实的历史的生产阶段"⑤，也没有看到生产的社会性——孤立的个人是无法进行生产的，"我们越往前追溯历史，个人，从而也是进行生产的个人，就越表现为不独立，从属于一个较大的整体"⑥。由孤立个人的生产出发，资产阶级经济学家形成了关于生产形式的关系的这样肤浅的认识："生产决定于一般的自然规律；分配决定于社会的偶然情况，因此它能够或多或少地对生产起促进作用；交换作为形式上的社会运动介于两者之间；而消费这个不仅被看成终点而且被看成最后目的的结束行为，除了它又会反过来作用于起点并重新引起整个过程之外，本来不属于经济学的范围。"⑦马克思批判了资产阶级经济学家的错误观点，对生产、分配、交换、消费的关系进行了总体性的、新的论述：生产、分配、交换、消费四环节相互关联、相互作用、相互影响，它们共同"构成一个总体的各个环节，一个统一体内部的差别"⑧。在其中，生产具有首要性和本质性，"一定的生产决定一定的消费、分配、交换和这些不同要素相互间的一定关系"⑨。当然，从单方面形式上来讲，生产也决定于其他要素，生产、分配、交换、消费任何一个环节出现问题，都将影响生产的整体过程。

① 《马克思恩格斯文集》第8卷，人民出版社，2009，第5页。
② 《马克思恩格斯文集》第8卷，人民出版社，2009，第5页。
③ 《马克思恩格斯文集》第8卷，人民出版社，2009，第10页。
④ 《马克思恩格斯文集》第8卷，人民出版社，2009，第6页。
⑤ 《马克思恩格斯文集》第8卷，人民出版社，2009，第12页。
⑥ 《马克思恩格斯文集》第8卷，人民出版社，2009，第6页。
⑦ 《马克思恩格斯文集》第8卷，人民出版社，2009，第13页。
⑧ 《马克思恩格斯文集》第8卷，人民出版社，2009，第23页。
⑨ 《马克思恩格斯文集》第8卷，人民出版社，2009，第23页。

在谈到关于生产和分配的关系时，马克思认为，生产决定分配，分配关系对生产关系具有重要影响。首先，"分配的结构完全决定于生产的结构"①。资本主义社会的分配关系与收入形式和生产关系是同一的，"分配关系和分配方式只是表现为生产要素的背面"②。从分配对象来看，参与分配的对象是并且只能是生产的结果；从分配形式来看，劳动者参与分配的形式由参与生产的形式决定。分配既表现为生产产品的分配，也表现为生产资料（生产工具、生产原材料、社会成员等）在各类型生产中的分配。其次，分配从一定方面决定着生产。在生产资料的分配中，分配表现出了先于生产且决定生产的一面。只是，这种分配本身包含在生产过程中，但其"赋予生产条件本身及其代表以特殊的社会的质。它们决定着生产的全部性质和全部运动"③。从上可见，生产环节与分配环节辩证统一，生产关系与分配关系辩证统一，建立在生产资料所有制基础上的分配关系，是社会经济发展运动圈中的一个重要环节，分配关系作为一种利益实现方式，直接影响社会生产方式。

就本质而言，按劳分配、按要素分配分别是公有制与非公有制生产资料所有权在分配层面的同一性转化，体现的是生产与分配以及生产资料所有权、劳动力所有权、资本所有权在社会总生产中的循环与实现。当前，我国仍处于社会主义初级阶段，按照一定劳动比例、数量和质量进行分配，有利于调动全社会的生产积极性与主动性；按照多种要素进行分配，有利于保证各种资源的合理流动，进而促进社会主义生产力的发展。在社会主义基本经济制度新内涵框架下，只有顺利进行生产，才能在分配环节有更多的生产成果可分，只有合理的分配制度才能保证再生产的顺利循环，也只有在生产和分配的良性循环下，才能实现生产增长与分配公平的耦合互促，从而实现经济发展的动态最优。

（三）社会主义分配制度保障市场效率与市场公平

效率与公平及其之间的关系是经济学研究的重点问题。公平问题，既体现在相应制度设计、政策体系保障等方面，也体现在社会群体的主观价值判断上。在社会经济关系中，公平主要表现为分配公平。分配公平即为收入公平。理想条件下，收入公平指获取同等收入的难易程度和所需要的付出对每个人来说是相同的。与公平相比，效率是更为偏向经济学范畴的概念。如何实现对有限资源的最优配置以及充分利用，即为

---

① 《马克思恩格斯文集》第8卷，人民出版社，2009，第19页。
② 《马克思恩格斯文集》第8卷，人民出版社，2009，第19页。
③ 《马克思恩格斯文集》第7卷，人民出版社，2009，第995页。

效率问题。效率可以数据做衡量。但对效率高低的评判，要看其是否与自身所处的经济社会制度相符合，是否被绝大多数社会成员所接受。通常来讲，公平与效率辩证统一。公平与效率相互矛盾，对公平的追求在一定程度上会引起效率的损失，追求极端的公平更会造成大量的效率损失。同样，追求极端的效率则会加剧不同群体之间的不平等状况。超出一定限度，经济社会发展则会陷入无序甚至崩溃状态。同时，公平与效率相互统一，在市场经济中，公平的存在赋予了效率实现意义，效率的实现为追求公平提供了更为优良的条件。因此，必须针对具体现实、具体地域、具体群体，找准结合点，将公平与效率结合起来，实现公平与效率的相对均衡。

如何处理好公平与效率的关系问题是我国收入分配制度改革的核心主题。社会主义建设时期，受计划经济生产模式的影响，城乡居民收入由政府直接调控，导致收入分配过于平均化，基本忽略了效率问题。这种形式上"公平"的集体劳动分配方式，实质上是对劳动贡献差异的否定，严重影响了广大劳动者的生产积极性与创造性，导致国民经济运行效率的低下。因此，其不具备可持续性。改革开放初期，各类"承包制"建立起了"贡献"与"回报"之间的效率关联，其成为破除平均主义、提高生产效率和企业效率的直接动力及有效激励。随着改革开放的深入推进，市场竞争机制逐渐被引入社会主义经济发展之中，收入分配制度改革开始以打破平均主义为突破点，逐步重视收入差距的拉开，注重提升收入分配的效率以大范围、多领域地调动劳动者的积极性。然而在商品经济下，尽管劳动效率不同的经济主体处于平等发展地位，但其劳动成果在参与市场交换的过程中并不能得到完全的市场承认，从而会出现不同的分配结果。

在市场化改革深化过程中，财产权利、劳资关系、市场机制、收入分配、利益格局等发生了极大变化，社会主义市场经济体制的蓬勃发展将社会主义劳动者带入了其未曾预料到的世界之中。多元产权形式以及部分不太符合公平交易原则的财产权利因国有企业和集体企业的改革而派生出来；传统劳动者的地位及其就业权利因资本的出现而发生大面积转化，并开始处于相对不利地位；市场机制发挥的作用越来越大，部分竞争失利企业的发展及劳动者的生产生活条件受到挑战，并因市场体制机制转轨而更为集中地表现出来；城乡非公有制经济发展情况不同，私人财产权利不断发育成长，社会成员生产要素占有状况及部分资源占有状况存在差异，居民收入分配和财富积累产生较大差距并逐渐发生较大分化；各地区、各行业经济发展条件与公共支持政策不同，使得竞争优势和财富集中向东部地区、大中城市及重点行业倾斜，地区、城乡、行业之间利益关系发生较大变局。以上变动推动我国收入分配关系从相对平均的状态中脱离出来，而转向收入差距较大、分化加速的阶段。这一状态更影响我国经济社会发展效率。

面对社会主义市场经济体制建立后效率与公平矛盾的日益凸显以及社会对公平诉求日益强烈的境况，党和国家开始对市场化改革尤其是收入分配制度及政策进行相应调整。在市场化改革方面，继续坚持并保护各所有制经济平等发展、公平竞争，受法律平等保护。在分配领域，必须不断合理有效地调整效率与公平的关系。党的十三大提出："我们的分配政策，既要有利于善于经营的企业和诚实劳动的个人先富起来，合理拉开收入差距，又要防止贫富悬殊，坚持共同富裕的方向，在促进效率提高的前提下实现社会公平。"①党的十四届三中全会提出效率优先、兼顾公平原则。党的十六大提出坚持效率优先、兼顾公平原则，初次分配注重效率，再分配注重公平。以上有侧重地、过程性地设定了效率与公平的关系。党的十七大首次提出"初次分配和再分配都要处理好效率和公平的关系"②，强调"再分配要更加注重公平"③，要求"逐步提高居民收入在国民收入分配中的比重，提高劳动报酬在初次分配中的比重"④。党的十八大将公平置于更为重要的位置，要求"初次分配和再分配都要兼顾效率和公平，再分配更加注重公平"⑤。党的十八届三中全会做出全面深化改革的决定，一方面强调国家保护各所有制经济的产权和合法利益，保证其依法、平等使用各生产要素，公开公平公正参与市场竞争，建立各类保护制度，保障了"效率"的现实基础；另一方面要求规范收入分配秩序，完善收入分配的调控体制机制，完善相关政策体系，保护合法收入、调节过高收入、取缔非法收入、增加低收入者收入，保障了"公平"的制度基础。党的十九届四中全会强调完善初次分配制度、健全再分配调节机制、重视第三次分配，朝着实现效率与公平的有机统一再迈进。

总之，社会主义所有制结构要长久维持下去，既要保持住其存在形

①　《中国共产党第十三次全国代表大会文件汇编》，人民出版社，1987，第39页。
②　《中国共产党第十七次全国代表大会文件汇编》，人民出版社，2007，第37页。
③　《中国共产党第十七次全国代表大会文件汇编》，人民出版社，2007，第37页。
④　《中国共产党第十七次全国代表大会文件汇编》，人民出版社，2007，第37页。
⑤　《中国共产党第十八次全国代表大会文件汇编》，人民出版社，2012，第33页。

式，更要有符合现实要求的实现形式。对分配制度的坚持与贯彻，是决定所有制实现形式是否合理的关键，是决定劳动生产率的关键。为此，党和国家坚持从生产本身出发，实事求是地完善收入分配政策，以提高劳动生产率为方向，力求使社会主义分配制度适应我国社会现实生产过程。同时，在整体上和长远上统筹化解收入差距过大的矛盾，处理社会主义市场经济中的效率与公平的关系问题，以实现公平与效率的互促。

（四）社会主义分配制度保障共同富裕的规范性目标

共同富裕是社会主义优越于资本主义的根本特征。马克思主义理论视域中的共同富裕，是在社会生产高度发达基础上所实现的全社会范围内的分配公平，包含两层内容：一是社会生产力的发展达到一定高度，使得全体社会成员的基本生活和发展需求得到满足，并且随着社会生产力水平的不断提升，全社会整体富裕程度不断提高；二是全社会范围内未产生过大收入差距，每个社会成员都从生产发展中受益，生产力水平的提升使得不同社会成员的富裕程度都得到相似程度的提升。1992年邓小平提出"社会主义本质论"，即"社会主义的本质，是解放生产力，发展生产力，消灭剥削，消除两极分化，最终达到共同富裕"[①]。2021年中央财经委员会第十次会议特别强调："我们说的共同富裕是全体人民的富裕，是人民群众物质生活和精神生活都富裕，不是少数人的富裕，也不是整齐划一的平均主义。"[②]可见，共同富裕既要求生产效率的提升，也要求分配制度的合理化。

持续推进收入分配制度改革是实现共同富裕的制度要求。完成社会主义改造后，阶级剥削制度在我国退场，社会主义公有制在国民经济发展中占主导地位，由此我国确立了以按劳分配为基础的分配制度。改革开放后，全党解放思想、实事求是，打破传统体制机制束缚，积极推动收入分配制度改革，逐步形成了社会主义市场经济条件下按劳分配为主体、多种分配方式并存的分配制度。党的十八大以来，党和国家不断探索收入分配制度改革的新方案，不断健全既体现效率又促进公平的分配制度。党的十九届四中全会将社会主义分配制度纳入基本经济制度中，并对其进行细化说明，为我国以共同富裕为导向的分配制度改革提供了基本思路。党的十九届五中全会提出要"坚持按劳分配为主体、多种分配方式并存，提高劳动报酬在初次分配中的比重，完善工资制度，健全工资合理增长机制，着力提高低收入群体收入，扩大中等收入群体。完

---

① 《邓小平文选》第3卷，人民出版社，1993，第373页。
② 《习近平著作选读》第2卷，人民出版社，2023，第501页。

善按要素分配政策制度，健全各类生产要素由市场决定报酬的机制，探索通过土地、资本等要素使用权、收益权增加中低收入群体要素收入。多渠道增加城乡居民财产性收入。完善再分配机制，加大税收、社保、转移支付等调节力度和精准性，合理调节过高收入，取缔非法收入。发挥第三次分配作用，发展慈善事业，改善收入和财富分配格局"[1]，为扎实推进共同富裕提供了更为明确的方向。

社会主义分配制度是实现共同富裕的制度保障。按劳动分配原则是对劳动者主体地位的肯定和维护，是社会主义的基本原则。以按劳分配为主是不能动摇的社会主义分配原则。按劳分配以劳动作为获取劳动成果的衡量尺度与参与分配的依据，多劳多得、少劳少得、有劳动能力而不劳动者不得食。在我国，国有经济和集体经济是公有制的重要实现形式，全体人民通过其平等地占有、支配生产资料，劳动者将其所有的劳动和生产资料相结合，通过劳动贡献获取相应报酬。按劳分配保障着劳动者的合法劳动收入，保护着劳动者的劳动积极性，也保障着、巩固着公有制经济的发展。在社会主义初级阶段的客观条件下，按要素参与分配、再分配、第三次分配切实有效地推动共同富裕。由市场主导的按要素参与分配丰富、完善了初次分配方式，生产要素由市场评价贡献、按贡献决定报酬的机制保护了劳动者的要素所有权，调动了劳动者的主动性与创造性；由政府主导的以税收、社保、转移支付等为主要手段的再分配调节机制，提高了再分配的精准性；由社会主导的以募集、捐赠、资助等为主要方式的第三次分配是对初次分配和再分配的有益补充，其旗帜鲜明地鼓励先富带动后富、先富帮助后富的行为，驱使高收入群体和企业回报社会，有利于缩小社会收入差距。

最终实现共同富裕是我们坚定不移的目标。社会主义基本经济制度是我国走共同富裕道路的制度遵循：公有制为主体、多种所有制经济共同发展的所有制结构奠定着共同富裕的制度基础，按劳分配为主体、多种分配方式并存提供着共同富裕的制度保障，社会主义市场经济体制为共同富裕增强着制度运行的活力。换个角度说，只有坚持公有制为主体，才能保证共同富裕的物质基础的增强；只有坚持按劳动分配为主，才能保障最广大劳动者的利益；只有完善和发展社会主义市场经济，才能为共同富裕创造发展的活力。要通过处理好三次分配之间的关系促进共同富裕的目标，初次分配坚决贯彻按劳分配，合理体现要素贡献；再分配

[1] 《中共中央关于制定国民经济和社会发展第十四个五年规划和二〇三五年远景目标的建议》，人民出版社，2020，第32页。

合理关照各种利益，充分体现政府职能；三次分配鼓励社会有所作为，但需积极加强制度建设。要在共享发展理念的全民共享、全面共享、共建共享、渐进共享中，通过分配制度的改革和完善积极推进共同富裕。当然，促进共同富裕不是一蹴而就的事情，必须将其建立在社会主义基本经济制度完善和坚持的基础之上。

四、社会主义市场经济体制：
基本经济制度中的载体性制度及其聚合关系

市场关系是由无数商品生产者合乎理性的利益追求形成的，没有任何一种办法能了解千千万万商品生产者和消费者的支付函数和需求动态，只能靠他们符合规则的市场选择行为，这就是市场配置的必然性所在。市场经济的本质就是以市场作为配置资源基本方式的经济。它从小商品经济走来，历经几千年的历史最终成熟。它反映的是一种交换形式或方式，和某种社会经济制度没有取舍关系，只有结合关系，和资本主义经济制度结合在一起，就成为资本主义市场经济；和社会主义经济制度结合在一起，就成为社会主义市场经济。

（一）社会主义市场经济体制的载体性与手段性

马克思恩格斯认为："一旦社会占有了生产资料，商品生产就将被消除，而产品对生产者的统治也将随之消除。社会生产内部的无政府状态将为有计划的自觉的组织所代替。"[①]即在资本主义私有制被消灭、生产资料归全社会所有之后，商品货币关系也随之消失，市场自觉让位于计划。尽管这一论断的对象是当时资本主义最为发达的西欧国家，但社会主义革命在经济文化较为落后国家的首先完成将这一问题率先抛给了社会主义国家。当时社会主义国家通过集中的计划经济完成了工业化，国家实力迅速提升，然而经济社会中的复杂矛盾不能仅仅通过"计划"来解决。那么社会主义国家要不要商品的生产和交换，要不要利用市场机制，要不要利用资本主义经济发展中的有利要素？曾在世界社会主义范围内的主流理论观点是：计划经济和市场经济属社会基本制度范畴，市场经济只能存在于资本主义国家，计划经济才是社会主义国家应有的。在这样分明的理论界限下，在社会主义条件下发展市场经济无实践可能。但"要不要""能不能""怎么做"这些问题的回答与解决终归是要依靠实践的。我国冲破传统的理论藩篱和体制桎梏，在遭遇挫折、应对挑战、

---

① 《马克思恩格斯文集》第3卷，人民出版社，2009，第564页。

大胆尝试、取得突破的实践中走出了一条在社会主义制度下发展市场经济之路，完成了从高度集中的传统计划经济体制僵化状态到社会主义市场经济体制的活力释放的历史性转折，这是中国共产党人在世界社会主义事业发展中的伟大创举。当然，我们合理地保留了必不可少的社会主义经济计划和规划，并创造性地予以了发展。

新中国成立初期，新民主主义经济的发展使我国经济落后的局面稍有改变，但私营经济和小农经济的问题也暴露出来，加之国民经济基础极其薄弱，工业化的急迫要求以及苏联模式成就的取得，使得我国向社会主义过渡。社会主义过渡时期，在"赶超"型发展战略下，我们举全国有限之力进行工业化建设，推进国民经济体系建设，相应建立了一个排斥市场机制的、高度集中的指令性计划经济体制，生产什么、生产多少、怎样生产完全由计划控制。在社会主义经济加速行进中，这一体制的弊端显露：官僚主义严重、生产动力不足、经济结构单一且僵化、各领域内短缺严重、劳动者个人积极性几乎完全丧失、经济效率低下等，这些严重阻碍了生产力的发展，必须改革传统的计划经济体制，重新考量计划与市场的关系。陈云指出无论是苏联还是我国，在对经济进行计划时"只有'有计划按比例'这一条，没有在社会主义制度下还必须有市场调节这一条"①。邓小平明确社会主义是可以搞市场经济的，社会主义只是利用这种方法发展社会生产力，不会影响到整个社会主义。党的十二大报告概括了我国经济体制的基本构架，即"计划经济为主、市场调节为辅"，这一以党的报告形式的概括无疑是对原有的高度集中的计划配置资源方式的一大冲击。

1992年春　邓小平在南方谈话中指出："计划多一点还是市场多一点，不是社会主义与资本主义的本质区别。计划经济不等于社会主义，资本主义也有计划；市场经济不等于资本主义，社会主义也有市场。计划和市场都是经济手段。"②历史性地、科学地回答了多年以来困扰着我们的理论难题。1992年9月，党的十四大报告正式提出建立社会主义市场经济体制，但市场在社会主义宏观调控下对资源配置起基础性作用，由此对社会主义市场经济体制多年艰辛探索取得了质的关键性突破。之后党的十四届三中全会、十六届三中全会都对此进行了进一步的明确。

党的十八届三中全会将市场在资源配置中的"基础性作用"上升为

---

① 中共中央文献研究室：《十一届三中全会以来重要文献选读》上册，人民出版社，1987，第35页。
② 《邓小平文选》第3卷，人民出版社，1993，第373页。

"决定性作用"，同时要求更好地发挥政府作用。党的十九届四中全会将坚持和完善社会主义市场经济体制以基本经济制度的形式定型下来。2020年5月，中共中央、国务院出台《关于新时代加快完善社会主义市场经济体制的意见》，这是对党的十九届四中全会精神的贯彻和落实，更是深化经济体制改革、加快完善社会主义市场经济体制的行动纲领。总结起来，对社会主义市场经济体制的探索、定性、定位、定型实际上是在理论上和实践上回答了以下问题：市场经济是否具有制度属性？社会主义制度能否和市场经济相结合？如果能，该怎样结合？通过对社会主义市场经济体制的历程进行梳理，邓小平理论科学而坚定地回答了这一历史性命题的答案，即市场经济是发展手段和方法，它本身不带有制度属性，资本主义社会和社会主义社会都可以利用其发展。

（二）中国特色社会主义市场经济及其内部关系

1.社会主义市场经济的本质和特征

社会主义市场经济是中国共产党人的首创，是创造性地把科学社会主义原理与商品经济原理结合的市场经济，是主动调整生产关系使其与生产力发展要求相适应的市场经济。从其本质上来说，社会主义市场经济是社会主义基本制度与市场经济体制的有机结合的经济体制。它是中国社会主义初级阶段利用市场机制发展生产力的必然选择，是设法用社会主义制度优势抑制市场经济弊端的伟大尝试。从其特征上说，它是微观经济运行与宏观经济管理有机统一的市场经济，是以保证社会公正为指向的市场经济，是以保障劳动者利益实现为要求的市场经济，是力求将经济规律与社会规律的内在要求有机统一的市场经济，是以改革开放为发展动力的市场经济，是自强自立地融入经济全球化大环境的市场经济。而这个本质要求和这一切特征都不是自发的，需要党的领导和社会主义制度的基础，需要建立在市场经济体制不断完善的基础上，需要建立在有效市场和有为政府的结合上。

2.市场对资源配置的决定作用是基本要求

党的十八届三中全会首次提出，经济体制改革是全面深化改革的重点，核心问题是处理好政府和市场的关系，使市场在资源配置中起决定性作用和更好发挥政府作用。党的十九届五中全会则提出了有效市场和有为政府结合的要求。市场在资源配置中起决定作用，是社会主义市场经济的重要规定，也是将社会主义市场经济体制纳入社会主义基本经济制度体系内涵的深层原因。中国改革开放以来，我们经历了从市场的基础性作用到决定性作用的历史性转变。在理论上，基础作用表现的是承认和利用市场机制作为市场运行的基础，但仍存有戒备，担心全面市场化的不良后果，真正配置资源的是国家。在实践上，基础性作用是政府始终站在前台，对市场机制作用进行直接和间接的人为干预、把控、定向；经济主体间地位不平等，支配资源配置的力量是政府和垄断利益集团。决定作用表现的是对市场经济规律的充分承认和给其最充分的空间，彻底相信市场机制的力量，配置资源的是公平竞争、地位平等的经济主体。这是我们对几十年社会主义市场经济体制实践的高度自信的表现，是我们向社会主义建设规律的巨大迈进。决定性作用是让政府退到后台，让各种生产要素和资源的活力充分发挥，让各种要素资源充分涌流。政府则完成服务型政府的转型，为市场经济各主体提供政策、法律、计划和应急调控的服务，让权力干涉让位于规律贯彻，让闲不住的手变为帮一把的手，让无为而治的手变成有效治理的手。

3.政企关系是现代市场经济的核心问题

党的十八届三中全会把处理好政府与市场的关系作为经济体制改革深化的核心问题。企业是从事经济活动的单位，在市场中各种类型的企业构成了从事经济活动的主体，其中，国有大中型企业关乎国民经济命脉，具有重要作用；混合经济体是改革开放中形成的发展完善中的新体制；中小微企业是市场经济的"毛细血管"，也是经济活力、就业吸纳、科技创新的"蓄水池"；中外合资或合作企业、外商独资企业是依法建立而受到政府管理的经济体。政府作为市场主体，在市场经济中具有弥补市场失灵弊端的作用。在市场经济条件下，政企关系实质上就是政府与市场的关系。政企关系是市场经济特别是社会主义市场经济条件下的重要关系，政企关系状况关乎有效市场和有为政府作用的结合。

（三）社会主义市场经济对各类所有制的载体性

市场经济作为一种商品经济基础上的运行机制，其固有内容是社会制度无法改变的。例如，市场主体为独立利益而进行自主决策，并根据市场供需变化而自主经营；市场体系较为完整，包括商品市场、技术市场、劳动力市场、资本市场、信息市场等；市场上产品价格很大程度上由供求关系来定；市场经济有配套的法律、市场规则等，各市场主体在法律、法规下进行博弈。以上内容相互联系、相互作用，构成了一个系统，共同支撑着市场的存在和运行。但市场经济必须有一定的建制形态，即市场经济这一运行机制必须找到一定的生产资料所有制，与之结合才能运转。也就是说，市场经济是一种发展的手段和方法，必然要找到一个主体使用它，它也必须有一个服务对象，没有主体，方法、手段就无用武之地。在当今历史条件下，市场经济可选择的行为主体主要为生产资料私有制和生产资料公有制，随之"市场经济第一次建制形态是资本主义制度，第二次建制形态就是所谓社会主义市场经济制度"①。社会主义市场经济体制实现了社会主义制度与市场经济的有机结合，实现了有为政府与有效市场的结合，其为各种所有制经济充分发展提供场域条件，各所有制经济主体的生产积极性在社会主义市场经济中得以空前激发。

1.促进公有制实现形式多样化发展

社会主义市场经济体制提供了更多机遇与挑战，促进了我国公有制经济实现形式的多样化探索和实践。公有制也必须接受市场的考验和挑战，在社会主义市场经济中，公有制经济如何更好发展？质的规定性不变，具体实现形式可变。公有制经济具有多种实现形式，如国有经济、集体经济、混合所有制经济中的国有成分和集体成分等。公有制经济最显著的特点就是集全国、全社会最优资源推动国家经济社会的发展。但社会主义市场经济条件下，由于市场机制的作用，公有制经济若想获得更大竞争力、创新力、控制力、影响力，必须将具体实现形式做调整：经营形式变为国家所有、企业自主经营；单一竞争变为竞争与合作的交互；知识产权的保护扩展到整个社会，整个社会在保护知识产权的同时创新技术、推广技术；劳动力的流动统筹个人利益与国家利益等。通过以上调整与变革，我国国有资本不断做强、做优、做大，使得社会主义经济的所有制优势充分发挥。

2.实现各类所有制经济有效衔接

社会主义市场经济体制提供了各种所有制的有效对接与融合的条件。生产资料归属于整个社会全体人民是社会主义社会的本质特征之一，公有制经济是社会主义基本经济制度的基础。我国公有制经济是社会主义制度确立以来全体人民通过辛勤劳动而累积形成的社会财富，其不断解放发展着社会生产力，不断创造着经济社会发展的雄厚物质条件，其在彻底消除阶级剥削、阶级压迫与贫富差距方面发挥着极为重要的作用。因此，我国公有制经济的存在与壮大是完全符合现实要求的。非公有制经济本身是市场经济的产物。在市场经济中所形成的个体、私营、外资经济等非公有制经济对经济社会的发展产生着全方位影响。社会主义市场经济体制明确了并保护着非公有制经济的产权合理性和合法性，其破除了非公有制经济发展的体制障碍，使得非公有制经济平等参与市场竞

---

① 孔泾源：《市场经济体制与基本经济制度》，《中国经贸导刊》2020年第2期，第40–42页。

争。"市场主体是经济的力量载体，保市场主体就是保社会生产力。"①公有制经济和非公有制经济作为市场主体，通过社会主义市场经济体制的功能和作用相互联系、相互融合。社会主义本质规定性的实现离不开公有制经济与非公有制经济的共同参与，二者的相互竞争与合作激发了经济活力，促进了不同所有制的优势互补和弱势互抵。

3.为各类所有制经济营造法治环境

社会主义市场经济体制营造了各所有制经济主体良好、有序参与竞争的市场环境。社会主义市场经济的本质要求是公正的市场经济；社会主义市场经济体制的本质要求是承担社会主义经济制度具体实现形式的体制。社会主义市场经济体制的最大优势在于以政府有为推动市场有效，即政府尽应尽责任，使市场在自身应发挥作用的领域中真正发挥作用，也就是说，"要放给市场和社会的权一定要放足、放到位，该政府管的事一定要管好、管到位"②。政府有为，在于对宏观经济的有效调控，在于对经济周期的合理把控，在于为各所有制经济主体营造良好的营商环境。基于社会主义基本经济制度，有为政府的作用在市场经济关系维护和调整中具有以下功能：第一，建设法治市场。政府通过法律和相关制度建设，贯彻在市场行为中，"参加交换的个人就已经默认彼此是平等的个人，是他们用来交换的财物的所有者"③，各类所有制经济主体的财产权都需要以产权保护制度包括知识产权保护制度的完善来保证。法治经济和信用经济是社会主义市场经济的基本特征，在社会主义市场经济运行过程中，法治保护各市场主体的基本权利。在社会主义市场经济体制中，不断建设和完善职责明确、依法行政的治理体系，通过建立健全市场经济相关法律制度维护市场公平，进而为各所有制经济的有效发展提供有利条件。第二，建设制度市场。在不断放宽市场主体准入限制的基础上，实施公开化、透明化的市场准入负面清单制度，形成统一标准的国内市场；以权利平等、机会平等、规则平等原则遏制和反对各类垄断、清除各类壁垒、打破各类限制，以保护各所有制经济主体的合法权益，为各组织与个人发展提供公平的市场制度环境。第三，建设规范市场。政府以法制规范着各所有制主体的市场行为。

---

① 《习近平著作选读》第2卷，人民出版社，2023，第319页。
② 中共中央文献研究室：《习近平关于社会主义经济建设论述摘编》，中央文献出版社，2017，第68页。
③ 《马克思恩格斯全集》第19卷，人民出版社，1963，第423页。

（四）社会主义市场经济对分配制度的载体性

某一经济系统是一定条件下社会系统中的各社会成员所构成的经济关系的总和，其至少包括所有制形式、分配方式、经济调控方式三个部分。从历史上看，基本所有制形式有私有制、公有制和公私混合所有制；分配方式有按劳分配、按要素分配、按权利分配、按市场分配等；经济调控方式则有市场调控、计划调控、市场与计划相结合调控。在理论上，这三个部分可以进行不同组合，例如，私有制、按要素分配和市场调控相组合，公有制、按劳分配、计划调控相组合，以上两种组合方式分别为资本主义社会和社会主义社会的代名词。实践证明，这种组合在促进不同社会经济发展的同时也带来了一定问题。第一种组合的困境在于在市场发展中，各要素地位不对称，资本占据明显的统治地位，贫富差距拉大所导致的社会矛盾激发。第二种组合的困境在于按劳分配存在着明显的实施困难，易造成平均主义，并出现权力滥用问题，导致经济发展效率低下。社会主义基本经济制度新内涵将以上三部分做了优化组合，改变了单一的所有制经济结构，将按劳分配和按要素分配有机结合，将市场调节与国家调节有机结合，取各自所长补各自所短，构建了中国特色的经济运行系统。在这一运行系统中，三者互相影响，其中社会主义市场经济体制提供各分配方式实现的机制条件。

1.提供了初次分配的实现机制

社会主义市场经济体制提供了初次分配的实现机制。社会主义初级阶段"在经济、道德和精神方面都还带着它脱胎出来的那个旧社会的痕迹"[1]。从按劳分配来看，社会主义市场经济条件下，劳动仍是谋生的手段，劳动力作为商品的客观条件仍然存在。劳动者的劳动归劳动者所有，劳动者通过市场与生产资料相结合，进入生产过程。劳动者生产出的产品由企业在市场上完成销售，收益中的一部分用于支付工资。因此，按劳分配的主要形式仍为工资。劳动者以货币形式获得工资后，通过市场将个人收入交换为个人消费品。商品、货币等市场要素是这一过程得以实现的工具。并且，只有在市场中，按劳分配的根据——"劳动"才能得到量上和质上的衡量。商品生产者根据市场供求变化将劳动者的劳动产品投入市场进行交易，这个过程就是社会在量上和质上测定劳动者劳动的过程，是劳动者的具体劳动向抽象劳动、私人劳动转向社会劳动的过程。市场经济体制在分配关系调整中的功能实际上是社会化的分配功

---

[1] 《马克思恩格斯文集》第3卷，人民出版社，2009，第434页。

能，是尊重市场规律，接受市场调节的分配功能。也只有在市场中，劳动者的个人必要劳动才能化为社会必要劳动，而只有以社会必要劳动进行分配才能体现出按劳分配中的差别原则和劳动报酬的合理差异原则。从按生产要素分配来看，各类参与分配的生产要素通过各类要素市场匹配要素供求，各要素的价格也由市场决定，并将其计入成本。按要素分配的主要困难在于如何对各要素的贡献大小做出客观的、公正的评价。此时，生产要素市场是不可或缺的。只有在生产要素市场上，要素供给者之间、要素需求者之间、要素供求者相互之间才能为了追求个人利益最大化而进行竞争，要素的均衡价格才能出现，因而按生产要素贡献参与分配才能实现。

2.为再分配、第三次分配创造空间

社会主义市场经济体制为再分配、第三次分配创造空间。市场经济中，由于价值规律的作用以及市场竞争机制的存在，市场实现过程中必然出现市场主体的优胜劣汰和各成员收入差距拉大现象。市场内在规律、市场机制的作用使得资源和财富越来越向市场上的"优胜者"聚集，也会使得一部分社会成员的基本生存需要无法得到保证。资本主义社会的现实发展已对此进行了证明。市场经济中按劳分配、按要素分配或者其他分配方式都以效率优先为原则，因社会成员在劳动能力、生产要素占有、把握市场机遇和抵抗市场风险等方面存在差异，市场分配结果存在较大差距。部分地区因自然灾害频发、自然环境恶劣、生产力水平较低等不可抗原因存在，导致一部分人群的基本生活亟须保障。以上要求有多层次的分配体系来改变市场经济中利益分化严重、收入分配不公的现象，来遏制由价值规律、竞争规律和其他原因所引起的社会收入两极分化情况，以在一定程度上调节社会各成员、各群体之间的经济利益关系，调动其参与社会生产的积极性。作为初次分配的补充，社会主义分配制度中的再次分配和第三次分配弥补着初次分配的缺陷，填补着初次分配无法涉及的空档。

再分配是以国家或政府为主体的分配方式。政府基于社会公平导向，将市场收入进行再集中与再分配，其目的在于适度地、合理地、有限地干预市场分配，解决城乡、地区、不同群体之间的发展不平衡问题，保障特殊群体的基本需要。再分配的依据是公共政策与法律，其为依法分配。因此，再分配带有强制性、基本性、集中性、规范性、透明性、托底性等特征。第三次分配是以社会为主体的分配方式。社会成员和社会组织以社会价值为导向，将其所拥有的财产自主地、自发地、自由地、自觉地、自愿地拿出来参与分配。这种分配在更高层次上和更大范围内凝聚着社会力量，有效调动着和配置着各种社会资源，将会实现社会成员之间的财富的合理调节，从而促进社会和谐有序发展。社会主义市场经济条件下，基于市场效率和市场价值的初次分配、基于公共权利和公共价值的再分配、基于人类道德和普遍价值的第三次分配有机统一，共同构成了多元化、多主体、多层次、多样化的中国特色社会主义分配制度。之后，必须积极完善社会主义市场经济体制、继续探索社会主义分配制度的新模式，构建系统动态的，既符合社会主义原则的，又适应市场要求的社会主义分配制度。

五、新时代社会主义基本经济制度新内涵的运行机理

社会主义基本经济制度是一个具有历史、系统、价值等多方面规定的整体性存在。其制度创制与现实运作同我国社会生产力与生产关系、经济基础与上层建筑的辩证运动密切相关。改革开放四十多年以来，随着经济体制改革的推进和社会主义市场经济的发展，我国在进入新时代后最终建构起以我国社会主义初级阶段的所有制、分配制度、经济体制为统一内核的"三位一体"的社会主义基本经济制度体系。这一体系的生成、发展和完善在"制度行为层面"和"经济事实层面"的双向作用中呈现为一个动态的、发展的、开放的经济社会过程。基于马克思主义政治经济学分析这一过程的运行机理和发展规律，就需要以总体性辩证法为逻辑进路系统展开。"总体范畴，整体对各个部分的全面的、决定性的统治地位，是马克思取自黑格尔并独创性地改造成为一门全新科学的基础的方法的本质。"[①]这一"科学的基础的方法的本质"，为我们认识客观世界、把握经验事实提供了这样一种框架：以辩证法的核心为中介，在社会机体的视野中，将一切主体和对象的现实存在，在历史与现实、系统与要素、主体与客体的辩证作用中，理解为一种历史性的、结构性的、价值性的存在。任何社会存在只有成为这种"具体总体"的现实环节，只有置于历史的、动态的、全面的社会关系中，才能获得对其内在的、本质的、规律的理解和把握。

审视和研究社会主义基本经济制度的理论创制和现实运作，需要运用马克思主义政治经济学的总体性思维方法。以总体性辩证法的历史逻辑、系统逻辑和价值逻辑为指引，社会主义基本经济制度的现实运作是

---

① ［匈］卢卡奇：《历史与阶级意识》，杜章智等译，商务印书馆，1992，第76页。

一个在"历史整合机理""要素协调机理"和"价值调适机理"的共同作用中逐步走向成熟和完善的过程。其中，历史调节机理从自上而下的制度耦合与自下而上的制度流变的双重历史规定中，赋予制度出场以现实性和意义；要素协调机理从制度系统内部各要素的有序性和矛盾性两个角度，生成了制度系统运作的存在方式和动力机制；价值调适机理从制度主体层面为制度运作提供充分的合法性和内在的原动力，揭示了制度运作的第三重逻辑。

（一）社会主义基本经济制度新内涵的历史整合机理

从总体性辩证法的历史维度出发，总体性辩证法有利于厘清社会机体各要素在历史发展过程中的内在关系及其相互作用，揭示历史演进的客观规律和运动趋势，进而实现对全部历史进程的把握。社会有机体思想是马克思唯物史观的重要内容。马克思指出："这种有机体制本身作为一个总体有自己的各种前提，而它向总体的发展过程就在于：使社会的一切要素从属于自己，或者把自己还缺乏的器官从社会中创造出来。有机体制在历史上就是这样生成为总体的。生成为这种总体是它的过程即它的发展的一个要素。"①在马克思看来，其一，社会有机体是将各种前提统摄起来的一个有机总体；其二，社会有机体是吸纳社会发展各要素和创造社会发展各要素的历史过程；其三，社会有机体的发展是社会各要素的运动和发展趋向总体的历史生成过程。从辩证法语境来说就是，社会机体的运动是一个总体的历史发展过程，这一过程中各要素的整体性与有机性的普遍联系和辩证作用，在历史运动中不仅生成着社会机体的发展方式和客观规律，而且昭示着历史发展的方向和图景。

探究社会主义基本经济制度的发展演化过程，探究新时代社会主义基本经济制度的聚合式创新，可以看出，作为社会机体生产层面的制度体现，作为我国生产力与生产关系在历史运动中不断推进的制度表达，我国基本经济制度的建构和发展表现为一个在内涵上不断延伸、在动态中持续递进的理论演进过程，因而是一种历史总体的存在，受历史因素的调节和制约。这种调节和制约作用从理论上表现为两个方面：其一，从制度主体层面来说，社会机体由于"决定于人们所处的条件，决定于先前已经获得的生产力，决定于在他们以前已经存在、不是由他们创立而是由前一代人创立的社会形式"②，其发展和运作在这种前人创立的既有的"社会形式"的客观规定当中不断走向完善，因此，制度因素正是

---

① 《马克思恩格斯全集》第30卷，人民出版社，1995，第237页。
② 《马克思恩格斯文集》第10卷，人民出版社，2009，第43页。

在这种同特定历史资料和历史条件走向融合的过程中运作和发生作用的。其二，就制度对象层面而言，生产力和生产关系的辩证作用是基本经济制度的历史载体。由于"每一代都利用以前各代遗留下来的材料、资金和生产力；由于这个缘故，每一代一方面在完全改变了的环境下继续从事所继承的活动，另一方面又通过完全改变了的活动来变更旧的环境"①，在制度对象性活动的作用中，随着历史活动的改变和旧的环境的变更，像所有事物一样，基本经济制度只有在历史结构中不断扬弃自身，才能获取和把握其现实性和意义。社会主义基本经济制度正是在社会主义实践探索和理论发展中，在这种自上而下的历史耦合与自下而上的历史流变的双重规定中生成、运作和推进的，这就是作为历史总体性存在的基本经济制度的历史调节机理。社会主义基本经济制度在不同发展阶段的既定形态，只有置于历史向度中充分把握历史整合机理的双向运作规律，才能切实扬弃其抽象性，实现健康运转。党的十九届四中全会对我国基本经济制度的新阐释和新概括正是这一规律和机理运作的结果。

（二）社会主义基本经济制度新内涵的要素协调机理

从总体性辩证法的系统思维出发，社会主义基本经济制度还是一个动态开放的系统性存在。基本经济制度是关于生产关系的范畴，马克思对经济制度的考察和研究，是将其放置在社会机体的系统运动中，即放置在社会基本矛盾运动中加以展开的。在纷繁复杂的社会结构和社会关系中，马克思揭示："社会不是由个人构成，而是表示这些个人彼此发生的那些联系和关系的总和。"②这些联系和关系的总和构成一切社会形态或制度设定的基础。从生产关系中生长出来的占主导地位的经济制度统摄着一定社会发展阶段，不仅规定着其他社会关系的权重，由于社会机体的客观规定，而且最终也使自己呈现为以所有制形式、交换形式、分配形式为基本内容的系统性存在。系统内部三大要素相互作用、互相影响，制度总体正是在这种要素间的有序运动中运作和发展的，这就是作为制度系统总体的"要素调节机理"，这种调节机理，不仅蕴含着系统内部的客观规律，而且为系统运作创造动力。马克思告诉我们，生产要素是经济结构的基础要素，对生产关系的制度来说，它决定着分配制度和经济运行体制的具体设定。此外，马克思揭示，"生产就其单方面形式来

① 《马克思恩格斯选集》第1卷，人民出版社，2012，第168页。
② 《马克思恩格斯全集》第30卷，人民出版社，1995，第221页。

说也决定于其他要素"①，"没有消费，也就没有生产"②，而分配"反过来也影响生产和交换"③。因此，"新的生产方式和交换形式必须经过长期的斗争才能取得和自己相适应的分配"④。马克思客观上揭示的生产要素同消费、分配和交换要素的这种双向互动关系的调节规律，既为"三位一体"制度系统的确立和形成提供了基本遵循，又从必然性层面为我国基本经济制度的理论逻辑做出了论证，从而为其现实合法性和必然性的确认提供了基础理论的支撑。

（三）社会主义基本经济制度新内涵的价值调适机理

按照唯物史观原理，历史活动是人的活动，人类社会的发展应该是合真理性与合价值性的统一，即客体向度与主体向度的统一，规律性与目的性的统一。社会的主体是人，经济规律归根结底是人的活动的规律，经济制度归根结底是服务于人的制度。因此，基本经济制度既要服从于客观经济发展和运行规律的要求，又要服从于人的主体性选择的要求。社会主义就是符合中国国情和社会历史总趋势的一种合规律和合价值的选择，中国特色社会主义经济的理论与实践中必然地产生了社会主义基本经济制度；全面改革的新时代，必然形成社会主义基本经济制度的新内涵。因此，从总体性价值性维度出发，基本经济制度是一种价值性存在。在总体性辩证法之下，马克思恩格斯不仅以生产力与生产关系在社会结构和历史推进过程中的辩证作用为线索搭建起整个人类社会大厦的总体性轮廓，而且从主体层面出发，将主体视为历史的前提，视为一种具有感性需要的存在，于是，他们指出，人类社会历史的主体"是具有意识的、经过思虑或凭激情行动的、追求某种目的的人"⑤，他们的这种意识、需要和目的决定了"他们是什么样的，这同他们的生产是一致的——既和他们生产什么一致，又和他们怎样生产一致"⑥。可见，马克思的总体性原则'在于强调历史本身是一个客观运动的总体过程，而且这个总体运动并不消融作为社会实践主体的人的能动作用，而是更真实地肯定人的现实创造性"⑦。基于此，作为主体存在和发展的第一个历史活

① 《马克思恩格斯文集》第8卷，人民出版社，2009，第23页。
② 《马克思恩格斯文集》第8卷，人民出版社，2009，第15页。
③ 《马克思恩格斯文集》第9卷，人民出版社，2009，第155页。
④ 《马克思恩格斯文集》第9卷，人民出版社，2009，第155页。
⑤ 《马克思恩格斯选集》第4卷，人民出版社，2012，第253页。
⑥ 《马克思恩格斯选集》第1卷，人民出版社，2012，第147页。
⑦ 张一兵：《论西方马克思主义总体性范畴的哲学命意》，《社会科学研究》1985年第6期，第34-35页。

动，作为"追求着自己目的的人的活动"，物质生产实践即表现为主客体辩证作用的总体性活动，这种总体性活动的进行，不仅随着人与人、人与自然、人与社会之间的丰富联系的生动展开而促进了主体本质的不断生成和发展，而且赋予历史和现实以不竭的意义支撑。主体的这一特征，既是社会机体存在的重要前提，又构成总体性研究方法的价值维度。在系统性存在与历史性存在的横纵坐标中总体性铺开的基本经济制度，作为规制和引导经济社会再生产过程中生产、分配、交换和消费的各个环节的基础制度体系，作为整个社会经济结构最深厚的制度基础，既是特定时代生产关系的性质和状态的集中表达，又是生产关系的主客体辩证作用的具体体现。正如马克思所说，"是人们的社会存在决定人们的意识"①，"我们判断这样一个变革时代也不能以它的意识为根据"②。一定社会的价值关系总是与一定社会的制度逻辑相连的，任何一种社会制度必然内在蕴含着与之相适应的价值原则。于是，基本经济制度不仅是一个制度系统，还是一个价值系统。其蕴含的独特的价值机制，生成了基本经济制度运作的第三重机理——价值调适机理。与历史调节机理和要素协同机理不同，价值调适机理是基于制度主体的价值或制度正义问题而存在和发生作用的，它不仅是社会主义基本经济制度理论建构的根基和灵魂，而且能够在制度的具体实践环节中有效减少制度执行的阻力，赋予制度以强大的制度更新和制度供给的能力。

总的来说，从总体性辩证法视域审视社会主义基本经济制度体系生成和发展过程的历史必然性，明晰"三位一体"的内在逻辑关系和辩证关系，考察和分析其制度内涵和运行逻辑，可以看出，作为历史的、系统的、价值的总体性存在，社会主义基本经济制度的生成和运作遵循历史调节机理、要素协调机理和价值调适机理的规定和影响。这三大机理的运作逻辑表明，社会主义基本经济制度是一个总体性存在，是历史的以及发展着的制度理论与制度实践交互作用的结晶，是人类社会化大生产一般规律与社会主义制度的内在统一。在三大机理的运作中，社会主义基本经济制度最终呈现为一个整体的、全面的、有序的、发展着的科学制度形态。

---

① 《马克思恩格斯选集》第2卷，人民出版社，2012，第2页。
② 《马克思恩格斯选集》第2卷，人民出版社，2012，第3页。

第十章 新时代社会主义
基本经济制度新内涵的完善路径

问题就是时代的口号。问题导向和矛盾分析是马克思主义政治经济学的显著特点。正如马克思和恩格斯所说："在思辨终止的地方，在现实生活面前，正是描述人们实践活动和实际发展过程的真正的实证科学开始的地方。"①贯彻新时代社会主义基本经济制度新内涵的要求，目前的路径选择是，主动应对数字经济时代挑战和机遇，积极探索公有制为主导的混合经济改革，切实破除发展非公有制经济的障碍，努力推进共同富裕导向的三次分配关系调整，坚持和完善社会主义市场经济体制。

一、积极应对数字经济时代的挑战和机遇

党的十九届四中全会首次把数据纳入新型生产要素，明确要健全资本、技术、专利、数据等生产要素按贡献参与分配的体制机制。近年来，随着数字信息技术的飞速发展，生产方式和生活方式发生深刻变化，人类社会逐渐进入以数据资源为核心生产要素的数字经济时代。顺应时代的趋势，我国给予数字经济以极大的重视，提出了要加强经济发展的数字化建设，以及建设数字中国等一系列重大的决策部署。2021年，国家网信办发布的《数字中国发展报告（2020年）》显示，我国的数字经济总量已经跃居世界第二位，数字经济产业增加值占GDP总量的7.8%。数字经济在我国的飞速发展在为我国创造巨大的社会财富，解放并发展生产力的同时，也为我国的经济建设带来了很多新的风险和挑战。从制度层面来讲，在发展数字经济的过程中如何实现促进发展与规范管制的统一，既是当下我国社会主义基本经济制度亟须回应的一个理论问题，也是需要解决的一个实践问题。

（一）数字鸿沟与贫富差距拉大的风险

党的二十大报告提出了"加快发展数字经济"的要求②。数字经济时代，数据成为核心生产资料，互联网信息平台成为生产工具。但是，这些生产工具由数字资本家占有。依托对数字信息技术的霸权，数字资本

---

① 《马克思恩格斯文集》第1卷，人民出版社，2009，第526页。
② 习近平：《高举中国特色社会主义伟大旗帜 为全面建设社会主义现代化国家而团结奋斗——在中国共产党第二十次全国代表大会上的报告》，人民出版社，2022，第30页。

无偿占有互联网平台人们从事数字活动时留下的数字资源，并将其转化为劳动生产资料，追加剩余价值。但是，"现在，对过去无酬劳动的所有权，成为现今以日益扩大的规模占有活的无酬劳动的唯一条件。资本家积累得越多，他就越能更多地积累"[①]。获取剩余价值是资本主义生产的直接目标，但资本的目标还不仅停留于此，以"资本生资本"[②]，将数字劳动创造的剩余价值资本化，进行数字资本积累。随着这个过程的加深，数字资本无偿占有了更大数额的剩余价值。这些剩余价值不仅包含数字资本对数字劳动者创造的剩余价值的无偿占有，还包括数字寡头对其他传统企业、小型企业利润的侵吞与掠夺。当"所有东西都正在随着数字化、互联网的发展而实现连接，网络数据也呈几何级数增长"[③]，不仅个人，甚至企业、行业之间的数字牵连都会更加紧密。共享经济、平台经济的发展，以"互联网+"的形式将一切经济主体与要素连接在一起，在高强度的技术作用下，大型互联网企业、数字平台公司不断地吸收分散的资金和闲置的资源，并将它们纷纷转化为数字资本，此时，小微企业依附大型数字平台公司生存，大型数字平台公司通过强大的资本渗透与技术控制将小微企业创造的剩余价值进行吸纳与转移。随着这种状态的推广、持续和深入，在扩张逻辑与逐利逻辑的助推下，大型数字资本平台发展至超大规模，他们使数字信息技术的发展差距成为放大贫富差距的加速器，当"马太效应"叠加"数字鸿沟"，社会贫富差距在"数字鸿沟"中进一步被放大，各国家各地区的经济牵连加深，不发达地区的经济风险加剧，数字资源的争夺使政治经济矛盾升级，国际社会的不稳定性因素增加。

（二）社会关系数字化与社会治理风险

数字经济不仅变革了生产和劳动的方式，还引起人的生活方式和存在方式发生了深刻的变革。一方面，数字化生存的时代，借由互联网信息平台向社会各个领域的渗透，人们在日常生活与工作劳动过程中必然产生各种各样的数字行为，这些数字行为所留下大量的数字痕迹，潜藏着巨大的价值和惊人的利润，是数字经济的核心生产资料。例如，网络购物平台通过设置搜索关键词、算法等分析手段对消费者进行偏好匹配，设计营销方案；依据气象学家提供的实时气象数据，服装生产行业可以

---

① 《马克思恩格斯选集》第2卷，人民出版社，2012，第263–264页。
② 《马克思恩格斯选集》第2卷，人民出版社，2012，第263页。
③ ［日］森健、日户浩之：《数字资本主义》，野村综研（大连）科技有限公司译，复旦大学出版社，2020，第35页。

参照进行生产决策，交通运输业可以参照合理调配交通资源，政府部门可以参照进行自然灾害防范与救治工作等。对这些数字生产资料的加工和改造过程就是数字劳动创造剩余价值的过程。为了不断地追加剩余价值，占有更大的数字生产资料，一方面，依托数字信息技术，数字经济为人们提供了这样的一种生存方式："互联网传递出这样的信息：如果不使用网络，人们很快就会过时"①，它使生产活动与生活领域密切结合，将医疗、教育、交通、消费、能源、社交等各个领域全部数字化，数字用户只有不断将自身及其活动对象化在互联网平台中才能参与社会活动，维系自己的数字生命，除了参与这种数字化活动，他们就无法生存，除了被迫留下数字信息，人们就无法参与这种数字活动。于是，"社交平台赋予大众生产工具，可大众却不拥有他们生产的东西的所有权，互联网提供了一个有效机制，它能从大量免费劳动力所创造的经济价值中获利"②。当数字经济不断将数字个体的全部信息商品化、资本化时，社会生产与生活的虚拟性程度提高，数字化活动过程变得难以捕捉，隐私泄露、庞氏骗局、数字信息诈骗等问题增加了法治的难度，威胁着人民的人身与财产安全；自媒体平台的发展与信息爆炸式扩散冲击着主流的价值形态，影响着社会的稳定。

（三）关注"数字拜物教"与人的生存困境风险

数字经济时代，当人们的生产生活信息源源不断地被商品化、资本化时，数字经济不仅生产了数字商品，还生产着"主体的欲望、社会交往、身体和心灵"③，生产着主体对数字商品的依赖与崇拜。"我们的数字形象在算法治理技术中被精准地描绘出来，成为精准治理的对象。"④通过对主体数字生命形象的分析与规划，数字经济能够精准地调适生产，使数字商品以极具"个性化"的姿态站立在主体的对面，主体在主动或被动地使用、习惯、享受、依赖这种个性化定制的过程中逐渐站在对象的对立面，将自己的生命体征同数字资本绑定。当越来越多的个体随着这种个性化生产的普及而被迫卷入"数字旋涡"时，一种名曰"数据主义"的现代病就滋生了。日新月异的技术变革与精美绝伦的消费升级正在驱使人们奔走在一个又一个虚幻的娱乐场上，虚拟化的社交行为不断

---

① 姚建华：《数字劳工：产消合一者和玩工》，商务印书馆，2019，第10页。
② ［美］杰伦·拉尼尔：《互联网冲击》，李龙泉、祝朝伟译，中信出版社，2014，第5页。
③ Michael Hardt、Antonio Negri, *Empire*（Cambridge、Mass：Harvard University press, 2000），p.32.
④ 蓝江：《智能时代的数字——生命政治》，《江海学刊》2020年第1期，第119-127页。

在解构社交活动的社会性和社交主体的精神性，在资本权力的宰制下，个体生命活动的主体性、精神性、丰富性、价值性不断丧失，他们在资本的引导与安排中生活，并最终沦为资本权力机制运转过程中的一个环节。因此，寄居在数字信息技术之下的数字经济并不能在真正意义上谋求人的解放与发展，而是进一步造成了数字时代人的生存困境与生存危机。

（四）发挥社会主义基本经济制度优势应对数字风险

把分配制度和市场体制纳入基本经济制度是国家治理能力与治理体系现代化的重要体现。经济治理是国家对于经济活动的安排和规制，经济治理能力是国家依托经济制度体系的设定与执行引导经济活动的功能。以唯物史观为依据，我国基本经济制度是制度实践中主客体合规律性与合目的性的有机统一，这一特征使得我国基本经济制度不仅能够对制度实践，即数字经济进行全面把握，而且为数字经济治理指明了方向。

一是全面提升对数字经济风险的把控。基本经济制度在制度实践客体方面的合规律性启示我们，提升数字经济治理能力，要以数字经济社会发展实践为立足点，实现数字经济治理体系对经济社会实践的全面掌控，才能始终保持制度体系走在前列，引导和规范数字经济发展的局面。

二是基本经济制度在制度实践主体方面的合目的性启示我们，数字经济治理能力的提升，要始终贯彻以人民为中心的发展理念。人民的主体性地位是我国基本经济制度生成和发展的重要逻辑，人民的主体性地位的重要性如同经济制度建设与治理，反映在数字经济治理能力层面，就是要始终坚持以人民为中心的价值理念。

三是党的十九届四中全会指出要"健全劳动、资本、土地、知识、技术、管理、数据等生产要素由市场评价贡献、按贡献决定报酬的机制"[1]，"推动有效市场和有为政府更好结合"[2]，将"完善科技创新体制机制""建设更高水平开放型经济新体制"上升到基本经济制度建设的层面。此外，在数据时代和新技术改革的现实机遇之下，现代产权制度、要素市场化配置、第三次分配制度等体制机制也正在不断走向丰富和完善；这种制度供给的逻辑进路，不仅有利于有效拓展基本经济制度功能的外延，使基本制度的规制作用及时有效地覆盖到数字经济与数字经济

---

① 《中共中央关于制定国民经济和社会发展第十四个五年规划和二〇三五年远景目标的建议》，《人民日报》2020年11月4日第1版。

② 《中共中央关于制定国民经济和社会发展第十四个五年规划和二〇三五年远景目标的建议》，《人民日报》2020年11月4日第1版。

建设的各个方面，而且对于我们有效应对数字经济时代的风险提供了重要的制度保障。

四是政府要加强对数字劳动者的法律和制度的保护，积极应对数字经济带来的各种结构性失业的风险和挑战，要使数字经济的发展实现智能化与人性化、工具理性与价值理性的统一，积极应对跨越数字鸿沟，将数字经济的发展与人民日益增长的美好生活的需求相联系，始终把实现好、维护好、发展好人民的利益确立为数字经济治理的出发点和落脚点，让数字经济的成果更多、更公平地惠及全体人民。

（五）坚持社会主义基本经济制度，遏制数字资本弊端

应对数字资本增殖逻辑中的数字拜物教的制度逻辑，需要我们坚持社会主义初级阶段的基本经济制度。毫不动摇地巩固和发展公有制经济，毫不动摇地鼓励、支持、引导非公有制经济发展，坚持按劳分配为主体、多种分配方式并存的基本分配制度，坚持和完善社会主义市场经济体制。"必须深化对新的时代条件下我国各类资本及其作用的认识，规范和引导资本健康发展　发挥其作为重要生产要素的积极作用。"①数字劳动和数据劳动是数字经济时代的重要生产力和生产要素，要完善数据参与分配的机制，提高劳动者的非劳动收入，提高劳动在初次分配中的比重，特别是一线劳动者的劳动收入。提升数字化劳动力、数据劳动者的社会地位和收入，警惕数字资本借助数字平台对他们的控制和剥削。提升数字劳动者的数字信息技术水平，将大数据、云计算、互联网+纳入培训体系，提升其人力资本。要正确处理资本与分配问题。现阶段我国存在公有资本和非公资本，要平衡与协调好各类不同性质资本参与分配的关系，核心就是要处理好劳动与资本的关系，即逐步提高数字劳动所得，警惕数字资本操控数字技术剥削数字劳动者，遏制数字资本无序扩张，防止金融资本侵蚀实体经济，警惕系统性金融风险的发生。优化数字经济分配关系。数字平台在数字经济中处于绝对优势地位，凭借强大的资本优势、技术优势攫取了巨额社会财富，而广大数字用户和数字劳动力却属于价值链底层，如此则加剧了财富分配的失衡，从而加剧了阶层固化。为此，需要优化数字经济分配关系。要关注数字用户和数字劳动力的劳动权益的保护，加快数字经济产权制度改革，协调数字劳动者与平台之间的利益分配关系。"保护平台与平台之间、企业与平台之间、企业与企业之间的竞争，合理界定数字产权，对滥用市场权力获取垄断利润的行

① 《习近平在中共中央政治局第三十八次集体学习时强调依法规范和引导我国资本健康发展　发挥资本作为生产要素的积极作用》，《人民日报》2022年5月1日第1版。

为进行打击。"①努力实现数字经济增长与数字收入分配共同提高，并且优化分配关系，畅通社会再生产。

二、积极推进公有制为主导的混合经济改革

所有制问题是马克思恩格斯"政治经济学批判"和探讨"现代经济规律"的根本立场，也是中国特色社会主义制度、基本经济制度、现代化经济体系的核心架构，更是从根本层面关乎新时代中国特色社会主义全面深化改革、实现高质量发展和建构社会主义现代化强国的中心议题。

（一）多种所有制经济共同发展的时代性

过去40多年，我国GDP由1978年3645亿元的世界第十位，跃升为2018年90.3万亿元的世界第二位，增长了246倍多，不仅避免了"拉美陷阱""东欧困局"和"华盛顿共识危机"，还在经济社会的巨大转型中创造了"两大世界奇迹""中国式现代化新道路"和"人类文明新形态"②。"中国奇迹"除了要归因于政府与市场关系结合、对内搞活与对外开放结合、统一市场和竞争政策结合、整体推进与重点改革方式结合、按劳分配与要素贡献分配结合因素外，所有制改革以及公有制与非公有制的共同发展和互动关系在其中扮演的角色则是根本性的。

按照马克思主义政治经济学，所有制决定国民经济生产、分配、交换、消费的诸环节，决定行业、产业、企业运行的基本逻辑，即"使命决定战略定位、战略定位决定战略内容、战略内容决定组织结构、组织结构决定企业运行效率、企业运行效率决定企业使命"③。正是借助于国有资本、私有资本、境外资本彼此间的市场分工、产业优势和竞合关系，"多种所有制经济"才能在微观层面提高资源配置效益，才能在中观层面加快产业布局、结构优化和技术变革，才能在宏观层面促进国民经济结构稳定、快速发展和"国民共进"格局。也正是由于"多种所有制经济共同发展"及其良性竞争、协同分工和有效结合，我国劳动生产率与社会生产力才能在短短40多年中呈几何数增长，生产关系与社会分工才能日益精细，社会主要矛盾才能"转化为人民日益增长的美好生活需要和

① 刘诚：《数字经济与共同富裕：基于收入分配理论的分析》，《财经问题研究》2022年第4期，第25-35页。
② 习近平：《在庆祝中国共产党成立100周年大会上的讲话》，《人民日报》2021年7月2日第2版。
③ 黄群慧、余菁：《新时期的新思路：国有企业分类改革与治理》，《中国工业经济》2013年第11期，第5-17页。

不平衡不充分的发展之间的矛盾"①。

　　同时，我国经济发展态势在新时代也已改变。一是在国际分工体系中已位居第二大经济体、第一制造业大国和出口国，拥有世界上最完整的工业生产体系。当前工业化与后工业化任务是进一步强化产业布局和结构升级，实现制造业由体量完备性向结构优越性转变。二是迈入了经济新常态，发展阶段已从高速增长转向中高速与高质量发展，发展动能也已由要素、规模驱动转向创新、内需和全要素驱动。高质量发展要求转变过去高投入、高排放、高污染的粗放型增长方式，以"五大新发展理念"和"以人民为中心"导向，实现发展方式的质量变革、效率变革、动力变革。三是我国与国际社会的经济关系已由低层次的对外开放和"外循环"带动"内循环"经济机制转向全局性、高水平的对外开放和以"内循环为主"的经济机制。这三种变化意味着中国"依靠低质量、低效率、低端产品的时代已经过去，经济发展转向了追求高质量、高效率、提升中高端供给的时代"②，经济高质量发展是时代主题，也意味着消费需求在"三驾马车"中的经济地位日益重要，畅通国内大循环成为时代使命。新时代经济形势的改变同步表明"多种所有制经济共同发展"促进经济社会发展的作用机制的改变。

　　改革开放以来，中国以人口能源优势在嵌入发达国家主导、外包的国际分工价值链低端环节中通过生产扩张与高速增长破解了经济短缺和供给缺口问题。40多年的高速发展使中国积累了广阔、丰厚的生产供给链、产业分工主体和科研技术水平。但高速现代化模式多以"血拼式投入"拉动，是以中国在全球分工体系的"价值链低端锁定"、高能耗和产能过剩、社会资本"脱实向虚"、有效供给不足等为代价的。当前面对传统行业产能饱和与需求下降趋势、资源成本约束和生态价值上升压力，以及人口老龄化趋势和要素供给结构性变化，高速现代化模式显然难以为继，新时代话语是在经济社会高质量发展中实现社会主义现代化强国。实现经济高质量发展并非易事，首先要依托于贯穿国民经济宏观、中观、微观三个层面的经济运行载体与主体的"多种所有制经济"的高质量发展，即依托于国有经济高质量发展、民营经济高质量发展、国有经济与民营经济竞合关系的高质量发展、国有经济与民营经济交叉持股的混合所有制经济企业的高质量发展。

　　① 本书编写组编《党的十九大报告辅导读本》，人民出版社，2017，第11页。

　　② 刘友金、周健《"换道超车"：新时代经济高质量发展路径创新》，《湖南科技大学学报》（社会科学版）2018年第1期，第49-57页。

（二）坚持公有经济主导地位，实现国有经济高质量发展

作为国民经济的"稳定器"和"顶梁柱"，作为社会主义的经济基础和政治基础，国有经济实现高质量发展是实现国民经济高质量发展的基本规定。国有经济通过控制关键领域、优化产业结构、调整区域经济结构、发展尖端型高新技术，为国民经济高质量发展提供高质量的公共产品、科学技术和产业优势。经过40多年的改革与发展，国有企业在资产总额、经营机制、科技创新、治理体制、社会贡献等方面都已取得前所未有的历史成就。但不论是发展方式和治理机制，还是产品设计和质量供给，都与主导国际贸易局势的世界一流企业之间存在明显差距。国有企业对接经济高质量发展的能力有待提升。

首先，从发展成就来看，国有经济为经济高质量发展提供了坚实的经济基础。第一，以完善内部治理机制、推进产权制度改革、强化自身经营能力为目标的国有企业分类改革不断深入，以国资监管从管企业转向管资本、改组为投资公司和运营公司为内容的国有资本授权经营体制改革不断深化，以改变传统经营机制、健全现代企业制度和公司法人治理结构的制度改革全面扩展，为经济迈向高质量发展提供了体制机制。第二，根据《国务院关于2020年度国有资产管理情况的综合报告》，2020年全国国有企业资产总额达到268.5万亿元，分别是2012年和2018年的3.38、1.27倍[①]。财政部《2020年全国国有及国有控股企业经济运行情况》显示，2020年全国国有及国有控股企业营业总收入为632867.7亿元，同比增长2.1%[②]。国有企业总体规模不断增长为经济高质量发展奠定了实力基础。第三，当前国有资本在军工、电网电力、石油石化、交通运输等领域的占比已超过80%，国有资本越来越多地投向事关国家安全、国民经济命脉和国计民生的重要行业、关键领域，国有经济布局优化为实现经济高质量发展奠定了功能基础。

其次，从发展及对比现状看，国有经济在多方面存在明显差距与提升空间，对接经济高质量发展任重道远。国有经济在发展动力、治理方式、质量效益、创新力、竞争力、活力、抗风险能力等方面都还存在提升空间。从动力机制看，国有经济资源型产业链上游的布局结构意味着

[①] 《国务院关于2020年度国有资产管理情况的综合报告》，国务院国有资产监督委员会网，http://www.sasac.gov.cn/n2588025/n2588119/c21416325/content.html，访问日期：2021年11月9日。

[②] 《2020年1-12月全国国有及国有控股企业经济运行情况》，国务院国有资产监督委员会网，http://www.sasac.gov.cn/n2588035/n2588330/n2588370/c16746704/content.html，访问日期：2021年11月7日。

资源要素驱动，创新能力先天不足。从经济效益看，尽管对此存在争议，但现实中国企业生产效益不高是不争的事实，有学者通过测算上市国企、民企的生产效率表明"民营制造业企业技术效率相较于国有企业有微弱优势"[①]。从抗风险能力看，国企债务问题、资产负债率一直居高不下，2020年中央企业负债总额62.5万亿元、平均资产负债率66.5%，地方国有企业负债总额109.0万亿元、平均资产负债率62.4%[②]，经营风险不容小觑。从国际竞争力看，国企2018年净出口负值达2901亿美元，比2008年增长了两倍，产业链有待于从"中国制造"转到"中国创造"，附加值有待于从微笑曲线低端向两端跃升。从治理效能看，国企公司治理结构虽然持续优化，但也存在治理主体虚化、治理机制虚化、治理能力虚化、治理权责虚化、政策落地虚化等"虚化问题"[③]。

新时代经济高质量发展对国有经济提出了高质量发展要求。国有经济深化改革的目的在于通过优化产业布局、完善治理结构、提升价值链，做强做优做大国有资本、培育世界一流企业，强化其创新力、竞争力、控制力、影响力和抗风险力。以此出发，新时代国有经济高质量发展的时代内涵可从以下几方面理解。一是更加突出技术创新驱动、企业文化驱动、企业家精神驱动、约束激励机制驱动、全要素生产率等内生性动力机制。二是更加注重产品供给质量、经营能力、管控风险能力、产出效率之间的有机协调与统一。三是更加趋近前瞻性、高端性、全球性的产业链、供给链与价值链的结构布局。四是在强化抗风险能力、修复能力和持续成长能力中对接国家实体经济发展战略。五是更加突出公司治理的科学化与现代化、资源配置与要素流动的市场化和产权化、企业管理的高效化和科学化。

（三）积极推进混合经济所有制改革

1.我国对混合经济所有制改革的探索历程

作为一种公私兼有的经济成分，混合所有制经济其实是中国共产党人探索基本经济制度及其所有制关系过程中不断发展的结果。党的十二届三中全会在《中共中央关于经济体制改革的决定》中指出，个体经济

---

① 张涛、刘宽、熊雪：《中国国有和民营制造业企业生产效率对比研究》，《数量经济技术经济研究》2018年第6期，第78—94页。

② 《国务院关于2020年度国有资产管理情况的综合报告》，国务院国有资产监督委员会网，http://www.sasac.gov.cn/n2588025/n2588119/c21416325/content.html，访问日期：2020年11月9日。

③ 黄速建、肖红军、安欣：《竞争中性视域下的国有企业改革》，《中国工业经济》2019年第6期，第22—40页。

是国营经济与集体经济的补充，国营、集体与个体经济可以在互利的原则下开展"灵活多样的合作经营与经济联合"①，形成经济上的"合作"与"联合"。首先是经济成分性质、组织形式与经营方式的差异性，虽然这里在经济权益边界上还未出现产权清晰的股份制形式，但在一定程度上已经具备了混合所有制的基本样式。1993年，党的十四届三中全会《关于建立社会主义市场经济体制若干问题的决定》指出，只有不断推进国有企业改革，才能建立现代企业制度，就要重新调整国有资本，在原来国有资本管制基础上，可以允许多种形式外来资本参与其中"改组为有限责任公司或股份有限公司"，多个资本参与国企改革就会在经济结构与经济成分上发生变化，进而会形成"财产混合所有的经济单位"与"新的财产所有结构"②。事实上，所谓"财产混合所有的经济单位"，指的是经济成分具有不同的类型形成的混合所有制企业。而"新的财产所有结构"，指的是经济成分的不同类型组合形成的混合所有制经济。1997年，党的十五大首次提出了混合所有制经济，该报告指出，"公有制经济还包括混合所有制经济中的国有成分和集体成分"。国有企业要实现产业结构的调整，就是在合理利用资本的过程中，形成"跨地区、跨行业、跨所有制和跨国经营的大企业集团"③。随后，党的十五届四中全会在《中共中央关于国有企业改革和发展若干重大问题的决定》中指出，大中型国有企业，尤其是一些资本雄厚、技术先进的优势国有企业，要以股份制为纽带，通过与不同资本相互参股形式改为股份公司，发展混合所有制经济④。2002年，党的十六大报告指出，除了极少数事关国计民生的国有企业由国家单独经营、自主管理外，不涉及重要领域的企业都要"积极推行股份制，发展混合所有制经济"⑤。随着国企市场化改革的推进，党的十六届三中全会进一步强调，国有企业要不断适应市场化需求，积极以股份制形式调整资产结构、激活国有经济发展潜能，"大力发展国有资本、集体资本和非公有资本等参股的混合所有制经济"⑥，在多元的主体活动中，以公有制为主要实现形式，发展多种经济。党的十七大报

---

① 《改革开放以来历届三中全会文件汇编》，人民出版社，2013，第42页。
② 《改革开放以来历届三中全会文件汇编》，人民出版社，2013，第61-63页。
③ 《江泽民文选》第2卷，人民出版社，2006，第19-21页。
④ 中共中央文献研究室编《十五大以来重要文献选编》中，人民出版社，2001，第1009页。
⑤ 中共中央文献研究室编《十六大以来重要文献选编》上，中央文献出版社，2005，第20页。
⑥ 中共中央文献研究室编《十六大以来重要文献选编》上，中央文献出版社，2005，第466页。

告在重申了"两个毫不动摇"的基础上指出，"以现代产权制度为基础，发展混合所有制经济"[①]。党的十八大更是以巨大的改革魄力，将非公有制经济和混合所有制经济作为改革的突破口，参与国有企业资产的调整，实现多元化的市场。党的十八届三中全会提出了"混合所有制经济是基本经济制度的实现形式"的新论断。在不断地实现经济发展过程中再次发展混合所有制经济，在多元发展中，尤其是调动公有制企业与非公有制企业内部的竞争力、创新力与发展活力。总而言之，混合所有制经济是改革开放，特别是党的十八大以来，不断适应新环境、新发展做出的巨大的战略性调整，有利于实现经济的稳中有进的高质量发展。

2.科学认识混合经济的性质

混合所有制经济，不管是从经济成分来说，还是从结构来说，既不能单纯地归结为公有制经济，也不能全然归纳在非公有制经济成分的范畴之中，混合所有制企业在党的十一届三中全会调整所有制关系之时就已经出现了，那时的提法更多是"联合、合作财产形式"，而混合所有制经济的首次提法是在党的十五大前后出现的。党的十八大以来，面对新的社会主要矛盾及其产生的社会经济问题，中央把混合所有制经济从公有制与非公有制经济的范畴中单独提炼出来作为另一经济成分，是符合新时代社会经济发展客观现实的。从现实层面来看，把混合所有制经济专门列为一种经济成分，导源于增强国企内生活力与做大做优国企的国有企业改革。现代企业制度是一种产权清晰、股权多元、权责边界明确的股份公司制，这种制度有利于企业内部发展活力的创造与激发。所以，国有企业改革，势必要吸收包括国有的、集体的、个人的外来资本以创造活力，由此，这种产权多元的经济成分在结构上就是混合的经济成分，在性质上，界定是公有还是非公有，主要看多数资产与股额掌握在谁的手里。但若不看性质，只看结构，那它就是一种混合所有制经济成分。有鉴于此，党中央在总结国企改革与完善基本经济制度的时代经验基础上，党的十八届三中全会所做决定不但提出了"两个都是"的新思想，而且对混合所有制经济做了特别的说明，指出了其重要的战略位置。决定指出："国有资本、集体资本、非公有资本等交叉持股、相互融合的混合所有制经济，是基本经济制度的重要实现形式。"[②]这种经济形式不仅

①　中共中央文献研究室编《十七大以来重要文献选编》上，中央文献出版社，2009，第20页。

②　中共中央文献研究室编《十八大以来重要文献选编》上，中央文献出版社，2014，第515页。

可以实现国有资产增值保值、激发活力与优化结构布局，而且可以实现各类所有资产的共同发展。"混合所有制经济是基本经济制度的重要实现形式"的新思想，是国有经济市场化改革与非公有制经济参与国企改革双向作用的产物，不仅是对"两个毫不动摇"与"两个都是"的继承与发展，而且是基本经济制度在实现形式上与市场相结合而创新的理论成果。

3.积极破解混合经济发展的难题

第一，从宏观层面看混合所有制改革的难点。"这些一定的分配形式是以生产条件的一定的社会性质和生产当事人之间的一定的社会关系为前提的。因此，一定的分配关系只是历史地规定的生产关系的表现。"[1]因此，生产决定分配，生产关系决定分配关系，生产结构决定分配结构。我国形成了公有制为主体、多种所有制共同发展，按劳分配为主体、多种分配方式并存，社会主义市场经济体制"三位一体"的基本经济制度。非公有制经济是社会主义市场经济的重要组成部分，因而非公有制经济按生产要素进行分配，不同生产要素具有不同的边际生产力，其多少以市场参与分配的决定性作用为主则必然产生收入分配差距。社会主义初级阶段的现实生产力发展状况决定了我们还要"毫不动摇巩固和发展公有制经济，毫不动摇鼓励、支持、引导非公有制经济发展"[2]。混合所有制改革的实现形式和公有制的实现形式如何，党的十八大以来，党中央提出了"三力"，"贯彻落实公有制多种实现形式，'不断增强国有经济活力、控制力、影响力'；'国有资本、集体资本、非公有资本等交叉持股、相互融合的混合所有制经济，是基本经济制度的重要实现形式，有利于国有资本放大功能、保值增值、提高竞争力，有利于各种所有制资本取长补短、相互促进、共同发展'并'允许更多国有经济和其他所有制经济发展成为混合所有制经济；在产权保护上，明确提出公有制经济财产权不可侵犯，非公有制经济财产权同样不可侵犯；在政策待遇上，强调坚持权利平等、机会平等、规则平等，实行统一的市场准入制度等'"[3]。前述我国混合所有制改革诚然取得了一定进展，但是，混合所有制改革的速度、结构、质量与我国数字经济高速发展的实际、人民对更加殷实公平的收入向往之间还有很大的差距，如何探索出高效的混合

---

① 《马克思恩格斯文集》第7卷，人民出版社，2009，第998页。

② 本书编写组：《党的十九届四中全会〈决定〉学习辅导百问》，党建出版社、学习出版社，2019，第14页。

③ 中共中央文献研究室编《十八大以来重要文献选编》上，中央文献出版社，2014，第515页。

所有制改革路径是走向共同富裕的必由之路，由此加大了社会主义初级阶段取得共同富裕进展的难度。

第二，从微观层面看混合所有制改革的难点。其一，不同产业在国民经济布局中的作用不同，因此不能搞一刀切。在水电气、石油、交通、航空、水运、涉密产业、军事等产业不能完全私有化。在教育、医疗、卫生、社会保障行业要坚持人民为中心，坚持公益性的基本定位，同样也不能实行完全私有化改革。如果民营资本进入必然按照市场化改革的要求来改造这些行业，所以还是必须坚持国有资本控股占绝对优势，如此改革则民营资本参股又会受到政府调节的一些束缚，不能完全按照市场机制来运行。因此，公有资本与非公有资本如何能够被高效配置成为混改结合的重点。其二，我国经济转型发展阶段混合所有制企业驱动创新对接难题。新发展阶段是社会主义初级阶段的又一个重要发展阶段，我们所面临的发展问题是不平衡不充分的发展，这一实际状况决定了我们必须走高质量发展道路。我国经济由投资驱动转变为创新驱动，投资结构转变、质量变革、效率变革、动力变革推动经济结构不断优化和升级。在"三期叠加"的背景下，我国速度放缓如何培育新动能，释放混合所有制经济发展的活力，提升混合所有制企业的竞争力、创新力，这是混改的重要目的。经济转型背景下只有提升企业原始创新、颠覆创新能力，才能解决"卡脖子技术"，突破关键技术和核心零部件自主创新需要畅通试错机制，延长投资周期，这就需要更多民营资本和国有资本进入，二者各自发挥各自的长处。混改企业的收入分配政策能否兼顾不同性质的资本所有者关系到分配关系和谐与否，也关系到职工生产的积极性。国有资本实力雄厚，非公有资本集成创新能力强大，两类不同性质的资本驱动企业创新机制如何在统一制度下运行，两类不同性质的资本在市场机制下如何创新共赢，如何弥补各自的劣势等问题是必须考虑的问题。其三，混合所有制企业公司治理难题。员工持股计划是西方资本主义激励员工生产积极性的一种做法，具体到我国混合所有制企业中如何推进、如何本土化，这需要有一个逐步探索的过程。当前，混合所有制企业推行员工持股计划还需要做好顶层设计，防止流于形式。此外，混合所有制企业如何完善和发挥工会的作用，员工参与公司治理程度和形式如何，企业当如何履行社会责任，参与捐赠、募捐和志愿者服务等。在分配过程中，津贴、奖金、股份、救助金、工资是常用的形式，如何根据混改企业的基本特点而制定较为完善的分配政策，激励不同产权所有者的积极性是调节分配关系和社会再生产的关键一环。上述问题是新时代混合所有制改革的难题，需要我们科学谋划，破解改革难题。

三、努力促进非公有制经济"两个健康"发展局面的形成

非公有制经济是社会主义市场经济的重要组成部分，是实现中国式现代化的重要力量。在改革开放40余年波澜壮阔的发展里，非公有制经济功不可没；在中华民族伟大复兴的历史征程上，非公有制经济不可替代；在中国经济企稳回升的明朗前景中，非公有制经济势头强劲。习近平同志高度重视非公有制经济"两个健康"发展，他指出："非公有制经济健康发展和非公有制经济人士健康成长，既是重大经济问题也是重大政治问题。"[①]"非公有制经济要健康发展，前提是非公有制经济人士要健康成长。"[②]对此，必须针对新时代非公有制经济"两个健康"发展面临的环境支持障碍、政策支撑障碍、制度保障不足等方面的问题，探索有效的发展路径。

从图10-1中可以看出，近十多年来，我国国有经济接纳的就业人数相对稳定，且呈现减少趋势，而非公经济接纳的就业人数持续有所上升，说明非公经济地位不可小觑。

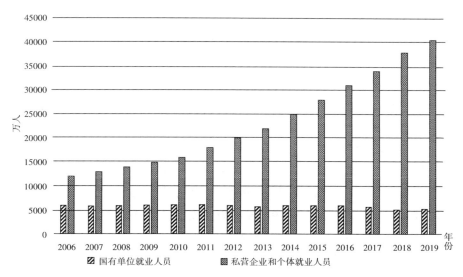

图10-1　2006至2019年我国不同经济类型就业人数
注：数据来源于国家统计局。

---

① 《中共中央、国务院致中国工商业联合会第十二次全国代表大会的贺词》，《光明日报》2017年11月25日第2版。
② 习近平：《在民营企业座谈会上的讲话》，《光明日报》2018年11月2日第2版。

（一）优化非公有制经济"两个健康"的社会氛围

当前，有人存在"民营经济离场论"的错误观念，认为非公有制经济的历史使命已经完成，应退出历史舞台；有人认为发展非公有制经济违背马克思主义基本原理，应坚决进行批判；有人认为非公有制经济蚕食侵占公有制经济的阵地，彼此难以共存共济，应果断予以摒弃等，严重阻碍了非公有制经济"两个健康"发展。对此，必须不折不扣地根据中共中央对非公有制经济历史贡献和地位作用的定性，即非公有制经济是我国社会主义市场经济的重要组成部分，坚持"两个毫不动摇"，促进非公有制经济发展壮大。一方面，以发展理念引领思想建设。观念是行动的先导。习近平同志对非公有制经济发展高度重视，打造构建有利于非公有制经济"两个健康"发展的浓厚社会氛围，必须深入宣传贯彻习近平同志有关非公有制经济发展的重要论述，通过学习班、座谈会、媒体报道、网络宣传等多样化形式，引导社会各界学懂、弄通、做实，廓清思想误区，鼓励、支持非公有制经济"两个健康"发展。另一方面，构建"亲""清"政商关系。要细化交往规范，精准厘清政商交往边界，针对政商交往的模糊地带，划好界限和禁区，守好红线和底线。制定政商交往的详尽"正、负面清单"，让党员干部知晓哪里可为、哪里不可为；怎样积极服务、何时断然拒绝，筑牢公权力与私人资本之间的利益输送"防火墙"，让权力在阳光下运行，使非公有制经济人士能心无旁骛创新创造，踏踏实实办好企业。

（二）营造非公有制经济"两个健康"的良好环境

非公有制经济"两个健康"发展，既要扭转错误观念，又需优良环境保驾护航。2016年3月，习近平同志在全国两会上提出非公有制经济"三个没有变"的重要论述，其中一个"没有变"就是"致力于为非公有制经济发展营造良好环境和提供更多机会的方针政策没有变"，可见，非公有制经济"两个健康"发展必须依靠良好的环境支持。一是建设实高效政务环境。持续深入开展"放管服"改革，推进"数字政务"建设，依托"政务通"App、"政务服务网"等平台，推动"一网通办"，在为民服务上做"加法"，在办事流程上做"减法"，对企业诉求做到"接诉即办、应办尽办、马上就办"，如推动"一窗受理，集成服务"改革，建立"亲清代理"机制，对新引进企业，所有办证办照均由引进单位"一站式"限时办理办结，持续稳步构建"亲""清"政商关系。二是打造公平竞争市场环境。梳理清除市场准入的隐性限制，科学制定市场准入"负面清单"，对未列清单的事项，不得设置门槛，坚决实施"非禁即入"。建立公平开放透明的市场规则，破除在审批许可、招投标、要素获取等方面的隐性壁垒，对各类市场主体"一视同仁"。推行"双随机、一公开"监管，建立公平竞争审查机制，加大打击不公平竞争的力度，坚决防止差异化、选择性执法，依法平等保护非公经济企业及其人士合法权益。有序开展清理拖欠非公经济企业账款的专项整治工作，摸清拖欠企业账款底数，"新官要理旧账"，做到"应付尽付、应付快付"。三是营造规范有序法治环境。各地地方人民法院联合当地工商联、商会等对涉及非公经济企业及其人士纠纷开展调解工作，源头治理、多元解纷、合情处理；各地公检法部门要持续开展"扫黑除恶""欺行霸市""非法放贷"等专项严打斗争，严惩侵犯非公经济企业及其人士权益的违法犯罪行为；制定完善的知识产权保护法律体系，依法打击知识产权侵权行为；建立"万所联万会"机制，健全法律维权服务网络；强化重点经济领域反垄断、加强反不正当竞争监管执法力度，为非公经济企业发展及其人士健康成长保驾护航。

（三）增强非公有制经济"两个健康"的内生动力

人是生产力中最活跃的因素。非公有制经济的健康发展，归根到底，要以非公有制经济人士的健康成长为前提。在非公有制经济发展的40余年中，绝大多数非公经济人士拥护中央、爱国敬业、遵纪守法、回馈社会。但是，弄虚造假、知法犯法、政商勾结等扰乱市场发展秩序、破坏企业发展环境的乱象时有发生，客观上造成了部分群众对非公经济人士的偏见。因此，习近平同志提出，"对非公有制经济人士多关注、多谈心、多引导"[1]，以帮助非公经济人士的健康成长。一是加强教育引导。注重向重点非公企业选派驻企第一书记，指导非公企业的党建工作，宣传贯彻党的创新理论、路线、方针、政策和国家法律法规，推动落实党中央决策部署，加强理想信念教育，推动党建工作与企业治理深度融合，把党的政治优势、组织优势、制度优势转化为企业发展动能，坚定非公经济人士"四个认同"，增强非公经济人士"四个自信"。二是培育创新精神。编写企业家创新精神简明教材，引导非公经济人士读书、穷理、悟道，克服"小进则满，小富即安"的小农意识，制定鼓励支持企业家创新作为的政策措施，培养非公经济人士的品牌意识、工匠精神，全面正确分析企业家创新活动中涌现的新思路、新方法，对经济效益高、发

---

① 习近平：《毫不动摇坚持我国基本经济制度　推动各种所有制经济健康发展》，新华网，http://www.xinhuanet.com//politics/2016lh/2016-03/04/c_1118239866.htm，访问日期：2019年3月4日。

展前景好、发展后劲足的及时予以精准政策扶持、服务保障。三是增强法治观念。深化普法宣传教育，推进依法治企工作，常态化开展"送法进企"活动。优化涉及企业的法律服务，增强非公经济人士的法治观念，如深入开展"律护企航""律所联行会""产业链+法律服务""法治体检"等活动，落实"谁执法谁普法"责任制，提升非公经济人士的法律素养，把诚信交易和守法经营作为企业健康发展的根本原则与道德底线。

（四）筑牢非公有制经济"两个健康"的人才基础

当前，民营企业数量从2012年底的1085.7万户增长到2022年8月的4701.1万户，十年翻了两番；国家级专精特新"小巨人"企业中80%来自民营企业。我国非公有制经济人士队伍不断发展壮大，个体工商户超过1.1亿户[①]。长期以来，非公经济人士以吃苦耐劳、敢为人先、砥砺创新、奋发有为的精神，推动我国非公有制经济获得前所未有的发展。然而，非公经济人士来源复杂多样、学历层次较低、素质参差不齐等因素，严重制约了非公有制经济的发展。习近平同志指出："希望广大民营经济人士加强自我学习、自我教育、自我提升……弘扬企业家精神，做爱国敬业、守法经营、创业创新、回报社会的典范。"[②]对此，必须搭建好非公有制经济人士的成长平台，为其健康发展保驾护航。一是参政议政平台。在非公经济人士中做好人大代表、政协委员推荐工作，适当增加非公经济人士代表委员的选举名额，让更多有能力、有水平、能议政、善建言的非公经济人士加入参政议政队伍中来，鼓励通过走访、调研、座谈、交流学习等形式提出高质量、高水平的建议案和提案。二是培训锻炼平台。建议各地工商联、各经济部门、涉企单位均要建立非公经济人士定期培训长效机制，在各级党校、社会主义学院开办非公经济人士的培训专班，坚持理论宣讲与实践锻炼相结合，选拔出非公经济人士到国内发达地区或国外同类企业挂职锻炼，开展"对口"交流学习。三是政企交流平台。围绕构建"亲""清"政商关系，搭建好每周政企直接沟通交流平台，建立非公经济人士参与政府各类经济工作会议"列席会议"制度，建设政企服务"直通"网络平台，为非公经济发展提供"靠前服务"。四是创新创业支持平台。建议由各地工商联牵头，成立"非公经济人士创新创业者联盟"，建立结对帮扶制度，重点支持科技创新创业平台建设，采取"联盟+引导""跨区域+跨行业""人才+企业"等形式，对

---

① 宁吉喆：《中国式现代化的方向路径和重点任务》，《管理世界》2023年第3期，第1–19页。

② 习近平：《在民营企业座谈会上的讲话》，《光明日报》2018年11月2日第2版。

非公经济人士主导的高科技成长型企业给予资金、技术、信息、政策优惠等方面的支持，激发非公经济人士的创新创业热情与动能。

四、积极推进以共同富裕为导向的三次分配关系调整

分配问题不仅是经济学的理论问题，而且是重要的现实问题。随着中国特色社会主义市场经济的不断深化发展，积极调整社会分配关系就是对现实的回应。

（一）分配关系调整面临的时代难题

随着社会主义市场经济的发展，随着我国经济总量的不断提升，随着我国人均收入水平的不断提高，随着我国产业结构的升级转型，数据、信息、技术、管理等新的生产要素对经济发展的贡献率不断提高，随着我国以公有制为主体的多种所有制经济的共同发展，分配领域改革和分配关系调整就上升为关键性的问题。由于我国分配制度还不健全，分配中还存在收入差距过大、社会保障体系不完整等一系列问题，分配关系的调整和分配领域的改革就成为重中之重的时代难题。

1.收入分配差距问题

收入分配差距所导致的贫富分化、阶层分化是新时代分配制度面临的首要问题和突出矛盾。改革开放以来，由于我国市场体制不健全，导致"收入差距过大和收入分配不公现象仍未能得到根本缓解"①。改革开放40多年来中国经济不断腾飞，与之相伴的是贫富差距的扩大，其主要表现为，"城市内部收入差距不断扩大，农村内部收入差距不断扩大，全国收入差距不断扩大，城乡之间收入差距不断扩大"②，这种收入差距大范围增加的局面在2008年以后有下降的趋势，但总体上收入分配差距过大的问题并没有得到根本性解决。如果说改革开放前30年收入分配差距是全方位的，那么后10年的收入差距主要来自城市内部、农村内部。2008年以后收入差距大范围增加现象得到遏制主要有两个原因。其一是农村人口不断向城市流动，农民群体通过在城市务工取得了相对较高的收入，拉平了城乡间收入差异。其二是政府对农村地区经济发展不断给予政策倾斜与资金支持，通过各种措施振兴农村经济，提高农民收入。但城市内部、农村内部收入分配仍存在较大差距，"城市和农村内部收入

---

① 王琳、宋守信：《新常态下收入分配制度改革的价值取向与对策》，《山东社会科学》2016第2期，第148-153页。

② 李实：《中国特色社会主义收入分配问题》，《政治经济学评论》2020年第1期，第116-129页。

差距扩大的一个主要因素是财产性收入分配的不平等"①。目前面临的一个问题是我国在分配体制上对调节收入分配差距问题的作用有限，需要不断进行优化和调整。

2.收入分配公正问题

收入分配公正问题应当说是一个涉及制度层面的问题，收入分配公正与否与制度设计是否合理、规范有关。如果体制机制自身不利于收入分配的合理化发展，势必会造成收入分配差距的凸显，因此，收入分配公正与收入分配差距问题是具有内在关联性的，但这种关联性并不是必然的因果关系。我国过去实行平均主义，大家"干好干坏一个样，干多干少一个样"。不仅极大损害了人的生产积极性，对那些敢于拼搏、艰苦创业的人来说同样是一种不公正。因此，平均主义式的公正并不是真正的公正，这样尽管在事实上消除了收入差距、两极分化，但也抹杀了个体差异，不利于经济健康发展。同样，现在我们的分配制度也是存在问题的，尤其是在公正议题上。新时代，收入分配公正不仅要考虑到程序公正，还要考虑到结果公正；既要尊重个体差异，也要维护整体平等；在保证先富的基础上带动后富；既要维护有能力者的经济权益，也要保障弱势群体的基本生活水平。因此，面临目前收入差距扩大等一系列问题，"收入分配制度只能加快推进，不可停滞不前、半途而废。"②

3.收入分配秩序问题

收入分配秩序主要是指收入分配过程是否规范、合理，是否有制度可依、有法规可循，是否有一个健康的收入分配模式。分配秩序概念首次提出是在《2001年国务院政府工作报告》中，该工作报告提出了"规范社会分配秩序"，考虑到当时我国经济发展中的一系列问题，规范收入分配秩序就逐渐成为我国深化收入分配制度改革的重要内容。通过总结学术界对收入分配秩序的研读，将收入分配秩序总结归纳为："所谓分配秩序，就是指社会应有条理、有组织地安排分配秩序的各构成部分，以求收入分配达到正常的运转或取得良好的结果。"③这与是否规范、合理，与收入分配主体自我监管及其职能行为是否能够合理有序实施有关。其主体主要包括政府、企业、居民。如何调整和改变三者的关系"就是要

① 李实：《中国特色社会主义收入分配问题》，《政治经济学评论》2020年第1期，第116-129页。
② 李实：《中国特色社会主义收入分配问题》，《政治经济学评论》2020年第1期，第116-129页。
③ 易定红、张维闵、葛二标：《中国收入分配秩序：问题、原因与对策》，《中国人民大学学报》2014年第3期，第29-38页。

消除现实中这三者分配行为中存在的不规范、不合理的因素"①。收入分配秩序问题主要体现在以下两个方面：其一是收入分配配比问题。我国分配结构主要包括政府、企业、居民三级，而在初次分配中劳动者收入占比偏低，再分配对居民收入分配的调节作用不明显。其二是收入组成结构问题。收入组成可以分为合理性收入与不合理性收入，合理性收入是指符合收入分配秩序的合法合规收入，不合理性收入是指违反收入分配秩序且无法被纳入监控体系内的灰色收入。不合理性收入与合理性收入比值增加会严重影响收入分配秩序。此外，收入再分配制度不仅可以平衡、调节初次收入分配中的分配差距、分配公正、分配秩序等问题，而且是建立社会保障体系的重要制度基础，因此，要严格规范收入再分配制度。

表10-1就表明了三十多年来，在三大部门消费占比中，企业部门最终消费在下降，广义政府部门最终消费基本持平，住户部门最终消费有下降趋势的情况。

表10-1　1992—2019年我国初次和再次分配中三大部门占比情况

年份	企业部门			广义政府部门			住户部门		
	初次分配	再分配	最终消费	初次分配	再分配	最终消费	初次分配	再分配	最终消费
1992	23.6%	19.0%	19.0%	11.0%	12.9%	10.2%	65.5%	68.1%	70.8%
1993	26.7%	22.8%	22.8%	11.3%	12.9%	10.4%	62.0%	64.3%	66.8%
1994	25.2%	22.0%	22.0%	10.5%	11.8%	9.4%	64.3%	66.2%	68.7%
1995	25.9%	22.4%	22.4%	10.0%	11.7%	9.4%	64.1%	65.9%	68.2%
1996	21.8%	18.2%	18.2%	11.4%	13.2%	11.0%	66.9%	68.6%	70.8%
1997	23.1%	19.0%	19.0%	11.7%	13.6%	11.4%	65.2%	67.4%	69.7%
1998	22.0%	19.0%	19.0%	12.1%	13.6%	11.2%	65.8%	67.4%	69.8%
1999	22.3%	20.7%	20.7%	12.6%	13.8%	11.3%	65.1%	65.5%	68.0%
2000	22.3%	20.5%	20.5%	12.8%	14.5%	11.9%	64.9%	65.0%	67.6%
2001	23.5%	21.0%	21.0%	13.0%	15.6%	12.8%	63.5%	63.4%	66.2%
2002	23.6%	21.4%	21.4%	14.3%	16.9%	13.8%	62.1%	61.7%	64.8%
2003	25.5%	23.2%	23.2%	13.8%	16.7%	13.6%	60.7%	60.1%	63.2%
2004	27.4%	24.8%	24.8%	14.1%	17.3%	14.3%	58.5%	57.9%	60.9%
2005	27.7%	24.8%	24.8%	14.3%	18.1%	15.1%	58.0%	57.0%	60.1%

① 易定红、张维闵、葛二标：《中国收入分配秩序：问题、原因与对策》，《中国人民大学学报》2014年第3期，第29-38页。

年份	企业部门			广义政府部门			住户部门		
	初次分配	再分配	最终消费	初次分配	再分配	最终消费	初次分配	再分配	最终消费
2006	27.9%	24.8%	24.8%	14.5%	18.7%	15.5%	57.6%	56.5%	59.7%
2007	28.1%	24.6%	24.6%	14.4%	19.8%	16.5%	57.5%	55.7%	58.9%
2008	28.9%	25.1%	25.1%	14.1%	19.4%	15.8%	57.0%	55.5%	59.1%
2009	28.0%	24.6%	24.6%	14.1%	19.0%	15.0%	57.8%	56.4%	60.4%
2010	28.0%	24.7%	24.7%	14.9%	19.6%	15.5%	57.1%	55.7%	59.8%
2011	26.5%	22.7%	22.7%	15.4%	20.6%	16.1%	58.0%	56.7%	61.2%
2012	25.4%	21.3%	21.3%	15.8%	21.4%	16.3%	58.8%	57.4%	62.4%
2013	25.2%	20.9%	20.9%	15.2%	20.9%	15.8%	59.6%	58.2%	63.3%
2014	25.2%	21.1%	21.1%	15.2%	21.0%	15.8%	59.6%	58.0%	63.1%
2015	24.5%	20.2%	20.2%	14.7%	20.7%	14.9%	60.7%	59.1%	64.9%
2016	25.0%	20.8%	20.8%	14.1%	19.8%	14.0%	60.9%	59.5%	65.3%
2017	25.6%	21.5%	21.5%	13.4%	19.6%	13.9%	61.0%	58.9%	64.6%
2018	26.1%	21.9%	21.9%	12.8%	18.7%	13.0%	61.1%	59.4%	65.1%
2019	25.9%	21.9%	21.9%	12.7%	17.8%	11.9%	61.4%	60.3%	66.2%

注：数据来源于国家统计局。

（二）三次分配协调配套的保障机制

从分配主体来看，三次分配的主导分别是市场、政府、社会。依据总体性方法论要求，新时代我国分配制度改革需要构建市场、政府、社会收入分配保障机制，以整体推进我国收入分配改革进程，破解分配难题，提升经济治理能力，不断满足人民群众对更加公平的收入的向往。

第一，市场调节收入分配保障机制方面。加快要素市场化改革，依法保障市场主体权利，完善市场准入机制，建设高标准社会主义市场经济体制，努力建成有效市场。党的十九届四中全会提出："推进要素市场制度建设，实现要素价格市场决定、流动自主有序、配置高效公平。"[1]规范市场主体运营行为，打击非法经营，反对垄断、寡头经营，优化市场法治运行环境。严格反垄断执法，保护合法收入，取缔非法收入。保护知识产权、数据产权，提高企业法治化水平。劳动要素与非劳动要素

---

[1] 本书编写组编《党的十九届四中全会〈决定〉学习辅导百问》，学习出版社、党建出版社，2019，第16页。

一律平等参与分配，由市场评价贡献，按照贡献参与分配。探索数据参与分配的市场机制，平衡与协调好数据生产、数据分析与挖掘、数据管理、数据使用、数据维护等环节不同数据所有权、收益权、经营权者的利益分配。完善要素市场化改革。完善市场供求机制、竞争机制、价格机制，要素市场要灵敏反映市场供求状况和要素价格。

第二，强化政府对资本市场的监管，警惕系统性金融风险。对资本市场来说，引导资本合理流动、投资，防止资本无序扩张，引导资本向高科技、高新技术产业、民生、航空航天、新能源、人工智能等产业投资。防止资本向房地产、金融领域无序扩张，防止系统化金融风险的发生。增强金融服务实体经济的能力，警惕泡沫经济，调控楼市，坚持"房子是用来住的"的基本定位，打击学区房的垄断房价行为，采取限购、房产税等政策调节房价。

第三，对劳动力市场来说，要提高劳动报酬在初次分配中的比重，优化劳动力市场运营环境。健全企业工会制度，保护劳动者合法权益，逐步提高劳动者的劳保条件、福利待遇、年假、探亲假、年底分红、员工持股、继续教育学习，保障职工民主选举权利等。建立和谐的劳动关系和分配关系。提高农民工工资，依法保障农民工基本权益，打击非法拖欠农民工工资的行为，采取罚息、停业整顿、关停、吊销营业许可证等方式惩治此等行为。为市场灵活就业人员提供就业指导、服务、培训、资金、政策的扶持。健全工资正常增长机制，加快工资制度改革步伐，探索工资实现形式的多元化，激发职工的工作积极性、创造性。

第四，提升企业职工劳动技能和人力资本投资，适应数字化时代生产方式的巨大变革。中国经济发展已经进入数字经济时代，以物联网、大数据、云计算、人工智能为推动力的经济发展业态，数据生产、收集、传输、管理、挖掘、应用打破了时空限制。数字经济"促进产业布局分散化，有助于提升区域之间发展的平衡性；促进产业融合，助推乡村振兴；有利于建设国内统一大市场，促进区域均衡发展"[1]。数字经济时代的主要特征是生产力的"数字化"，"即劳动者、劳动资料、劳动对象的'三位一体'；数字生产力应用是数字技术与生产力要素融合，实施数字化劳动的过程"[2]。基于数字经济时代数字化特征和生产力"数字化"的特性，对新发展阶段劳动者的劳动素质提出了巨大挑战，倘若劳动者

---

[1] 刘诚、夏长杰：《数字经济助推共同富裕》，《光明日报》2021年8月24日第11版。

[2] 何玉、长王伟：《数字生产力的性质与应用》，《学术月刊》2021年第7期，第55－66页。

不及时接受数字化生产力的技能培训便会造成非自愿性失业。数字经济时代对劳动者提出的主要挑战有：其一，劳动者的知识更新是否能够及时满足企业创新创意的基本要求。其二，劳动者对大数据、云计算、人工智能等先进技术的掌握度。其三，劳动者的就业能力与岗位需求之间的匹配度。鉴于此，需要新时代劳动者提升自身综合素质。一是要及时更新劳动者的企业知识、社会常识、专业知识、管理技能，优化知识结构，积累高技术产业企业的相关工作经验，提升创新创业能力。二是要加强劳动者自身的职业技能培训。尤其是要加大对人工智能、大数据、云计算、互联网、物联网、区块链等高端技术的学习和掌握，不断满足新岗位对劳动者职业技能的需求。三是劳动者要充分、全面认识求职岗位所需要的技能要求，明确自身与岗位要求的差距，提升劳动者自身就业创业技能，积累相关工作经验。树立平等择业观，立足普通岗位做贡献。

第五，对土地要素市场而言，加快土地要素市场化配置，深入实施土地三权分置制度，加快土地制度改革，规范土地市场运营秩序，合理利用土地，优化国土空间布局是新时代我国土地工作的重点方向。其一，要稳定我国土地市场价格，宏观审慎管理、审批土地交易、确权、流转。"推动经营性土地要素市场化配置，健全农村集体产权制度，深化土地管理制度改革，完善建设用地市场体系，开展土地指标跨区域交易试点，有效弥合我国区域差距。"①其二，保护土地产权。打击非法侵占国家、集体、个人的土地。调节过高地租，保护农民土地的使用、抵押贷款、流转、确权、承包，提高农民土地收入。其三，合理划分土地要素的商业性与公共性（公益性）。就土地要素来说，商业性使用则需要依据土地市场价格进行交易，主要依靠土地市场机制实现。而非商业性即公共性是满足政府、社会公众、集体对土地空间的购买和利用，这一使用目的不能完全按照商业性交易来实现，必须由土地行政管理部门来调节市场价格。平衡好这两类不同性质的土地交易机制是优化国土空间利用的关键举措。

第六，对知识、信息、技术、数据要素来讲，这类生产要素具有知识性、可传递性、生产力倍数特点，它们与劳动要素结合能够极大提升生产率，即单位时间内创造更多价值总量。完善知识、信息、技术、数据要素市场化改革需要做好三点：其一，保护知识产权、数据产权。依

---

① 曾铮：《市场有效 政府有为 扎实推进共同富裕》，《光明日报》2021年8月24日第11版。

法打击非法侵占知识产权的个人、企业行为，保护数据、信息安全。"加快发展知识和技术市场，健全科技成果产权制度，促进技术要素与资本要素融合发展，不断健全科技人才按贡献分配的合理机制。"[1]保护专利，明确这些生产要素平等参与分配，依法享有获取报酬的权利。加快落实和贯彻《个人信息保护法》。依法打击非法使用消费者个人信息的行为，规范企业获取数据的行为，保护消费者个人信息。其二，健全知识付费机制。打破数据孤岛、数字鸿沟，提升数据治理能力，保护好商业秘密。加快使用区块链技术，为企业、用户、政府信息安全保驾护航，为数字经济赋能。其三，探索数据、知识、信息、技术参与分配的实现机制。这些生产要素不同于劳动和资本，其贡献评价如何，反映着不同要素主体的价值，其报酬比例不能很好区分，它们与劳动、资本、生产资料联合才能实现价值增值。因此，必须兼顾它们各自的贡献，包括其中的管理者也要依法参与分配。这一实现形式比较复杂，需要我们不断进行探索和总结经验，以提升这些要素主体的生产积极性。

第七，对服务、管理要素来讲，这类生产要素属于人力资本，是无形资本。"服务贸易是国际贸易的重要组成部分和重要经贸合作的重要领域，在构建新发展格局中具有重要作用。"[2]服务和管理要素体现劳动者的劳动技能和管理才能参与分配，获取报酬。数字经济时代，我国服务形式发生变化，有些领域的服务业已经成为非接触式的线上服务，特别是新冠肺炎发生以来，例如，自动化核酸检测机器人、红外线测温、线上远程医疗会诊等应运而生，这些新形式、新业态已经深刻改变着人们的生活生产方式。新时代服务、管理要素市场化改革应当借助数字化、智能化管理手段，创新服务方式，不断提升服务、管理水平，助力数字经济发展，这样才能提升此类生产要素参与分配获取报酬实现倍增效应。

第八，政府调节收入分配保障机制方面，着力建设有为政府。更好发挥政府在再分配中的调节作用，有效弥补市场失灵[3]。提升政府转移支付的资金精准度，再分配调节将重点调整到教育、住房、社保、医疗卫生等领域，提升人民生活幸福指数。其一，提升城乡社会保障水平。

① 曾铮：《市场有效 政府有为 扎实推进共同富裕》，《光明日报》2021年8月24日第11版。

② 习近平：《在2021年中国国际服务贸易交易会全球服务贸易峰会上的致辞》，中国共产党新闻网，http://cpc.people.com.cn/n1/2021/0903/c64094-32216264.html，访问日期：2021年11月08日。

③ 曾铮：《市场有效 政府有为 扎实推进共同富裕》，《光明日报》2021年8月24日第11版。

按照织密网、兜底线的要求，分类实施，重点突出，健全与新发展阶段相匹配的社会保障体系。其二，扩大资源税的征收范围，逐步探索房产税改革与立法，逐步征收遗产税、赠与税。探索向各大电商平台征收一定的税收，打击数字垄断、平台垄断。健全立法，规范运营秩序。其三，转移支付重点向老少边穷地区倾斜，推动义务教育均衡发展，统筹城乡教育一体化，推进公共服务均等化，缩小地区差异。其四，巩固脱贫攻坚成果，有效衔接乡村振兴，发挥党建引领乡村振兴作用，探索解决相对贫困的长效机制。发展乡村特色产业，大数据技术赋能乡村经济，确保农村土地确权、流转、收益、抵押，促进农民增收。其五，调节行业收入差距。扼制资本无序扩张，重点监管金融行业，反对数字经济、平台经济垄断，防止寡头经济的负面作用。促进金融、房地产与实体经济协同发展。"注重行业税收调节，适当调高部分奢侈消费品和专营产品的税率，逐步降低实体经济和中小微企业税收负担。"[1] 其六，优化收入分配秩序。保护劳动者的合法权益，发挥企事业单位工会的作用。回应职工基本诉求，建全劳动仲裁，改善劳动条件。建立工资正常增长机制，健全工资正常支付机制；依法打击拖欠工资、超时加班的"996"行为。建立和谐的劳资关系，实施民主管理，科学决策，依法治理企业。建立国有企业利润分享机制，"完善国有资本收益上缴公共财政制度，健全机关事业单位工资收入分配制度，完善机关和国有企事业单位发票管理和财务报销制度"[2]。加快个人征信建设，建设信用社会，加强对个人收入的监测，及时调节过高收入。

第九，道德调节收入分配保障机制方面。第三次分配主要是依靠企业高收入个体慈善、捐赠、募捐，以及个体志愿者服务来调节收入分配秩序。慈善、募捐、捐赠、志愿者服务是依靠道德自律调节收入分配格局的一种形式，对此我们要重点做好几项工作。其一，广泛宣传慈善行为的高尚道德情操，营造良好的社会氛围。慈善行为是一种高尚的道德情操，体现了慈善主体对社会弱势群体、个体的关怀与同情，展现了慈善者本人发扬儒家"穷则独善其身，达则兼济天下"的崇高精神。慈善行为是一种善举 "这是因为，善所满足的是任何主体的需要、欲望、目

① 曾铮：《市场有效 政府有为 扎实推进共同富裕》，《光明日报》2021年8月24日第11版。
② 曾铮：《市场有效 政府有为 扎实推进共同富裕》，《光明日报》2021年8月24日第11版。

的"①。企业家的慈善行为改善了社会弱势群体、个体的生活状况，能够让他们生存下去，有利于社会稳定，本身就是一种高尚的、无私的善。社会新闻媒体应该对长期做慈善事业的企业家、个人做细致全面的报道，树立典型榜样，营造良好的慈善氛围，激发社会成员做慈善的决心和信心。其二，健全第三次分配的相关配套措施。为慈善之举的企业家（个人）减免、优惠一定额度的税收，多宣传善举，扩大社会影响力。与此同时，对该单位的社保缴纳也应该有一定额度补贴，以此减轻企业社保压力。当该企业经营发生困难的时候，政府应该给以资金、政策支持，帮助该企业渡过难关。对于个人的志愿者服务，国家应该给予鼓励、奖励，在个人入党方面给予优先，在考公务员情况下给予加分，在求职时优先考虑录用，以此激发全社会成员志愿服务的热情。其三，规范慈善基金使用，依法打击各类骗捐行为。同时，利用区块链技术，及时追踪慈善基金使用去向，及时、定期向社会公众公示，接受社会的监督，确保资金使用合理合法。慈善、募捐本身是一种善举，但是有些企业家为了宣传自己的企业而"骗捐"，这已经触犯了法律，对此慈善管理机构应该联合公安、法院依法惩治该行为，计入个人以及企业不良信用。

（三）第三次分配的现状分析及重点突破

1.第三次分配现状分析

近年来第三次分配发生的一些变化。一是捐赠额度逐渐攀升。2010—2019年十年间社会慈善捐赠总额由1032亿元增至1509.44亿元，其增加额度为477.44亿元，增幅为46.3%，人均捐赠支出从77元增加为107.1元②。二是慈善组织数量和税前扣除资格的公益组织数量均增加。2010—2020年，社会公益组织数量由44.6万个增加至89.4万个，规模扩展了一倍，基金会的总数量为8432个，社会团体为37.5万个③。三是慈善组织和基金会在重大突发事件中发挥了巨大作用。如在汶川地震、玉树地震、南方冰雪灾害等重大突发自然灾害中，慈善捐赠、募捐、志愿服务等方面发挥了巨大的作用，为受灾群体、患病者提供了物资、志愿服务、关爱，传递了爱心，稳定了社会秩序。四是慈善引起了不同社会阶层的关注。从早期的希望工程、壹基金到新时代阿里巴巴、腾讯等企业助力共

---

① 王海明：《伦理学原理》，商务印书馆，2009，第30页。

② 梁季：《税收促进第三次分配与共同富裕的路径选择》，《人民论坛》2021年第28期，第34-39页。

③ 梁季：《税收促进第三次分配与共同富裕的路径选择》，《人民论坛》2021年第28期，第34-39页。

同富裕、乡村振兴，其捐赠规模、覆盖范围逐渐扩大，受惠群体显著增加，第三次分配促进共同富裕的作用更加凸显。第三次分配的困境。政府层面：第三次分配相关法律不健全，税收激励机制不完善。组织方面：捐赠覆盖面尚未扩展至社会民生、公益事业的最需要方面，慈善组织公信力不强、透明度不高。社会大众方面：慈善意识不强，慈善文化建设建成缓慢，传统财富观念限制慈善主体行善意愿。

慈善对收入分配关系的调节方式主要体现在：一是政府的强制性力量主导的制度性约束；二是依靠道德性力量调节各分配主体和层次的行为①。其一，慈善对初次分配关系的调整。主要体现在"提低限高"劳动者收入，企业应保障职工福利的提高，改善劳动条件，融洽劳资关系。富有者自愿拿出一部分钱帮助贫困落后地区的群众，改善他们的生活条件。富裕企业家投资兴办交通、教育、医院、福利院等，设立各类不同层次的奖学金来帮助辍学适龄儿童，在科教文卫、环境等领域消除贫困，缩小落后地区不同群体的收入差距，促进社会和谐。发挥税收对收入分配的调整，缩小国有企业、垄断行业企业管理者与普通大众的收入差距。其二，慈善对再分配的调整。再分配中，应在社会保障体系中列出慈善专项，引导慈善在教育、卫生、扶贫、环保等领域发挥作用。政府以政府购买的形式购买慈善服务。政府购买慈善公益组织服务应以平等的市场交换形式进行，而非慈善组织与基金会从属于政府，释放慈善组织活力，下放慈善组织自主权利。完善实物捐赠和劳务捐赠的税收优惠制度，简化征税流程，提升征税效率。根据经济发展水平与人们消费能力动态提高个人所得税起征点，积极探索房产税、遗产税、赠与税，适时开征这些税种。

2.第三次分配的重点突破

第三次分配是以自愿、互助的"道德原则"和"精神力量"进行的一种调节收入方式，其分配原则是需要原则，着力构建团结、和谐互助的分配格局，促进共同富裕。破除第三次分配的体制机制性障碍需要完善第三次分配的机制、制度、法律、文化、伦理、技术、管理等方面，多管齐下，协同推进，充分运用现代技术赋能第三次分配，与初次分配、再分配形成协调配套的政策体系，促进共同富裕。

一是简化慈善捐赠程序，畅通慈善捐赠渠道。开发慈善捐赠App，加快慈善捐赠网络建设，畅通慈善捐赠渠道。加大慈善捐赠优惠力度，

---

① 靳环宇：《论慈善事业对收入分配关系的调整》，《求索》2012年第9期，第32-34页。

探索新形式的新时代捐赠模式。个人捐赠应全面免税，企业捐赠则应该提高到30%的免税额度，企业利润捐赠允许递延支付，激发企业家慈善的热情。"企业既有经济责任、法律责任，也有社会责任、道德责任"[1]，即企业的发展壮大离不开对社会公众的依赖，企业创造的社会财富一方面要回报不同生产要素的投入者，另一方面也要回馈社会，承担相应的社会责任。探索慈善信托、股权捐赠、网络捐赠形式。降低慈善组织和公益基金会慈善准入门槛，鼓励企业担当社会责任、顶层设计慈善战略；在统筹地区协调发展中东部地区企业家、公益组织、慈善家向中西部地区慈善帮扶和倾斜，以项目、资金、资源形式去帮助落后地区[2]。

二是加强慈善组织队伍管理。培养一批具有专业知识又有国际视野、爱岗敬业、政治性强的新时代慈善工作者。培养慈善组织专业化、职业化人才，定期培训慈善队伍。凝练高校社会工作专业办学特色，增强实习针对性，配备实习导师，提升专业技能，推进社会工作办学国际化，广泛参与海外社会工作见习项目，不断提升社会工作专业学生国际化视野。充分利用互联网+、大数据、云计算、人工智能、区块链等高端技术赋能慈善组织和基金会，提升数字化、智能化管理水平。做好慈善组织绩效评价，及时跟踪和改进慈善组织管理。

三是优化慈善与基金会组织的市场环境，加快社会主义慈善伦理建设。营造慈善氛围，加强慈善伦理建设，建设与社会主义市场经济体制相适应的公民道德教育和慈善教育，引导公民积极参与志愿服务、慈善捐赠等活动。弘扬中华民族传统慈善文化，厚植慈善情怀。建立现代慈善理念，引导人们树立正确的财富观。夯实慈善文化的诚信土壤。一些欺骗捐款人的慈善丑闻影响了慈善组织的公信力，因此，需要慈善组织、基金会健全慈善信息公开制度，恪守诚信品质，坚持诚信管理慈善组织。弘扬慈善精神，挖掘传统文化中的仁爱、兼爱、慈悲精神元素，形成人人皆可行善，人人都是慈善主体的慈善氛围。将慈善教育纳入中小学、高校教育体系，增加慈善、志愿服务等社会实践环节，引导学生树立正确的财富观、道德观，践行社会主义核心价值观。正面宣传和推广慈善大使，及时跟踪和报道他们的先进事迹，由国务院统一颁授慈善国家荣誉称号，形成良好的社会舆论氛围，助力公众慈善行动，改变目前我国慈善捐赠格局，突出个人捐赠地位和规模。

四是建立慈善应急管理制度。设立自然灾害、突发事件、公共卫生

① 习近平：《在企业家座谈会上的讲话》，《人民日报》2020年7月22日第2版。
② 靳环宇：《论慈善事业对收入分配关系的调整》，《求索》2012年第9期，第32–34页。

事件应急救助准备金，发挥慈善基金应对突发状况的作用，提高忧患意识，提升非政府组织参与社会治理的能力，探索多元主体参与经济社会发展，提升社会治理能力现代化。慈善组织和基金会要根据社会治理存在的难点问题进行前瞻性预测、长远性谋划、集成性创新，针对公共突发卫生事件、自然灾害、环境安全等问题及时投入资金、技术、志愿服务等资源，保护受害群体，送达关爱。

五是拓展慈善范围，完善慈善层级管理体系。发挥慈善的扶贫、助学、救灾、济困、解危、安老功能。拓展慈善范围，使之覆盖民生、教育、医疗、科技、文化、卫生、环境、保护动植物、传承文化艺术等领域，使之常态化、制度化。建立国家、省市县区、社区全覆盖的慈善组织，发挥社会慈善组织的便捷式、灵活性作用，培养社会志愿者、社会工作人员。做好不同层级慈善组织和基金会的有效衔接和监督，发挥社会团体的文化动员、技术动员、制度动员作用，规范慈善组织和基金会的日常管理、运行，完善组织活动章程，建立工会制度，维护工人合法利益，促进劳动关系和谐。

六是加快政府职能转变，提升慈善组织和基金会的现代化管理水平。政府做好慈善、公益基金会的外部监督，采取审计监督、执法审查等形式行使监督权。减少政府对慈善组织和公益基金会的无效干预，明确政府与慈善组织管理的边界，科学定位政府的角色，释放组织管理活力，培育组织内动力。慈善组织与基金会之间形成协同、交流的机制，加快财务共享建设，减少制度交易成本。与此同时，下放慈善组织、公益基金会的管理权限，形成权责明确的分工体系、监督体系、运营体系、维护体系、反馈机制、评价机制，推进组织管理体系化、法治化、科学化、规范化。尽快形成慈善组织管理标准认证，对接国际标准，缩小管理差距。引入第三方评估，及时跟踪和反馈慈善组织管理状况，加强和改进工作方式，提高工作效率。

七是完善以《中华人民共和国慈善法》为主体的慈善法律体系，促进慈善工作法治化。2016年我国政府出台《中华人民共和国慈善法》，截至目前，我国市场经济发展水平、人们的收入水平等条件已经发生重大变化，为了更好促进我国慈善事业的健康快速发展，国家应该及时修订《中华人民共和国慈善法》《中华人民共和国公益事业捐赠法》，动态调整《中华人民共和国个人所得税法》《中华人民共和国企业所得税暂行条例》《基金会管理条例》等政策法规。破除慈善捐赠的体制机制性障碍，强化法治管理，为企业所得税、个人捐赠提供坚实的法律保障。依法规定慈善法人的主体地位，与国家行政机构平等对待。加大慈善税收优惠力度，个人捐赠全部免税，允许企业免税额度递延支付。

八是完善慈善组织和公益基金会监督体系。完善慈善和公益基金会内部监督体系，增加慈善组织和公益基金会透明度建设。采取财务会计、审计、内部控制、巡视、监察、网络财务公开、信息披露、善款去向定期公开等方式强化组织内部监督。外部监督方面，建立新闻媒介监督、大众传媒监督、法律监督、社会公众监督、道德舆论监督等形式，形成线上与线下、内外部、国内外、行业间、法律与道德相结合的监督体系。

五、致力于"有效市场和有为政府"作用的有机结合

党的十八届三中全会把经济体制改革深化的核心问题归结为处理好政府与市场的关系。处理政府与企业或市场的关系是市场经济不能回避的关键问题，也是现代市场经济的核心问题。企业是社会的经济细胞，各种类型的企业是从事经济活动的单位，它们构成了在市场中从事经济活动的主体，其中，国有大中型企业是关乎国民经济命脉的经济组织；混合经济体是改革开放中形成的发展完善中的新体制；中小微企业量大面广，是市场经济的"毛细血管"，也是经济活力、就业吸纳、科技创新的"蓄水池"；中外合资或合作企业、外商独资企业是依法建立而受到政府管理的经济体。政府作为市场主体是非营利性的管理型组织，它们在市场经济中弥补市场失灵弊端的作用是极其重要的。在市场经济条件下，政企关系实质上就是政府与市场的关系。政企关系是市场经济特别是社会主义市场经济条件下的重要关系，政企关系状况关乎如何进一步既发挥好市场的决定性作用，又发挥好政府的作用，即有效市场和有为政府作用的结合。

（一）有效市场的基本特征及内在要求

1.有效市场的市场机制耦合性

有效市场是经济规律有效作用的市场。经济规律作为不以人的主观意志为转移的规律，市场的有效运行就是规律的有效贯彻。市场规律最重要的是商品经济的基本经济规律即价值规律，价值规律的现实表现延伸归结为三大规律的相互作用，即供求规律、价格规律、竞争规律。这三大规律又构成有效市场机制运行的内核，市场机制是供求机制、价格机制、竞争机制三大机制相互制约又相互联系作用的统一体。其中，供求机制是条件机制，价格机制是动力机制，竞争机制是条件机制。正因为供求关系的不平衡，导致价值与价格的不平衡，价值与价格关系的不

平衡导致竞争关系的不平衡，即竞争的优势一方和劣势一方状况的变化，这种变化又进一步改变供求关系格局，由此引发价值与价格的新波动。市场机制的有效运行是有效市场的先决条件，而竞争机制又是市场机制的关键机制。竞争机制受到破坏，则价格机制出现扭曲，供求机制受到遏制，这样就会出现价格与价值严重背离、供求关系严重背离的局面。

2.有效市场的市场主体互利性

市场的本质是社会经济关系，是社会经济关系在流通领域里实现的途径和方式，无论是有形市场还是无形市场，无论是有形产品还是无形产品，无论是实体商品、劳务商品还是金融产品。市场是契约关系经济利益博弈关系的展开方式。互惠互利、自愿选择是市场交换或市场关系的基本原则。市场活动的参与者要求贯彻的是互惠互利、自愿选择的原则。所谓互惠互利，就是市场关系的各方必须尊重对方的基本权益，使得市场交换既有利于他人也有利于自己，即"非零和博弈"。所谓自愿选择，就是不能有强买强卖的情况出现，否则市场契约关系将被破坏。任何超经济的强制和欺骗、隐瞒和不对称的利益获取都无法使市场关系存续下去，只能导致市场的萧条和萎缩。

3.有效市场的市场地位平等性

马克思在《资本论》中说："商品是天生的平等派和昔尼克派，它随时准备不仅用自己的灵魂而且用自己的肉体去换取任何别的商品。"[1]市场关系自从诞生的那一天起，就隐含着市场交换双方地位的平等要求，如马克思在《资本论》中所揭示的原始社会末期、氏族部落尽头，简单的、偶然的价值交换关系"一只绵羊等于两把石斧"。马克思认为："一切价值形式的秘密都隐藏在这个简单的价值形式中。"[2]就隐含着"商品经济文明基因"。这个基因的优秀遗产密码是"等价交换、互惠互利、公平竞争、自愿选择"，其基因缺陷是马克思揭示的私人劳动与社会劳动的矛盾，这个矛盾是商品经济发展的动力。市场地位的平等也就是市场主体人格的平等，产品有差异、服务有差异、交换方式有差异、交换手段有差异，但市场上各利益主体在人格上是平等的。没有高低贵贱之分，没有以大欺小之由，只有能力大小之分，只有机遇捕捉能力之分，只有经济规模大小之分。任何特权、任何垄断、任何偏执只能使市场关系扭曲从而遭到破坏。

---

① 《马克思恩格斯文集》第5卷，人民出版社，2009，第104页。

② 《马克思恩格斯文集》第5卷，人民出版社，2009，第162页。

4.有效市场的市场交易公平性

马克思在《资本论》中揭示了商品生产所有权规律转化为资本主义占有规律的历史事实。商品生产所有权规律就是指，市场上的交易各方把自己的劳动产品带到市场中来，实际上是以自己的意志体现在自己的产品中的商品监护人的身份来和别人相对峙的。交换不交换，用什么方式交换，在什么时间交换，以什么比例交换，用什么形式交换，完全取决于商品所有者的主观意志和自由选择，而不能受到任何其他力量的干扰，商品交换才能持续进行，商品市场才能健康发展，商品经济才能不断发展。由此，公平交易关系到市场经济的生命，是市场交换关系的灵魂。这里的公平交易涉及价值规律等价交换原则的贯彻，破坏了这一核心原则，就违背了价值规律，违背了价值规律，市场经济就被异化。这里的公平交易，还涉及市场伦理的贯彻，市场伦理的核心是交换关系的公平、公正、公开，任何不公正的交易行为，不公平的交易结果，不公开的交易过程，都会伤害人心，从而使市场伦理坍塌，使市场交易蒙羞，使市场关系扭曲。如亚当·斯密在《道德情操论》中所说："正义犹如支撑整个大厦的主要支柱。如果这根柱子松动的话，那么人类社会这个雄伟而巨大的建筑必然会在顷刻之间土崩瓦解。"[①]而且，如果不对市场上的不公平交易通过法律的或行政的手段予以遏制，就会导致"破窗效应"，即政治学家威尔逊和犯罪学家凯琳的"破窗效应"理论，该理论认为如果有人打坏了一幢建筑物的窗户玻璃，而窗户没有得到及时维修，别人就可能受到某些示范性的纵容去打烂更多的窗户。久而久之，这些破窗户就给人造成一种无序的感觉，在这种公众麻木不仁的氛围中，犯罪就会滋生、猖獗起来。由此，公平交易受到破坏而无人治理，久而久之，随之者众，市场运行基本规则就会失效，对市场经济的伤害是难以估量的。

5.有效市场的市场体系完整性

符合有效市场要求的、健全意义上的市场体系必须具有完整性、配套性、流动性和开放性特征。要素市场和商品市场是市场的两大类型，生产要素包括资本、劳动力、土地、技术、管理、信息，有了生产要素也就有了相应的市场。要素市场和商品市场两者的关系在于：商品市场是要素市场发展的基础，商品市场的价格信号引导着要素市场的配置；要素市场的发展水平制约着商品市场的发展，要素价格形成机制影响商

---

① ［英］亚当·斯密：《道德情操论》，商务印书馆，1997，第106页。

品市场的供求关系和价格形成。要素市场的功能主要是进行各种生产要素的合理配置。资源的合理配置问题源于两个方面：一是资源的稀缺性；二是需求的延展性。合理配置资源主要回答三个问题：生产什么、怎样生产、怎样分配。改革开放特别是市场化改革以来，随着我国社会主义市场经济体制的不断完善，我国的要素市场建设成就斐然。但目前我国要素市场发育和建设状况仍然存在的问题有：其一，市场质量偏低，结构不合理。市场法规滞后，高层次专业市场，如经理市场、技术和信息市场发展相对缓慢。其二，市场的城乡分割和地区藩篱仍较严重，各种冠冕堂皇的、或明或暗的对商品和要素市场采取的地方保护主义，使各类资源难以在城乡以及各地区之间合理流动，使我国的统一大市场格局难以真正实现。其三，市场主体的独立性仍然不够。除了非公有制企业和自然人以外，国有企业还很难以市场主体的身份参与市场竞争。其四，市场秩序有待进一步改善。存在着人为干扰、垄断经营。强化反垄断深入推进公平竞争政策实施任重而道远。其五，霸权国家逆全球化行径，使国内市场和国际市场间的要素流动的对称性受到破坏。国内市场与国际市场的接轨遇到许多人为障碍。

6.有效市场的经济治理规范性

马克思和恩格斯在《共产党宣言》中对资产阶级在历史上的革命作用给予高度肯定的同时，尖锐地指出了资本主义时代经济运行中的弊端，这些弊端有些是资本主义制度造成的，有些是人类市场经济本身的缺陷。市场经济是一把双刃剑，无数事实表明：遵从市场机制，这种神秘的力量就会以激发竞争活力、调节供求矛盾的方式给人类带来好处；违背市场机制，这种神秘的力量就会以加剧供求矛盾、导致无序竞争的方式给人类以惩罚；放任市场机制，这种神秘的力量就会以导致两极分化、周期性的经济危机具有破坏性会给社会带来灾难；干扰市场机制，这种神秘的力量就会和失控的权力结合起来，导致畸形的市场经济和社会经济生活的紊乱。市场治理的规范性是有效市场的条件。规范的市场治理应该是科学治理、依法治理、整合治理、长效治理、针对性治理的统一。目前亟待要加快建全市场准入制度、公平竞争审查机制、数字经济公平竞争监管制度、预防和制止滥用行政权力排除限制竞争制度等。总而言之，有效市场必须是价格信号灵敏、市场主体平等、市场体系健全、市场秩序规范、市场运行平稳的市场。

（二）有为政府的基本特征和要求

1.有为政府是开拓创新型政府

开拓创新是党的十九届六中全会总结的中国共产党百年奋斗的历史经验之一。开拓创新型政府要向着三个方面谋求创新，至少应包括方式创新、手段创新、机制创新三个方面。一是方式创新，政府治理方式创新就是要建立透明度高的"阳光政府"。所谓透明，就是实行政务公开，接受社会监督。政府的各项政策措施，特别是与人民群众利益密切相关的行政事项，除涉及国家机密、经济安全和社会稳定的以外，都应向社会公开，给人民群众以更多的知情权和监督权，增强透明度和公众参与度。只有建立起政务公开的制度，才能把政府和政府官员置于公众的监督之下。二是手段创新，主要是用现代化科技手段武装政府部门各个治理环节。加快电子政务建设，建立电子政府。全球化条件下，信息的快速流动，新情况新事物的层出不穷，都要求提高政府管理的效率和透明度，增强政府对外界环境变化的反应能力和处理能力，提高政府的信息化管理水平，从而使政府服务更方便、更快捷、更透明。三是机制创新。政府的行政运行机制包括决策、执行、监督制约、绩效考核等。完善行政决策机制，就是依法规定和合理划分各类行政决策主体的决策权限，用严格规范的决策程序和决策责任制度来形成具有约束力的科学民主决策机制。完善行政执行机制，就是要解决决策职能与执行职能适度分离的问题。健全行政监督制约机制就是要加强各种监督机制之间的相互分工与制约、耦合与协调，形成人大监督、政协监督、政党监督、行政系统内部监督、专门机构监督、新闻舆论监督、人民群众监督相结合的监督体系。绩效考核机制就是科学确定政府、政府部门、行政项目的绩效考核指标体系，建立绩效评估与绩效报告、绩效公开制度。

2.有为政府是职能有限型政府

有限型政府是指政府的职能、权力和规模都受到法律的明确限定和社会的有效制约。有限型政府是相对于全能政府而言的，区别在于前者在职能、权力和规模上都有法律明确规定和社会的监督制约，行政机关的职能、权力和规模逾越法律边界时，将得到及时有效的纠正。有限行政的基本要件包括职能有限、权力有限和规模有限等三个方面。政府是否有为，不在于管得有多宽，而在于管理的范围和方式是否合理，管理的行为和结果是否有效。长期以来，我国受传统计划经济体制的制约，通过"政府办企业，企业办福利"的方式行使公共管理职能。政府包揽一切，成了"无所不能、无所不管"的全能政府，管了许多不该管、管不了、管不好的事。造成了政府公共权力高度集中，机构膨胀，管理方式单一，行政效率低下，服务不到位，财政补贴负担沉重等弊端。社会主义市场经济体制下的政府是一种有限权力政府，应"有所为，有所不为"。政府在公共管理职能上应由"划桨"变为"掌舵"，由微观管理为主变为宏观管理为主，由直接管理为主变为监督管理为主。

3.有为政府是服务提供型政府

有为政府的使命是制定科学合理的国民经济规划，制定科学合理的经济政策措施，实施对国民经济宏观调控管理，设计对经济问题和风险的对策，对市场进行法律和制度的管控。

这一切表现为政府对公共服务产品的有为供给，要求有为政府必须是有效服务及公共产品供给型政府。市场经济条件下，为克服市场失灵，政府要为社会提供的有：其一，制度安排供给。作为秩序化代表的政府，必须为人们和社会提供社会秩序的制度供给，也就是要为社会制定一个权威的人人必须遵守的制度框架或者制度模式。中国政府根据社会主义核心价值观的要求向社会提供制度、执行制度和纠正已经过时的制度。制度供给的内容如法律制度、政治制度、财产权制度、财政制度、市场经济制度、社会保障制度等。其二，公共政策供给。公共政策是政府为了解决和处理公共问题，达成公共利益或公共目标，经过政治过程发展出来的原则、方针、策略、措施和办法。政府制定公共政策是从公共性的角度出发，为解决社会稳定发展和经济可持续发展服务的。如环境保护、社会保障、义务教育政策、金融政策、财政政策等。其三，公共产品供给。公共产品是可以被社会公众共同享用的产品，如国防、公安、司法等。还有一种准公共产品，它是介于社会公共需要和个人需要之间的产品，如教育、社会保险等。公共产品的非竞争性和非排他性特征决定了不能通过市场进行分配，而只能由政府来提供。一些准公共产品的提供可以根据实际需要，尽可能在政府支持的情况下，由社会组织来提供。其四，公共服务供给。公共服务是政府满足社会公共需要、提供公共产品时的劳务行为的总称，涉及政府及其工作人员提供公共服务时的程序、态度、方式和方法及实效等。

4.有为政府是依法治理型政府

要求所有行政机关都应依法行政，一切政府行为都应纳入法制化轨道，包括政府的职能配置、机构设立、编制管理、公务员队伍建设，公共政策的制定，行政决策、执行、监督，都必须严格按照国家的法律法规办事。加强法治建设，规范政府行为，首先是加快行政立法，健全和完善行政法律法规体系；其次是增强公务员的法律素质，不断提高依法行政的水平；再次是健全行政执法责任制，强化监督约束，把依法行政落到实处。重点是全面推进依法行政，规范政府立法行为，完善行政执行体制、机制与制度。特别要加快完善社会管理与公共服务方面的立法，做好应对各种突发事件、保障农民权益、促进就业和完善社会保障，以及科技、教育、文化、卫生等社会事业发展方面的立法。从长远来看，要建立立法机关、司法机关对政府依法行政的权力制约机制。要建立司法审查制度，通过司法审查控制违法行政行为。为维护宪法的权威性，也要相应完善宪法诉讼机制和违宪审查制度。

5.有为政府是责任担当型政府

责任政府与各国的政体紧密相关，政体决定责任政府的具体形式。社会主义民主政治是民主政治的高级形态，其本质是人民的统治，必然要求建立责任政府体制。中国责任政府是"真正的负责制"与"人民管理制"，它建立在人民代表大会制度的基础之上，行政机关对权力机关的政治责任比责任内阁制下的政府责任更为严格。我国责任政府体制包括两个组成部分：一是政治问责制。在我国，国家行政机关要对国家权力机关负责，国家行政机关首长要对自己机关的全面工作向国家权力机关负政治责任。如果国家权力机关对行政机关的政策、工作不满意，可以采取质询、罢免等各种责任方式追究行政机关首长的责任。二是行政问责制。我国一切国家机关都实行工作责任制，国家行政机关实行行政首长负责制。这就决定了行政首长要对整个行政机关的工作负全面责任，因而，行政首长具有对政府组成部门及其首长、下级行政机关及其首长、公务员的行政问责权力。

6.有为政府是勤政高效型政府

勤政，就是积极有为，积极作为，不懒政、不推诿。坚决遏制习近平指出的某些管理部门存在的"四门现象"，即脱离群众的"玻璃门"、政策多变的"旋转门"、相互推诿的"弹簧门"①和武大郎开店的"卷帘门"②。推进政府管理效率和效益的提高，必须建立健全对政府机关和工作人员的考核评价体系。建立考核评价体系应包括三方面的内容：（1）建立一套行之有效的考核评价制度。建立考核评价制度，使对政府部门和政府官员的考评经常化、制度化。考核评价制度应包括目标任务的确定、考核指标的计算、分析评价、奖励惩罚措施以及监督工作等方面的内容。

① 《习近平谈治国理政》第2卷，外文出版社，2017，第261页。
② 《习近平谈治国理政》第3卷，外文出版社，2020，第265页。

（2）建立科学合理的考核评价指标体系。为了保证评价的真实准确性和公正性，必须设立大量具有可比性、可测量性和可计算性的绩效指标。考核评价指标体系应体现科学性、目的性、全面性和可操作性等原则，包括政府管理的效率、效能和效益，工作人员的德、勤、绩、能等几个方面。还要进行专门的评价活动，并对评价结果进行审计。（3）把考核评价工作置于社会监督之下，以保证考评的客观与公正。

（三）推进有为政府与有效市场的有机结合

按照广义经济关系理论来看，经济关系必然涉及经济主体间的关系。从理论上说，经济主体也称为经济有机体。经济主体是指在市场经济活动中能够自主设计行为目标、自由选择行为方式、独立负责行为后果并获得经济利益的能动的经济有机体。经济有机体包括与经济活动有关的政府、机构、企业、自然人。习近平首次用"亲""清"两字阐明新型政商关系。他指出，对领导干部而言，"亲"就是坦荡真诚同民营企业接触交往，帮助解决实际困难；"清"就是清白纯洁，不搞权钱交易①。虽然是针对民营企业讲的，但也为新时代我国政企关系的处理原则的主导方——政府，特别是管理部门及其责任主体提出了新的要求。

1.坚持和完善社会主义市场经济体制，积极应对市场经济弊端

回溯五千年文明史，私有制产生以后，在带来财产人格化、财富大幅增长的同时，商品交换就已经带来了贫富两极分化、唯利是图、贪婪占有、财富至上、阶级分化、剥削加剧等"异化"现象。市场经济发展之时，也是市场经济弊端泛滥之时。马克思和恩格斯在《共产党宣言》中对资产阶级伟大历史功绩给予高度肯定的同时，尖锐地指出了资本主义时代市场经济的弊端：唯利是图，铤而走险，两极分化，人格出卖，金钱关系，盲目扩张，经济震荡，道德堕落，贫困积累，商业危机……随着人类文明的进步，法治的健全，政治民主化的推进，劳动法和反垄断法的完善，资本社会化、劳动社会化、保障社会化的机制的发展，市场经济的弊端逐步得到一定程度上的遏制。但这个过程经历了近三百年，并且新问题还在涌现。

虽然我们选择的是社会主义市场经济，从一开始就试图通过制度特征来遏制市场经济弊端，但一是由于社会主义制度本身是一个社会试验；二是公有制和宏观调控这两个社会主义市场经济的鲜明特征都存在固有

① 习近平：《毫不动摇坚持我国基本经济制度　推动各种所有制经济健康发展》，新华网，http://www.xinhuanet.com//politics/2016lh/2016-03/04/c_1118239866.htm，访问日期：2019年3月4日。

问题；三是处在世界市场冲击中的开放条件，中国的市场经济体制才三十多年，加上传统的封建特权因素，小农经济传统，均贫富，劳心者治人，劳力者治于人的经济文化历史，使得市场经济在中国的命运十分艰辛，也使得市场经济的弊端在中国开始全面呈现。

政府与市场关系的演进是人类文明和理性的体现，是人的本性不断得到实现的过程，是人类反复权衡与选择的过程。在西方，政府从"守夜人"到全面干预，又从全面干预到政府重塑；在中国，从计划经济到市场经济的艰难突破，这些都是人类在发展困境中的反思与抉择，刻画了经济社会的发展轨迹和发展规律。

邓小平指出："我们的党和人民浴血奋斗多年，建立了社会主义制度。尽管这个制度还不完善，又遭受了破坏，但是无论如何，社会主义制度总比弱肉强食、损人利己的资本主义制度好得多。我们的制度将一天天完善起来，它将吸收我们可以从世界各国吸收的进步因素，成为世界上最好的制度。这是资本主义所绝对不可能做到的。"①截至目前，人类文明发展的每一个历程都伴随着进步和堕落两个方面。发展也是一把双刃剑。资本主义社会的许多弊端是资本和市场经济的弊端。资本的本质是价值增值，赚钱就是它的天职，资本不赚钱就像人类不呼吸那样荒谬。在马克思看来，只有符合人类社会形态演进规律的，才是符合人道主义价值尺度的。用恩格斯《反杜林论》的话来说，批判不能仅限于对一个制度的有害的结果的义愤，因为，"不能说明这个生产方式，也就不能对付这个生产方式"②。市场经济的本质是经济和竞争或垄断竞争的自由，它排斥道德，只承认能力，认可机遇，不可能顾及人的良知。所以社会主义市场经济面临的挑战是史无前例的。

社会主义市场经济是中国共产党人前无古人的历史选择，是中国共产党人在中国特色社会主义发展实践中对科学社会主义的贡献，是我们把人类社会发展规律与社会主义发展规律有机结合的伟大创举，是通过社会主义制度合理驾驭资本逻辑的伟大尝试。社会主义市场经济的基本特征和发展要求可以表述为：其一，坚持经济规律，使建设发展遵循科学轨道。其二，坚持实事求是，从国情出发考虑发展思路。其三，坚持人民利益，坚决贯彻三个有利于标准。其四，坚持基本制度，在混合经济中壮大公有制。其五，坚持公平公正，各市场主体共有发展机会。其六，坚持共富目标，调整好分配和再分配关系。其七，坚持法治建设，

---

① 《邓小平文选》第2卷，人民出版社，1994，第355页。
② 《马克思恩格斯文集》第9卷，人民出版社，2009，第30页。

努力遏制市场经济的弊端。其八，坚持对外开放，吸收全人类市场经济成果。其九，坚持改革创新，闯出一条市场经济新范式。而以上这一切都需要企业和政府共同发力。

多年来，中国政府与企业关系的问题主要表现在：一是政府对企业干涉过多，企业经营的自主权仍未彻底归还；二是政府与企业关系仍存在不平等，垄断企业与政府的关系紧密，一般企业与政府的关系疏远，这样两类企业得到的政府关照完全不同；三是政府把一些本该自己承担的社会责任推给企业，导致相互推诿而使社会福利损失；四是政府给予企业的负担过重，把本该由政府承担的责任推给企业；五是产权关系不明晰，政府和企业的产权边界不清，特别是政府与国有企业的产权关系。

进入新时代，在汲取人类市场经济文明的基础上，中央对政府与市场关系进行了重新定位。党的十八届三中全会通过的《中共中央关于全面深化改革若干重大问题的决定》指出："经济体制改革是全面深化改革的重点，核心问题是处理好政府和市场的关系，使市场在资源配置中起决定性作用和更好发挥政府作用。"①从基础性作用到决定性作用的转变，是对我国政府与市场关系的重新认识和重大发展。

2.政府要加快职能的转变，坚持在政企关系中的能动导向作用

面对市场失灵，政府的作用显得十分重要。政府的职能主要体现在通过必要的行政手段和制度安排，政府应在提供公共服务、维护市场秩序、制度创新、调节收入分配、影响资源的利用、选择适当的经济政策、必要的行政控制等方面发挥不同程度的作用。突出集中在建立公平开放透明的市场规则、保持宏观经济稳定、加强和优化公共服务、保障公平竞争、加强市场监管、维护市场秩序方面，以有效的政府弥补市场失灵。针对市场在调节收入分配方面存在"失灵"，需要更好发挥政府的作用，通过反垄断、反腐败等强有力的行政和法治手段，通过各种制度安排的供给，为整个社会营造公平竞争的市场环境，为各市场主体创造成功和发展机会的公平条件；通过实施第二次、第三次收入分配，推进基本公共服务均等化等政策措施，减少财富和收入差距，实现社会稳定发展。

要发挥政府在市场经济中的积极作用，就必须科学处理政府与企业的关系，把有效市场和有为政府两者的作用结合起来。中国的政企关系范式，在从管控范式向服务范式转变的进程中，固然会遇到许多挑战和

---

① 习近平：《中共中央关于全面深化改革若干重大问题的重要决定》，《人民日报》2013年11月16日第1版。

障碍，但改革方向已定，改革目标矢志不渝。

国务院2017年全国"放管服"会议提出，"放管服"改革从根本上是要转变政府职能，是一场从观念到体制机制的深刻革命。一要改革以审批发证为主要内容的传统管理体制；二要革除与审批发证相关联的寻租权力和不当利益；三要改变与审批发证相伴的"看家本领"。各地既要积极抓项目建设，又要着力抓环境建设，由过去追求优惠政策"洼地"，转为打造公平营商环境的"高地"，真正做到审批更简、监管更强、服务更优。"放管服"改革是供给侧结构性改革的重要内容，重点要做到五个"为"：为促进就业创业降门槛，为各类市场主体减负担，为激发有效投资拓空间，为公平营商创条件，为群众办事生活增便利。

今后的政企关系发展方向就政府而言，一是政府要厘清自己的职责，市场的归市场，政府的归政府，断开经济活动和权力的脐带，使政府闲不住的手变为帮一把的手。二是理顺市场价格体系，完善现代市场体系；推动资源配置依据市场规则、市场价格、市场竞争实现效益最大化和效率最优化。三是清理政府不合理的经济职能，大幅度减少政府对资源的直接配置，大幅度减少对企业的干预，大幅度减少行政审批，实现真正的"负面清单"管理。四是发挥政府在经济发展中的有效作用，强化过去未到位的一些职能。

党的十九届五中全会提出"十四五"经济社会发展主要目标，涉及政府治理体系和治理能力现代化时设定的目标是，国家治理效能得到新提升，社会主义民主法治更加健全，社会公平正义进一步彰显，国家行政体系更加完善，政府作用更好发挥，行政效率和公信力得到显著提升，社会治理特别是基层治理水平明显提高，防范化解重大风险体制机制不断健全，突发公共事件应急能力显著增强，自然灾害防御水平明显提升，发展安全保障更加有力，国防和军队现代化迈出重大步伐。也就是说，政府社会治理体系现代化和治理能力提升，要求政府更好发挥作用，就必须显著提升行政效率和公信力，明显提高社会治理特别是基层治理水平，健全防范和化解重大风险的体制机制，增强对突发公共事件的应急能力，防御自然灾害、保障发展安全、推进国防现代化。

3.企业要承担社会责任，做合法合格的市场经济建设者

虽然政府在政企关系的维护中起主导作用，但是企业也具有关键作用。对政企关系维护成果越好的企业其企业发展的效率与水平越高，一方面基于政府的政策保护，另一方面基于生产关系、社会关系的稳定持续为政企关系提供了一定的保障。在政企关系维护过程中，企业要摆正

态度，不能将政府的适当干预、政策支持当作"保护伞"，而要将其看作"催化剂"，实现企业的现代化发展。"企业管理者应端正政治态度，善于利用政治资源，发挥政企关系之所长来解决企业发展中所遇到的瓶颈问题。"①

今后的政企关系发展方向，就企业而言，一是成为真正自主经营的经济实体，产权关系明晰，产权保护制度健全，政府无权干涉企业的合法经营行为。企业要向现代企业制度转型，做合法的市场公民。二是各市场经营主体地位平等，不存在超国民待遇和不合理的垄断。用党的十八届三中全会决定来说就是"完善产权保护制度，积极发展混合所有制经济，推动国有企业完善现代企业制度，支持非公有制经济健康发展"②。三是有健全的市场体系，特别是要素市场完善、流畅。用党的十八届三中全会决定来说就是"必须加快形成企业自主经营、公平竞争，消费者自由选择、自主消费，商品和要素自由流动、平等交换的现代市场体系，着力清除市场壁垒，提高资源配置效率和公平性"③。四是有政府的必要的服务，在现代市场经济复杂环境下，政府有责任对企业进行保护和支持，这就要求政府转变职能。用党的十八届三中全会决定来说就是"必须切实转变政府职能，深化行政体制改革，创新行政管理方式，增强政府公信力和执行力，建设法治政府和服务型政府"④。五是企业要拥有更多的权力去管控和支配高新技术、互联网、新能源在企业发展中的运用，政府对于这种新的变化要有一定的应对模式，以此塑造未来我国政企关系的新格局。

党的二十大报告提出："坚持和完善社会主义基本经济制度，毫不动摇巩固和发展公有制经济，毫不动摇鼓励、支持、引导非公有制经济发展，充分发挥市场在资源配置中的决定性作用，更好发挥政府作用。"

政府与市场的关系，是一道世界性难题，也是考察各国政治、经济和社会发展的重要方面。经济体制改革是全面深化改革的重点，核心问题是处理好政府和市场的关系，使市场在资源配置中起决定性作用和更

---

① 黄送钦、吴利华、陈冉：《政企关系维护及其效率性研究：来自中国的逻辑》，载《山西财经大学学报》2016年第1期，第89-100页。
② 习近平：《中共中央关于全面深化改革若干重大问题的重要决定》，《人民日报》2013年11月16日第1版。
③ 习近平：《中共中央关于全面深化改革若干重大问题的重要决定》，《人民日报》2013年11月16日第1版。
④ 习近平：《中共中央关于全面深化改革若干重大问题的重要决定》，《人民日报》2013年11月16日第1版。

好发挥政府作用。贯彻新时代社会主义基本经济制度新内涵的要求，完善社会主义市场经济体制，就必须积极致力于推进有效市场和有为政府作用的有机结合。

结语 在中国式现代化新征程中
坚持和完善社会主义基本经济制度

党的二十大报告指出，从现在起，中国共产党的中心任务就是团结带领全国各族人民全面建成社会主义现代化强国、实现第二个百年奋斗目标，以中国式现代化全面推进中华民族伟大复兴。在新中国成立特别是改革开放以来长期探索和实践基础上，经过党的十八大以来在理论和实践上的创新突破，我们党成功推进和拓展了中国式现代化。

党的二十大报告指出，没有坚实的物质技术基础，就不可能全面建成社会主义现代化强国。中国式现代化是以坚实的物质技术基础为支撑的现代化，经济现代化是以与现有生产力和生产关系相适合的经济制度为依托的现代化，与现有生产力发展要求相适合的经济制度是不以人的主观意志为转移的制度，社会主义经济制度新内涵就是中国共产党人对科学规律和真理追求的必然结晶，是习近平新时代中国特色社会主义经济思想的重要内容。

党的十九届四中全会对社会主义基本经济制度做出了新论断和新概括："公有制为主体、多种所有制经济共同发展，按劳分配为主体、多种分配方式并存，社会主义市场经济体制等社会主义基本经济制度，既体现了社会主义制度优越性，又同我国社会主义初级阶段社会生产力发展水平相适应，是党和人民的伟大创造。"①

从过去单纯以所有制为基本经济制度到所有制、分配制度、社会主义市场经济体制三项聚合的新内涵、新规定、新概括，体现了党的经济理论的守正创新。其一，新时代社会主义基本经济制度新内涵是唯物史观的要求，唯物主义历史观揭示了合规律性与合价值性的统一是人类文明的要求和社会进步的体现，而社会主义基本经济制度新内涵是在遵循经济发展规律的基础上谋求全体人民共同富裕的制度安排。其二，新时代社会主义基本经济制度新内涵是唯物辩证法系统观的要求，正是唯物辩证法的系统观科学揭示了事物在普遍联系中的运动发展，而社会主义基本经济制度新内涵体现了所有制、分配制度和社会主义市场经济体系之间的内在联系和辩证关系。其三、新时代社会主义基本经济制度新内

---

① 《中国共产党第十九届中央委员会第四次全体会议公报》，人民出版社，2019，第11页。

涵是坚持党的实事求是思想路线的要求，社会主义初级阶段我们最大的实际，"两个毫不动摇"的所有制规定性的强化，按劳分配为主、按要素分配相结合的分配制度的提升，社会主义市场经济体制主体地位的确立就是一切从实际出发和实践检验真理的结晶。其四，新时代社会主义基本经济制度新内涵是适应中国社会主要矛盾转型的要求，坚持公有制主体地位和非公经济发展，坚持按劳分配和按要素分配相结合，调整分配关系，坚持完善社会主义市场经济体制，才能适应我国社会主要矛盾已经转化为人民日益增长的美好生活需要和不平衡不充分的发展之间的矛盾的要求，致力于高质量发展的首要任务，以中国式现代化全面推进中华民族伟大复兴的宏伟目标。

新时代社会主义基本经济制度新内涵是一个层级性、整合性、联动性的严密结构体系。它的场域是社会主义初级阶段，它的基石是社会主义经济规律，它的依托是中国特色社会主义经济实践。新时代社会主义基本经济制度新内涵，筑牢了社会主义初级阶段所有制规定的统领地位，提升了社会主义初级阶段分配制度的关键地位，重置了社会主义市场经济体制的功能地位，揭示了社会主义基本经济制度内在的逻辑关系。

中国式现代化的奋斗目标，既为社会主义基本经济制度新内涵的运行提供了宽广的舞台，又对社会主义基本经济制度新内涵的完善提出了全新的要求。在中国式现代化新征程上，要坚持和完善社会主义基本经济制度。坚持社会主义基本经济制度是贯彻和完善社会主义基本经济制度的前提条件；完善社会主义基本经济制度是坚持和贯彻社会主义基本经济制度的持续动力。

在中国式现代化的新征程上，坚持社会主义基本经济制度，就要坚持中国共产党的全面集中统一领导，坚持中国特色社会主义道路，坚持人民至上，坚定中国特色社会主义的道路自信、理论自信、制度自信、文化自信。就要坚持解放思想、实事求是、与时俱进、求真务实，坚持一切从实际出发；就要坚持系统观念，统筹兼顾各种经济关系，妥善处理发展中的矛盾，勇于面对和解决现实困惑和挑战。

在中国式现代化的新征程上，完善社会主义基本经济制度，就要全面深化国企国资改革，加快国有经济布局优化和结构调整，依法保护民营企业产权和企业家权益，使非公经济健康发展；就要在坚持劳动者主体地位的基础上，使分配关系得以调整，使共享发展理念得以贯彻，遏制两极分化倾向；就要坚持市场在资源配置中的决定作用，克服市场失灵，依法规范和引导资本健康发展，加强反垄断和反不正当竞争，完善产权保护、市场准入、公平竞争、社会信用等市场经济基础制度，优化营商环境。

应对世界百年未有之大变局，应对数字经济时代的要求，坚持和完善社会主义基本经济制度，对实现经济高质量发展，用中国式现代化推进中华民族伟大复兴意义重大。

参考文献

一、马克思主义经典著作与党的文献

［1］马克思恩格斯文集：第1-10卷［M］. 北京：人民出版社，2009.

［2］马克思恩格斯选集：第1-4卷［M］. 北京：人民出版社，2012.

［3］马克思恩格斯全集：第1卷［M］. 北京：人民出版社，1956.

［4］马克思恩格斯全集：第4卷［M］. 北京：人民出版社，1958.

［5］马克思恩格斯全集：第3卷［M］. 北京：人民出版社，1960.

［6］马克思恩格斯全集：第4、22卷［M］. 北京：人民出版社，1965.

［7］马克思恩格斯全集：第20卷［M］. 北京：人民出版社1971.

［8］马克思恩格斯全集：第18、23、26卷［M］. 北京：人民出版社，1972.

［9］马克思恩格斯全集：第19卷［M］. 人民出版社，1974.

［10］马克思恩格斯全集：第36卷［M］. 人民出版社，1975.

［11］马克思恩格斯全集：第42、46卷［M］. 北京：人民出版社，1979.

［12］马克思恩格斯全集：第30卷［M］. 北京：人民出版社，1995.

［13］马克思恩格斯全集：第9、31卷［M］. 北京：人民出版社，1998.

［14］马克思恩格斯全集：第25、44卷［M］. 北京：人民出版社，2001.

［15］马克思恩格斯全集：第35、46卷［M］. 北京：人民出版社，2003.

［16］列宁选集：第1-4卷［M］. 北京：人民出版社，2012.

［17］列宁全集：第32卷［M］. 北京：人民出版社，1958.

［18］列宁全集：第33卷［M］. 北京：人民出版社，1959.

［19］列宁全集：第34卷［M］. 北京：人民出版社，1985.

［20］列宁全集：第38、41卷［M］. 北京：人民出版社，1986.

［21］列宁全集：第42、43卷［M］. 北京：人民出版社，1987.

［22］列宁全集：第52卷［M］. 北京：人民出版社，1988.

［23］列宁全集：第3卷［M］. 北京：人民出版社，2013.

［24］列宁全集：第6卷［M］. 北京：人民出版社，2013.

［25］中共中央马克思恩格斯列宁斯大林著作编译局编. 列宁专题文集［M］. 北京：人民出版社，2009.

［26］斯大林选集：下卷［M］. 北京：人民出版社，1979.

［27］斯大林全集：第8卷［M］. 北京：人民出版社，1954.

［28］斯大林全集：第11卷［M］. 北京：人民出版社，1955.

［29］斯大林全集：第13卷［M］. 北京：人民出版社，1956.

［30］联共（布）中央特设委员会. 联共（布）党史简明教程［M］. 北京：人民出版社，1975.

［31］［苏］斯大林. 苏联社会主义经济问题［M］. 中共中央马克思恩格斯列宁斯大林著作编译局，译. 北京：人民出版社，1961.

［32］毛泽东选集：第4卷［M］. 北京：人民出版社，1991.

［33］毛泽东文集：第3卷［M］. 北京：人民出版社，1996.

［34］毛泽东文集：第6、7卷［M］. 北京：人民出版社，1999.

［35］邓小平文选：第1、2、3卷［M］. 北京：人民出版社，1994.

［36］陈云. 陈云文选：第3卷［M］. 北京：人民出版社，1995.

［37］中共中央文献研究室. 刘少奇年谱：下卷［M］. 北京：中央文献出版社，1996.

［38］中共中央文献研究室. 三中全会以来重要文献选编：上［M］. 北京：人民出版社，1982.

［39］中国共产党第十一届中央委员会第三次全体会议公报［M］. 北京：人民出版社，1978.

［40］中共中央文献研究室. 十三大以来重要文献选编：上［M］. 北京：人民出版社，1991.

［41］中共中央文献研究室. 十二大以来重要文献选编：上、中［M］. 北京：人民出版社，1986.

［42］中共中央文献研究室. 十二大以来重要文献选编：下［M］. 北京：人民出版社，1988.

［43］中共中央文献研究室. 建国以来重要文献选编：第1册［M］. 北京：中央文献出版社，1992.

［44］中共中央文献研究室. 建国以来重要文献选编：第9、10册

［M］. 北京：中央文献出版社，1994．

［45］中共中央文献研究室. 建国以来重要文献选编：第11册［M］. 北京：中央文献出版社，1995．

［46］中共中央文献研究室. 毛泽东传（1949—1976）［M］. 北京：中央文献出版社，2003．

［47］江泽民文选：第1、2卷［M］. 北京：人民出版社，2006．

［48］中国共产党第十二次全国代表大会文件汇编［M］. 北京：人民出版社，1982．

［49］中共中央关于经济体制改革的决定［M］. 北京：人民出版社，1984．

［50］中共中央文献研究室. 关于建国以来党的若干历史问题决议注释本（修订）［M］. 北京：人民出版社，1985．

［51］中国共产党第十三次全国代表大会文件汇编［M］. 北京：人民出版社，1987．

［52］中共中央文献研究室. 十一届三中全会以来重要文献选读：上册［M］. 北京：人民出版社，1987．

［53］中共中央文献研究室. 新时期党的建设文献选编［M］. 北京：人民出版社，1991．

［54］中共中央关于建立社会主义市场经济体制若干问题的决定［M］. 北京：人民出版社，1993．

［55］中共中央文献研究室. 建国以来重要文献选编：第9册［M］. 北京：中央文献出版社，1994．

［56］中共中央文献研究室. 新时期经济体制改革重要文献选编：上、下［M］. 北京：中央文献出版社，1998．

［57］中共中央关于国有企业改革和发展若干重大问题的决定［M］. 北京：人民出版社，1999．

［58］中共中央文献研究室. 十五大以来重要文献选编：中册［M］. 北京：人民出版社，2000．

［59］习近平. 关于社会主义市场经济的理论思考［M］. 福州：福建人民出版社，2003．

［60］中共中央文献研究室. 十六大以来重要文献选编：上［M］. 北京：中央文献出版社，2005．

［61］中共中央文献研究室. 十七大以来重要文献选编：上［M］. 北京：中央文献出版社，2009．

［62］中共中央党史研究室. 中国共产党历史：第2卷（下）［M］. 北京：中共党史出版社，2011.

［63］改革开放以来历届三中全会文件汇编［M］. 北京：人民出版社，2013.

［64］中共中央党史研究室. 十八大以来重要文献选编：上［M］. 北京：中央文献出版社，2014.

［65］中共中央宣传部. 习近平总书记系列重要讲话读本［M］. 北京：人民出版社，2014.

［66］习近平谈治国理政：第1卷［M］. 北京：外文出版社，2014.

［67］习近平谈治国理政：第2卷［M］. 北京：外文出版社，2017.

［68］习近平谈治国理政：第3卷［M］. 北京：外文出版社，2020.

［69］习近平. 在哲学社会科学工作座谈会上的讲话［M］. 北京：人民出版社，2016.

［70］中共中央党史和文献研究院. 十八大以来重要文献选编：下［M］. 北京：中央文献出版社，2018.

［71］中共中央党史和文献研究院. 十九大以来重要文献选编：上［M］. 北京：中央文献出版社，2019.

［72］本书编写组. 中共中央关于坚持和完善中国特色社会主义制度、推进国家治理能力和治理体系现代化若干重大问题的决定·辅导读本［M］. 北京：人民出版社，2019.

［73］本书编写组. 党的十九届四中全会《决定》学习辅导百问［M］. 北京：学习出版社、党建出版社，2019.

［74］中国共产党第十九届中央委员会第五次全体会议文件汇编［M］. 北京：人民出版社，2020.

［75］习近平. 在企业家座谈会上的讲话［M］. 北京：人民出版社，2020.

二、国外论著与期刊文献

（一）相关论著

［1］拉法格. 财产及其起源［M］. 王子野，译. 北京：生活·读书·新知三联书店，1962.

［2］哈耶克. 致命的自负［M］. 冯克利，译. 北京：中国社会科学出版社，2000.

［3］赫苏斯·韦尔塔·德索托. 社会主义：经济计算与企业家才能

［M］. 朱海就，译. 长春：吉林出版集团有限责任公司，2010.

　　［4］伯恩施坦. 社会主义的前提和社会民主党的任务［M］. 殷叙
彝，译. 北京：生活·读书·新知三联书店，1965.

　　［5］外国经济学科研究会. 现代国外经济学论文选：第9辑［M］.
北京：商务印书馆，1986.

　　［6］阿兰·G.格鲁奇. 比较经济制度［M］. 徐节文，等，译. 北京：
中国社会科学出版社，1985.

　　［7］道格拉斯·C. 诺斯. 经济史中的结构与变迁［M］. 陈郁，等，
译. 上海：上海人民出版社，1994.

　　［8］R.科斯，等. 财产权利与制度变迁——产权学派与新制度学派
译文集［M］. 刘守英，等，译. 上海：上海人民出版社，1994.

　　［9］阿瑟·奥肯. 平等与效率——重大的抉择［M］. 王奔洲，译.
北京：华夏出版社，1987.

　　［10］马克西莫维奇. 公有制的理论基础［M］. 陈长源，译. 北京：
中国社会科学出版社，1982.

　　［11］布·明兹. 社会主义政治经济学［M］. 波兰：华沙国家科学
出版社，1961.

　　［12］贝·安道尔. 社会主义政治经济学［M］. 布达佩斯：匈牙利
科苏特出版社，1979.

　　［13］康斯坦丁内斯库. 政治经济学（社会主义）［M］. 张志鹏，苏
纪中，译. 北京：人民出版社，1981.

　　［14］奥斯卡·兰格. 社会主义经济理论［M］. 王宏昌，译. 北京：
中国社会科学出版社，1982.

　　［15］弗·布鲁斯. 社会主义经济的运行问题［M］. 周亮勋，等，
译. 北京：中国社会科学出版社，1984.

　　［16］森健，日户浩之. 数字资本主义［M］. 野村综研（大连）科
技有限公司，译. 上海：复旦大学出版社，2020.

　　［17］杰伦·拉尼尔. 互联网冲击［M］. 李龙泉，祝朝伟，译. 北
京：中信出版社，2014.

　　［18］查果洛夫. 政治经济学教程：上卷［M］. 徐秉让，译. 北京：
三联书店，1965.

　　［19］亚当·斯密. 道德情操论［M］. 蒋自强，等，译. 北京：商
务印书馆，2007.

　　［20］约翰·梅纳德·凯恩斯. 劝说集［M］. 李井奎，译. 北京：

中国人民大学出版社，2016.

[21] 萨缪尔森，诺德豪斯. 经济学 [M]. 第19版. 萧琛，译. 北京：商务印书馆，2014.

[22] 亚当·斯密. 国富论：上卷 [M]. 北京：商务印书馆，2015.

[23] 约翰·梅纳德·凯恩斯. 就业利息和货币通论 [M]. 高鸿业，译. 北京：商务印书馆，1999.

（二）中文相关论文

[1] 皮尔逊. 社会主义共同体的价值问题 [J]. 当代世界社会主义问题，2009（1）：78-96.

[2] 凯尔维. 产品的劳动价值计算和经济建设的迫切任务 [J]. 国民经济，1921（ ）：56.

[3] 布尔立茨基. 完善发达社会主义是通向共产主义的道路上的重要阶段 [J]. 哲学问题，1984（6）：32.

[4] 叶廖明. 社会主义制度下的所有制形式 [J]. 经济问题，1983（9）：8.

[5] 阿巴尔金. 论加强政治经济学与社会主义经营管理实践的联系 [J]. 经济科学 1984（4）：35.

[6] 卡拉言道夫. 论工业管理的组织结构 [J]. 工业生产的经济和组织，1983（8）：64.

[7] 费多许耶夫. 马克思和当代 [J]. 哲学问题，1983（4）：29.

[8] 帕什夫. 社会主义制度下存在商品货币关系的原因 [J]. 经济问题，1984（2）：115.

[9] 卡普斯金. 马克思的经济学说和社会主义政治学的迫切问题 [J]. 计划经济，1983（5）：9.

[10] 帕什科夫. 社会主义商品货币关系是直接社会关系的特殊形式 [J]. 经济问题，1982（12）：82-89.

[11] 卡利王夫. 论社会主义制度下的商品关系是有计划关系的变种的观点 [J]. 经济科学，1984（12）：22.

[12] 叶廖明. 社会主义政治经济学的发展是加强它对实践的影响的决定性条件 [J]. 经济科学，1983（2）：6.

[13] 列勃罗夫. 社会主义制度下的商品货币关系和生产集约化 [J]. 莫斯科大学学报，1984（4）：23.

[14] 锡克. 论社会主义经济模式 [J]. 经济研究资料，1981（5）：9-17.

（三）外文相关文献

［1］SOLOW, ROBERT M. The Economic Approach to Public Policy: Selected Readings ［M］. New York: Cornell University Press, 1976.

［2］MICHAELHARDT, ANTONLONEGRI. Empire ［M］. Cambridge、Mass: Harvard University press, 2000: 32.

［3］M BERBEKOVA, L. ALEKSEEVA. On the Interconnections between the Objects, Content, and Forms of Socialist Ownership ［J］. Problems in Economics, 1990, 33（10）: 2-9.

［4］LANE DAVID. State and Society in Post-Socialist Economies. Studies in Central and East European Europe by John Pickles （review）［J］. Slavonic and East European Review, 2022, 88（4）: 791-792.

［5］JABBOUR ELIAS, DANTAS ALEXIS, Espíndola Carlos José. On The Chinese Socialist Market Economy And The "New Projectment Economy"［J］. World Review of Political Economy, 2022, 13（4）: 502-530.

［6］ROLAND B, P YAN. "Not Some Other-ism" —On Some Western Marxist Misrepresentations of Chinese Socialism ［J］. International Critical Thought, 2021（11）: 171-189.

［7］FUYET P. Western Perception of Socialist Democracy with Chinese Characteristics: The Viewpoints of the French Left Wing Intellectuals and the French Communist Party ［J］. International Critical Thought, 2017（7）: 51-71.

三、国内论著与期刊文献

（一）论著

［1］经济研究编辑部. 中国社会主义经济理论的回顾与展望 ［M］. 北京: 经济日报出版社, 1986.

［2］厉以宁. 社会主义政治经济学 ［M］. 北京: 商务印书馆, 1986.

［3］关梦觉. 社会主义经济体制比较通论 ［M］. 沈阳: 辽宁人民出版社, 1989.

［4］何正斌. 经济学300年: 下册 ［M］. 长沙: 湖南科学技术出版社, 2000.

［5］林岗. 马克思主义与经济学 ［M］. 北京: 经济科学出版社, 2007.

［6］林毅夫，等. 中国经济的逻辑与展望［M］. 北京：北京大学出版社，2022.

［7］马立政. 中国基本经济制度的理论创新与演进历程［M］. 上海：上海社会科学院出版社，2022.

［8］吴宣恭. 产权理论比较［M］. 北京：经济科学出版社，2000.

［9］程恩富. 马克思主义理论研究与当代中国书系——马克思主义政治经济学重大理论研究［M］. 北京：中国人民大学出版社，2023.

［10］范恒山. 所有制改革：理论与方案［M］. 北京：首都经济贸易大学出版社　2000.

［11］庄福龄. 简明马克思主义史［M］. 北京：人民出版社，1999.

［12］章昌猷. 苏联经济思想史论文选集［M］. 北京：生活・读书・新知三联书店，1982.

［13］黄臻. 中外收入分配制度研究［M］. 北京：社会科学文献出版社，2022.

［14］钟声　当今名家侃市场［M］. 成都：四川人民出版社，1992.

［15］王义祥. 中东欧经济转轨［M］. 上海：华东师范大学出版社，2003.

［16］陆南泉. 苏联经济体制改革史论［M］. 北京：人民出版社，2007.

［17］郑异凡. 新经济政策的俄国［M］. 北京：人民出版社，2013.

［18］冉昊. 全面深化改革的生产和分配研究［M］. 北京：人民出版社，2022.

［19］孔田平. 东欧经济改革之路［M］. 广州：广东人民出版社，2003.

［20］于光远. 谈谈社会主义公有制和按劳分配问题［M］. 北京：人民出版社，1978.

［21］王德平. 劳动经济若干题解［M］. 沈阳：东北工学院出版社，1990.

［22］杨胜利，王伟荣. 劳动就业与收入分配［M］. 武汉：武汉大学出版社，2023.

［23］高培勇，黄群慧. 构建新发展格局理论大纲［M］. 北京：人民出版社，2022.

［24］蒋学模，张晖明. 高级政治经济学——社会主义总论［M］. 上海：复旦大学出版社，2001.

［25］王鑫. 市场的时空向度——社会主义与市场经济的关系研究［M］. 上海：上海社会科学院出版社，2022.

［26］李正图. 上海社会科学院重要学术成果丛——基本经济制度理论［M］. 上海：上海人民出版社，2022.

［27］姚建华. 数字劳工：产消合一者和玩工［M］. 北京：商务印书馆，2019.

［28］王海明. 伦理学原理［M］. 北京：商务印书馆，2009.

［29］高培勇，黄群慧. 共同富裕论纲［M］. 广州：广东人民出版社，2022.

［30］陈弘. 西方马克思主义市场理论及其对社会主义市场经济的启示研究［M］. 天津：南开大学出版社，2022.

（二）期刊论文

［1］刘灿. 中国特色社会主义政治经济学要系统化研究社会主义基本经济制度的重大理论问题［J］. 政治经济学评论，2020，11（1）：39-45.

［2］王思华. 关于个体经济、合作社经济的经济法则和中国过渡时期经济的基本经济法则问题［J］. 经济研究，1955（1）：11-20.

［3］张国福. 我国经济学界关于社会主义基本经济规律的论述（摘编）［J］. 经济学动态，1980（1）：30-38.

［4］谢伏瞻，蔡昉，等. 完善基本经济制度推进国家治理体系现代化［J］. 经济学研究，2020，55（1）：4-16.

［5］何自力. 社会主义基本经济制度是一个伟大创造［J］. 政治经济学评论，2020，11（1）：89-95.

［6］刘凤义. 对社会主义基本经济制度新概括的理解［J］. 中国高校社会科学，2020（2）：4-11.

［7］厉有为. 关于所有制问题的思考［J］. 经济学动态，1997（11）：6-11.

［8］晓亮. 所有制改革三题［J］. 理论学刊，1998（5）：46-49.

［9］孙春晨. 实现共同富裕的三重伦理路径［J］. 哲学动态，2022（1）：13-20.

［10］荣兆梓. 社会主义基本经济制度新概括的学理逻辑研究［J］. 经济学家，2020（4）：5-15.

［11］晓亮. 现阶段私有经济与公有经济的关系问题［J］. 江淮论坛，1996（3）：9-13.

［12］范恒山. 所有制突破：新的突破与新的任务［J］. 马克思主义研究，1998（1）：4-9.

［13］郭飞. 深化中国所有制结构改革的若干思考［J］. 中国社会科学，2008（3）：52-67.

［14］裴长洪. 中国公有制主体地位的量化估算及其发展趋势［J］. 中国社会科学，2014（1）：4-29.

［15］李正图. 社会主义基本经济制度的进一步坚持和完善［J］. 上海经济研究，2021（12）：22-27.

［16］汤在新. 论社会主义基本经济制度［J］. 经济学家，2004（6）：39-44.

［17］孟捷. 制度变迁与社会主义基本经济规律——重读《苏联社会主义经济问题》［J］. 人文杂志，2022（6）：22-27.

［18］本刊特约评论员. 以公有制为主体的基本标志及怎样才能坚持公有制的主体地位［J］. 当代思潮，1996（4）：2-17.

［19］周文，司婧雯. 全面认识和正确理解社会主义市场经济［J］. 上海经济研究，2022（1）：27-36.

［20］张井. 要充分认识基本经济制度的统一性和全面性［J］. 学术研究，2003（1）：9-11.

［21］崔智敏，宁泽逵. 定量化文献综述方法与元分析［J］. 统计与决策，2010（15）：166-168.

［22］王维平，薛俊文. 社会主义基本经济制度的新内涵与经济治理效能提升［J］. 西安交通大学学报（社会科学版），2020，40（2）：8-16.

［23］逄锦聚. 发挥政治经济学学科优势加强经济制度研究［J］. 经济学家，2020（1）：5-12.

［24］方敏. 基本经济制度是所有制关系、分配关系、交换关系的有机统一［J］. 政治经济学评论，2020，11（2）：59-66.

［25］何玉长，王伟. 数字生产力的性质与应用［J］. 学术月刊，2021，53（7）：55-66.

［26］白永秀. 对十九届四中全会关于社会主义市场经济体制定位的理解［J］. 政治经济学评论，2020，11（1）：54-66.

［27］余菁. 世界大变局下的经济制度创新［J］. 北京工业大学学报（社会科学版），2020，20（3）：81-93.

［28］周泽红. 完善社会主义市场经济体制是实现高质量发展的体制

保障［J］．上海经济研究，2020（1）：16-21．

［29］时家贤，康贺．论分配制度上升为基本经济制度的几个问题［J］．沈阳师范大学学报（社会科学版），2020，44（3）：16-23．

［30］罗莎，熊晓琳．新时代发展和完善社会主义基本经济制度的重要实践意义［J］．思想理论教育导刊，2020（3）：61-65．

［31］周文，刘少阳．社会主义基本经济制度、治理效能与国家治理现代化［J］．中国经济问题，2020（5）：3-16．

［32］卫兴华．新中国60年社会主义基本经济制度的形成与巩固［J］．红旗文稿，2009（17）：12-16．

［33］周新城，孙剑坪．为什么必须坚持社会主义初级阶段的基本经济制度［J］．思想理论教育导刊，2010（12）：46-52．

［34］谢地．坚持和完善社会主义基本经济制度推动我国经济高质量发展［J］．政治经济学评论，2020，11（1）：81-88．

［35］黄泰岩．坚持和完善社会主义基本经济制度需处理的三大关系［J］．经济理论与经济管理，2020（1）：4-6．

［36］张晖明．从制度建构的系统性和功能实现的动态性加深理解社会主义基本经济制度新的概括表述［J］．政治经济学评论，2020，11（2）：35-42．

［37］沈越．市场决定性作用与基本经济制度——十八届三中全会精神解读［J］．经济理论与经济管理，2014（4）：5-12．

［38］沈开艳等．基本经济制度和市场经济关系若干问题研究［J］．上海经济研究，2020（2）：25-35．

［39］刘伟．中国特色社会主义基本经济制度是中国共产党领导中国人民的伟大创造［J］．中国人民大学学报，2020，34（1）：20-26．

［40］荣兆梓．从《哥达纲领批判》到社会主义基本经济制度三位一体的新概括［J］．政治经济学评论，2020，11（1）：46-53．

［41］侯为民．论社会主义基本经济制度范畴中的分配因素［J］．经济纵横，2020（9）：10-19．

［42］谢伏瞻，等．学习贯彻中共十九届四中全会精神笔谈［J］．经济研究，2020，55（1）：4-16．

［43］谢华育．中国特色社会主义基本经济制度的科学制度体系特征［J］．上海经济研究，2020（1）：22-26．

［44］钱智勇，刘思远．疫情下中国特色社会主义基本经济制度的优越性透析［J］．当代经济管理，2020，42（6）：1-5．

[45] 谭吉方，张守夫. 构建全国统一大市场的三重逻辑——基于社会主义市场经济改革发展的历史考察［J］. 经济问题，2023（3）：1-8.

[46] 杨艺涛. 国家治理与基本经济制度协同演化的历史唯物主义分析［J］. 学习与实践，2020（2）：5-17.

[47] 顾钰民. 坚持和完善基本经济制度是马克思主义中国化的新拓展［J］. 经济纵横，2020（4）：20-25.

[48] 王马科. 分配制度上升为基本经济制度的理论必然和实践必然［J］. 上海经济研究，2020（1）：11-15.

[49] 任保平. 建设高质量的社会主义市场经济体制［J］. 政治经济学评论，2020，11（1）：67-72.

[50] 蒋永穆，卢洋. 坚持和完善社会主义基本经济制度［J］. 学习与探索，2020（6）：87-93.

[51] 邓力平. 在新征程上坚持和完善社会主义基本经济制度［J］. 经济理论与经济管理，2023，43（1）：4-13.

[52] 吴世泰，邓星盈. 社会主义经济理论的曙光——读《苏联社会主义经济问题》札记［J］. 中国经济问题，1979（6）：36-40.

[53] 刘开名. 近年来东欧各国关于所有制的理论和改革措施［J］. 苏联东欧问题，1987（4）：60-68.

[54] 胡莹. 数字经济时代我国劳动过程的制度优势——基于社会主义基本经济制度新概括的视角［J］. 马克思主义理论学科研究，2022，8（1）：59-66.

[55] 刘谦，裴小革. 中国特色社会主义政治经济学逻辑起点定位研究——基于所有制视角的探索［J］. 上海经济研究，2020（6）：5-13.

[56] 庞庆明. 社会主义市场经济体制上升为社会主义基本经济制度的内在逻辑［J］. 马克思主义与现实，2021（1）：173-178.

[57] 吴宣恭. 马克思主义所有制理论是政治经济学分析的基础［J］. 马克思主义研究，2013（7）：48-57.

[58] 宋延军. 苏联理论界关于社会主义所有制问题的研究综述［J］. 经济学动态，1989（10）：40-44.

[59] 何伟. 突破对斯大林的"两个凡是"［J］. 探索，2009（4）：165-172.

[60] 孙冶方. 论作为政治经济学对象的生产关系［J］. 经济研究，1979（8）：3-13.

[61] 徐淑娟. 苏联关于生产资料社会主义所有制的理论——兼谈对

社会主义所有制问题的分析方法［J］. 苏联东欧问题，1983（6）：53-59.

［62］汤洪明. 苏联东欧国家所有制改革的理论演变［J］. 世界经济研究，1989（3）：5-10.

［63］智效和. 所有制·始基关系·基本关系——苏联经济学界争论述评［J］. 经济科学，1987（6）：8-13.

［64］张德修. 东欧国家生产资料所有制理论比较［J］. 苏联东欧问题，1984（5）：51-57.

［65］张兴茂. 苏联所有制结构的历史演变及其理论反思［J］. 当代世界与社会主义，2007（1）：136-140.

［66］顾海良. 社会主义市场经济体制是如何上升为基本制度的？［J］. 红旗文稿，2020（2）：4-11.

［67］陈健. 中国共产党领导经济体制改革的百年道路与新发展阶段实践研究［J］. 经济问题，2021（6）：1-8.

［68］崔朝栋，崔翀. 要深化对基本经济制度与经济体制关系问题的认识［J］. 管理学刊，2014，27（6）：10-14.

［69］杨新铭. 党探索社会主义市场经济体制的历程、经验及支撑性制度建设［J］. 经济学动态，2021（6）：16-30.

［70］王萍. 社会主义市场经济体制上升为基本经济制度的逻辑进路［J］. 经济问题，2021（8）：25-35.

［71］王琳，宋守信. 新常态下收入分配制度改革的价值取向与对策［J］. 山东社会科学，2016（2）：148-153.

［72］李实. 中国特色社会主义收入分配问题［J］. 政治经济学评论，2020，11（1）：116-129.

［73］易定红，张维闿，葛二标. 中国收入分配秩序：问题、原因与对策［J］. 中国人民大学学报，2014，28（3）：29-38.

［74］韩庆祥. 大国成为强国的根本之道：全面准确深入理解新发展理念——兼论"好不好"与"强不强"的关系［J］. 高校马克思主义理论教育研究，2021（1）：18-27.

［75］戴翔，张二震，张雨. 双循环新发展格局与国际合作竞争新优势重塑［J］. 国际贸易，2020（11）：11-17.

［76］高培勇，袁富华，胡怀国，等. 高质量发展的动力、机制与治理［J］. 经济研究参考，2020（12）：85-100.

［77］程恩富，张福军. 要注重研究社会主义基本经济制度［J］. 上

海经济研究，2020（10）：17-23.

[78] 李济广．公有权、公有制：中国特色社会主义政治经济学的起点与主线［J］．马克思主义研究，2019（8）：112-120.

[79] 段忠桥．对生产力、生产方式和生产关系概念的再考察［J］．马克思主义与现实，1995（3）：52-61.

[80] 张闻天．关于生产关系的两重性问题［J］．经济研究，1979（10）：33-42

[81] 赵家祥：《资本论》及其手稿中的生产关系理论［J］．新视野，2013（4）：98-102.

[82] 周文，刘少阳．马克思的社会所有制构想及其当代形式探讨［J］．马克思主义与现实，2020（6）：162-170.

[83] 林志友，李子忻．构建高水平社会主义市场经济体制的三维论析［J］．经济学家，2021（9）：100-108.

[84] 蔡继明．按生产要素贡献分配理论：争论和发展［J］．山东大学学报（哲学社会科学版），2009（6）：2-15.

[85] 包炜杰．公有制与市场经济：所有制的理论反思与实践创新［J］．兰州大学学报（社会科学版），2022，50（1）：78-86.

[86] 周文，代红豆．马克思社会所有制及其当代形式再探讨［J］．复旦学报（社会科学版），2022，64（2）：8-18.

[87] 何炼成．关于劳动力商品论与劳动价值论、按劳分配与按要素分配之间的关系——兼评何雄浪、李国平与关柏春之争［J］．经济评论，2005（5）：12-14.

[88] 卫兴华．改革开放40年的成就与反思［J］．政治经济学评论，2018，9（6）：4-11.

[89] 代金平．超越资本逻辑：社会主义基本经济制度的创新与发展［J］．马克思主义研究，2021（5）：106-115.

[90] 王强．反对"私有化"与发展私有经济——新时代中国特色社会主义市场经济的所有制理论研究［J］．经济社会体制比较，2018（3）：19-29.

[91] 邓力平．社会主义市场经济体制下的"必过之坎"与"必破之题"［J］．中国经济问题，2022（4）：1-10.

[92] 杨瑞龙．外部效应与产权安排［J］．经济学家，1995（5）：52-59.

[93] 张宇，张晨，蔡万焕．中国经济模式的政治经济学分析［J］．

中国社会科学，2011（3）：69-84.

［94］孙祖芳.西方收入分配理论与实践的发展与启示［J］.同济大学学报（哲学社会科学版），2002（5）：17-23.

［95］张旭东."改革"内涵的演进：从"改革"到"全面深化改革"［J］.党的文献，2016（1）：93-98.

［96］朱孔军.新时代全面深化改革的多维思考［J］.华南师范大学学报（社会科学版），2020（3）：19-27.

［97］张道根.艰辛探索社会主义经济制度的历史性革命——新中国成立以来经济制度创新的历史路径和实践逻辑［J］.上海经济研究，2022（9）：50-59.

［98］黄群慧、余菁.新时期的新思路：国有企业分类改革与治理［J］.中国工业经济，2013（11）：5-17.

［99］刘友金、周健."换道超车"：新时代经济高质量发展路径创新［J］.湖南科技大学学报（社会科学版），2018，21（1）：49-57.

［100］张涛，刘宽斌，熊雪.中国国有和民营制造业企业生产效率对比研究［J］.数量经济技术经济研究，2018，35（6）：78-94.

［101］黄速建，等.竞争中性视域下的国有企业改革［J］.中国工业经济，2019（6）：22-40.

［102］陈健.新发展格局引领实体经济高质量发展的优势与路径［J］.西南民族大学学报（人文社会科学版），2023，44（1）：105-112.

［103］杨嘉懿.中国新时代民营经济发展的指导理论［J］.湖北社会科学，2019（7）：40-46.

［104］刘现伟，文丰安.新时代民营经济高质量发展的难点与策略［J］.改革，2018（9）：5-14.

［105］汪立鑫，左川.国有经济与民营经济的共生发展关系——理论分析与经验证据［J］.复旦学报（社会科学版），2019，61（4）：159-168.

［106］简新华，余江.正确认识和把握资本的特性和行为规律［J］.上海经济研究，2023（1）：5-22.

［107］姜凌，许君如.新时代我国国有企业混合所有制改革路径探究———基于全球化时代市场经济的视角［J］.四川大学学报（哲学社会科学版），2018（5）：26-35.

［108］本刊记者.按照社会主义本质要求处理财富分配关系——访中国社会科学院马克思主义研究院特聘研究员卫兴华教授［J］.马克思

主义研究，2012（6）：11-20.

[109] 万敏. 不断完善中国特色社会主义新时代的分配关系［J］. 政治经济学评论，2018，9（2）：16-30.

[110] 王春英，李金培，黄亦炫. 数字鸿沟的分类、影响及应对［J］. 财政科学，2022（4）：75-81.

[111] 顾皓卿. 分配的增长效应：一个马克思主义政治经济学的视角［J］. 社会科学研究，2017（4）：30-36.

[112] 靳环宇. 论慈善事业对收入分配关系的调整［J］. 求索，2012（9）：32-34.

[113] 顾海良. 新发展理念与当代中国马克思主义经济学的意蕴［J］. 中国高校社会科学，2016（1）：4-7.

[114] 朱水，李正图. 中国经济快速发展奇迹的制度密码——基于中国特色社会主义基本经济制度的阐释［J］. 江西社会科学，2022，42（9）：29-38.

[115] 许圣勇. 社会主义基本经济制度的内涵与变迁——关于"构建高水平社会主义市场经济体制"的思考［J］. 湖湘论坛，2023，36（2）：78-86.

[116] 黄速钦，吴利华，陈冉. 政企关系维护及其效率性研究：来自中国的逻辑［J］. 山西财经大学学报，2016，38（1）：89-100.

[117] 黄春蕾. 第三次分配若干基本问题的再认识［J］. 西安交通大学学报（社会科学版），2023，43（2）：1-7.

[118] 习近平. 扎实推动共同富裕［J］. 台声，2021（21）：19-21.

[119] 章良猷. 从苏联近几年来的经济理论看经济改革［J］. 经济学动态，1986（1）：38-43.

[120] 刘建华. 苏联东欧国家对市场作用问题的探索［J］. 当代经济研究，2014（10）：53-58.

[121] 蔡青霞. 东欧所有制形式的演变及启示［J］. 东欧中亚研究，1994（6）：15-18.

[122] 蓝江. 智能时代的数字——生命政治［J］. 江海学刊，2020（1）：119-127.

[123] 贾若祥，王继源，窦红涛，等. 推进共同富裕的实践途径研究［J］. 宏观经济研究，2022（10）：5-19.

[124] 梁季. 税收促进第三次分配与共同富裕的路径选择［J］. 人民论坛，2021（23）：34-39.

［125］高德胜，季岩．共同富裕理念下第三次分配的生成逻辑与实践路径［J］．河南师范大学学报（哲学社会科学版），2022，49（2）：24-30．

［126］刘方平．论共同富裕与社会主义基本经济制度的政治经济学逻辑［J］．学术界，2023（1）：151-162．

［127］王鑫．分配正义在社会主义中国：基于分配制度的考察［J］．学海，2022（2）：13-21．

［128］靳环宇．论慈善事业对收入分配关系的调整［J］．求索，2012（9）：32-34．

［129］戚聿东．深刻理解社会主义基本经济制度的新内涵［J］．人民论坛，2019（31）：44-47．

［130］雷晓康，陈泽鹏．迈向共同富裕进程中的第三次分配：价值、基础与进路［J］．济南大学学报（社会科学版），2022，32（4）：100-112．

［131］董辅礽．非公有制经济与社会主义市场经济［J］．中国工商管理研究，1993（8）：18-21．

［132］章良猷．从苏联近几年来的经济理论看经济改革［J］．经济学动态，1986（1）：38-44．

［133］张继业．中国基本经济制度创新研究［D］．长春：吉林大学，2005．

［134］李晓新．中国经济制度变迁的宪法基础［D］．上海：复旦大学，2009．

四、报纸文章

［1］习近平．在庆祝中国共产党成立100周年大会上的讲话［N］．人民日报，2021-07-02（02）．

［2］习近平．顺应时代潮流　实现共同发展——在金砖国家工商论坛上的讲话［N］．光明日报，2018-07-26（01）．

［3］习近平．中共中央关于全面深化改革若干重大问题的重要决定［N］．人民日报，2013-11-16（01）．

［4］习近平．中共中央关于坚持和完善中国特色社会主义制度推进国家治理体系和治理能力现代化若干重大问题的决定［N］．人民日报，2019-11-06（01）．

［5］习近平．关于《中共中央关于坚持和完善中国特色社会主义制

度推进国家治理体系和治理能力现代化若干重大问题的决定》的说明 [N]. 人民日报，2019-11-06（04）.

[6] 习近平. 中共中央关于坚持和完善中国特色社会主义制度推进国家治理体系和治理能力现代化若干重大问题的决定 [N]. 人民日报，2019-11-06（05）.

[7] 李晓 从内生性看我国社会主义基本经济制度 [N]. 中国经济时报，2019-12-04（A04）.

[8] 中共中央关于制定国民经济和社会发展第十四个五年规划和二〇三五年远景目标的建议 [N]. 人民日报，2020-11-04（01）.

[9] 习近平. 在民营企业座谈会上的讲话 [N]. 人民日报，2018-11-02（01）.

[10] 陈昌盛，许伟. 怎么看与怎么干——中央经济工作会议精神解读 [N]. 学习时报，2019-12-13（A1）.

[11] 刘诚，夏长杰. 数字经济助推共同富裕 [N]. 光明日报，2021-08-24（11）.

[12] 曾铮 市场有效 政府有为 扎实推进共同富裕 [N]. 光明日报，2021-08-24（11）.

[13] 习近平. 在2021年中国国际服务贸易交易会全球服务贸易峰会上的讲话 [N]. 人民日报，2021-09-03（02）.

[14] 习近平. 在企业家座谈会上的讲话 [N]. 人民日报，2020-07-22（02）.

[15] 中共中央国务院关于新时代加快完善社会主义市场经济体制的意见 [N]. 人民日报，2020-05-19（01）.

[16] 习近平. 关于《中共中央关于全面深化改革若干重大问题的决定》的说明 [N]. 人民日报，2013-11-16（01）.

[17] 习近平. 在第十八届中央政治局第十五次集体学习时的讲话 [N]. 人民日报，2014-05-28（01）.

[18] 刘涛，李凯. 从税收数据看十八大以来我国经济发展新走向 [N]. 中国财经报，2017-12-21（03）.

[19] 刘鹤. 坚持和完善社会主义基本经济制度 [N]. 人民日报，2019-11-22（06）.

[20] 刘鹤. 必须实现高质量发展（学习贯彻党的十九届六中全会精神）[N]. 人民日报，2021-11-24（06）.

五、网络文章

〔1〕习近平. 立足我国国情和我国发展实践 发展当代中国马克思主义政治经济学〔EB/OL〕.（2015-11-24）〔2021-10-26〕. http://www.xinhuanet.com/politics/2015-11/24/c_1117247999.htm.

〔2〕习近平. 推动形成优势互补高质量发展的区域经济布局〔EB/OL〕.（2019-12-15）〔2021-10-25〕. http://www.qstheory.cn/dukan/qs/2019-12/15/c_1125346157.htm.

〔3〕习近平. 紧密结合"不忘初心、牢记使命"主题教育推动改革补短板强弱项激活力抓落实〔EB/OL〕.（2019-07-25）〔2021-10-25〕. http://politics.people.com.cn/n1/2019/0725/c1024-31254400.html.

〔4〕习近平. 在2021年中国国际服务贸易交易会全球服务贸易峰会上的致辞〔EB/OL〕.（2021-09-03）〔2021-11-08〕. http://cpc.people.com.cn/n1/2021/0903/c64094-32216264.html.

〔5〕习近平. 毫不动摇坚持我国基本经济制度 推动各种所有制经济健康发展〔EB/OL〕.（2016-03-04）〔2019-03-04〕. http://www.xinhuanet.com//politics/2016lh/2016-03/04/c_1118239866.htm.

〔6〕国务院关于2020年度国有资产管理情况的综合报告〔EB/OL〕.（2021-10-27）〔2021-11-09〕. http://www.sasac.gov.cn/n2588025/n2588119/c21416325/content.html.

〔7〕2020年1-12月全国国有及国有控股企业经济运行情况〔EB/OL〕.（2020-01-27）〔2021-11-07〕. http://www.sasac.gov.cn/n2588035/n2588330/n2588370/c16746704/content.html.

后　记

　　本书是我主持的国家社会科学基金后期资助项目的最终研究成果。此课题自2019年11月筹备到2020年10月立项再到2023年12月结项，以本人为主，在《经济学家》《北京行政学院学报》《上海经济研究》《中国特色社会主义研究》《当代经济研究》等核心期刊上发表了10余篇论文，在《甘肃日报》上发表了3篇理论性文章作为阶段性研究成果。在四年有余的研究和撰述过程中，本人精心构思并列出详细提纲，对各章节的写作做出认真布置与分工，并对初稿、修正稿进行多次审阅，提出修改意见后返回各部分撰写人完善。几易其稿，最终完成。

　　本课题组成员对本书做出了珍贵的集体贡献。具体写作分工如下：王维平，引言、第二章二、第四章三、第五章一、第六章一、第八章一、第九章一、第一章五、结语；薛俊文，第一章一、第二章一、三、四，第四章一、二、四、五；高玉倩，第七章、第八章二、三，第九章二、三、四；巩娟娟，第三章，第五章二、三、四，第六章二、三、四，第八章四，第十章二；陈雅，第九章五、第十章一；汪钊，第十章四；朱佳君，第一章二；牛新星，第十章三。巩娟娟、高玉倩、赛闹加措、李禹杉、高娟、张皓栩、代嘉辰、王昊祺做了多次且大量的校对工作。

　　本课题组在展开研究以及写作本书的过程中，学习和参考了大量国内外文献资料，大多在脚注和参考文献中已注明。在此对这些文献的编著者表示衷心感谢！

　　本课题在提交全国哲学社会科学工作办公室审核时，多个国内专家提出了相当宝贵、极具建设性的意见和建议，本人以及课题组成员认真学习，用心修改，获益颇丰。在此对这些专家学者表示衷心感谢！

　　作为一种较新的研究，本课题在申报成功之时，国内外相关研究资料较少。本人以及课题组成员也是做了一种尝试性的研究。本书的部分观点可能不够成熟，内容结构和文字表述上还存在多处不足，恳请广大读者谅解！

王维平

2024年3月